守望粮食30年

丁声俊　著

U0898859

中　国　农　业　出　版　社

20世纪80年代中，作者在商业部经济研究所工作时留影。

20世纪90年代初，作者与著名粮食经济学家吴硕教授，在陕西临潼出席全国粮经学会秘书长会议。

1995年12月，作者在上海复旦大学工商学院，主持中美“市场经济与中国农业：问题与前景”论坛。

2005年秋，在出席中国油茶产业发展香山科学论坛时，作者与杜寿玢教授、李淑媛教授合影。（摄影：文晏）

1988年3月，作者在德奥边境小镇莱斯巴赫出席德英中学生交流演出活动。（摄影：约瑟夫 · 丹柯）

1988年1月，作者在德国巴伐利亚州兰岛农校做题为《中国农业的历史性改革》的讲演。（摄影：约瑟夫 · 丹柯）

1987年12月，作者在德国农村信贷合作社主任约瑟夫 · 丹柯家祝贺并欢度圣诞节。（摄影：约瑟夫 · 丹柯）

1988年3月，作者与莱斯巴赫合作社银行主任约瑟夫·丹柯先生走访巴伐利亚南部山村。

2000年，作者在德国波恩大学国际贸易研究所与弗里茨博士讨论问题。（摄影：朱立志）

2005年12月，作者在加拿大第二大城市蒙特利尔地下城书店阅读。（摄影：朱骏）

2006年4月，作者与家人在加拿大西部小麦主产区卡尔加里市郊区小站参观“加拿大小麦合作社”仓库。（摄影：木棉）

2005年12月，作者与全家人在蒙特利尔圣路易斯河畔游览雪景。

2006年3月，作者与家人在加拿大西部大草原小麦主产区参观收获后的田野。（摄影：木棉）

2008年9月，作者在河南省驻马店市原平县田头，向农民调研粮食核心产区建设示范区。（摄影：文晏）

2009年1月，作者在回答记者关于确保国家粮食安全时，展示新著《中国有能力养活自己》。本书由中国农业出版社2008年出版。（摄影：文晏）

2011年3月，作者在北京粮科大厦办公室工作。（摄影：文晏）

守望者之歌

——代序言

编完《守望粮食 30 年》，已是月上中天，顿感如释重担。楼外，夜空遥远，星汉灿烂，月光满院；楼内，白灯亮闪，沉思寂然，神驰遥远；耳畔，仿佛响起一首歌，一首守望者之歌！

这是一首时代之歌。吾生有幸，恰逢盛世。笔者作为改革的亲历者、收益者，一定意义上也算参与者，千载难逢好时光！当今时代的特征和精神，就是前无古人的改革开放。时代感召着改革者和守望者。“笔墨当追随时代，作品应展望未来”。作为有志投身于粮食改革开放事业者，决心“守望粮食不转移”。守望粮食，贵在守望粮改，重在促进粮业。屈指算，踏着时代的豪迈步伐，三十年粮食改革开放的沧桑风雨，给守望者以考验和洗礼；“壮士断臂”式的粮食改革的大潮大浪，给守望者增添无穷的精神力量；气吞山河的时代号角，不断鼓舞着守望者意气昂扬；国有粮食企业“凤凰涅槃”的炼狱新生，不断激励着守望者学习成长。时代哺育人，时代造就人；感恩时代，感奋时代；和着时代的强音，踏着时代的节拍，谱写出守望者对伟大时代的真诚热爱！

这是一首跋涉之歌。吾生幸福，天降任务，踏上跋涉的征途。跋涉，是不畏长途，甘受辛苦，坚韧不拔，持之以恒，坚守到底的过程。漫漫跋涉路，难免有苦累，但无后退；难免有意懒，但无厌倦；难免有难关，但有攻破难关的信念。这信念，犹如一盏亮灯照在前方，引领守望者日复一日、年复一年、无有穷期地不倦前行。跋涉征程，蜿蜒崎岖，险峰纵横，需要攀登、再攀登。跋涉的脚步，或深或浅、或强或弱，留下岁月的痕迹，踏出不灭的印记。“蓦然回首，白了少年头”。然而，“足踏千乡心底宽，心怀万户视野远”。阡陌逶迤延伸文思，五谷芳香启迪灵感。纵然山高路远，不倦跋涉景满眼。跋涉路上，足迹串串，汗珠点点；足迹似旋律悠悠，汗珠似音符点点，旋律和音符倾吐出守望者的真实心愿！

这是一首求索之歌。吾生有涯，而学无涯！面对波澜壮阔的粮食改革和创新的时代，层出不穷的新情况需要学习和研究，不断产生的新课题需要探讨和解读。伟大诗人向天呼号："路漫漫而修远兮，吾将上下而求索！"守望者应是不倦的求索者，必须具备坚韧的求学精神和品质。心怀一份良知，担当一份责任，追求一份真理，播撒予社会。古人曰："少而好学，如日出之阳；壮而好学，如日出之光；老而好学，如秉烛之明"。学习无止境，需要学习、再学习。守望者更需要弘扬"书山有路勤为径，学海无涯苦作舟"的求知精神，需要发扬"板凳宁坐十年冷，文章不写一句空"的求实学风；需要如切如磋，如琢如磨，弱水三千凝一瓢的求学态度；需要持之以恒，水滴石穿，八风不动，上下求索的求真毅力。守望岁月漫漫，荡游书海浩瀚；沉思消除寂寞，探索求解锁钥。纵然辛苦又寂寞，但辛苦中有快乐，寂寞中唱出求索的歌！

这是一首真言之歌。真知如金，真实金贵。在学风浮躁、学术浮泛的氛围中，贵求实、重求真更显得弥足珍贵。选编这本集子，"真言"贯穿于始终。所选文章，都是针对不同时期、紧密关系当时的焦点或热点而发的议论，或者是阐述当时需要采取的应对之策；抑或是就学术界争论的实际问题发表的真实的认识和见解。对所选百余篇文稿，除了文句上稍有修改之外，对学术观点未作任何改动和修饰，即呈现给读者的完全是作者当时所写的文章的原貌。掩卷静思，确感无悔：在求知与治学、作文与著述中，以"不奢每文是真理，惟求每言讲真话"为座右铭。本集所选文章，以真心为旋律，以真实为音符，以真谛为音响，抒发出真心、真言的颂歌！

这是一首感激之歌。人生应知感恩，常怀谢忱之心。俗话说，滴水之恩，当涌泉相报。在构建全面和谐社会的时代，"人人为我，我为人人，互帮互助"，是社会良知；"怀感恩之心，伸援助之手，表感激之情"，是为人美德。不管社会怎样变迁，也不管环境怎样变化，作为"社会人"的人，必然、也必须得到多方面的帮助和支持。完成《守望粮食30年》的编辑，心潮难平，充满感动：书里书外，深情丰盈；忠言直语，鸣响耳畔；良师益友，铭记心间。正是：相处之缘，难得难遇；相助之力，如及时雨。此时此刻，感恩之情，激荡洋溢，如淙淙溪流奔涌不息，流淌出守望人的谢忱之曲！

手扶百篇拙稿，心越卅年岁月，感慨"文章千古事，甘苦人自知"。我自知人微言轻，但一支柔弱的笔仍笔耕不辍。意何谓？一个公民的坚守而已：守住土地，守护农民，守卫安全。兹作《忆秦娥》，以志纪念。

忆秦娥

高楼月，
东窗沉吟守望歌。
守望歌，
享受寂寞，
攀登嵯峨。
万日冷凳费文墨，
无涯学海翻新波。
翻新波，
跋涉求索，
星河寥廓。

2010年11月中旬
于北京百万庄粮科大厦

目　录

粮 食 安 全 篇

产 业 创 新 篇

消 费 模 式 篇

学 术 交 流 篇

调 查 研 究 篇

他山之石篇

旅德农村手记

粮食基础篇

勿　　燥

近日读报杂感

"盲目"乐观风盛刮，
"晚生"未忘忧天下。
耳畔"过关"滚声浪，
眼前"捷报"闹喧哗。
"农政"务强基础观，
"粮策"更应益农家。
切勿燥动怀"忧患"，
"冷眼"现实善谋划。

1985 年 8 月中旬
于北京百万庄斗室

本文荣获孙冶方经济科学奖 1988 年度论文奖

关于我国粮食发展战略问题

粮食发展战略，是关系较长历史时期内、粮食发展全局的重大问题。粮食发展战略的研究，应具有全局性、科学性、实践性和指导性。从马克思主义社会再生产的原理出发，粮食发展战略的内涵不应只局限于粮食生产、粮食流通、粮食供给，消费也是其重要有机构成内容。近来，对我国的粮食供求形势，有人说“过剩”，有人则否定。见仁见智，莫衷一是。认识不相同，对策就各异。因此，有必要对我国粮食发展战略问题进行再探讨。我不揣浅陋，试提出一些拙见，以求教于专家、学者们。

一、正确估量粮情——制定粮食发展战略的前提

正确的粮食发展战略，来自对国情的正确估量，特别是来自对全国、乃至全球粮食形势的准确判断，来自对粮食在农村经济、乃至在整个国民经济中重要战略地位的充分认识。惟如此，提出的粮食发展战略才能具有全局性、科学性、实践性和指导性。

我国粮食形势发生转折性变化是在 1984 年。这一年，全国粮食总产量突破 4 亿吨大关，全国人均粮食占有量达到 393.5 千克。由于价格倒挂、流通不畅、消费受抑、仓容不足等原因，粮食领域出现了“卖粮难”、“储粮难”和“运粮难”等种种难题。面对这种形势，出现了两种截然相反的看法：一种看法认为，我国粮食已经出现“过剩”，并由此出发提出，对粮食生产应该“限产减产”的对策。另一种看法则认为，我国粮食形势虽然发生转折性变化，市场供过于求，出现了一定剩余，但并不是所谓的“粮食过剩”。如果价格理顺，货畅其流，消费适当增长，那么，这些粮食还很不充足。由这种看法出发，他们提出另一种对策：粮食生产决不可放松，必须保证其稳定增长。两种估计孰是孰非？两种对策，孰优孰劣？

对上述关系中国粮食发展战略抉择的问题，我认为，应该持慎重态度，不可陷入盲目。大量事实表明，我国的粮食并不“过剩”。其一，我国人均粮食产量还低于世界平均水平。全国粮食总产量虽居世界之冠，但人均粮食产量还未达到世界平均水平，比中等经济发展水平的国家还相差几百斤不等。1984

年以来，一些报刊、广播中宣传，说我国人均粮食产量已达到世界平均水平，这种说法是不确切的，或者说是一种误解。我国和世界粮食统计的口径很不一致，我国粮食统计的内容包括小麦、稻谷、玉米、薯类（2.5千克鲜薯折合500克粮食），以及大豆和其他杂粮（如高粱、小杂豆、谷子等）；而世界粮食统计的内容只包括谷物，即小麦、稻谷、粗粮（玉米、高粱等），大豆和薯类不包括在谷物中。因此，二者若要比较，需要先把粮食统计的口径一致起来。以1978年为例，世界谷物总产量为16.192亿吨，以世界人口44.3亿计，人均谷物产量为365.5千克。① 同年，我国谷物总产量3.483亿吨，以当年全国总人口10.25亿计算，人均340千克，比世界平均水平低25.5千克。② 1984年，世界谷物总产量为18.02亿吨，人均407千克；同年，我国谷物总产量3.943亿吨，人均357千克，比世界平均水平低50千克。如果以我国现行的粮食统计口径（即包括谷物、大豆、薯类）计算，那么，我国人均粮食占有量与世界平均水平相比同样有相当大差距。1983年，世界粮食总产量为18.52亿吨，人均418千克；同年，我国粮食总产量为3.873亿吨，人均378千克，仍比世界平均水平低40千克。1984年，世界粮食总产量为19.426亿吨，人均438.5千克；同年，我国粮食总产量4.073亿吨，人均393.5千克，比世界平均水平低45千克。所以不管按世界的谷物统计口径，还是按我国现行的粮食统计口径，我国人均占有量都低于世界平均水平。

其次，我国粮食生产水平尚低，且很不平衡。我国粮食生产科技水平不高，抵御自然灾害能力不强，丰歉受自然因素制约很大。在全国现有粮田中，大体有1/3是高产、稳产田，其余2/3还是中、低产田。由于各地的自然条件和经济发展水平的差异，我国粮食生产有“三个不平衡”：一是粮食生产地区结构很不平衡。目前，大体占全国耕地面积20%的长江中下游地区生产的粮食全国总产量的比重高达35%；而占全国耕地面积17.6%的西北地区生产的粮食不到全国总产量的5%。二是人均粮食占有量不平衡。从1981年到1983年平均，长江中下游地区人均占有量为407.5千克，居全国首位；东北地区为399千克，居第二位；华北、西南依次为326千克和330.5千克；华南、西北地区分别只有299千克和244.5千克，居全国末位。三是粮食品种结构不平衡。不同地区之间，往往是粗、细粮品种有余有缺。东北地区玉米、大豆有剩余，但是短缺大米和小麦；长江中下游地区大米虽多，但玉米和大豆不足；华

① 联合国粮食及农业组织：《商品回顾与展望》（1983—1984），罗马，1984年，第72、77、81页；农牧渔业部计划司：《世界农牧渔业经济统计资料》（1982—1983），第8～13页。

② 国家统计局：《中国统计年鉴》（1984年），中国统计出版社，1984年，第141页。

南地区大米盈余，但小麦、大豆和玉米则缺乏。同时，南方所多余的大米一般是低质的籼米。由于上述种种不平衡，造成我国此地粮多，彼地粮少；此种粮多，彼种粮少；低质粮多，优质粮少。加之受到交通运输能力“瓶颈”的严重制约，使地区、余缺、丰歉调节遇到困难，在局部地区造成似乎“粮食过剩”的假象。我们决不能以局部地区粮食有剩余就认为全国粮食已经“过剩”了。

再次，全国粮食消费水平还很低。目前，全国大多数地区基本解决了温饱问题。但这只是人们赖以生存的初级阶段。1983 年，全国人均主副食耗粮仅 284.5 千克，消费肉蛋鱼不到 20 千克。人均粮食产量达到 400 千克以上的苏、浙、鄂、赣、湘、川、辽、吉、黑等 9 省，人均主副食用粮也只有 326 千克，人均消费肉蛋鱼仍不到 25 千克。就总体而言，我国人民的食物构成仍然比较单一，农民的食物构成则更单一化。粮食消费是循序由低到高、由粗到细、由劣到优的客观规律发展变化的。在人们温饱问题解决后，必然由“温饱型”向“小康型”转变，肉蛋奶鱼等动物性食品的需求量必将逐步增加。而动物性食品则主要是粮食及其加工副产品通过动物的“有机工厂”转化而成的。所以，从发展的观点看，我国的粮食消费量还将大幅度增加，切不可只看眼前，不顾及未来发展。

更何况，目前全国还有一些自然条件恶劣的地区尚未完全解决温饱问题。要正确估量粮食形势，既要看到自然条件优越、经济发达地区的粮情，更要正视自然条件恶劣、经济落后地区的粮情。据粗算，南方人均口粮在 200 千克以下、北方在 150 千克以下、人均收入在 100 元以下的“老、少、边、山、穷”地区的人口还有 8 000 余万，约占全国农村人口的 10%左右。在数千万人口尚需解决温饱问题的情况下，何言粮食“过剩”之有？

其四，近几年大批进口粮在国内供求平衡中发挥了“挤压”作用。人们认为“粮食过剩”的一个重要依据是“储粮难”，仓容发生“危机”。不错，全国确有一些地区出现了储粮难现象。但冰冻三尺非一日之寒。导致出现部分地区储粮难的原因是多方面的。大体在 1983 年之前，我国粮食一直供求紧张，没有很多粮食可储，因而粮仓建设很不充足。1983、1984 两年粮食增产之猛出乎人们意料，因而，粮食仓储设施不足，加工能力不足，运输能力不足的矛盾就明显暴露出来了，导致了储粮难。恰恰在这一期间，按照与国外签订的粮食贸易协定，我国每年都进口大批粮食。从 1980—1983 年，平均每年净进口粮食 1 253.5 万吨，4 年总计净进口 5 000 多万吨。这样大数量的粮食，无疑对全国粮食形势、储存、调运产生很大影响，“挤压”了国内市场空间，加大了库存量。人们可以设想一下，如果没有这样大数量的进口粮，全国粮食状况又会是怎样一种供求平衡呢？粮食库存还会有这样大的数量吗？

最后，目前广大农民家庭的存粮还不很丰厚。在一个拥有10亿人口8亿农民的大国中，农民家庭粮食余缺状况对全国粮食形势影响极大。然而，目前多数农民不愿多存粮。在粮食集中产区和耕地多、人口多的地区，农民存粮稍多一些，而其他广大农村人均存粮仅在100千克上下。就多数情况而言，农户存粮还是一季赶一季，即一季不收还可度过，两季不收粮食就难接济，甚至在以夏粮为主的地区，秋粮不收可以过去，夏粮不收就无法接到新粮。这就是说，我国广大农村一般只有一季的存粮，底子还不厚实。占全国总人口80%的农民的粮食余缺状况，对整个粮食形势举足轻重，不可过于乐观，要有客观而准确的估计。还不可忽视的是，发展饲料工业和食品工业所需要的原料粮食远未满足。根据农牧渔业部的规划，1990年肉、蛋、奶、水产品的产量分别将达2 070万～2 410万吨、800万～900万吨、850万～1 100万吨和500万吨。实现上述产量目标，大体需要配、混合饲料1亿多吨，以含粮70%计，共需饲料粮食7 000多万吨。而目前全国为饲料工业提供的粮食仅有500多万吨，差额甚大。食品工业所需要的原料，特别是等级粉及名、特粮食品种目前供应也不很充足。但从预测看，这些领域所需求的粮食也必将大幅度增长，对此需要有清醒的认识。

根据上述几个方面的分析，我认为，我国粮食形势的确发生了转折性变化，人民生活开始由“温饱型”向“小康型”转变。然而，我国的粮食并不“过剩”。这是笔者对目前我国粮食形势的基本估计，也是对全国粮食发展战略进行研究的出发点。

二、稳定增产——粮食生产务必长期坚持的方针

从上述对全国粮食形势的基本估量出发，可以断言：对粮食“限产减产”是劣策，而保证全国粮食总产稳定增长方为良策。我们的方针应是，决不放松粮食生产，积极开展多种经营。在保证粮食生产稳步发展的前提下，使棉油麻丝茶糖菜烟果药杂各项经济作物和其他农副产品得到普遍增长。这是我国农业和粮食生产发展的正确战略方针。

粮食是治国安邦之宝。古哲人精辟指出：“食为八政之首”。它是人类生存和群众生活之源，是国民经济和工业生产发展的必要条件，是调整农村产业结构和开展多种经营的重要支柱，是稳定市场、安定人心的拳头商品，还是“足食强兵”、巩固国防、反对侵略战争的重要“武器”。因此，决不可忽视和放松粮食生产，必须保证其长期稳定增长。

所以如此，还是由粮食生产的特点和粮食消费现状决定的。粮食生产的一个显著特点是“进难退易”。人们常说“龙口夺粮”。它确实是在与风、霜、

雹、冻、旱、涝等自然灾害的斗争中取得的，增产如“爬坡”，减产如“滑坡”。粮食生产如逆水行舟不进则退，一旦滑下去需要花几倍的力气才能恢复上来。因此，我们一定要珍惜已有的成果，勿使来之不易的大好形势得而复失。就粮食消费来说，现在全国粮食消费的底子已经铺得相当大了，年消费粮食在 3.75 亿吨上下，每年增加的粮食消费量在 1 000 万吨以上。要保证供应，就必须增产粮食。事实很明显，饲料工业、食品工业开辟了粮食消费的新领域，每年将“吃掉”（即“转化”）大批粮食；转向新产业的大批农民由种粮人变为买粮人，粮食消费量将有增无减；全国人口每年自然增长至少有一千多万，需增加粮食消费 500 余万吨。如果粮食生产不能稳定增长，许多饲料厂就不得不关门，人们又不得不在供不应求中过日子。无疑，这会给国民经济和整个经济改革，乃至社会进步带来不利影响。

还不能不虑及的是严峻的世界粮食形势。据联合国粮农组织资料，在当今世界上，只有少数经济发达国家的粮食产量超过国内需求量；约有 75 个国家的粮食生产量可满足自身需要的 70%～80%；在亚非拉有 50 多个国家的粮食产量仅为本国需求量的 50%～80%，严重营养不良人口高达 5 亿多，特别是在干旱的非洲，10 年来人均粮食产量由 157 千克降为 123 千克。在世界 30 多个严重缺粮国家中，非洲占 24 个。当粮荒魔影在世界许多国家游荡徘徊的时候，怎能设想一个人口众多、农业基础脆弱的大国对粮食限产减产呢？所以，我们一定要保证全国粮食总产逐年稳定增产。这应成为当代中国坚定不移的粮食战略和策略。

（一）关于我国粮食发展的战略目标

在不久前，我国规划出发展的宏图远景：到 20 世纪末我国要达到小康水平；到 21 世纪的 2021 年，要赶上中等发展水平的国家；再过 30 年到 2050 年，要赶上经济发达国家。与这一伟大战略部署相吻合，我国粮食发展的战略目标也可设想分近期、中期、远期三个阶段。

作为近期目标，即到 2000 年，全国人口控制在 12 亿～12.5 亿，粮食总产量达到 5.1 亿～5.31 亿吨，人均粮食产量力争达到 425 千克。到那时，全国人均年收入七八百美元，即总体上可达到小康生活水平。再往远，即到 2021 年，作为中期战略目标，人均粮食产量达到 525 千克。到建国 100 周年、即 2050 年，作为远期战略目标，全国人均粮食达 600 千克。这里略作说明的是，对于粮食发展战略目标，不可定得太高，要确定得适当，要做到“三个协调”：与整个国民经济发展战略目标相协调，与农村经济发展水平相协调，与人民群众消费水平相协调。由此出发，粮食发展的定量目标也不可太高或太低，要定得适宜。以到20世纪末的粮食战略目标设想为例，从1986—2000年还有14年，以1985年的粮食总产量4亿吨为基数，需要增产粮食1.1亿～1.313亿吨，平均每年需增产785万～937.5万吨，以保证稳定粮食播种面积17亿亩[①]计，平均每亩每年增产4.6～5.5千克。建国以来34年，年均单产递增4.65千克。现在的农村政策、农业科学技术和生产条件都优于过去。因此，到2000年实现粮食总产量5.1亿～5.31亿吨的战略目标是可行的，但也是很艰巨的。那时候，人均年收入达到七八百美元，群众生活由“温饱型”转为“小康型”，那将是怎样一个生活水平呢？现在的京、津、沪三大市，大体人均消费粮食474千克（包括主副食用粮、工业用粮、种子用粮、饲料用粮和其他各项用粮），消费55千克上下的肉蛋奶鱼等动物食品。到2000年，全国粮食消费普遍达到或接近目前三大市的水平。我们认为，这就算总体上实现了小康生活的战略目标。这是一个切实的、有可能实现的目标。

（二）关于我国粮食发展的战略道路

在我国解决温饱问题之后，粮食生产要选择商品化、社会化的发展道路。商品生产是个历史的范畴。农业劳动者生产的农产品，除了满足自身需要外所剩余的那部分产品，才能作为商品进入流通领域。整个社会对粮食的需求主要依赖农业提供的商品粮的多寡。只有大力发展商品粮食生产，才能为农村产业结构调整创造前提，为国民经济发展打下基础，为我国粮食产业的发展开辟广阔前景。发展我国粮食的商品化、社会化生产，必由之路是提高其专业化水平。而建设商品粮基地，是其必要步骤。

近年来，在对粮食生产的种种非难声中，有一种否定商品粮基地的说法，认为建设商品粮基地的提法应废止，据说是它会引起“单打一”种粮的弊端。我们对此不敢苟同。所谓商品粮基地建设，是通过发展专业化生产的办法，变一定地区宜粮的自然、技术优势为粮食商品优势，一般都是以粮为主业，兼有多种经营。这无疑是扬长避短、发展专业化生产的有效途径。事实上，我国商品粮基地对全国粮食生产的发展做出了重大贡献。今后，继续坚持商品粮基地建设，依然不失为发展我国粮食生产商品化、社会化的宽广道路。当然，建设商品粮基地以粮食产业为主，并不意味着粮食产业就是一切，还要兼营其他适宜的农作物，更要利用粮食优势发展食品工业、饲料工业，使商品粮基地成为综合经营的现代化农业基地。建设商品粮基地，要求发挥中央、地方、农民等多方面的积极性，从而把分布在各地的“新、老、大、小”商品粮基地的建设

---

① 15亩=1公顷。

进一步提升上去。

国家要继续有计划、有步骤地抓好一批大商品粮基地，可设想采取“巩固老基地，建设新基地”的部署。目前，我国粮食主产区分布于南、北两大片：南片是苏、浙、皖、赣、鄂、湘、川7省；北片是辽、吉、黑3省。这两大片都是老商品粮基地。在“五五”期间，这10个省的粮食总产量占全国总产量的53%。在这两大片中，南片的特点是粮食稳产高产，但还有1亿亩低产田，单产比本地区低50～200千克。北片的特点是粮食产量不稳不高，但面积广阔，潜力巨大。因此，巩固提高这些老商品粮基地，在南片下大力改造中、低产田，提高科学种田技术；在北片搞好品种布局，提高抵御灾害的能力。其中把重点放在三江平原、吉林中部、鄱阳湖、洞庭湖、江汉平原和淠史杭灌区等6个地区的118个县、市。如果把这里的1.4亿亩耕地建设成高产稳产的农业基地，那么，对全国商品粮食的增产具有举足轻重的作用。

与巩固提高老商品粮基地同步，要下大力建设一批新商品粮基地。这可设想选择条件较好、提供商品粮能力潜力大的中产地区，如豫中南、苏北、皖北、赣中等4个地区，共82个县、市，5 600万农业人口，9 000多万亩耕地，目前粮食商品率大体在20%上下。这里大型水利工程已基本建成，具有一定物质技术基础，再进一步搞好水利维修配套和建立健全技术推广与良种繁育体系，那么提供的商品粮可大幅度增加。另外，要积极创造条件，逐步在西北地区建设一批商品粮基地，如甘肃的河西走廊、青海的柴达木盆地、宁夏河套灌区及内蒙古、新疆的宜粮农区等，共74个县，4 600万亩耕地，1 160万农业人口。上述9片新商品粮基地，共包括156个县、市，1.36亿亩耕地，6 760万农业人口。即使是只把部分中产田提高为高产田，把部分低产田提高为中产田，到1980年就可增产粮食1 900多万吨，对全国粮食和农业的发展具有重要战略意义。此外，地方各省、区也要自力更生建设一些中、小片商品粮基地，如商品粮县、商品粮乡等。如果相关省、区各自建设15～20个商品粮基地县，每个县逐步达到增产商品粮4 252万千克，那么每年就可增产750万～1 000万吨商品粮食。可见，在有条件的地方自力更生建设一些中、小片商品粮基地，对改变缺粮地区供求紧张状况、减轻运输压力和增强调整农村产业结构实力的作用也不可小估。

在党的农村政策的春风中，农村专业户如雨后春笋般出现在中国大地。粮食专业户为我国商品粮食生产的发展开辟了一条新路。粮食专业户有利于发挥自然优势、技术优势，提高规模效益和经济效益，生产的专业化和商品化程度较高。国家对粮食专业户在经济政策、资金、物资和技术上应实行扶持政策，如优先贷款，优先供应生产资料，优先供应良种，优先收购粮食产品，优先培训技术等。总之，国家要采取多种措施促进粮食专业户提高集约经营水平，提高粮食商品率，提高经济效益，开创出专业化的、种粮致富的路子。

（三）关于我国粮食生产的战略方针和措施

“决不放松粮食生产，积极开展多种经营”，这是我国粮食和农业发展的战略总方针。现在要注意全面、准确、完整地贯彻实施。

在这里，需要正确处理国内粮食生产和国外进口粮食的关系。我们认为，在人口众多、经济贫穷、农业脆弱的中国，解决粮食问题应以自力更生为主。这应成为坚定的、长期的方针。中国已拥有10.3亿人口，差不多世界上每4个人中就有一个是中国人，其粮食需求量之巨大令人惊叹，世界上没有哪一个国家能供应得起。正在进行“四化”建设的我国，需要大量资金，没有那样大的财力靠买粮吃养活自己。何况，我国港口吞吐能力有限，交通运输很不发达，大量进口粮食，卸不下，运不走，且运费昂贵，国家财政负担沉重。更不可忽视的是，长期大量进口粮食，会打击国内农业和粮食生产，导致粮食生产的萎缩。因此，我们一定要保持清醒头脑，坚持自力更生为主，排除单纯依赖吃进口粮的懒汉思想。

为保证我国粮食持续稳定增长，除采取正确的战略方针之外，还必须采取必要的战略措施。

第一，尊重农业规律，提高粮食地位。近年来，提倡农村种养加全面发展，农工商综合经营，总的形势是令人鼓舞的。但是，一些地方也出现忽视客观经济规律、放松粮食生产的倾向。在农村经济的三个层次中，第一层次种植业是基础，但是一些地方不能总揽农村经济全局，单纯追求“无工不富”，而忽视“无农不稳”，出现“离农倾向”（确切地说是“离粮倾向”）。农民感到种粮“不光彩”、“无能耐”，对种粮兴趣降低，粮田面积骤缩，物资投入减少，水利设施失修，作物管理放松，甚至出现撂荒田，把主业变成了“副业”，所有这些要引起高度重视。在农村经济的大系统中，种植业是第一性的，是基础。农村产业结构调整不能离开这个基础，“无农不稳”就是这个道理。如果忽视第一性生产，任“离农倾向”发展下去，势必引起农业、特别是粮食生产逐渐萎缩，回到粮食供不应求的时代，那么农村产业结构的调整和整个国民经济就失去稳定发展的前提。因此，调整农村产业结构要遵循客观经济规律，量力而行，扎实前进。

近年来，一些沿海地区积极试验“贸—工—农”型农村产业结构。这种新型产业结构的特点，就是从市场、特别是从国际市场的需求出发，发展本地具有优势的加工业，再按照这种需要发展农业。这是一种创汇农业。我们不要求这些地区非要粮食自给不可。然而，要清醒意识到，建立"贸—工—农"型农村产业结构是一个经济发展过程，需要稳步进行，不可操之过急，转弯太陡。同时在转变过程中，必须要有可靠的粮源和足够的运粮能力，把新型产业结构置于牢靠的基础上。还不要忘记，粮食生产也是这些地区的一大优势，仍需要适当安排，利用多余劳动力抓紧抓好。

中外经验反复证明，优先发展农业，抓紧粮食生产，是治国安邦、振兴经济的良策。当前需要澄清对粮食生产的种种模糊认识，充分肯定粮食的重要战略地位，把粮食产业抓紧抓好。

当然，这绝不是意味着粮食就是一切，片面抓粮食。相反要合理调整种植业结构，把以粮食和经济作物为主的二元结构，改为粮食、经济作物、饲料作物、园艺等构成的多元结构。对于不适宜种粮的土地，还要逐步退耕还林、还牧。从而，既保证粮食生产稳步增长，又保证粮食和经济作物、多种经营协调发展。陈云同志明确说过："无农不稳"、"无粮则乱"；又说："粮食还是第一位。人不吃饭、牲口不喂料，是不行的。"[①] 因此，在全面发展农业生产中，要理直气壮地抓紧粮食生产。要重申农业是基础、粮食是基础的基础的观点。这一农业经济的客观规律，我们只应该尊重它，遵循它，运用它，而不能忽视它，否认它，违背它。

第二，保证战略重点，增加农业投入。党的十二大已经确定，农业是国民经济发展的一个战略重点。经济战略重点的发展，必须有物资投入作保证。农业和粮食生产是一个物质循环和能量转化过程，必须创造一定的生产环境和条件，提供扩大循环的物质基础。

1. 增投能量，培肥地力。在农田投入和产出关系中，肥料作用明显。国外分析，在影响农作物产量的诸因素中，土壤肥力的作用占60%。因此，增加能量投入，科学施肥，保持地力不衰至关紧要。贬低化肥的观点是片面的，要把有机肥和无机肥相结合，互相补充，在广辟有机肥源、扩大绿肥面积的同时，仍要大力发展化肥生产。当然要讲究科学施肥和提高肥效。要取得高产，必须合理增加无机能的投入量。据北京农业大学的典型调查，粮食亩产200千克以下、200～275千克、275～400千克以及400千克以上的耕地，无机能的投入量依次为3.6亿焦耳、8.1亿焦耳、13.6亿焦耳、25.4亿焦耳。又据有关部门按照农业发展计划的需要推算，到20世纪末至少需要化肥1.2亿吨，并把氮、磷、钾的比例改善为1∶0.5∶0.2。同时还要改进施肥技术，把化肥

① 陈云：《经济形势与经验教训》，《三中全会以来重要文献选编》（上），人民出版社，1982年，第565页。

利用率由30%～35%提高到45%～50%。

2. 兴修水利，发展灌溉。水利是农业的命脉。在我国耕地构成中，水田、水浇地、旱地分别占25.5%、22.6%和51.9%。我国旱地农业占一半以上，称为“雨养农田”。受灌溉水因素的制约，产量低而不稳，但潜力巨大。重视发展旱地农业，提高单产，战略意义极为重要。然而，发展旱地农业决不可放松农田水利建设。我国干旱和半干旱地区占国土总面积的53%，高于世界平均水平的35%。在湿润和半湿润区受季风影响，降水和径流的时空分布极不平衡，夏秋多，冬春少；南方多，北方少，可说是最大的生态不平衡。改善这种状况的战略措施在于“南水北调”，平衡南北水资源；挖掘现有水利设施的内部潜力，提高水利用率。全国279座大型水库，设计灌溉面积13 000万亩，实际达到有效灌溉面积仅9 300万亩，还有近4 000万亩的灌溉潜力。黄河下游灌溉工程控制面积2 400万亩，目前实际灌溉面积只有1 600万亩。同时一般地区灌溉水的利用率只有35%，若达到先进地区55%的水平，便可增加1 000亿立方米的供水能力。如果通过完善配套，更新修复，挖掘潜力，合理用水，土地灌溉面积在现有基础上有可能扩大2亿亩，对全国农业和粮食生产将发挥巨大作用。

3. 重视生物技术，发展工程技术。生物技术是新的世界技术革命的重要内容之一。它将开辟农业和粮食生产的新前景。我国必须迎头赶上世界以生物技术为核心的农业新科技革命的浪潮，发展生物高新技术，占领其制高点。然而，要注意解决好生物技术与工程技术的关系。现在有一种看法，认为生物技术的出现，可使农业跳过“石油农业”阶段，常规工程技术已经过时。我们认为，农业和粮食生产是能量转化过程，不投入能量就无法扩大转化。以新的生物技术培育出的良种，需要更多的肥料、灌溉等物资投入，因此，生物技术不能否认、代替常规工程技术（电气化、化肥化、机械化、水利化）。工程技术的实质是增加电能、机械能、矿物能的投入，加速农业和粮食生产的物质循环。因此，有选择地、稳步地、因地制宜地发展农业电气化、化肥化、机械化、水利化，使生物技术与常规工程技术相辅相成，互为补充。

4. 增加农业投资，加强农业基础。我国的农业和粮食生产基础还很脆弱，承受风险的能力有限。因此，必须不断增加投入，不断加强和壮大农业粮食的基础地位。宁可压缩一些可以缓建的工业基建项目，也要尽力、尽快增加农业投资，在注重兴办大型农业工程项目的同时，还要发展对农业粮食直接发挥效益的小型水利工程。例如南水北调，完善水利灌溉系统，改造中、低产田，建设防风林带，发展商品粮基地，以及重大科研项目等，以加强农业粮食的“双基础”地位。

目前，我国农业总投资占全国投资总额的比重越来越减少："一五"时期为7.1%；"二五"时期为11.3%；1963—1965年为17.7%；"三五"时期为10.7%；"四五"时期为9.8%；"五五"时期为10.5%；1981—1983年为6.2%（1983年仅仅为6.0%）。[①] 对于我们这个如此巨大而基础薄弱的农业国，目前农业（包括农、林、水利、气象）的投资额仅占6.0%，的确是太少了。我们认为，应该稳定增加对农业和粮食的投资，以加强作为战略重点的农业基础。对此既要量财，又不要太惜财，而是积极的用财。

第三，严禁滥占耕地，保持足够粮田。马克思曾赞成这样一句名言："正像威廉·配第所说，劳动是财富之父，土地是财富之母。"[②] 我国的耕地本来有限，然而乱占耕地现象十分严重和普遍。从1957—1983年，全国净减耕地2亿亩，平均每年减少800万亩，25年间，人均占有耕地减少44%（当然，其中有合理占用部分）。近几年，全国每年平均减少耕地都在千万亩以上，其中有相当部分是非法占用，随意扩大滥占面积，甚至出租买卖，致使我国农业丧失掉最宝贵、最基本的生产资料。诚为痛惜！

与此同时，我国粮食种植面积逐年缩减（当然，其中部分是合理调减）。从1979—1984年，粮食播种面积共减少11 555万亩，平均每年减少1 926万亩。1985年，缩减幅度最大，据各地上报数比上年减少播种面积6 900万亩。这对全国粮食增产带来严重不利的影响。可以这样说，在农业科学技术未取得根本突破以前，粮食增产还需要足够的粮田面积做保证。因此，凡适宜种粮的土地，除经济作物集中产区之外，还主要应该优先安排种植粮食作物。因为只有宜粮地区的粮食总产量上去了，才能为非宜粮地区提供退耕还林、还牧或从事其他多种经营的条件。这一点应当有清醒的认识。按照粮食消费需求和生产条件预测，今后若干年时间内，全国粮食种植面积宜稳定在17亿亩上下，这是达到20世纪末粮食生产战略目标的重要物质基础。为了珍惜耕地资源，要严格管理制度：对于合理占用耕地，要严加控制；对于非法滥占耕地，要予以制裁；对于宜粮良田，更不许可挖塘或荒废。总之，要把珍惜和合理利用每一寸土地作为基本国策。

第四，调整经济政策，提高粮农收益。稳步提高粮农收益，是稳定增产粮食的保证。然而，目前粮农收益低、负担重，已成为阻碍生产发展的消极因素。现在解决种粮农民经济收益低的问题是必须考虑和提上日程了。首先，要从粮食和经济作物协调发展的角度出发，研究调整粮食和经济作物的比价问

---

① 国家统计局：《中国统计年鉴》，中国统计出版社，1984年，第307页。

② 马克思：《资本论》（上），人民出版社，1975年，第57页。

题。合理的比价是调节粮食和经济作物协调发展的调节器。其二，对粮农投入的生产资料进行适当补贴。在目前条件下，其办法可采用粮肥（化肥）、粮油（柴油）挂钩，每卖50千克粮食，补助一定量化肥等农业生产资料。其三，狠煞不合理摊派，减轻粮农负担。现在农村中按地亩、按人口摊派费用，名目之多，令人吃惊，一般有20多项。有一个省清查结果，从1988年至今，上级下达的向农民征收费用的文件达54个之多。有些地方，粮农辛苦一年，卖的粮食还不够各项扣款，许多农民只得到一纸白条。苛捐杂税、社会负担如此繁重，不仅影响粮农的经济收入，而且已经严重影响到党群和政群关系，已到非解决不可的时候了。我们认为，农村的有些公共事业不能单靠农民集资，否则社会上千万只手伸向农民，他们（尤其是粮农）承受不了，真的“活不下去”。国家应研究建立起乡财政，把农民的负担限制在合理的、最低限度内，以保护农民种粮积极性。

第五，完善服务体系，确保社会生产正常周转。伴随农村自给、半自给经济向社会化、商品化生产转变，日益迫切需要建立和完善农村服务体系，因为它是农业和粮食商品生产赖以发展的条件。大体说来，所谓农村服务体系就是通过一定的组织形式和服务形式，为农民提供直接、间接的服务，以解决他们无力办、办不好、或办起来不合算的事情，以确保粮农扩大再生产的顺利进行。中国农村如汪洋大海，农户分散、众多，物资不足，信息不灵，流通不畅，知识不高，迫切需要提供多功能的服务。为此，应建立多成分、多层次、多形式的服务网络，除充分发挥农村供销社、国营粮食商业的服务作用外，要大力提倡农民以合作形式开展自我服务。服务的内容自然应广泛多样：从生产过程说，可以是生产环节上的单项服务，也可以是直接生产过程的服务，甚至可以扩展到产前、产中、产后的系列化服务；就服务内容而言，既有经济领域的服务，又有科技、文化等各领域的服务。就具体内容说，包括资金信贷、物资供应、产品加工、商品运销、市场信息、技术辅导、决策咨询等等。以粮食来说，从种到收、从购到销、从运到储，乃至加工都需要大量的、完善的服务，如良种、化肥、农药等生产资料的供应，防病、治虫、抗灾等作物保护，以及先进技术传播，水利灌溉，商品收购、运销、加工，等等。建立完备的农村商品生产服务体系，满足粮农（特别是专业户）对物资、资金、供销、储藏、加工、运输、科技、信息等再生产过程中的各种需要，会大大提高粮农的劳动生产效率、经济效益，也会大大提高粮食专业化和商品化水平。

三、灵活流通——实现粮食发展战略的关键

粮食流通，处于生产和消费的中介地位。生产决定流通，流通反作用于生

产，甚至在一定条件下具有决定作用。在向现代市场经济过渡的条件下，粮食流通具有更加突出的地位和作用。基于此，重生产、轻流通的传统观念自然应加改变。因此，在我国粮食发展战略中，搞活粮食流通是关键一环。

从50年代以来，我国的粮食流通基本上是建立在自给半自给农业基础上的“统管型”。现在已具备实现由“统管型”变为“管理经营型”的战略转变的客观条件。随着以家庭经营为基础的农业承包责任制的实行，广大农村开始了由传统农业向现代农业、由自给半自给经济向较大规模商品生产的“两个转化”；农业和粮食生产力大幅度提高，全国粮食年生产能力已达4亿吨上下；农村经济结构已开始由单一的农业经济向多元化综合经营发展；农村商品流通也今昔巨变，由封闭式的独家经营转变为开放式的多渠道经营；粮食流通渠道还很不顺畅，价格倒挂，补贴巨大，物流仓储落后，使本来并不算很多的粮食，却发生这样那样的难题。这些说明，我国在50年代形成的粮食流通体制，已不适应发生深刻变革的80年代的中国国情和对粮食流通日益提高的需要，必须由“统管型”转变为“管理经营型”。

（一）改粮食统购为实行合同收购

发挥过重大历史作用的粮食统购统销，现在不仅无法解决粮食流通中的种种难题，而且会使难题愈来愈多。因此，它将逐步走向削弱、直至完成历史使命，退出历史舞台。这是一个必然趋势。然而任何一项大改革都是一个复杂的、逐步渐进的过程。实行30余年的粮食统购统销，群众和干部已经习惯，在精神和物质条件不具备时一下子宣布予以废止，其结果只会事与愿违，不是“活”，而是“死”，甚至带来社会的不安定，影响经济体制改革的稳步进行。鉴于此，我主张，既不能因循死守统购统销的老路，又不可一夜间全部取消指令性计划，而完全由市场调节其生产和交换，当前应该改粮食统购为实行合同收购与市场自由收购相结合的粮食收购体制，逐步缩小指令性计划的范围，扩大自由收购部分。这种收购体制比较符合我国当前农业生产力水平，也符合“要有步骤地适当缩小指令性计划的范围，适当扩大指导性计划的范围”① 的原则。1984年实行的粮食“合同定购”，是目前国家计划指导和调节粮农生产的一种好形式，方向是正确的。但由于时间仓促，干部没经验，农民也不习惯，所以出现一些新情况和新问题。现在应对粮食“合同定购”加以完善。

1. 关于名称和合同的签订。我认为，“合同定购”的提法易引起混淆和误解，改“合同收购”更确切。关于粮食收购合同的签订，应该尊重农民意愿，

① 《中共中央关于经济体制改革的决定》，人民出版社，1985年。

坚持自愿、协商，使得到生产自主权的农民，也具有商品的销售自主权。

2. 关于合同收购数量。国家的粮食合同收购量，可按照量出为入、以销定购、留有余地的原则加以确定。如果用一个简单的公式加以表示，即为：

$$H=K+G+C+W+H+T$$

式中：H 为国家合同收购数量，K 为城市人口口粮，G 为医药、酒精、化工等工业用粮，C 为必要储备粮，W 为外贸出口粮，H 为自然损耗粮，T 为必要调节粮。

依据这个公式计算，近年内国家年合同收购粮食量以 700 亿～750 亿千克为宜。合同收购计划是指导性计划。在自愿、互利基础上签订的收购合同，双方要维护合同的严肃性，保证认真履行。

3. 关于合同收购的品种。不分品种大小，产区广狭，用量多寡，一律都搞合同收购，既无必要，也没益处。从全国范围讲，国家现在只对小麦、稻谷、玉米、大豆（主产区）等四大品种实行“合同收购”，其余粮食品种全部放开，完全由市场调节，这是缩小指令性计划范围的积极方针，不宜再增加合同收购品种。当然，在有些省份内以高粱、谷子为主要粮食品种，也可允许进行变通。

4. 关于合同收购范围。国家只在主要粮产区实行合同收购，而对粮食基本平衡区，特别是对“老、少、边、山、穷”地区免购，以支持这些地区休养生息、发展经济。如果这些地区的农民有余粮、并要求出售给国家，粮食部门可按规定价格收购。

（二）尊重价值规律，逐步理顺粮价

粮食，从生产领域一跨进流通领域的门槛，就由产品跃变为商品，就要求按照价值规律组织其流通。目前我国的粮食价格体系有多种弊端：一是购销价格倒挂；二是没有质量、季节、地区差价；三是粮食与经济作物比价不合理，粮价偏低；四是粮食价格管理体制太死。这种价格体系下的粮食价格，既不能反映价值，又不能反映供求关系，更无法体现粮食企业的经济效益。现在，搞好搞活粮食经营的关键，是运用价值规律理顺粮价。

关于目前粮食价格体系的改革，可设想建立三种价格：计划购销价格、自由购销价格、保护价格制度。

1. 计划购销价格。实施粮食计划收购价格取代基数计价法，并实行比例计价法，是现阶段的一项改革。粮食计划收购价格要逐步、合理提高。这既兼顾国家和农民利益，又克服新、老粮食产区负担畸轻畸重的问题，还简化了多而杂的粮价和繁而冗的手续。鉴于在农业生产资料等提价后粮农收益降低的新

情况，从有利于发展商品粮生产出发，应采取措施保护粮农利益。至于粮食计划销售价格，也应当逐步理顺，可提高到收购价、加管理费用、再加上微利的售价水平。这样，粮价便由倒挂变为顺价，粮食企业就可获得盈利，摘掉“老亏损”帽子，粮食部门的经营积极性就可大大提高。在粮食计划购销价格中，还要实行合理差价，即地区差价、质量差价、季节差价。

2. 自由购销价格。凡国家粮食部门计划购销范围以外的粮食，其购销一律实行自由价格。就是说，按照价值和市场供求关系，随行就市，自由协议，灵活作价。简言之，要逐步扩大粮食的市场调节范围，以市场供求关系为主决定粮食价格。

3. 保护价格制度。为防止“谷贱伤农”，保障粮食稳定增长，要建立粮食保护价格制度。国家按照中等土地的粮食生产成本确定起码的、不使粮农蚀本的保护价。当粮食的市价低于最低价格水平时，国家以保护价格收购农民的粮食。特别是，要对粮食主产区和大宗粮食品种实行保护价制度，以确保全国粮食生产稳定增长，避免大起大落。

4. 粮食和经济作物比价。要做到在不同条件下、生产的品种众多的粮食和经济作物产品间的比价完全合理绝非易事。但为了发挥价格杠杆的调节作用，协调农业全面发展，必须把粮食和经济作物的比价调整到大体合理的水平。目前粮价偏低，必须加以调整。据湖南益阳地区 5 个县 17 个村的 89 户农民产品成本核算表明：1984 年，稻谷每亩所得利润仅 12.25 元，而棉花为 67.23 元，黄麻为 151.3 元，养鱼为 167.5 元，苎麻为 254.23 元，柑橘为 363.36 元。这种比价不合理的状况必须加以改变。特别要严格限制农业生产资料价格的过快、过高增长。

粮食价格体系的改革是攻关和攻坚。它关系国与民，产与销，城与乡，范围广，难度大，意义深。因此，对这项改革的态度一定要积极，方案一定要周密，步子一定要稳妥，相关的改革一定要同步，务求攻关必胜。

（三）实行粮食包干，建立区域平衡

按照粮食调出、调入、自给三种类型的省（自治区、直辖市）实行粮食包干，并分散自主决策，是把责、权、利相结合是粮食流通转向“经营型”的重要步骤。

实行粮食包干的基本做法是：按照调出、调入、自给三种类型的省（自治区、直辖市），中央把粮食购、销、调、存和财务指标分别包下去；不留敞口，真正包死；包干外调入部分，由地方财政补贴；中央只管包干以内的粮食数额，包干以外由各地分散经营决策，分散承担风险。

实行粮食包干政策，在目前条件下具有明显的好处：它既有利于对粮食进行宏观控制，又有利于微观搞活；也有利于稳步调整农村产业结构。实行粮食包干后，各地在调整农村产业结构时可根据粮食供应能力通盘考虑，对农村产业结构调整的规模、速度等做出最佳抉择；还有利于粮食生产的稳步发展。实行粮食包干、一定三年，把国家对粮食需求的信息（包括数量、品种、价格、时间等）及早传递给农民，从而使农民按照国家和市场需求安排生产，使之适销对路。尤其是，包干外的粮食，各地还可发展横向经济联系。例如，广东、福建、浙江等沿海地区发挥本地自然和区位优势，发展经济作物生产，收入增加。那么，他们在包干以外所需要的更多的粮食，则可以由他们从增加的收入中拿出一部分资金到临近或其他余粮省区，以双方互惠的价格购买粮食，从而既不增加国家负担，又使产粮地区的粮农得到平均利润，还使缺粮地区有了粮源，可谓一举几得。

在实行粮食包干的基础上，进一步建立全国粮食区域平衡，具有战略意义。我国幅员辽阔，自然条件异常复杂，交通运输又相当落后，缺粮地区尤为闭塞。事实证明，粮食远距离大调大运，不仅消耗巨量能源，而且加重国家的财政负担，是得不偿失的。1981 年，全国通过铁路运输的粮食就达 342.5 亿千克，花运费 10 亿元以上。有的边远山区，甚至有粮调不进，费九牛二虎之力调进去后，群众又吃不起（按目前价格计算，500 克小麦运进西部有些边远地区价格达 0.5 元以上）。然而，我们也不能重复过去那种不讲条件要求处处粮食自给的做法。兼顾上述两方面特点，我认为，建立全国粮食区域平衡的格局，是一个对中国粮食发展有深远意义的战略部署。这里所说的全国粮食区域平衡，其基本构思是，通过发展粮食生产，合理布局，改革流通，逐步实现粮食生产的地区分布与需求相平衡或基本平衡。为了实现区域平衡的构思，要逐步创造必要条件，其中很重要的是增强粮食运输、装卸能力。例如，可设想建立从东北到华南的海上运输线和长江运输线，以发挥水路廉价运输的优势，把东北的玉米、大豆运往南方，把南方的大米运往东北和华北，以及在其他地区间进行必要的调节和交流。

（四）国家储备要合理，农村藏粮要充足

在粮食流通中，丰歉、余缺、地区、季节调节的经常性和普遍性，决定了建立粮食储备的重要性和必要性。古今中外，都有“储粮备荒”、“储粮备战”的传统。在人口众多、幅员辽阔、自然灾害频繁、农村分散的条件下，需要建立多种形式的粮食储备。

1. 合理的国家储备。建立国家粮食储备，是保证全国市场供应、特别是

应对严重灾难和保障非常时期粮食安全的战略措施。但是，同任何事物都要有“量”的限度一样，粮食储备既要充足，但也不是多多益善。粮食超量储备，不仅要大兴土木，多盖仓库，多招职工，加大损耗，加大成本，而且储期过长还会导致粮食陈化、品质下降，可以说使“财富”变成了“包袱”。但是，国家粮食储备也不可缺量，必须充足。

那么，国家粮食储备量以多高为合理储备呢？按照联合国粮农组织规定，世界粮食储备至少要相当于当年粮食消费量的17%～18%（约相当于世界两个半月的消费量），并把这一数量定为世界最低“粮食安全”水平。从我国国情出发，联合国粮农组织的规定额显然太低，需适度提高。大体看来，在遭到严重自然灾害的条件下、能保证接到新粮这段时间内的国家粮食安全的储备量，即为合理储备。我认为，现阶段国家需要建立5 000万吨的粮食储备，如果为防止特大突发性灾害，可增加1 000万～1 500万吨储备量，总计建立6 000万～6 500万吨的储备规模。当然，国家战略规模是动态的，在必要时可以适当增加。为了掌握粮食主动权，确保国家粮食安全，可以把国家粮食储备大体划分为三条线：

安全线——10个月的粮食储备

警戒线——7个月的粮食储备

危险线——5个月的粮食储备

2. 充足的农村储备。现在，农民不愿多存粮的现象相当普遍，国家应当提倡藏粮于农村。我国农村广阔分散，农民数量众多，交通运输不便。因此，只有农村处处存粮，在有事之秋才能解燃眉之急。农户存粮以满足自身需要为主要目的。全国拥有近2亿农户，如果每个农家存上够吃一年的粮食，那么，全国农村就可储备二三千亿斤粮食。因此，要把藏粮于民作为国家粮食储备的战略方针的重要内容。国有粮食企业可以为农民提供粮食“代储”的服务。

这样，合理的国家储备与充足的农村储备相结合，构成国家完整的粮食储备方针，就会使国家掌握粮食主动权，在任何异常情况下都能立于不败之地。

（五）开拓国际市场，扩大粮食贸易

伴随粮食生产商品化、社会化程度的不断提高，必然愈来愈需要更广阔、更遥远的粮食市场，也需要与国际粮食市场相联系。不仅开展粮食贸易，而且还可以进行资源配置。当然，在人口多、耕地少的我国，不可能出口巨量粮食。说我国可成为粮食出口大国，也是不切实际的。

然而，这绝不是奉行闭关自守政策的理由。我们相信，进行正常的国际粮

食贸易，让本国的粮食商品跨入国际市场去接受竞争和核算，有利于提高产品质量，也有利于调节品种和提高技术。事实上，我国粮食品种多，资源广，优势大，许多名特品种粮食在世界上享有盛誉，杂粮更是独占鳌头，在国际上拥有传统的、广大的市场。例如，我国大米就曾输出到国外100多个国家和地区。现在，只要我们恢复老市场，开拓新市场，每年出口几百万吨粮食是不难做到的。这对搞好粮食经营、促进粮食生产发展也是一个有战略意义的措施，只要积极进取，勇于开拓，扩大出口，增加收入，是大有作为的。

四、适度转化——合理消费是促进粮食发展的动力

消费，是社会再生产的大循环过程中有机的一环。生产与消费，是对立的统一。没有生产，就没有消费；但没有消费，也就没有生产。因为如果离开消费，生产就会失去目的，就会与社会需要脱节，而“跟满足社会需要脱节的生产是会衰退和灭亡的”。[①] 事实证明，粮食消费力薄弱，造成销售市场缩小，而“谷无销路”比“谷贱伤农”更伤农。因此，重生产、轻消费的传统观念是一种形而上学的观点，至于一方面“限产减产”，另一方面又抑制消费，就更不是马克思主义的经济政策了。

长期以来，在我国占主导地位的粮食消费观念是缩食节衣。在粮食短缺、供求紧张的条件下，注意节约粮食无疑是对的。但把在特殊历史条件下的非常措施当作一种不变的指导方针就行不通了。在节衣缩食的观念下，往往设关布卡，紧统严管，节制销售，重口粮，轻转化，更未虑及合理改善群众食物结构问题。我们认为，现在已经到了转变传统粮食消费观念、伴随生产发展适度鼓励、提高粮食消费能力的时候了。

转变传统观念，适当扩大粮食消费的广阔途径在于进行粮食转化。有人认为，是因为粮食多了，才搞转化。这种看法不全面。所谓粮食转化，就是通过现代科学技术的方式，转变粮食形态、结构和品质，从而提高其使用价值和价值，满足人民日益增长的消费需要。粮食转化基本上有两条途径：一条是以粮食为原料加工面条、糕点、饮料、果糖及各种方便食品等，使居民家务劳动社会化；另一条是把粮食与其他蛋白质、矿物质、添加剂等成分一起加工成配、混合饲料，通过畜禽鱼的“有机工厂”，进而转化出肉、蛋、奶等动物性食品。当然，还有其他工业转化途径，如生产淀粉、酒精等。

粮食转化，经济社会效益极大。通过深度加工和综合利用，可充分开发利用粮食资源，同量的粮食可生产出更丰富的产品。例如，把粮食加工成配合饲

---

① 斯大林：《苏联社会主义经济问题》，人民出版社，1961年，第60～61页。

料，饲养效益可提高20%～30%。目前，每年全国社会饲料用粮达5 000万吨上下，若全部加工成配、混合饲料，提高饲养效益，即相当于6 000万～6 500万吨粮食的使用价值。尤其是，伴随着粮食转化，在农村必然兴起饲料加工、食品加工和畜禽饲养等一系列新产业。新产业的建立和发展，必定会燃起新经济增长点，吸引大批农民转移从业和投资方向，促进农村商品经济全面发展，必将产生如下结果：一是大批以新业为主业的农民需要购买粮食和粮食转化的其他食品，从而扩大了粮食消费市场；二是农民增加收入，不靠国家补贴也有钱购买粮食和其他食品。这样，就从更高层上为我国农业、粮业，乃至农村经济振兴增添内在的、持久的动力，同时也为促进和刺激粮食生产的发展开拓一条根本途径。

当前，粮食转化的规模迅速扩大，改善食物构成的呼声日益增高，这是可以理解的。但是，按照我的看法，粮食转化的规模和速度要适中，食物构成的改变要科学，不可陷入盲目。世界上各个国家因条件不同，食物构成千差万别，但基本上可分为两大类型：一类是以动物性食物为主、植物性食物为辅的食物构成，另一类是以植物性食物为主、动物性食物为辅的食物构成。两种食物构成孰优孰劣？我们认为，都不能简单加以肯定或否定，而是各有长短和优劣。人们改变食物构成的唯一目的在于，保证人体正常发育，延年益寿，精力充沛，从事劳动。因此，人类应采取科学的食物构成，吸取上述两种食物构成的优点而摒弃其缺点。现在世界上以动物性食物为主的国家，越来越感到这种食物构成不仅有多种副作用，而且都是以大量粮食为基础的。大体算来，每生产1吨肉、蛋、奶，大约需要消耗粮食及其副产品5～7吨。美国、加拿大、西欧等一些以动物性食物为主的国家，人均年消耗粮食在850～1 000千克，而我国人均占有粮食不到400千克。粮食生产的高度决定改变食物构成的限度。因此，那种完全效法西方、追求以动物食品为主的食物构成的主张是不科学、不可能的。适合中国国情的食物构成，应该是以适量谷物、豆类为基础，适当增加肉、蛋、奶、鱼等动物性食物，而不是盲目照搬和模仿西方。这里还要附带提出的是，与我们对改变食物构成的基本看法相一致，粮食转化也要适度。所谓适度，就是说粮食转化、即粮食加工业的规模和速度，要与粮食生产发展的水平相适应，不可一哄而起，到处建厂进行粮食转化，结果酿成“无米之炊”。这是不能不加以预防的。

本文对新的历史条件下我国粮食发展战略进行了再探讨。当我正要完成这篇研究文章的时候，传来了陈云同志《在中国共产党全国代表会议上的讲话》。他精辟地指出：“对于粮食生产，我们还是要抓紧抓好”。“现在有些农民对种粮食不感兴趣，这个问题要注意”，“十亿人口吃饭穿衣，是我国一大经济问题，也是一大政治问题。‘无粮则乱’，这件事不能小看就是了。”这段重要讲话，向全党、全国人民再次指出粮食在国民经济中的重要战略地位，对我国农业和粮食生产的发展，具有久远的战略指导意义。我觉得，把这段精辟的讲话作为这篇粗浅研究的结束语，是再好不过了。

原刊于《河南粮食经济》，1985 年第 5 期

本文获得中国商经学会优秀论文一等奖

试论粮食在我国农业发展战略中的地位

农业，广义地讲包括农林牧副渔五业，是国民经济发展的基础。我国拥有10亿人口8亿农民，长期以来以农立国，研究农业的发展战略具有头等重要的意义。粮食是农业中最重要的产品，研究农业发展战略决不能忽视粮食问题。本文试图对粮食生产在我国农业发展战略中的地位进行一些探讨，以求教于理论界和粮食同仁。

一、粮食在新的历史条件下仍然具有基础作用

粮食在农业发展战略中的重要地位，是由它在客观上具有的、不可否认的基础作用决定的。

马克思主义关于物质生产和人口生产的两种生产理论阐明，粮食是人类赖以生存的首要条件，是社会发展的重要基础。从当今中国和世界的实际状况看，粮食在人们的经济生活中仍然是举足轻重的。首先，粮食是人民最基本的生活资料，不论从事哪项事业都必须首先解决好吃饭问题。在我国，粮食是人们的主食。据计算，目前我国人民摄取热量的80%、蛋白质的50%～60%是由粮食和植物油提供的。其次，粮食生产的发展水平和增长速度对多种经营的发展具有很大的约束力。能否合理安排粮食生产，协调粮食与多种经营的比例关系，对农业发展关系极大。第三，粮食是国民经济许多部门不可缺少的基本原料。例如，食品工业、调味品工业、制糖工业、酿酒工业、淀粉工业、饲料工业，以及制药工业、纺织工业、化学工业等都需要大量粮食作原料。这说明，粮食还是重要的生产资料。第四，粮食是稳定市场、稳定物价的关键性商品。粮食局势和粮食价格是否稳定，是市场是否稳定的主要标志之一。正所谓“粮食稳，市场稳，粮食定，天下定”。第五，粮食是备战备荒的战略物资。我国地域广大，自然条件复杂，差不多每年都有局部地区遭受旱、涝、风、雹等自然灾害。因此，我们必须以丰补歉，防备灾荒。从巩固国防的意义上讲，只有建立雄厚的粮食储备，才能足食强兵，在未来可能发生反抗侵略、保卫祖国的战争中立于不败之地。第六，粮食还是国际贸易的大宗货物之一。在国际外交斗争中，粮食成为重要的“武器”。在广大第三世界国家中，都把争取粮食

自给视为发展民族经济的战略任务。上述的一切说明，粮食在整个国民经济中起着极其重要的作用，特别在我国农业发展战略中具有举足轻重的地位。

值得注意的是，有些理论工作者在研究我国农业发展战略中，对粮食在农业中的战略地位认识不足，对粮食和多种经营之间的辩证关系考虑不周，对我国的国情、特别是全面的粮情研究不细，因而提出一些带有颇大片面性的主张，值得很好商讨。例如，对建国以来农业生产的成就估计不足，说我们的农业是“以粮为纲，全面砍光”。这种观点是不符合历史事实的。我们并不否认，我国农业粮食发展中曾出现过严重的失误与教训。但是，研究我国农业的发展战略如同研究其他一切问题一样，不能割断历史，应该从我国的具体条件出发，对其发展（包括粮食生产）作出全面分析和正确估价，以便在研究农业发展战略时得到正确的前提和出发点。

大家都知道，开国之初，全国经济残破，农业凋敝，粮价暴涨，民不聊生。1949 年，全国耕畜比战前最高水平减低 16%，大农具减少 30%，粮食总产量降低到 74.6%。[①] 在那严峻的历史关头，全国各族人民在党的领导下，坚韧不拔地进行了卓有成效的斗争。到第一个五年计划结束的 1957 年，全国粮食总产量比 1949 年增长 1.5 倍，棉花增长 4.2 倍，其他林牧副渔各业也有一定发展。可惜的是，50 年代末受到“左倾”错误的干扰，加上 60 年代初的严重自然灾害和苏联社会帝国主义的背信弃义，直至“十年动乱”，给我国包括粮食生产在内的整个国民经济带来严重损失。但即使在这样的条件下，我国粮食生产仍然取得很大发展。1979 年的粮食总产量比 1949 年增长 2.93 倍。这一成就远远超过了与我国条件差不多的国家所取得的进展。

有的同志可能会争辩说，建国以来，粮食生产虽有发展，但只注意了抓粮食，忽视了多种经营，还是“以粮为纲，全面砍光。”我认为这种看法也不完全符合实际。新中国成立后，总的看，我国的农业方针是根据社会主义基本经济规律和国民经济有计划按比例发展，对农业的客观要求而制定的。当然，由于各个时期国民经济形势和任务不同，农业生产方针的提法和侧重点也有所不同。一般而言，国家在强调粮食生产的同时，也一定程度注意到发展多种经营。党和政府多次明确指出：发展农业生产必须“以粮为纲”，同时积极发展经济作物；在发展粮食的同时，必须发展林业、牧业、副业、渔业，做到五业并举。在上述方针指引下，我国农业不仅在粮食生产方面取得了巨大成就，而且也取得了林牧副渔和经济作物的相当发展。1979 年与 1949 年比较，农业总

① 李书诚：《三年来新中国农业生产上的伟大成就》，刊载于《三年来新中国经济成就》，人民出版社，1953 年，第 13 页。

产值增长 2.7 倍，平均每年增长速度 4.2%（高于日本的 2.7%，苏联的 2.5%，美国的 1.9%，联邦德国的 1.8%）；粮食增长 1.9 倍，棉花增长近 4 倍，油料增长 1.5 倍，糖料增长 7 倍多，生猪增长 4.5 倍，羊增长 3.3 倍。值得提出的是，国家不仅建设和扩大了一大批商品粮基地，而且也新建和扩大了棉花、甜菜、甘蔗、橡胶、茶叶等多种经济作物生产基地。由于林牧副渔和经济作物的增长速度比粮食更快一些，因而使历史上遗留下来的不合理的农业内部结构也得到一定程度的改变。以 1979 年的农业总产值的构成与 1949 年相比较，种植业所占的比重由 82.5%下降到 66.9%，而林业则由 0.6%上升到 2.8%，牧业由 12.4%上升到 14%，副业由 4.3%上升到 15.1%，渔业由 0.2%上升到 1.2%。

当然，在肯定建国以来发展农业生产、特别是粮食生产的明显成绩时，也必须指出，在农业粮食产业领域，确有多种失误，是有深刻历史教训的。首先，离开了生产关系一定要适合生产力性质的基本原理，生产关系的变革太急促、太频繁。长时间的“左”的农村政策和吃“大锅饭”，搞平均主义分配，严重挫伤了广大农民群众的积极性，使农业生产受到影响。其次，以农业为基础的方针没有得到很好的贯彻。在生产建设中，说的是“农、轻、重”，实际做的是“重、轻、农”，对农业投资偏低，对农副产品、特别是商品粮进行不等价交换，导致增产不增收、出现高产穷队，影响了农民发展商品粮的积极性。再次，在生产指导上违背了因地制宜的原则，忽视自然规律，毁林开荒，围湖造田，破坏了生态平衡，加重了农业内部结构的不合理状况。特别在“十年动乱”期间，“四人帮”时而叫嚷粮食“颗粒无收也不要紧”，时而把多种经营当作所谓的“资本主义尾巴”，要求统统砍掉，破坏党在农村的各项政策，使粮食和多种经营都遭受空前摧残。党的十一届三中全会以来，拨乱反正，解放思想，放宽农村的经济政策，实行农业生产责任制，逐步调整农业内部结构，制定了“决不放松粮食生产，积极开展多种经营”的正确方针，使全国农林牧副渔开始走上全面发展的轨道。总之，只有实事求是地肯定成绩，也实事求是地总结教训，才能真正发扬成绩，吸取教训，为制定我国农业发展战略提出有益的意见和建议。

在研究我国农业发展战略的文章中，还有的研究者提出，要效法西方，改变我国人民的食物构成，认为动物性食物（肉、蛋、奶）消费多了，粮食的消费量就会减少，粮食生产可以相应减少，腾出耕地、劳力、资金及其他生产资料，用于多种经营，发展畜牧业。这种看法也是很不全面的。大量事实证明，不管何种形式的食物构成，粮食在人类食物中的基础作用仍然是不容置疑的。这个道理不难理解。应该看到，所谓肉蛋奶等动物性食物是由粮食和其他植物性原料经过畜牧业“有机工厂”加工转化而来的。目前，全世界每年用于生产肉蛋奶等动物性食物消耗的粮食量达5.6亿吨以上，而饲料粮消耗数量多的国家，正是肉蛋奶消费量高的国家。像美国、加拿大、联邦德国、法国以及西欧其他国家都属于这种类型。美国每人每年直接消费的粮食确实不多，大体只有63千克上下，然而，消费的肉蛋奶的数量很高，为生产这些肉蛋奶耗用的粮食量高达845千克以上，两项合计达到908千克。加拿大、法国、联邦德国的情况与美国类似。上述情况表明，在以动物性食物为主、植物性食物为辅的食物构成中，粮食的耗用量不是减少，而是大大增加了，粮食的基础作用依然不能改变。这里，还要明确强调，食物构成要从科学观点出发。科学的食物构成应能提供人体健康发育、精力充沛地从事各项活动所需要的各种必要营养成分。而且，由于民族不同，历史传统不同，自然条件不同，生产发展水平、群众消费水平与生活习惯不同等原因，所以，各个国家和各个民族的食物构成是极其复杂和差别很大的。从科学原理出发，对以植物性食物为主和以动物性食物为主的食物构成都不能简单地加以肯定或否定。有些文章过分宣扬以动物性食物为主的食物构成，同时又不适当地否定以粮食和其他植物性食物为主的食物构成，是缺乏全面考虑和脱离我国国情的。

综上所述，粮食不仅在过去，就是在现今的条件下仍然起着基础作用，在农业中占有首要地位。这是不以人的意志为转移的客观规律。我们在研究农业发展战略的时候，只能尊重规律，而不应该否认它、违背它。

二、发挥我国农业中的粮食优势

研究和制定我国农业的发展战略，要注意扬长避短，发挥优势，合理利用自然资源，充分挖掘各方面的潜力。近几年来，在农业生产中贯彻执行发挥优势的政策，大兴“山水之利”，开拓平原、草原、丘陵、山地、江河湖海，促进了农林牧副渔五业的全面发展。这一卓有成效的经济政策，无疑是完全正确的，必须坚持下去。

发挥优势，归根到底是要坚持辩证唯物主义的认识论，以自然规律和经济规律为依据，考虑整个国民经济的综合平衡。优势是相对的、变化的，在局部地区看来是优势，在全局看来就不一定是优势。优势又是多方面的，既有多种经营方面的优势，也有粮食生产方面的优势。因此，在研究我国农业发展战略时，要从全局出发，既充分发挥多种经营方面的优势，又不忽视发挥粮食生产方面的优势。

历史悠久的中华民族具有精耕细作的优良传统，积累了丰富的经验。粮食是中国农业中一大优势。就全国而言，除了以林为主、以牧为主、以渔为主和经济作物集中产区外，其他农区要积极地坚决地发挥粮食优势，把粮食放在主要地位抓紧抓好。

发挥粮食优势，要努力提高单位面积产量。这是增加粮食总产量和提高农业劳动生产率的重要途径。因此集中足够的人力、水力、肥力，把宜粮耕地的单产提高一步，对粮食增产意义很大。建国以来，我国粮食单产有很大提高。以 1976 年为例，我国粮食平均亩产 245.5 千克，比同年美国的 208.5 千克、加拿大的 151.5 千克、法国的 226 千克还高。但是，目前全国大约有 5 亿亩低产田，如果使其中的 1 亿亩，每亩产量提高 50 千克，即可增产 500 万吨粮食。同时，全国有四五亿亩的中产田，具有一定灌溉条件和基础，大力提高这部分农田的单产，可以取得投资少、收益快、增产多的效果。总之，靠精耕细作和科学种田，提高单位面积产量，是我国农业粮食产业的主攻方向。不过，由于我国农业生产力还相当低，抗御自然灾害的能力不强，因而粮食增产不能不受到多种因素的影响。我国农业收成大体是“三、四、三”，即十年中大体有三年丰收、四年平收、三年歉收。因此，为保证粮食总产有稳定的增长，在提高单位面积产量的同时还必须保证足够数量的粮田面积。对于宜农、宜粮耕地，还是应该以种植粮食为主。据国外农业科学家计算，相同面积的宜农耕地经营种植业要比经营畜牧业效益大。据玛克斯·米尔纳尔计算，每公顷宜农耕地种植大豆，每年可生产蛋白质 640 千克，种植玉米可以生产蛋白质 457 千克，种植小麦可生产蛋白质 274 千克，养蛋鸡产蛋可生产蛋白质 65 千克，养奶牛可生产蛋白质 59 千克，养肉牛可生产蛋白质 51 千克。这些数据对于如何科学、合理地利用宜农耕地是有启发和决策依据意义的。

发挥粮食优势，还要加速建设好一批商品粮基地。如三江平原、松嫩平原、华北平原、江汉平原、洞庭湖平原、鄱阳湖平原、太湖平原、江淮平原、成都平原、珠江三角洲等，总计近 200 个县。这些地方土地肥沃，气候适宜，经济发达，交通便利，生产粮食历史悠久，生产比较稳定，粮食商品率较高，都具有建设商品粮基地的良好条件。把这些商品粮的集中产区建设成现代商品粮基地，建设成稳定的“大粮仓”，对平衡全国粮食供求，把农业搞活，促进多种经营的开展有重大的战略意义。当然，建设商品粮基地也应因地制宜、分类指导，除了实行以粮为主或以粮豆为主的方针外，同时也要开展多种经营，使农林牧相互结合，还要从实际需要出发，发展现代农产品加工业，把商品粮基地建设成我国现代化的农业基地。

发挥粮食优势，还要注意发挥全国国营农场的作用。我国国营农场机械化程度高，物质技术装备雄厚，劳动生产率高，是农业战线一支生力军。到 1979 年底，全国共有国营农场 2 000 多个，其中，以粮食和经济作物为主的农场占48.4%。农作物总播种面积为8 758万亩，其中，粮食作物（不包括大豆）占60%。可见，全国国营农场是农业和粮食生产的重要基地。

总之，发挥粮食优势关系到农业发展的全局和国民经济发展的全局。在研究我国农业发展战略时，必须把这个问题放在应有的重要地位认真考虑。

三、正确处理粮食和多种经营之间的辩证关系

在农业生产内部各个部门之间是互相关联、互相制约、辩证统一的。任何经济部门都不能脱离其他部门而孤立存在，更不可能孤军突起。粮食生产固然是发展多种经营的物质基础，但它本身也不能脱离多种经营而发展。粮食生产和多种经营是我国农业发展的两翼，只有双翼齐举农业才能前进，粮食生产也才能开拓新的前景。因此，研究中国农业发展的战略问题，必须从粮食和多种经营之间的辩证关系出发，确定两者适当的发展规模、发展速度、发展比例及发展布局，才能收到良好的效果。

粮食和多种经营之间有相互促进的一面，也有争生产资料、争劳力、争耕地面积，相互矛盾的一面。如果只看到前一方面，在制定农业发展战略时就可能操之过急，不能量力而行，提出的方案不切国情。如果只看到后一方面，或者把二者的矛盾绝对化，就会产生"粮食没过关，多种经营没法搞"的错误想法，顾此失彼。这两种情况都应当避免。

如前所述，我国农业内部的畸形结构已有一定程度的改变，但是尚未从根本上扭转，仍然存在不合理、不平衡的情况。1978年全国农业总产值中，种植业产值占67.8%，林牧副渔各业产值总计占32.2%。在种植业中，粮食的比例占到70%。这种不合理的农业内部结构，给农业生产的进一步发展带来了困难。因此，积极发展多种经营，就提到当前日程上来。

积极发展多种经营，可以建立良好的生态体系，防风防沙，保水保土，调节气候，创造农业粮食持续、稳定增产的良好环境条件；可以使社员增加收入，在资金、肥料和机械等方面对粮食生产起保障和促进作用；可以大兴"山水之利"，开发和利用荒山、草原、水面、林地和山区等自然资源。目前全国有林地18亿亩，草原43亿亩，海洋渔场81万平方海里，海水可养面积740万亩，淡水可养面积大约7 500万亩。这些草原、林地、荒山、水面都是发展经济作物和多种经营的广阔天地。积极开展多种经营，还可以为轻工业提供多种多样的原料，生产更多的消费品，满足人民的需要；可以提供更多的出口物资，创造更多的外汇收入；还可以安排农村剩余劳力，向生产的深度和广度进军。目前，在粮食和多种经营之间的关系上有两种看法值得商榷。

一是，"粮食没过关，多种经营顾不上"。这种看法是不对的。诚然，我国

目前粮食并不宽裕，粮食供求矛盾仍然紧张，这种状况在短期内不可能有根本的转变，对开展多种经营当然是一个限制。但这决不是说，只有等到粮食过关后才能开展林牧副渔和经济作物的生产。相反，二者必须协调发展。应当看到，我国具有开展多种经营的有利条件：其一，粮食生产有一定的基础，可以提供更多的商品粮，保障人们最基本的生活需要；其二，全国有开展多种经营的优越自然条件，利用这些条件可以大有作为；其三，广大农村有大量的能工巧匠，具有开展多种经营的丰富经验和悠久传统；其四，有正确的政策，这是搞好多种经营的根本保证。因此，人们决不可片面强调粮食生产，而要在保证粮食稳定增产的基础上，大力开拓和发展多种经营。这样做，反而会促进粮食产业的振兴。

二是，把粮食当作多种经营的一个项目。这就是最近人们提出的“大粮食”观点。据解释，所谓“大粮食”，“即凡是能吃的东西，都应该看作是粮食。除了上述禾本科作物外，还有花生、豆类、水果、蔬菜以及木本粮油——茶油、板栗、核桃、大枣、柿子等，特别是产生热量较高的肉、蛋、奶、鱼、虾等，都应看作是粮食的主要组成部分”。① 我认为，这种“大粮食”观点是不妥当的，降低了粮食的重要地位。

诚然，提出“大粮食”观点的主观愿望是良好的，是希望从多种途径解决人民的食物问题。这是具有重要意义的。但是，“大粮食”作为一个科学概念则欠周密。首先，容易引起混淆。“大粮食”与多种经营的概念不同。多种经营是指与粮食生产相互依存、互相促进、而又各具特点的林牧副渔各业及经济作物，概念严密，明确无误。而按照“大粮食”观点，把粮食与许多多种经营项目混在一起，实际上是把粮食视为多种经营的一个项目。这样，使本来清清楚楚的概念变得混淆不清了。其次，它打乱了国内外基本一致的农业分类体系。目前国内外在分类上采取的是从总到分、从一般到具体的逻辑系统。总的把凡是能为人类食用的产品统称为“食物”或“食品”。从一般到具体，食物又细分为粮食，诸如稻、麦、玉米、高粱、谷子、豆类等；植物油，如大豆油、花生油等；食糖，如甘蔗糖、甜菜糖等；水果，如各种仁果、核果、浆果等；蔬菜，如直根、块茎、绿叶、菌类等；肉类，如猪、牛、羊和各种禽肉等；饮料，如茶叶、可可、咖啡等。这样的分类体系既表达了各种食物的共同属性，又表达了它们各自的特征及相互间的区别，早已约定俗成，为大量政策文件、科技文献和人民群众所沿用。而“大粮食”观点打乱了这些概念。再次，它脱离我国当前的国情。从目前我国的经济发展水平、群众消费水平的状

① 侯学煜：《什么叫“大粮食”、“大农业”观点？》，《人民日报》，1981年6月10日。

况看，还只能以粮食作为主食，以畜牧产品和其他农副产品作为副食。而“大粮食”观点把作为人民主食的粮食和作为副食的农副产品视同一般，不分主次，不分缓急。从这种观点出发，就不能制定出农业内部各个部门之间的正确比例关系，也不能正确确定扩大再生产的规模和速度。相反，倒是有可能导致“自由种植”，脱离国家计划指导，使农业结构产生新的不平衡。第四，它低估了禾本科粮食的营养价值。按“大粮食”观点看来，大米、小麦、玉米是只能“满足热量的淀粉粮食”，这是不符合食品营养科学的。不错，禾本科粮食的主要成分是碳水化合物，是人体需要热量的主要来源。但是，谷物化学家分析证明：粮食成分中除淀粉外，还含有丰富的蛋白质（8%～12%），脂肪（1.5%～4%），矿物质（1.5%～3%），水分（11%～14%），此外，还含有多种维生素，是B族维生素的重要来源。这些丰富的营养成分对保证人体需要具有重要作用。也有人说，“大粮食”观点也就是“大食物”观点。这种解释更欠妥当。如前所述，“食物”即泛指各种能为人类食用的产品，是一个集体名词。这已经是一个最广的含义，难道还有什么可吃的东西没包括进去吗？本来清清楚楚的概念，牵强地加上一个“大”字，实在是有些多余。那么，采用本来意义上的粮食概念，是否必然会阻碍其他类食物的发展呢？未必。问题又回到粮食和多种经营的辩证关系上，只要正确处理好二者关系，是完全可以做到互相促进，共同发展的。

结论是：只有正确处理粮食生产和多种经营之间的辩证关系，坚持粮食的基础地位，才能真正充分发挥各方面的优势，使地尽其利，人尽其才，物尽其用，使粮食和多种经营全面、稳定、持续发展。毫无疑问，这是研究我国农业发展战略的一个根本问题。

原刊于《经济研究》，1982年第8期

十亿人口的吃饭问题仍然是头等大事

——必须注意发挥我国的粮食优势

目前，全国农业战线都在想优势，找优势，许多优势在掩盖中被发现，在沉睡中被唤醒，特别是过去受到忽视的经济作物和多种经营的优势受到了重视，并得到一定发挥。这对于改变我国农业内部结构、改善生态平衡、促进农林牧副渔的全面发展，增加农民收入都具有重大意义。可以说，这是关系我国农业发展前途的根本大计，是很必要的。

扬长避短，发挥优势，是一项新政策，在贯彻执行过程中自然会出现新的情况，需要我们及时地研究。近年来，粮食作物种植面积不断下降，1980 年粮食作物种植面积比 1979 年减少五六千万亩。这中间，有一部分是合理调整，是需要的。但是，粮食种植面积在短期内大幅度减少的情况，应该引起我们的注意和重视，以便正确处理粮食优势和经济作物及多种经营优势之间的关系，保证我国农业、粮食全面顺利地向前发展。

粮食是特殊商品，是人们必须的生活资料之一。民以食为天，我国十亿人口的吃饭问题是第一件大事。粮食又是稳定市场、保证建设的最重要的物资，如果粮食的供应无保证，粮食的价格不稳定，那么整个市场就不可能稳定，国家建设就无法正常进行。粮食还是发挥农林牧副渔优势的前提条件和重要保证，粮食上不去，其他优势就很难发挥。但是，粮食生产目前在我国还是严重的短线。全国按人口平均的粮食占有量大体徘徊在 300 千克左右，有的地方仅有 200 千克，每个农民每年提供的商品粮只有 45 千克。据 1978 年统计，全国平均每人占有粮食只有 318 千克，比发达资本主义国家的平均水平少一半多，比全世界平均水平也少 100 千克。目前全国还有近 1 亿人口的地区“吃粮靠返销，花钱靠贷款”。总之，粮食问题关系到全国人民的切身利益，关系到巩固安定团结的政治社会局面，关系到整个国民经济的发展。从全国当前的实际情况出发，我国农业在农林牧副渔全面发展中，还必须把粮食放在主要地位。也就是说，我们必须把发挥我国广大地区客观存在的粮食优势，作为一项战略任务抓紧抓好。

实践证明，经济作物和多种经营优势的发挥，无不受农业提供商品粮能力的制约，粮食是关系国民经济全局的、举足轻重的头等大事。粮食增产幅度大，农业内部结构调整的步子就能加大。反之，就会缩小。浙江省从本省的实际出发，在国家计划指导下，注意发挥粮食和经济作物两个优势。近年来，这个全国第一个粮食单产超千斤的省，进一步把粮食这个“拳头”产品搞上去，保证了各方面对粮食的需要。他们用15万吨粮食去支援山区发展茶叶等经济作物，用5万吨粮食解决棉农口粮，使茶叶、蚕茧、棉花等经济作物的发展得到了保证，产量也上去了。与此相反，粮食上不去，群众口粮不足，经济作物和多种经营的优势就很难发挥。

目前，在注意发挥经济作物和多种经营优势时，适当调整一部分粮食作物种植面积是需要的。但是，一般不宜大幅度减少粮田的面积。如果把有限的耕地大量改种经济作物，忽视10亿人口现时吃饭问题的当务之急，会使粮食和经济作物两败俱伤。因此，从全国范围看，目前必须稳住粮食阵地，除统一安排的棉花、油料和糖料之外，粮食作物种植面积不宜再减少。同时，实施退耕还牧、退耕还林、退耕发展经济作物的措施，也要分别情况，逐步进行，不可“一阵风乱退”。总的看，我们应注意在粮食总产每年都有稳定增产的基础上，积极发展经济作物和多种经营，促使后者在农业总产值中所占的比重更快地增长。事实上，幅员辽阔的我国，要发挥“山水之利”，是可以在不与粮争地的前提下发挥经济作物和多种经营优势的。我国广大的国土上有许多地区是“七山一水二分田”。全国的草原、草山和草坡的总面积就比耕地面积大3倍多，至于草原、林地、荒山、江河湖海等的总面积，比耕地面积更不知大多少倍。这些自然条件具有发展经济作物和多种经营的巨大潜力，但现在尚未充分开发利用。如果加以开发利用，完全可以做到粮食和经济作物及多种经营两种优势都得到发挥。

发挥粮食优势，如同整个农业生产一样，一靠政策，二靠科学，三靠投入。政策对头，便能调动起广大粮农的生产积极性。尊重科学，技术先进，便能用正确的方法大大提高农业生产力。这里，还要谈一点拙见，除靠政策、靠科学之外，国家还要对粮食生产加大投入。在当前，特别要全面正确地贯彻执行党中央关于发展农业的两个文件，继续解放思想，放宽政策，进一步肃清“左”倾路线的影响。要坚持按客观经济规律办事，采取有效措施，增加粮农经济收益，解决普遍存在的粮食高产而“集体空，社员穷”的问题。目前一些地区粮食作物的收益低于经济作物收益。据调查，湖南省亩产502.5千克稻谷纯收入只有13元；广东省每亩稻谷纯收入只有蚕茧、甘蔗的十分之一；湖北省每亩稻谷纯收益只有4元，而棉花高达96元；山东省经济作物成本比粮食作物低50%，纯收入却高1倍。这种价格与价值背离的状况长期继续下去，必然损害粮农的利益，挫伤他们的生产积极性，不利于粮食生产的发展，不利于商品粮基地的建设，不利于粮食优势的发挥。为了解决这个问题，一方面，粮食生产者在提高单位面积产量的同时，要千方百计降低粮食生产成本；另一方面，国家在综合平衡中也应逐步解决“谷贱伤农”的问题，采取有效经济措施，保证粮农增产增收，使他们靠发挥粮食优势也能致富。

发挥粮食优势，需要加快我国商品粮基地的建设。建设商品粮基地，是支援全国把农业搞活、促使农林牧副渔全面发展的重要战略措施。我国有广大的肥田沃土，气候适宜，雨量丰富，加之农民群众有种植粮食作物的悠久传统和精耕细作的经验，具有建设商品粮基地的得天独厚的优越条件。像东北的黑龙江省，人少、地多、土肥，有一定降雨量，交通也方便，在这里扬长避短建设好商品粮基地，大幅度提高劳动生产率和粮食商品率，使之真正成为我国的“北大仓”。当然，建设商品粮基地也不是单打一，除主要发挥粮食优势外，宜林、宜牧、宜渔的地方也要注意多种经营的发展，从而逐步地把商品粮基地建设成为我国现代化的农业基地。

发挥粮食优势，特别要注意发挥我国主要粮食作物的优势。水稻、小麦、玉米、杂粮等在我国粮食生产中都占有重要地位。水稻的种植面积和总产量在全国都占首位。南方13省、自治区、直辖市是我国水稻集中产区，水稻播种面积占这里粮田面积的53%以上，稻谷产量占粮食总产量的70%上下。无疑，水稻是南方的一大优势。小麦在我国夏粮生产中占主要地位。在70年代的10年中，每年增产350多万吨，有5年增产500万吨以上，占全年粮食增产数量的一半。我国黄河、淮河、海河和长江中下游流域的广大地区，在气候、土壤等自然条件方面都适宜种植冬小麦，可说是这些地区的一大优势。此外，东北的玉米、大豆、高粱，华北地区的玉米，北方和西北边疆地区的杂粮等都闻名于世。对发挥我国主要粮食作物的优势，发展我国粮食生产具有重要作用，应给以足够重视。

值得提出的是，要发挥粮食的优势，目前还需要端正一些思想认识：

一个问题是所谓效法西方，改变食物构成，可以减少粮食消费，从而不必把粮食放在主要地位。且不说这种看法是否符合我国国情和有利于人体健康，就这种看法本身而言，就是很不全面、脱离实际的。事实证明，离开粮食的基础，改变食物构成只能是画饼充饥。以动物性食品为主的美国、加拿大、法国和联邦德国，每人每年直接消费的粮食大体在65千克，而每人消费的肉蛋奶所需要的饲料粮高达700～900千克，合计每人每年消费粮食在750～1 000千克之多。可见，采用动物性食品为主的食物构成，不是减少、而是大大增加了粮食消费量。

另一个问题是，现在有些论者把希望寄托在国家多进口粮食上。在有利的条件下，我们进行正常的国际贸易，进口一部分粮食作为辅助是有益的。但是，我国决不可片面依赖进口。其理由有二：一是我们国家大，人口多，还很穷，必须确立自力更生为主、进口为辅的解决吃饭问题的基本国策；二是目前世界粮食趋于短缺，在国际市场上买粮难，粮价高。自从 1972 年以来，世界粮食形势发生了转折性变化：粮食由第二次世界大战后的“过剩”变为短缺；粮价由稳定变为上涨；粮食库存由增加变为减少；粮食成为国际间政治外交斗争的武器；加上世界人口迅速增加，所以世界粮食生产赶不上消费增长的需要。面对这样的世界粮食形势，拥有 10 亿人口的我国，自然不可依赖粮食进口，而必须开源节流，发挥我国的粮食优势，掌握好本国的粮食主动权。

综上所述，因地制宜发挥优势是发展我国农业的一项正确方针。过去，强调抓紧粮食生产是对的，但忽视经济作物和多种经营，是个严重教训，应该汲取。现在，注意强调发挥经济作物和多种经营的优势是必要的，但要防止从一个片面走向另一个片面，就是说，也必须注意发挥我国的粮食优势。上述两种优势全面发挥，会使优势更优。否则，会使优势变劣势。这是当前我国农业内部结构调整中应辩证地处理好的一个重要问题。

原刊于《光明日报》，1981 年 1 月 17 日

中国必须掌握自己的粮食主动权

在调整农村产业结构的过程中，有一种意见认为，中国粮食问题的解决可以不受国家商品粮食供应能力的制约，粮食不足不必虑，可以从国外市场进口。说什么“手中无粮不用怕，外国有个加拿大”。这种说法的理论称，这是国际农业专业化分工的必然趋势。问题尖锐地提出来了，人们有无可能利用大洋彼岸的余粮来调整中国农业和农村产业结构呢？回答是否定的。这是由国内、国外客观条件决定的。

首先，要看到中国粮食总消费量将大幅度增长，没有哪个国家和地区能够长期、稳定供应。

当今中国，已拥有10.3亿人口，粮食需求居世界之首。在国内绝大多数人已基本解决温饱问题之后，口粮需求增长的弹性已不太大，但饲养业和食品业的粮食需求弹性却很大。对此要有足够的估计。从发展的观点预测，中国的粮食是患不足，而不是患剩余。中国不需要、也不必与西方经济发达国家相比，要求人均粮食占有量达到美国、法国、加拿大等国那样高的水平。但是，就是以苏联和东欧国家的标准来衡量，中国的人均粮食占有量和消费量都还是低水平的。苏联和东欧国家提出粮食过关的基本标准是：①能满足本国人民的口粮需求；②能满足畜牧业发展所需要的饲料粮；③能建立起合理的储备，做到以丰补歉。进入80年代后，这些国家的人均谷物占有量，匈牙利为1 394千克，保加利亚为1 118千克，罗马尼亚为875千克，南斯拉夫为769千克，捷克斯洛伐克为871千克，民主德国为596千克，波兰为584千克，苏联为637千克。苏联和东欧诸国人均谷物占有量已相当高，但除匈牙利以外的其他国家，粮食都还未完全过关。某些国家在粮食问题上走过弯路。例如，保加利亚在人均粮食占有量达到400千克时，便宣布“粮食问题已经解决”，并提出“今后农业发展应把经济作物、水果和蔬菜放在首位”。此后，这个国家的粮食面积缩减，产量下降。1993年遇到严重灾害，粮食短缺，被迫进口。于是，保加利亚吸取教训，又重新号召扩大粮食生产。至于苏联的粮食问题，长期以来未解决好，生产徘徊不稳，由净出口国沦为世界头号净进口国。苏联各个时期年平均粮食总产量为：1966—1970年，1.68亿吨；1971—1975年，1.82亿吨；1976—1980年，2.05亿吨；1981—1985年，1.78亿吨。由于苏联粮食总产量不能满足国内粮食消费量增长的需要，所以过去以大量屠宰牲畜、减少饲料粮消耗的办法，求得粮食供求平衡，但又带来其他问题。后来改为扩大粮食进口以满足饲料粮增长的需求，从而导致苏联粮食进口量剧增：70 年代初还只有 1 500 万吨；到 70 年代末已增为 3 000 万吨；1984 年，苏联粮食进口量猛增，多达 5 400 万吨。大量的粮食进口导致苏联农业长期被动。苏联和东欧诸国的历史教训，为那种片面“依靠国外粮食市场”的观点提供了一个有力的反证。同时，也使人们头脑清醒，在中国人均粮食占有量还不到 400 千克的条件下，不可轻易唱“粮食已经过关”或粮食问题已经解决的不切实际的高调，更不可说什么“粮食过剩”、“限产减产”之类的大话。

事实上，在当今的中国，随着人民群众消费粮食的数量与质量的提高，随着现代化畜牧业的发展，随着农村产业结构的调整，随着工业化和城镇化的扩大及城镇人口的增加，全国粮食总消费量将大幅度增长。1985 年，中国粮食总消费量达到 4.055 亿吨，其中口粮 2.862 亿吨，饲料粮 0.692 亿吨，食品副食酿造用粮 0.209 亿吨，工业用粮 345 万吨。有关方面预测，到 20 世纪末，人均粮食需求量可能将达到 400 千克以上，届时中国粮食需求总量将超过 5.0 亿吨，即大体相当于现在世界粮食总产量的 1/3。如此巨大的粮食需求量，不主要依靠本国发展农业和粮食生产，世界上有哪个国家或地区能长期稳定供应呢？假若进口相当于需求量的 10%，就需要进口粮食 5 000 万吨，假若进口相当于需求量的 15%，即需要进口粮食 7 500 万吨，按照目前世界小麦价格计算，大约需要 75 亿美元到 112.5 亿美元。而且世界粮价是波动不稳的，往往是大国增加粮食进口时，粮价便迅速上升。堂堂一个农业粮食大国，如果不以努力巩固和提高粮食自给能力为国策，却在指导思想上片面主张依赖国外粮食市场，靠进口养活国民，真是一种奇怪的逻辑。

其次，从世界粮食的发展趋势考察，过度“依靠国外粮食市场”的道路是完全走不通的，也是有害的。

诚然，从某些年份看，主要产粮国丰收，粮食库存增加，粮价疲软，似乎世界粮食已不成问题。但是，人们在考察世界粮食趋势、特别是在制定本国农业和粮食生产方针和政策时，决不可只以某些年份的丰歉、余缺作为依据。而应该从一个历史过程来全面考察分析。从世界粮食的长期发展趋势看，由于导致产生世界粮食问题的根源依然存在，殖民主义即帝国主义造成的旧的国际经济秩序还未根本改变，所以世界粮食问题并没有真正解决。

当今世界，贫富不均，真是“朱门酒肉臭，路有饿死骨”。国际粮食的生产和消费大体有三种情况：第一是美苏，既是粮食主产国，又是粮食高消费国。美国人均年消费粮食 1 000 千克上下，其中直接消费部分仅 60 余千克，其余大部分用作饲料粮食；苏联人均年消费粮食 820 千克，其中直接消费口粮仅 170 余千克，其余大部分用作饲料粮。第二是法国、联邦德国、加拿大及西欧诸国，一般也都是粮食高消费国，人均年消费粮食量在 750～1 000 千克之间，其中口粮部分在 65～100 千克上下，其余主要用作饲料粮。第三是广大发展中国家，多是穷国。除少数国家有一定余粮出口外，许多国家粮食不足，消费水平很低。发展中国家的人口占世界总人口的 70%以上，但消费的粮食量却不到世界粮食总消费量的 50%。尤其是在非洲，粮食和债务是长期困扰的两大问题。从 70 年代以来，非洲缺粮日益严重。从 1983—1985 年，连续三年大旱，使非洲 36 个国家严重缺粮，饥饿威胁着 1.5 亿人口，数百万人在饥荒中丧生。1984 年，非洲粮食总产量只有 4 600 万吨，人均 92 千克，降低到历史最低水平线。1985 年，非洲一些国家旱情解除，但是受灾严重的 21 个国家仍然缺粮 1 240 万吨。如今在非洲，每 10 个人中就有 6 个人的粮食、衣着及住房等基本需要得不到满足。非洲粮食问题发展到如此严重的地步，是多方面的原因造成的。殖民主义、帝国主义的掠夺造成许多国家的农业畸形发展，至今未根本改变过来。非洲人口增长率高于粮食增长率，从 1970—1980 年的 10 年间，人口年平均增长率达 3%，粮食年平均增长率仅 1.3%。尤其是一些非洲国家战略决策失误：重工业，轻农业；重经济作物，轻粮食作物；重城市，轻农村。加之，生态恶化，灾害频繁，政局动荡，大批难民逃亡，更进一步加剧了非洲粮食问题的严重性。

除非洲外，亚洲和拉丁美洲也有许多国家严重缺粮。联合国粮农组织在 1979 年 11 月提出的《2000 年的农业展望》的研究报告指出：世界上 90 个发展中国家（不包括中国）粮食消费量很低：从 1961—1965 年，人均年消费粮食仅 185 千克，其中口粮占 141 千克；从 1974—1976 年，人均年消费粮食 200 千克，其中口粮 146 千克；预测到 1990 年和 2000 年，人均年消费粮食将分别提高到 207 千克和 213 千克，其中口粮依次为 152 千克和 153 千克，粮食还将严重短缺。这个研究报告还指出：这 90 个国家的人口到 2000 年将增加到 16 亿，整个 90 年代平均每年需要多养活 9 500 万人。到 20 世纪结束时，这些发展中国家短缺的粮食量将达 1.3 亿吨；谷物自给率将下降，即从 1975—1979 年的 92%下降到 87%；世界严重营养不良的人口将不断增长，由 1970 年的 4 亿增至 1980 年的 5 亿，再增加到 2000 年的 5.9 亿。事情往往是无独有偶。这些国家一方面缺粮需要进口，另一方面负债累累又无力进口。而国外农业垄断资本家为追逐高额利润，任凭谷物腐烂化为泥土，也丝毫不发慈悲降价出售，更不白送。这向人们证明，不发展本国的农业和粮食生产，其人民的生活景况是多么惨痛。

世界粮食生产和粮食消费增长的对比也向人们表明，片面“依靠国外粮食市场”靠不住。有这样一个事实颇引人深思：虽然世界粮食总产量不断增长，但粮食问题却愈来愈为世人所瞩目。其基本原因在于粮食分布不均衡，在于粮食消费量增长更快。早在1946年，世界人均粮食占有量为233千克，到1980年增长到250千克，1984年再增为438.5千克。与人均粮食占有量不断增加相应，世界粮食问题越来越突出，这主要是世界粮食、特别是细粮（小麦、大米）消费量的增长快于世界粮食总产量的增长所致。展望未来，广大发展中国家经济总是要不断发展，人民生活也总是要不断提高，特别是为改善食物结构需要发展畜牧业和水产业，粮食消费量将有更大幅度的增长，世界粮食短缺的威胁依然时隐时现。这提醒人们，我国不可把众多国民吃饭问题的希望，寄托于国外粮食市场而高枕无忧。

第三，世界粮食市场，风云激荡，变幻不稳，“依赖国外粮食市场”解决一个人口众多的大国的粮食问题靠不住。

目前世界粮食市场具有以下特点：

一是，粮食贸易量增长超过生产增长。第二次世界大战后，世界粮食贸易一直呈增长趋势，20世纪60年代后增长更快，甚至超过了粮食增产的速度。在40年代，世界年平均粮食贸易量只有3 800万吨；50年代增长到5 160万吨；60年代再增为9 600万吨；70年代基本上是逐年增长，达到15 000万吨；80年代初，世界粮食年贸易量更进一步增加到20 000万吨以上。由上述可见，世界粮食贸易增长速度不断加快：从第二次世界大战后到70年代初的近30年间，世界粮食贸易年平均增长率为4.9%，而同期粮食生产年平均增长率仅为2.7%；从70年代初到80年代初，世界粮食贸易量年增长率高达8.3%，而同期粮食生产年增长率只有2.1%左右。

二是，粮食进口国日益增多，出口国日益集中。在世界粮史上，像苏联、东欧，以及发达资本主义国家和一些发展中国家都是粮食出口国。第二次世界大战后，世界粮食传统地区贸易结构发生巨大变化。苏联、东欧诸国的农业和粮食生产的发展受挫，加之为满足以动物性食物为主的食物构成消耗大量饲料粮，因而国内生产粮食供不应求，由粮食净出口国沦为净进口国。西欧一些国家和日本也由于食物构成以肉蛋奶为主，连年大量进口饲料粮，成为世界粮食主要进口国。广大发展中国家由于人口迅增而粮食消耗量不断提高。值得注意的是，或受到资金和技术的限制使农业和粮食生产增长缓慢；或以种植供出口的经济作物为主导致粮食短缺；或是以出口石油的收入购置粮食等原因，使许多原来粮食自给有余或基本自给的国家也不得不依靠进口粮食维持国内供求平衡。于是，世界粮食净进口国日益增多。与此相反，美国、法国、加拿大、澳大利亚等少数人均耕地多、农业科技先进的国家，粮食产量增长，库存增多，基本上垄断了世界粮食贸易。除上述四个国家外，阿根廷也是世界粮食主要出口国。这5个国家近年来的粮食净出口量每年达到1.8亿吨，占世界谷物总出口量的80%～85%。其中，美国出口小麦、玉米和大豆的数量分别占世界总出口量的48%、76.8%和86.5%，美国成为当代世界粮食市场的最大供应者和垄断者，居“霸主”地位。

三是，粮食贸易品种结构改变，粗粮已占主位。在世界粮食贸易史上，直到20世纪60年代中期以前，都是以食用粮、特别是以小麦为主。但是在60年代中期后，世界畜牧业的大发展，饲料用粮大幅度增加，因而小麦的主位逐步为粗粮所代替。在60年代，世界小麦和大米的贸易量年平均增长率分别为3.8%和2.7%；70年代分别增加到4.1%和3.2%；但同期，玉米年贸易量增长率则从7.6%提高到9.3%以上。二次大战后初期，世界玉米贸易量只有1 100多万吨，占当时世界粮食总贸易量的27.7%；60年代中期增加到7 800万吨，占世界粮食总贸易量的比重提高到48.3%；70年代末，粗粮贸易量进一步增加到1亿吨，占世界粮食总贸易量的52.8%。目前，世界粗粮贸易量占世界粮食贸易量的比例一直保持在一半以上。

四是，粮食市场动荡不稳，价格波动。回顾世界粮食的发展史，1946—1953年的8年间，世界粮食市场曾一度供给不足；1954—1959年的6年间，世界粮食供大于求；1960—1966年的7年间，发生粮食短缺；1967—1971年的5年间，世界粮食“过剩”。但总的看，在70年代初以前，世界粮食市场是基本稳定的，价格波动不大。1972年，欧、亚、非三大洲农业普遍歉收，粮食总产量比上一年减产4 000多万吨，其中苏联减产1.3万吨；1974年，世界粮食再次减产，苏联等国在世界市场上大规模抢购粮食。自此，世界粮食市场风云突变，发生转折性变化，由稳定变为动荡，粮价波动不断。1974年，世界粮价达到高峰。直到1978年后，世界粮价有所下降，但到1978年中期，世界粮价又开始上涨。这期间，世界粮价虽然未达到1974年的最高价格水平，但平均价格接近1974年的价格高度。近两年来，世界粮食主产国丰收，苏联进口量减少，因而世界粮价趋于疲软。但是，目前的粮价是维持在大大高于70年代初的水平上。历史和现实向人们展示，世界粮食市场是如此风云激荡，变幻莫测，一个拥有10多亿人口的大国怎能把吃饭问题完全对其寄托希望?如果把希望完全寄托于国外市场，无异于把主动权奉送给国外农业垄断资本家，这是很危险的。

第四，历史教训，至为深刻，不可遗忘。在世界农业粮食发展的历史上，亚洲许多国家就曾上过大当，吃过大亏，教训极其深痛。

亚洲农业在世界农业中占有重要地位，抚养人口的使命远比其他大洲繁重而艰巨。大体从第二次世界大战到50年代前半期，亚洲农业和粮食生产逐渐有所恢复和发展。但到50年代后期，本大洲的农业和粮食生产却陷入了一个衰退时期。其中一个重要原因是发展战略的错误。50年代中后期，以美国为首的西方国家把大量剩余农产品倾销到亚洲，使刚刚恢复和发展的亚洲农业及粮食生产受到严重的打击。当时，美国为了转嫁农业危机，以援助、馈赠和低利贷款等幌子大规模进行廉价农产品倾销，从1955年到1962年，处理过剩小麦、棉花等各种农产品总价值达91亿美元以上。其中，美国倾销的粮食价值额达到57.78亿美元，占总输出额的63%以上。在这一时期，亚洲成为美国廉价农产品的最大倾销地，仅印度、阿拉伯地区、巴基斯坦诸国的进口量就占美国输出过剩农产品总量的60%以上。其中，印度占的比重高达25%上下，进口最多，受害最重。

廉价农产品从西方源源涌入亚洲，历时数年，使亚洲传统农业和粮食生产受到严重打击，传统的贸易结构也受到严重破坏。从此，亚洲农业和粮食生产陷入了一个衰退时期。一些本来粮食已经基本自给或略有节余的国家又沦为净进口国；缅甸、泰国等一些粮食净出口国的农业也徘徊不前，因为竞争不过西方的廉价倾销。至于印度和巴基斯坦等国，更是陷入依赖西方农产品过活的境地。然而，这只是一幕悲剧的开场。60年代末、70年代中叶，世界粮食形势风云突变，供求紧张，粮价直上，抢购粮食之风把西方的“过剩”粮食几乎抢购一空，世界粮食库存降低到相当于当年消费量的14%，低于联合国粮农组织确定的世界粮食最低安全线（17%～18%），出现了世界性“粮食危机”。在此危机之秋，美国政府翻手为云，覆手为雨，一变粮食援助为粮食交易和现金支付，突变使得亚洲许多国家措手不及，任人宰割，成千上百万人被打进饥荒的深渊。这个历史的悲剧结出的历史苦果，令许多亚洲国家苦不堪言，印度竟成为世界“饥饿之国”。深刻而惨痛的教训，为亚洲敲响了觉醒的警钟。于是，许多国家制定新的农业发展战略，确定争取粮食自给的战略目标，走上了“绿色革命”，发展本国农业和粮食生产的新阶段。亚洲农业发展的这段弯路，是深刻的历史教训，也是对片面“依靠国外粮食市场”观点的鲜明鉴戒。

综上所述，正确的结论只能是：中国的粮食主动权只能牢牢建立在中国的土地上，必须掌握在自己的手里。这就是说，在指导思想上，要始终把粮食摆在关系国计民生基础产业的地位。在实践中，既要坚持种养业全面发展、农工商综合经营的方向，又要保证粮食总产量持续稳定增长，以确保满足国内日益提高的粮食需求。这应成为一个坚定不移的基本方针。

中国具有依靠发展本国农业、解决自己粮食问题的客观优势条件。只要充分发挥本国的优越条件，中国农业就会得到全面发展和繁荣，做到粮食自给自足，甚至自给有余也是完全有可能的。举世公认，新中国解决粮食问题的道路是成功之路，已结束了中国粮食长期供不应求的历史。现在，仍然有条件继续发展这种大好形势。

当然，我们主张主要依靠自力更生发展本国的农业和粮食生产解决粮食问题，决非意味着倒退回闭关锁国、与世界粮食市场隔绝的老路上去。恰恰相反，我们认为，对包括粮食在内的农产品贸易，要积极实行对外开放。但是，要在掌握自己粮食主动权的基础上去积极发展粮食对外贸易，灵活、主动地利用世界粮食市场，审时度势，兴利避害，有进有出，合理进行要素资源的配置。这是完全主动的积极的方针。

历史的经验，现实的条件，未来的趋势都告诉人们，中国必须牢牢掌握自己的粮食主动权。

原刊于中共中央党校《理论动态》，1988 年 12 月（第 679 期）

对加强农业和粮食“双基础”地位的新探

诱致我国农业和粮食生产数年徘徊的缘由有多种。然而，基本的一条是削弱了农业和粮食的“双基础”地位。目前，能否有效加强农业在国民经济中的基础地位，及粮食是基础的基础地位，关系到我国农业粮食产业的前途；关系到治理经济环境和整顿经济秩序，也关系到优化产业结构、稳定国民经济、全面深化改革的成败。

一、加强农业和粮食“双基础”地位需要开辟新路

中国农业最深厚的动力蕴藏在几亿农民之中。他们是积极还是消极，攸关农业兴衰。开辟一条具有普遍意义的、能持久激励农民释放出最大能量的农业发展道路，就获得了强化农业和粮食“双基础”地位的雄厚动力。

这条道路展现在人们面前：合作制专业服务＋家庭农场经营。为实现我国农业商品化、社会化和现代化的根本目标，不必要、也不应强求全国“一刀切”采取一个模式。然而，从社会主义初级阶段国情和吸取国内外经验出发，发展集约化经营和各类农民家庭企业是具有普遍意义的道路。所谓农民家庭企业，是采用现代企业经营方式的种植、畜牧、饲养、园艺、渔业和副业等各类农民家庭农场。它们可以是专业大户、专业联户，也可以是国营农场中的家庭农场等。各种各样的农民家庭企业，都是独立自主、产权明晰、自负盈亏、连接市场、具有法人地位的农业基本单位和微观主体。这是一个既利于规模经营，又适合于农业特点的农业粮食发展模式。

农业生产是自然规律和经济规律的统一，是有生命物的再生产过程。如果农业粮食经营规模过大，甚至采取庞大的集中化经营形式，不仅会因耕作粗放而降低土地产出率，而且会因经营不便，顾此失彼而难以适应农业的特点。特别是，导致农业生产者依旧处在服从“被安排的旁观者”的被动地位而难以发挥积极性和创造性。历史经验证明，靠国家花巨资建设、派官员经管的超大型养鸡场、养猪场、养牛场和农场等大型农业企业，不是适应农业客观规律和我国国情的普遍道路。这种大型农业企业，在农业现代化水平很高的国家也不多见。在农业生产力尚低的我国，追求大而公的农业规模经营肯定不是成功之

路。相反，发展各类农民家庭企业，既具有灵活、快速的随机应变性，又保持我国传统农业中精耕细作的优越性，还创造一种激发生产者积极性、主动性和自我投入的动力机制。可以相信，这是一条充分发挥农民家庭经营优势、投入低而产出高，并保持持久动力的农业复兴之路。

人们的反问也许是，采取农民家庭企业形式，岂不阻碍规模经营和农业现代化？回答正好相反。不要说在经济还很落后的我国，就是在经济高度发达的国家里，农民家庭农场形式依然具有强大的生命力。在这里必须明确一个观点，所谓规模效益并非简单指大规模土地集中生产，而是指劳力、土地、资金和技术等要素的优化组合而形成的规模效益；同时，现代农民家庭农场经营不等于小规模经营，更不等于传统小农经济。农民家庭农场同样可以采用现代化生产方式和先进技术设备，提高农业专业化、集约化、社会化和商品化水平。当然，农业适度规模经营是相对的，应依据客观条件而决定。在我国，一般说，一座家庭饲养场，养数十头、乃至二三百头生猪；养数百只、乃至二三千只家禽；养数十头、乃至二三百头奶牛，在现阶段的我国农村是现实可行的。至于农民家庭种植场，一般来说在东北地区一个农场经营一二十公顷耕地，在南方种植二三公顷或再多些也算可观了。从普遍的情况看，这是适合我国现阶段生产力水平的适度规模。

为发展各类农民家庭农业企业，一个必要条件是健全和完善提供专业化服务的合作制。这里所说的合作制，完全区别于那种使农民“变色”的合作制。它是以“三自”，即自治、自主、自助为方针；以为农民服务和促进其经济发展为宗旨；以民主、平等、自愿、互利为原则的农民合作组织。它不改变农民的所有制关系，不采用“大呼隆”式的集体劳动方式，而只是承担农民家庭企业或乡镇企业所共同需要的服务职能，为社员提供专业化、系列化和综合化服务。特别是要以加工、销售为“龙头”，发展畜牧、水产、果蔬、林业、粮食等商品率高的产品一体化经营服务形式。各种专业合作组织形成为农民家庭企业提供服务的网络，成为连接农民和市场、工业和农业、生产和消费的纽带。

专业化合作制服务＋集约化农民家庭企业经营的农业发展道路，既是对合作化等于集中化、集体化的传统合作制模式的彻底否定，又是对农村改革的伟大成果家庭联产承包责任制的完善。这种创新性农业发展模式，具有从制度上保证农业粮食“双基础”地位的优越性，因而具有久远的生命力，将会开辟中国现代化农业的一条新路。

二、加强农业和粮食“双基础”地位必须健全市场机制

农业失去活力，就意味着丧失自身“造血功能”，只能依赖“输血”维系

生命，向国家伸手“等、靠、要”。在农村经济改革中要创造一种促进自我发展、加强自身基础的内在机能——农业活力。

农业活力是农业的生命力。其源泉存在于农产品市场机制中，存在于有竞争、有秩序的交换中，存在于完善而有效的专业化服务和要素市场中。因此，能否健全农产品市场体系和完善市场机制，直接关系农业粮食“双基础”地位的强弱。道理并不深奥。农业商品生产是以市场为中心，把使用价值转化为价值为目的的产业。如果农业粮食商品的价值不能通过市场得到实现，或者虽然得到实现但却是不等价的交换，那么农业生产者的活劳动与物化劳动便得不到补偿。当然，要实现等价交换，是一个长期的过程。如果农业和粮食得不到补偿，不要说农业的扩大再生产，就是简单再生产也难以维持，何谈强化农业和粮食的“双基础”地位？因此，从建立社会主义商品经济新体制的总体目标出发，坚定而稳步地培育和完善农产品市场体系，并充分发挥市场机制的作用，就成为从内在机能上强化农业和粮食产业的关键。

调整和完善多层次的农产品购销体制，是培育和完善市场机制的前提。我国在很长时期内对主要农产品实行统购、派购政策。1985 年，国家明确宣布取消这一政策。但现在当主要农产品供求紧张时，一些人又想回头走统、派购老路。因此，目前要防止重蹈统派购老路的倾向。依据多维和全方位思考，从我国市场体系发育还很不成熟的现实条件出发，从改革方向上要坚持市场化取向，从改革步骤上，目前，调整和完善由“双轨”经营、专门经营、统一经营、限制经营和自由经营构成的多层次粮食等主要产品购销经营体制：①受资源约束、需求旺盛的粮食商品，在近、中期内还不可能完全由市场调节，国家需要通过合同形式定购适当数量的商品粮食，合同定购外粮食不允许任何变相强制性收购。这就是说在相当长时期内实行粮食过渡性“双轨制”经营。②对地区封锁、抢夺严重的大工业农业原料，像棉花、蚕茧等，由国家赋权的国营和供销合作社商业统一经营。③对倒卖严重、流通混乱的化肥、农膜、农药等农业生产资料，作为过渡性措施在一定时期内由供销合作社专营。④对贵重中药材、动植物等稀有自然资源，要严加保护，不可滥采滥伐，由国家指定部门限制经营。⑤除上述以外的绝大部分农产品一律放开，实行多渠道自由经营。这样，依据不同产品、不同用途而完善的多层次农产品购销体制，避免了要么完全放开，要么彻底统死的绝对化，使主渠道与多渠道、必要干预和市场调节相辅相成，相得益彰，保证农产品购销活而有秩序，稳而有生机，为农业再生产的正常运行创造前提条件。

自觉尊重价值规律、合理使用价格杠杆，是培育和完善市场机制的核心。一般而言，主要农产品价格应由产品价值、供求关系与货币价值诸因素而决定。我国主要农产品的价格体系长期扭曲，价格既背离价值，又不反映供求关系。国家一方面以低价收购农民的主要农产品，另一方面又以补贴后的低价供应市民；前者压抑生产者积极性，后者刺激消费者积极性。结果使国家对农产品补贴的负担愈益沉重。这种政策与加强农业基础的目标正好相悖。应该进一步认识到，我国主要农产品长期倒挂的价格政策，是适应以农业为工业化提供原始积累的经济发展政策需要的。现在，保持工农产品之间过大“剪刀差”的政策已不应再继续下去了。经过 30 年的发展，我国国民经济已基本上达到这样的阶段：工业化发展应主要靠自身提高效益积累资金；农业发展的积累主要用于自身条件的改善和扩大农业再生产能力。鉴于此，要从整个国民经济发展的战略高度调整工农、城乡间的倾斜政策，调整国民收入分配结构，逐步而稳定提高农业生产者价格，即对粮、棉、油、肉等主要农产品的收购价格要稳步提高，即要“稳调、微调和常调”；应避免要么多年冻结不调，要么就“大调、高调”，从而避免风险。除少数关系国计民生的农产品外，大部分农产品的价格应完全放开，由市场进行调节，使农民通过市场得到必要补偿和平均利润。这样，就从价格机制上提供了强化农业和粮食基础产业的长效性保证。

建立和健全宏观调控的、具有组织性、竞争性和开放性的市场体系，是培育和完善市场机制的载体。当务之急要建立合理的农产品市场体系，既要因地制宜广泛发展初级形式的集市贸易和小商品市场，又要下大力办好各类中级形式的批发市场，还要根据条件举办具有现代化特点的大型批发市场，并选择少数大宗农产品稳步发展几个期货市场。这样，以不同层次、不同形式、不同职能和各类商品交易市场形成纵横交错商品市场的流通网络。与此同时，还要着手逐步建立农村要素市场，即土地市场、劳动力市场和资金市场，以改变对农业资源的行政硬性配置为市场优化配置，从而创立有效提高资源配置效益、焕发农业生机的新制度。

以加工或销售企业为“龙头”，建立农产品产、供、销一体化的经营服务形式，是培育和完善市场机制的新途径。农产品一体化经营形式在国外经久不衰，足见其强大的生命力。我国当前应该重点发展集约化水平高、商品率高的产品的一体化经营，像大宗粮食品种、畜牧、果蔬、奶制品和水产品等。

还不可忽视的是，建立正常秩序和规范交易行为，既是培育和完善市场机制的有机内容，又是保护农业和粮食基础产业的必要措施。竞争是商品经济发展的动力，限制竞争就意味着窒息经济制度的生命。但是，没有正常秩序和宏观调控的竞争，会导致市场垄断和摧残处于不利竞争地位的经济部门。国家的责任在于创造自由竞争的良好环境和正常秩序。农业和粮食产业一般在竞争中处于不利的弱者地位，应该加以保护。因此，国家需要通过立法规定各种市场条例、准则和规范；各种商业企业及当事人的行为准则和规范；以及政府调控和干预行为的准则和规范；所有经营者进出市场的规则等。特别是要防止和反对垄断，以及左右市场的行为。这样，就为实现各种市场组织化，交易活动规则化，市场竞争平等化创造了前提条件。

三、加强农业和粮食“双基础”地位必须追加物质投入

农业物质投入量的高低取决于农业投资的大小。从保证农业与国民经济按比例发展的角度看，农业投资在总投资中应保持一定比例。英国牛津大学农经学院经济学家 A·莫利特对 88 个国家的农业与经济发展关系进行研究后得出如下结论：凡人均收入每增加 1%，在农产品总值中再投入农业的比率应增加 0.25%；或者每个农业劳力平均收入每增加 1%，在农产品总值中再投入农业的比率应增加 1.3%。世界上凡农业经济发达之邦，大都是农业投资稳定而又有保证的国家；凡农业投资低的国家，又都是农业糟糕和国民经济恶性循环的贫穷之乡。参考国外的农业投资标准，我国的农业粮食产业现在显然患着严重的“投资饥饿症”。农业粮食本身的“温饱”得不到满足，又何以解决人民的温饱问题呢？不应有任何迟疑，在治理经济环境、调整投资结构中，农业粮食投资不仅不应减少，而且必须得到保证和不断提高。

鉴于目前我国国力尚有限，单靠国家是不足以解决农业粮食投资需求的。切实和现实之策在于多渠道集资、融资和多形式投资。要建立国家投资、集体投资、农户投资和吸引外资的农业粮食投资新体制和新机制，实行承包、有偿、信贷等多种融资形式。国家投资的方向集中于治理大江大河，兴办重大农业工程，建设大片商品粮基地，发展重点科研和教育事业，以及支持贫困地区的“温饱工程”等。集体投资主要用于改善当地生产条件和农业服务体系。农户投资专用于提高自身生产能力和承包耕地的土壤肥力。据有关方面计算，国家在近期内应该把农业粮食投资占总投资的比重恢复到 10%以上。除加大投资外，耕地占用税、特产税等取之于农村的钱都应返回用于农业和农村的建设事业，同时还要杜绝农业资金“倒流入城市和工业”。特别是要研究制定调动农户积极增加投入的政策，激励他们不断自我追加农业粮食生产性投入。此外，增加对农用工业及农业科技的投资亦是需要切实加以解决的。这样，通过多渠道集资就可能保证一定时期的农业粮食投资保持相对稳定的比重。

原刊于《农业经济问题》，1989 年第 4 期

促进粮食稳定增产应是我国的长期政策

我国粮食总产量突破 4.0 亿吨大关以后，全国就总体而言基本上解决了人民的温饱问题，初步结束了粮食长期供不应求的历史，开始了由“温饱型”向“小康型”的转变。这无疑是建国以来的伟大政绩之一。然而，在人多、地少、底子薄的中国，粮食问题的主要矛盾不是患多，而依然是“防少”。所以，在新形势下，我国仍要坚定地把粮食稳定增长作为一项长期政策。

客观经济规律表明，不管在国民经济的大系统中，还是在农村经济的子系统中，农业依然不失为基础，粮食也依然不失为基础的基础。仅分析一下全国粮食消费的现状和发展趋势，就会使人们迫切感到这一点。所谓粮食消费，是指消耗的口粮、工业用粮、饲料用粮、种子粮和自然损耗的总和。现在，我国有几种因素汇合一起形成一股导致粮食消费规模扩大、数量增长的巨大拉动力量。首先，我国人口基数大，即使严格控制生育，全国人口每年仍将增加 1 000 多万，到 20 世纪末将达到 12 亿～12.5 亿，这就要求口粮消费量相应增加。其次，随着大批农民由纯农产业转向非农产业，由粮食生产者转变为粮食消费者，全国消耗的商品粮数量必然相应增长。再次，粮食转化和改变食物构成必然要求消费的粮食数量大幅度增加。世界上凡是食品工业和畜牧业发达、以动物性食品为主的国家，无一不是粮食高消费国。目前消费动物性食物较多的我国京、津、沪三大市，人均粮食年消费量已达 450～500 千克。可见，食物结构愈改善，食品工业和畜牧业愈发达，粮食需求量就愈扩大。

据测算和论证，到 20 世纪末，为适应我国人民小康生活水平的需要，全国人均粮食年消费量按 425 千克计算，届时粮食总产量必须增长到 5.1 亿～5.313 亿吨，这就是说，到 2000 年全国需要增产 1.10 亿～1.313 亿吨。即平均每年增产粮食 733 万～875 万吨。如果这一战略目标不能实现，那么，全国粮食消费需求就难于满足，粮食消费大头的畜牧业就要首当其冲地受到冲击，以城市为重点的经济体制改革的环境就要受到损害，农业粮食生产结构和农村产业结构调整，乃至国民经济的发展都会受到制约。

农业粮食生产和农村经济发展的客观规律与粮食消费不断增长的趋势，客观地要求对粮食生产抓紧而勿放松，确保持续稳增。所谓粮食稳定增产，自然与“限产减产”完全相反；当然也不是“多多益善”，出现严重过剩；而是要求全国粮食总产量逐年稳步提高，避免大起大落；粮食的增产指标稳定可靠，增产措施切实有效，与国计民生对粮食需求的增长相互协调。

我国现在的粮食增产，是在较高基点上向新的阶梯攀登，故而难度更大，需要切实“三管齐下”：抓紧生产，搞好流通，加强后劲。

一要保护农业资源，增加物质投入。首先要十分珍惜耕地，严禁非法乱用滥占，保持足够的粮食种植面积。有的省论证，从目前的生产力水平出发，粮食面积一般以占总种植面积的75％～80％为宜。其次，要抓好水利这个农业的命脉。近几年水利失修，设备老化，农田灌溉面积减少780余万亩，应引起高度重视。国家和地方要统筹兼顾，安排必要的人力、物力和财力，兴修农田水利，加强粮食基础设施建设，改善生产条件，为保证粮食持续增产不断加强后续力量。

二要保护和激发粮农的积极性。目前，我国粮食生产的主力军是1亿多种粮农户。粮农积极性的高低，灵敏地影响粮食产量的增减，保护和激发粮农积极性，就是保护和加强粮食生产能力。而激发粮农生产积极性的关键，在于靠正确的政策，调整好各个方面的利益关系。从目前的实际情况看，特别需要处理好国家与农民之间的关系；粮食调出区与粮食调入区之间的关系；粮食生产与多种经营的关系；国有粮食商业主渠道与多渠道的关系；粮食生产与粮食消费的关系；粮食和经济作物生产的关系；国内粮食生产和市场与国际粮食生产和市场的关系。据江苏一些地方计算，以种植业各项的年净收入比较，一亩粮田为80元，一亩棉田120～150元，一亩桑田200～220元，一亩苗木500多元。纯务农与务工比较，收入悬殊更大。经济收益的悬殊，已成为阻碍粮食增产的消极因素，急需采取一些新的政策措施排除潜在的危险性：第一，要实行有利于粮食作物和经济作物协调发展的价格政策。第二，要坚持以工补农，特别是在乡镇企业发达地区更要坚持。这样做可增加低盈利的粮食生产的收入，解决等量劳动不能取得大体等量报酬的矛盾。实施这一措施，既有利于农业和粮食生产的稳定发展，又有利于加强工、副业的物质基础，应长期实行下去。第三，要实行有利于发展粮食生产和粮食流通的调拨政策。过去，调出粮食的省和自治区负担费用，多调出多吃亏，而调入粮食的省、市和自治区不负担费用，吃平价粮去发展收益高的工副业和多种经营，这自然是不合理的，应当逐步加以改革。第一步要做到使粮食调出省不赔钱；第二步要做到使调出省有利可得，粮食调入省要负担国家承担的费用以外的那部分费用，不能再吃“大锅饭”。采用这些新的经济政策措施，把有关方面的利益调整得大体合理，粮食主产区粮农收益增加，积极性得到刺激和提高，粮食稳定增产就有了强大的动力。第四，国家财政对农业和粮食产业要提供支持和扶助。

三要发展专业化、商品化粮食生产。目前，我国的粮食生产集约化程度很低，商品率不高，仅30%多一点，粮食生产的主要部分还是农民以满足自家口粮、饲料粮、种子粮等需要为主的自给性生产。这既不能满足社会对商品粮日益增长的需求，又不能适应提高粮食生产效益的需要，必须加以改变。

突破现状的必由之路，在于提高粮食专业化、商品化水平。为此，首先，要实现适度规模经营效益。各地条件不同，粮食生产适度规模经营的标准也不可能相同，据一些地方家庭农场的经验证明，在目前我国农业生产力水平的条件下，一般几十公顷的规模经营效益为佳。当然，这在人口密集、耕地资源少的地区是达不到这样规模的。这样，可有效提高耕地的经营水平和经济效益，可显著提高劳动生产率和商品率，可使农民种粮也能致富，从而给粮食增产注入内在的、持久的动力、活力与后续力。

其次，要发挥中央、地方和广大农民的积极性，建设商品粮基地。采取发挥多方面积极性的办法，有利于宜粮地区的自然、技术优势充分发挥出来，提高粮食商品率。我国在“六五”期间，采取国家和地方联合投资形式建设的60个商品粮基地县（市），其中有50个已经产生良好经济效益，其余10个正在续建。从1983—1985年，这50个县（市）已累计生产粮食830亿千克，三年交售粮食350亿千克，商品率超过40%，比全国同期的粮食商品率高10个百分点以上。现阶段，我国在巩固和提高南、北两大片商品粮基地的同时，应有计划建设一批新商品粮基地。例如，可选择条件较好、潜力较大的豫中南、苏北、皖北、赣中及华北大平原等中产地区建设成全国性大片商品粮基地。各省、自治区在宜农地方也应自力更生建设一些中、小片商品粮基地。这中间，要注意合理配置粮食资源，有计划、有步骤地提高缺粮省、自治区的粮食生产能力。例如，在甘肃河西走廊，在宁夏、内蒙古的河套灌区，在青海柴达木盆地，在新疆和云贵的宜粮农区建设一些较小型的、新商品粮基地，以提高其粮食自给能力，建立起全国粮食区域基本平衡的格局。完成这种战略部署，对减少粮食远距离大调运，减轻运输压力和财政负担，增强当地调整农村、农业和产业结构的实力，保证粮食生产的稳定发展，具有深远的意义。

再次，要积极扶持粮食专业户。大量以相对独立的商品生产者面貌出现的粮食专业户，都是富有经验的种田能手。他们充分利用农村闲散资金，发挥技术特长，扩大经营规模，其劳动生产率和商品率都高于一般农户，确实是一支发展粮食生产的生力军。国家对粮食专业户可优惠供应生产资料，提供必要社会化、专业化服务。此外，在自愿互利的原则下，还可发展粮食生产的合作或联合，使粮食生产逐步集中于宜粮耕地，集中于种田能手；促使粮食专业生产户成长为粮食大户，成长为农民家庭粮食企业。

发展粮食专业化、商品化生产，一个必要条件是健全和完善社会服务体系。粮食生产的专业化、商品化程度愈高，就愈要求把各项服务从生产过程中分离出来，形成相对独立的社会化服务，如信息提供，决策咨询，资金信贷，良种培育，化肥供应，病虫防治，技术传授，水利灌溉，产品购销，储运加工，等等。其中，当前特别重要的是要搞好、搞活流通。从发展方向上看，要在国家宏观规划指导下扩大市场调节范围，理顺购销价格，增加新的流通渠道和新的商业流通形式，逐步建立起宏观调控下的粮食市场体系。1985 年，我国已取消粮食统购、实行合同定购。这是粮食收购制度的一项重大改革。在现在的条件下，粮食合同定购制是国家粮食计划收购的新形式，是把千家万户的粮食生产纳入国家计划轨道的桥梁，是有效调节和引导粮食生产的杠杆。因此，在当前条件下，坚持和完善粮食合同定购制，对搞活流通、促进生产、稳定市场意义很大。针对实际需要，应从以下几方面完善粮食合同定购制度：首先，要坚持平等、互利、协商原则，互相尊重经济利益，互相承担应尽义务。国家可考虑与粮食定购量挂钩，优先提供农业生产资料和农贷。其次，粮食合同定购量要限制在必要限度内，定购量应酌情逐步减少，以扩大市场调节范围。再次，合同定购的品种只限于大品种，以维持稻谷、小麦、玉米和主产区的大豆为宜，其他品种自由购销。第四，合同定购任务应主要集中在粮食主产区、商品粮基地和粮食专业户，以促进粮食商品生产。最后，粮食定购合同的签订应在播种季节前完成，及早向农民发出信号，以便更有效地发挥指导粮食生产和粮食购销的作用。

党的十一届三中全会后，我国坚持“决不放松粮食生产，积极开展多种经营”的方针，已经开创出农村经济的新局面。目前，我们应该巩固已经取得的成果，进一步促进粮食长期稳定增产，促进农村经济全面繁荣。

原刊于《光明日报》，1986 年 4 月 26 日

强农　活农　富农　护农

当前，我国亟需警钟长鸣：强农、活农、富农和护农。这就是说，从客观经济规律出发，不动摇地加强农业基础，搞活农村流通，促进农民致富，保护农业、农民和农村利益。当前在农村大好形势的主旋律中，夹杂一些不协调的变调，出现了一些新问题和新动向。这不能不引人从更广阔的视角审视中国的农业、农民和农村问题。

一、农民收入增长停滞不前，损及诸多方面

农村改革的前期，是农业增产、农民增收最快的5年。从1980—1984年，农民人均纯收入年平均增长15.1%。可惜，接下来出现了农业徘徊，但农民收入仍然增长。从1985—1988年，农民人均收入年平均增长速度仍保持4%以上。此后的几年内，农业全面丰收，农民人均收入徘徊微增。从1989—1991年，农民人均纯收入年平均增长速度仅为0.7%。与此同时，城市居民与农民收入的差距拉大。1981年，二者的比例为1∶2；1983—1984年缩小为1∶1.7。然而，从1986年开始，二者的比例又开始拉大，当年扩大为1∶1.95、1987年又恢复到1∶2的比例；到1990年，二者的比例已扩大到1∶2.2。值得关注的是，农民收入徘徊具有普遍性，因而加剧了影响的严重性：一方面，已影响到农民生活的改善和农业投入的增加；另一方面，直接降低了农民购买力，从而导致农村市场疲软，多年回弹乏力。若不尽快解决农民收入停滞不前的问题，有可能损害国民经济的良性循环和农业基础地位，乃至影响农村小康社会战略目标的实现。从现在到2000年还有8年，把9亿农民的人均纯收入700余元提高到1 500元上下，任务艰巨，迫在眉睫，是第一位的战略任务。

二、收购资金短缺，“白条”再度增多

农产品收购资金不足年年有之。然而，1992年资金缺口更甚于往年。据统计测算，1992年度秋粮收购资金需要600多亿元，而到本年度11月中旬仅落实100多亿元，资金缺口高达近500亿元。棉花收购资金短缺同样严重，测算需收购资金350多亿元，缺口达135亿元之多，不少地方供销社无钱开秤收

购棉花。农产品收购资金短缺，已带来不利影响，粮棉收购进度大大降低，截至1992年1月10日，国家定购的主要农产品收购完成情况为：粮食为54%，棉花46%，食油38%，均低于1991年同期水平。特别是主要农产品收购“打白条”再度增多，挫伤了农民积极性，损害了农民利益，并可能危及农业的持续发展。

三、滥占乱占土地，浪费稀缺资源

1985年，全国出现第一次非农占地高潮，占用土地面积多达1 500万亩。1986年后，随着贯彻《土地法》，“滥占圈地”之风有所抑制。然而，近来“圈地运动”浪潮再起，层层兴办开发区，旅游度假区。截至1992年10月底，乡以上兴办各类开发区达7 800个，占地面积达二三千万亩。令人痛心的是，被“圈占”的大片土地中，有不少土地或闲置，或被炒来炒去，一无所建。在出让的土地中，以拍卖、招标等市场机制形式进行的只占0.2%，其余大部分是“条子工程”或“协议转让”，甚至少数人饱了私囊，而国家蚀了“血本”。还不可忽视的是，本属我国短缺资源的耕地，大面积撂荒。据有的地区统计，撂荒农户占当地总农户数量的5%，撂荒面积占总面积的8%～10%之间。如此大面积抛荒，是农村实行家庭联产承包责任制以来未曾出现过的。更值得引起警觉的是，目前农民撂荒在很大程度上是一种弃田行为，若不及时解决，必将导致撂田、半撂田现象更加蔓延，造成稀缺资源土地的严重浪费。

四、苛捐杂费增多，农民负担沉重

统计资料表明，近年来农民负担加重程度明显高于收入增长的幅度。从1985—1991年的6年间，农民人均收入增长10%，而农村税收年平均增长16.9%，人均集体负担年均增长15%，农户直接负担平均增长17.5%上下。同时，农民负担多头化，名目越来越多，数目越来越大。使农民负担超过了他们的承受的能力。1991年，农民身受各种负担占到上年农民人均所得金额的64.9%，比1990年增加了6.4个百分点。

五、农村生态恶化，环境质量逾下

现在，必须正视我国农村生态环境恶化的严酷性和脆弱性：一是农村人口严重过多，已超过9亿，大批劳力转移艰难。二是土壤大面积沙化，现已达33.4万平方公里，而且还处在蔓延之势，每年以1 560平方公里的速度扩展。三是农业生态脆弱。目前，全国60%的贫困县，处于风沙严重的生态脆弱带。全国每年有灌溉设施、但因缺水不能充分发挥效益的土地面积达1.2亿亩以上。四是农业生态环境污染严重。“三废”污染扩大化，酸雨明显区已由几年前的2个增加到4个。正如有的生态科学家评价说：“先天不足，后天失调；人为破坏，污染退化；局部改善，整体恶化。”大量触目惊心的事实表明，必须切实加强农村环境保护，改善农业生态条件。

六、针对新问题，采取新对策

对上述种种新问题，必须深入分析，从历史、思想根源上真正认清当前“三农”领域产生的新问题，采取切实对策加以解决。

对策一：尊重客观规律，加强农业基础。加强农业基础，需要创新思路，开拓新路，不能只是抓粮棉油，要着眼大农村、大农业。发展大农业要摒弃以产品经济抓农业的方法，运用市场经济机制，促进农业向“产量质量并重”转化，实现“高产优质高效”。特别值得提出的是，加强农业基础地位除了依靠政策、依靠科技和依靠投入之外，还要选择一个正确的农业发展模式，即农业社会化服务＋农户企业化经营。前者是指涉农技术经济部门承担起从农业中分离出来的共同职能，为农业和农民提供专业化和社会化服务。包括购销、农资、加工、储运、科技、信贷、保险和信息等，架起农产品与大市场、大流通的桥梁；而后者则逐步由自然家庭转变为具有独立法人地位的农业企业。即上述“农业社会化服务＋农户企业化经营”的新型发展模式。采用这种新模式，既进一步突破农村的传统旧体制，又促进农村经济迈向市场经济新体制。毫无疑问，当大批农民家庭发展成为农村中具有“四自”能力的微观经济主体的时候，中国农业、乃至农村经济必将置于稳固的、具有强大内在生命力的发展基础之上。

对策二：健全市场体系，搞活农村流通。加强农业基础，决不意味着倒退回传统产品经济的老路上。相反，要坚定地以农村市场经济为取向，深化农产品流通体制改革，建立和健全包括商品市场和劳务、劳力、资金、土地等生产要素市场在内的统一市场体系。各类市场应具有开放性、竞争性、服务性和规范性。所谓开放性，即对内对外全方位开放，显示出“无县界、无市界、无省界，跨国界”的“三无一跨”的特点。所谓竞争性，要创造市场公平、公正和公开竞争的条件，通过竞争加强经济的生命力。特别是要放开农产品价格，建立机动、灵活、有效调节农业产销的价格体系。健全市场体系，必须培育多元化市场主体，除对国营商业、粮食、外贸和供销社进行体改外，还要培育和扶持农民作为市场主体，赋予他们建设市场、进入市场和利用市场的自由权和自主权。多元化的市场主体必将打破垄断和分割，促进城乡一体化大流通，为农业和农村经济注入持久不衰的活力。

这里，有必要强调农村金融体制改革的必要性和紧迫性。为解决农产品收购资金年年短缺的问题，特别是着眼为农村长远发展创造资金条件，必须打破金融垄断体制，引入市场机制。首先，要加快农村信用社改革，使之成为真正“民办”的农民群众的农村信贷组织；其次，可设想建立中国合作银行作为农业和农村资金的主要来源，以充分满足农业和农村资金需求，特别是农民小额贷款的需求。再次，国家中央银行要大力支援农业，满足农业大型设施、生态环保、基础研究的中长期资金需求。最后，还可考虑发行专用债券，进行市场拆借。可考虑，发行棉麻收购债券和粮食储备债券等。总之，要通过深化农村金融改革，打破金融垄断局面。这对发展农村市场经济、振兴农业、促进农民增收具有关键作用。

对策三：加快产业调整，富裕广大农民。加强农业基础的力量源泉在亿万农民。没有农民的积极性，加强农业基础地位就成为空谈。而提高农民积极性的根本措施，就是不断提高农民的收入，使广大农民走上小康的富裕道路。那么，在新形势、新环境下，农民脱贫致富的途径何在？目前，我国多数农产品价格基本上是由市场供求规律决定的，通过改革价格形成机制和调整价格结构，还有一定余地通过合理提高粮价增加农民收入。但是必须清醒认识到，在我国的国情下，主要依靠提高农产品价格、保护农民收入的余地不是无止境的。特别是我国恢复关贸总协定缔约国地位后，过高的农产品价格可能导致不利影响。因此，引导农民脱贫致富的有效的新途径是，除了国家财政对农业、粮食加大支持力度之外，还要通过市场机制实现农村资源优化配置和产业结构优化调整。当前，要抓住有利时机，加速推进“高产、优质、高效”型农业，继续向着“种养加、农工商”的一、二、三产业综合发展方向迈进。特别要大力加强科技兴农，提高土地产出率和劳动生产率。这样，就可弥补我国农业的比较效益，促使广大农民走上富裕之路。

对策四：加强宏观调控，有效保护“三农”。现代市场经济的基本要素至少包括：企业的独立自主，市场的公平竞争和政府的宏观调控。在剧烈的竞争中，“三农”，即农业、农民和农村处于弱者的地位，因为农业是风险产业，而且又是比较效益低、难免发生波动的产业。此外，我国农业现代化、集约化水平较低，在世界市场上也处于弱势地位。鉴于此，国家保护农业、农民和农村是不可缺少的基本条件。这在世界经济发达国家也莫不是如此。经验表明，市场经济愈发展，愈需要加强主要农产品的保障体系。从我国的实际出发，急需采取如下农业保护措施：一要完善粮棉专项储备制。储备量要充足，但是应保持适量，并要把“死粮死棉”变为“活粮活棉”，使之能够通过轮换“动起来、用起来”，从而有效发挥调节作用。二要健全完善农产品价格体系。对关系国计民生的农产品实行价格保护制，以保障农民的最低权益。三要建立农业稳定基金制，以防止和解决农业生产可能发生的波动。四要建立旨在保护本国农产品市场的反倾销制度，像实行“门槛价格”和许可证制度等。五要建立农业资源保护制。实行《土地法》、《生态环境保护法》等，保护稀缺资源，防止生态污染，改善全国农村的生产与生活环境。最后，必须有效保护农民利益，迅速减轻农民负担。各地要正确估计民力，不可错把温饱当小康。各项事业要量力而行，坚决裁冗员，砍“达标”，减摊派，把农民负担降低到合理的、不超过当年收入的最低规定比例5%的水平。

原刊于《经济日报》，1993 年 2 月 5 日

不稼不穑，胡为食乎

在我国人均耕地很狭小的条件下，粮食生产能力取得“破关性”提高：从改革开放以来到如今，全国粮食总产量攀上三个台阶：由3.0亿吨跃上3.5亿吨；又登上4.0亿吨；再破4.5亿吨大关；粮食商品率由10%提高到20%以上，直到现在的35%上下。这样的发展成就，赢得世界的好评和赞叹不已。

巨大的成就，举世公认。中国以不足世界7%的耕地，供养了占全球22%以上的人口，农村的贫困人口大幅度下降，绝大多数居民由不得温饱转向总体小康，这真的是了不起的成就。

然而，世上的路有直也有弯，有曲也有伸。在我国粮食生产连续登上三个台阶后，近年来进入艰难的爬坡阶段，出现徘徊不前的现象，甚至稻谷生产出现严重“滑坡”的趋势。分析近年来全国粮食总产量结构的变化便可一目了然，由于南方稻谷种植面积大幅度缩减，致使南北粮食的总体形势特点出现了根本变化：“北增南减、北升南降”，即北方旱粮增产，占全国粮食总产量的比重上升；南方稻谷减产，占粮食总产量的比重下降。南方14省、自治区、直辖市的粮食总产量占全国总产量的比重，由1989年的58%下降到1993年的52%，4年下降幅度达6个百分点。1993年，与北方旱粮比上年增产2 050万吨相对照，南方稻谷总产量却降低了852万吨，降低到1984年的总产量之下，占全国粮食总产量的比重下降了3.2个百分点，人均稻谷产量减少了9千克。由此引起粮食流向根本变化，由“南粮北调”转变为“北粮南运”。原来南方的粮食大调出区现已沦为粮食大调入区。东南沿海数省，如今已成为我国最大的粮食销区，年调入的粮食量比1993年增长3倍多。此外市场反馈的信息表明，稻谷减产成为影响粮价指数的重要因素。1991年，稻谷减产2.9%，影响当年和次年粮食价格指数上升8.6%和24.3%。1992年稻谷减产4.6%，对1993年和1994年粮食价格指数造成了更消极的影响作用。这不能不引人忧心：作为占全国总人口60%以上居民主食的稻米生产不断萎缩，不稼不穑，胡为食乎？

稻谷生产萎缩之“病根”何在？根本“病症”在于思想认识的偏颇。最有代表性的观点是“无粮也不慌，有钱就有粮”；“甩掉粮食自给包袱，迈开农业

结构调整脚步”，等等。认识的片面，导致农业和粮食基础观的动摇，导致某些地方以牺牲农业和粮食为代价去发展工业化与城市化，导致稻谷播种面积猛烈缩减。1993 年比 1989 年总计减少 3 500 多万亩，影响稻谷产量高达1 000 多万吨。对此新情况和新问题绝不可掉以轻心。

真的“有钱就有粮”吗？真的“粮食自给是包袱”吗？回答是否定的。理由明确而朴实：其一，粮食是人类维系生活、生存、生命之源泉，是社会安定、市场稳定、人心镇定的战略物资。国不分中外，财不分贫富，人不分民族，都概莫能外。其二，南方居民消费偏好大米，北方居民消费大米的兴趣也越来越大，数量日益增加，且呈刚性增长趋势，质量要求也越来越高。在我国，这种需求基本上只能主要依靠自力更生满足。其原因是，世界粮食市场上大米的总贸易量极有限。其三，我国北方的稻谷产量占总产量的比重仅 10%，对满足南方数亿人的口粮不过是杯水车薪。何况，北方居民的优质大米需求量也在不断增加。其四，“洋米囤”也不完全靠得住。现在，国际市场的大米年贸易量大体在 1 300 万～1 400 万吨之间，最多不超过 2 000 万吨。这一数量，不过相当于江苏省总产量的 80%。何况，这些大米也不可能全部卖给一个国家，更不消说我国还有港口、运输条件的制约。其五，世界上绝大多数国家，不分大小和贫富，都把提高和保持粮食自给水平作为国策。现在还是农业国的中国，何以产生粮食自给是“包袱”之说呢？不需要再作阐述，结论是很明确的。

我国是稻谷的故乡，其栽培历史已达数千年，具有丰富的“稻作文化”。现在是世界最大的稻谷主产国。它的生产量的增减关系我国农业粮食生产、国民生活、乃至整个国民经济的进退，也关系具有悠久传统的“稻作文化”的兴衰，不可等闲视之。广大稻谷产区在逐步、合理调整农业结构的过程中，需稳定和确保足够的稻谷面积，还需要增加投入，实行科学种植，主攻单产，尽快扭转稻谷生产萎缩的趋势。

农业，是民族的绿色心脏；粮食，是国民的生活之本。最近，中央领导精辟提出：粮食是万物之首，粮价是百价之基。粮业兴衰非等闲，关系治国安邦，足食强兵。我们一定要牢固树立农业和粮食是国民经济基础的观念，采取有力措施，促进我国粮食产业再登上一个新台阶，确保到 2000 年实现粮食总产量 5 亿吨的战略目标。

原刊于《科技日报》，1995 年 3 月 24 日

冷静后反思量　启示下论粮策（节选）

数年前，我这个渺不足道的“小人物”被“斥”之为“小粮食”的代表。当时我“受宠若惊”，认为是“高抬”了自己。经过几年的实践，现在具有更有利的条件对我国的粮食经济理论和实践进行反思，从而得出比较切合实际的规律性认识。这对醒悟过去，正视现实，预测未来，正确决策，更是一面明镜。

一、惟有正确估计粮情，方有正确粮食决策

正确估计粮情，是正确决策、避免失误的前提条件。这是对近年来粮食经济理论和实践反思得出的难忘启示。

忆往昔，百家群起，正确估计粮情多么不易。从80年代初期以来，围绕中国粮食问题展开了一场又一场争论。先是对所谓“大粮食”观点和效法西方采取“以动物性食物为主”的食物构成的辩论，接着是对“粮食过剩”观点的商榷。特别是1984年粮食总产量突破2.035亿吨之后，盲目乐观情绪浓厚起来，有的地方提出“甩掉粮食自给包袱”的口号，甚至说“把粮食自给的包袱甩进太平洋”；有的扬言“中国要成为粮食出口大国”；还有的声称“有钱吃洋粮，无粮也不慌”等等。现在，人们在严峻的粮食形势面前清醒过来，当时盲目乐观忘国情，错把剩余当“过剩”，对粮食决策的某些失误（如限产减产等）不无影响。

诚然，在具有转折意义的1984年我国粮食总产量创历史新高。由于价格倒挂、仓容不足、流通不畅等原因，确实出现了“卖粮难”、“储粮难”、“运粮难”等难题。面对此景此情，对粮食形势得出两种截然相反的估量：一种认为，中国粮食已经“过剩”，必须对粮食实行“限产减产”；另一种则认为，中国粮食虽有一定剩余，但决非是“过剩”，对粮食生产不可掉以轻心，必须保障其稳定增长。两种估计，孰是孰非？两种对策，孰优孰劣？大量事实表明，粮食“过剩论”是脱离实际的。

笔者经过客观的反思，得出的基本判断是：当今中国还处于社会主义初级阶段，农业和粮食生产基础薄弱，专业化和现代化水平低下，在广大地区还是以手工和畜力为主；粮食生产还处于由自给、半自给向商品经济过渡阶段，粮

食商品率不过30%上下；在农副产品流通领域，商品市场距离现代化水平还有很远的距离，特别是农村市场还没有超越一般发展中国家的嘈杂混乱的初级市场阶段；农业人口占绝大比重的状况还将长期不可能根本转变，转移农村剩余劳力的历史任务十分艰巨。从发展趋势考察，全国总人口每年自然增长1 000多万，工业人口在同步增长；畜牧业迅速发展，饲料粮耗量有增无减，伴随农村产业结构调整，大批转向非农产业的劳力，由粮食生产者变为商品粮需求者；人民生活正由“温饱型”向“小康型”转变，粮食消费量必然大增。所有这些，决定全国粮食消费将呈刚性增长。粮食供求的主要矛盾是患不足，而不是患“过剩”。

二、求木茂盛必固其根本，稳定经济先稳其基础

坚持农业和粮食“双基础”的地位，是保证粮食稳定丰收、农业稳定增长的根本。这是对近年来粮食经济理论和实践反思得出的理论性启示。

回顾近年来的经济现象，我国社会经济生活中一个突出问题是，农业中的种植业特别是粮食生产大起大落，徘徊不前。其根本原因在于动摇和削弱了农业是基础、粮食是基础的地位。这不能不说是一个严重的教训。

现在可以更加肯定，保证全国粮食总产量稳定增长，是一项必须长期坚定实行的正确的方针。当前，最紧要的是不能把农业和粮食的“双基础”地位只说在嘴上，写在纸上，而必须扎扎实实落实在实际行动中。古人云，求木之长必固其根本。我们要稳定国民经济必先稳农业和粮食产业；为使粮丰农兴、“双基础”更牢更强，必要步骤在于创新模式，转换机制，革新技术，增加投入。

三、欲流长远必浚其泉源，搞活流通须善其“新制”

坚定而稳步地创立和完善粮食流通新制，是促进粮食生产、实现粮食平稳、合理引导消费的关键。这是对我国粮食经济理论和实践反思所得到的另一个重要启示。

（一）关于国家定购粮食的办法，现在需要根据新情况加以完善

这里，着重谈二点。第一点关于“合同定购”的名称。笔者在1985年提出，应加更改，如改为“定购任务”或“国家定购”，但不可回到“计划收购”的老路上去。关于定购粮食数量。按照逐步扩大粮食市场调节量和量入为出的原则，在近期国家定购粮食的数量宜稳定保持在7 000万～7 500万吨。然后，根据粮食生产发展和粮食销售的状况逐步减少定购数量。对订购外的粮食不允

许以任何变相形式进行强制收购，由生产者自由销售。第二点关于定购粮食价格。粮食问题的核心是价格，应该逐步提高粮食生产者价格，以刺激农民发展商品粮生产的积极性，提高粮食商品率。

（二）改革粮食补贴方法

关于粮食补贴办法要变“暗补”为“明补”。长时期内，在粮食价格倒挂政策下，低价从农民手中收购粮食，补贴后在不同意义上以“救济品”、“补贴品”、“福利品”的形式销售出去。这样，不仅严重挫伤了粮农生产积极性，而且还使国家对粮食补贴的负担愈来愈沉重。多年来，国家对每千克面粉补贴2角多，对每千克食油补贴1.7元上下。全国每年粮油补贴总额达200多亿元。因此，逐步理顺粮价，变“暗补”为“明补”，对于促进粮食商品化水平提高和建立粮食流通新秩序都是必要的，迟早要走这一步。

更重要的是，还要通过改革粮食补贴办法，增加农民收入。要按照农户交售粮食的数量，给予价外奖励（或叫价外补贴），而且直接当场发给农民。采取这种补贴的办法，具有多种好处：一是有效增加农民收入；二是鼓励农民增产商品粮食；三是有利于保持市场粮价稳定，既避免“谷贱伤农”，又防止“米贵伤民”。

（三）关于配置粮食区域平衡

交通运输是制约全国粮食地区、数量、品种结构平衡的重要因素。加之运输粮食数量巨大，体积笨重，因而长途翻山越岭运输粮食，不仅增大了耗能量，提高了运输费，而且造成“交通瓶颈”，加剧了交通紧张。为此，配置合理的粮食区域产销平衡，是一项重要战略措施。即：在地理位置相邻的大区域里，合理布局粮食生产资源，发挥宜粮的自然优势，在粮食生产发展的基础上，合理设计粮食流向，逐步实现粮食产、运、销的区域平衡，避免粮食远距离大调大运。实现了这一设想，就把中国农业和粮食发展建立在合理战略布局的基础上。当然，配置粮食区域平衡，合理规划粮食流向，决非违背自然规律，到处搞粮食自我平衡。

古人云：欲流长远必浚其泉源。当今中国，要搞活粮食流通，必须善其体制和机制。坚定而稳步地朝着这个方向前进，就一定能创立和完善具有中国特点的粮食流通新体制和经营新机制。

四、立适度消费基本国策，择科学合理食物结构

合理引导消费，既不是片面抑制消费，又不可盲目追求高消费，这是对粮

食经济理论和实践反思后得出的另一值得重视的启示。

建国后长时间内，在我国占主导地位的粮食消费观念是节衣缩食的抑制消费观。在粮食短缺、供求紧张的条件下，它无疑具有相对合理性。但是，在片面抑制粮食消费的观念下，不注意合理改善人民群众的食物结构，是违背社会再生产原理的，当然是不可取的。这既不利于发展农业粮食生产，又不利于民族昌盛，体质强健。现在，应该以生产和消费相长的辩证观念取代片面抑制消费的观念。从国情和粮情出发，我国应确立适度消费为基本国策，以选择科学食物结构为指导方针。

值得注意的是，近几年提倡食物高消费（实际上也是粮食高消费）的声音一阵高似一阵。有人提出“效法西方改变食物结构，以肉蛋奶为主”；又提出“大搞粮食转化”（即大兴粮食加工业，提高粮食精度），改变食物结构，“以动物蛋白食品取代粮食”等。一时间，“转化”的声浪响彻全国，如今还萦绕在耳。笔者当时明确提出异议，主张“适度转化”。现把那时公开发表的观点摘录两则于后，也许更有益。

第一则：当前，粮食转化的规模迅速扩大，改善食物构成的呼声日益提高，这是可以理解的。但按照我的看法，粮食转化的规模和速度要适中，食物构成的改变要科学。也就是说，要适度。所谓适度，是指粮食转化的规模和速度，要与粮食商品生产发展的水平相适应，不可一哄而起到处建厂进行粮食转化，结果成“无米之炊”，决不可陷入盲目。

第二则：世界上各个国家、各个民族因条件各异，食物构成千差万别，但基本上可以分为二大类：一类是以动物性食物为主、植物性食物为辅的食物构成；另一类是以植物性食物为主，动物性食物为辅的食物构成。两种食物构成孰优孰劣，不能简单加以肯定或否定。正确的方法应是，取两种食物结构之优，补两种食物结构之短，建立适合中国居民需要的科学食物结构。我们决不可盲目完全照搬和模仿西方的食物构成。

实践作出了正确的检验。在“高消费观”的影响下，粮食消费快速增长，超过了总供给水平，使粮食供求重趋紧张。“六五”期间，粮食生产增长快，本来可以做到产大于销、有所节余，结果反亏了 120 万吨。主要原因是大搞粮食转化，多方竞相出口，使库存猛降。如今，粮食生产数年徘徊，供求矛盾加剧，许多饲料厂陷入停产或半停产状态。事实证明，脱离农业粮食生产水平而追求粮食高消费只能是“画饼充饥”。

中国的基本国情在于：国家大而财政穷，居民众而耕地少，尤其是农民多而底子薄，农业资源属约束型。根据各方面论证，到 2000 年，全国总人口至少达到 12.5 亿以上，而粮食总产量最高限可能达到 5.2 亿吨，扣除种子、损耗等项用粮，人均粮食占有量不足400千克。但是，只要加以科学安排，还是足以保证达到初步小康生活水平的，但要实行高消费是完全不可能的。根据我国营养学家的研究设计，我国居民的食物结构应是，以谷物为基础，合理增加动物蛋白食品，再辅以适量果蔬、豆类等。采取这种食物构成，既发扬了本国食物构成的优点，又吸取了西方食物构成的优点，用以弥补现有食物构成的缺点；既避免了高消费所带来的种种弊端，又足以保证人体强健、精力充沛所需要的各种营养素。

五、简短的结语

科学的食物结构，关系国民体魄强壮，民族繁衍昌盛，国家富强发达的长远大计。正确引导消费，采取科学食物结构，应成为必要步骤。

星移斗转，改革十年。不思量，自难忘，成就辉煌。然而，思量之余，尚有以上反思。

正确估量粮食形势，是正确决策的前提。求木茂盛必固其根本，稳定经济先稳其基础。可惜近年来对农业和粮食“双基础”地位又发生动摇，削弱了农业后劲，致使农业发展的主体种植业徘徊不前，形势严峻。

欲流长远须浚其泉源，搞活流通应善其体制和机制。1984年大丰收后，国营粮食商业与农民争卖粮食，抢占销售市场，加剧了农民“卖粮难”和“粮食过剩”的假象。教训深刻，应引为戒。

开源节流、量入为出乃古今理财之道。粮食产销务必协调相长，片面提倡“高消费”无异于“画饼充饥”。适度消费和科学食物结构相结合，应成为我国粮食消费的基本国策。

原刊于江西省《粮食经济》，1989年第6期

中国粮食产业的未来发展路向

毫无疑问，从改革开放以来，中国农业和农村经济社会变化巨大、进步显著。当前，中国经济社会正处于在科学发展观引导下，由城乡分割的二元结构走向城乡协调发展的时代。其经济社会结构有以下特点：全国人均GDP按汇率计算大体达到3 000美元；农业与非农业的产值结构约为15∶85；农业与非农产业的就业结构约为50∶50；全国城镇化水平大体在40%上下。

一、一号文件的“十大亮点”

2004年1月颁发实施的第六个中央一号文件，鲜明地把增加农业收入作为重中之重的主题。这是建国以来中央文件的首创。

就笔者研究的体会，在今年的中央一号文件中，至少闪耀“十大亮点”：一是财政支农力度空前加大，总额达1 500多亿元，创建国以来的最高纪录；二是突出重点，集中力量抓粮食主产区农业增产和农民增收；三是继续深化粮食流通体制改革，在主产区全面推进市场化购销，并且实行对种粮农民直接补贴；四是提出了一个重要命题，即进城就业的农民已成为中国产业工人的重要组成部分，这在中央文件中、乃至在中国经济学界是首创；五是发展农村二、三产业，壮大县域经济；六是针对性极强地改革征地制度，以最严格地保护耕地和保护农民的利益，以及规范政府行为；七是深化农村金融改革，对县及县以下金融机构支农义务作出硬性规定，即必须保证把一定比例的资金，用于支持农业和农村经济发展；八是继续推进农村税费改革，切实促使广大农民减轻负担；九是大力建设优质专用粮食生产带，继续发展农业产业化经营；十是安排专门资金，支持农民专业合作组织开发综合化、社会化服务。

二、中国粮食产业“十大走向”

在这种大背景下，处在历史机遇和挑战共存条件下的中国粮食产业，呈现出以下明显走向：

其一，中国粮食产业将以新发展观为指导走向产区集中化。在确保粮食总产量稳步提高的条件下，中国将继续实施合理调整农业和粮食结构的战略举措。中国粮食产业遵循比较优势和比较效益规律，将进一步向粮食主产区集中，包括向国家级主产区（主要是中部和东北地区）和各地区域级主产区集中，形成稻谷、小麦、玉米、大豆等优质专用粮食产业带。粮食主产区将成为中国未来中国商品粮的“大粮仓”和主要供应地，成为农业粮食结构调整的“稳定器”，成为确保中国粮食安全的基地。

其二，中国粮食市场将进一步统一化和开放化。统一性和开放性是市场体系的本质要求，包括粮食现货和期货市场在内的市场体系将进一步健全和完善、统一和开放。现货市场的现代化水平将不断提高，期货品种将稳步增多，并朝系列化方向发展。期货市场引导生产、规避风险的作用将更充分发挥。整个市场体系的软件、硬件建设水平将提高，信用制度将加强，市场分割和地区藩篱将被撤除，城乡一体化的超市、连锁、配送等现代化流通方式将日益普遍推进，进一步发挥市场配置资源的基础作用。

其三，中国粮食的产业链将由分割走向有机结合的“产供销”一体化。越来越多的粮食企业将会与“订单生产”相结合，实现“产供销”各产业链相连接的产业化经营。这将成为越来越广泛被采用的农业粮食组织经营形式。这不仅是粮食经营形式的变化，而且也是粮食资源配置方式的创新，具有重大而深远的意义。从发展趋势上看，各地还将包括粮食在内的农业产业化经营作为解决“三农”问题和兴农富民的重要途径。

其四，中国粮食及制品消费日益走向多样化、优质化、保健化和方便化。民以“食”为天，食以“安”为先，安以“养”为重。适应粮食消费结构转变的新趋势，“绿色粮食”生产、“绿色粮食”消费、“绿色粮食”市场等“三绿”浪潮将日益高涨。所谓“三绿”浪潮，实质是向消费者提供品质优、营养佳、无公害、无污染、食用便捷的粮食及制品。此外，发展“绿色粮食”还有另外的重大意义。近年来，随着中国迈入WTO的门槛，国外经济发达国家对中国的粮食和其他农产品的“绿色壁垒”不断提高。中国发展绿色食品是打破国外“绿色壁垒”的有效途径。可以预见，包括粮食在内的农产品“绿色化”，也必将是一个越来越明显的重要走向。

其五，中国粮食企业将逐步走向多元化、主体化。作为粮食经济有活力细胞的粮食企业将走向多成分、多元化，并逐步走向主体化。粮食购销企业将在产权改革中整合、改组、改制，按经济区划设置，留下的少部分购销企业将成为“精简轻装”、参股或控股企业。包括个体、私营粮商在内的各类粮食企业将转制、以股份制为主要形式，并成为整个粮食行业的主体，进入产业链、日益发挥巨大的作用。

其六，粮食及制品的市场竞争将走向高级化。随着粮食的两个市场、两种资源的日益结合，市场竞争将发生重大转变。由国内局部竞争，转向国内、国际全方位竞争；由单纯生产能力的竞争，转向“生产能力＋流通能力＋创新能力”的竞争；由直接争夺市场份额的竞争，转向同时创造新市场的竞争。品牌和质量、服务和创新等因素，都将成为无形资产，成为扩大市场份额、征服竞争对手的有效手段。在这个过程中，将会培育和打造出少数大型具有强大竞争力的粮食企业，跻身于世界企业之林，在国际粮食市场上占领一席之地，并争得一定话语权。

其七，中国粮食产业将以现代信息技术为基础日益走向商务电子化。21世纪技术的巨大进步，把人类带入了一个新的时代，把社会生产、流通、物流等效率提高到一个新水平。进入电子时代，以电子计算机和网络技术为核心的信息化时代，显著改变了整个流通业（包括粮食产业）的运作方式，实行粮食商务电子化。借助这种现代方式，突破了时空限制，实现了以最短时间、最高效率、最有效抵御灾害、最低成本的交易。这些巨大的优越性，将促使粮食产业越来越向电子商务发展。

其八，中国粮食产业在现代流通潮流中日益走向物流配送专业化。实现粮食物流专业化、科学化是一项大系统工程。其基本理念是把粮食物流组织当作一种资源，通过科学配置和组合使这种物流资源发挥最大效能，即用最省的时间、最好的方式、最优的服务，实现粮食实物的合理移动，取得运输成本最低化、经济效益最大化。当今，物流配送已成为世界和中国经济发展中的战略性产业，成为把企业、交通运输业、配送业、批发和零售业等，整合统一为相互链接的、完整的系统，成为提高效益、增加利润的重要新来源。

其九，粮食行业协会组织将进一步走向自律化和全社会化。经济领域多种形式的民间协会组织，在市场经济发达国家比比皆是，形式多样，活动多种，作用显著，很受企业欢迎。随着扩大企业自主权，作为“企业之家”的行为协会，成为企业交流经验和参谋的作用日益重要。粮食行业协会将越来越成为自主化、自律化和全社会化的民间组织，其地位和作用将进一步提高，越来越成为职能部门的有力助手。

其十，中国粮食产业在WTO框架下将进一步走向国际化。积极利用、开拓两种资源、两个市场，并促进其日益深入地相互融合是一项建设性大举措。鉴于中国人多地少、资源约束性大，所以在保证粮食（主要是谷物）基本自给的前提下，国家适当增加一些像粮食等资源密集型产品的进口是有利的。这等于增加进口土地、水源和能源等我国稀缺的资源，把中国的粮食安全置于更广阔的资源配置基础上。当然，适当进口决非等于依赖国际市场。在积极开拓利用两个市场、两种资源过程中，必须注重兴利避害。同时，要积极鼓励和支持有条件的中国粮食企业、尤其是大型企业“走出去”到国外办农场。如此，两种粮食资源配置和两个市场结合必将进一步交织化，中国粮食产业也必将更广阔、更深度地走向国际化。

三、重塑新型粮食流通主渠道

上述粮食产业的十大走向，既是过去二十余年坚持改革的必然结果，又是未来深化改革的历史潮流，是不可逆转的。面对历史走向，中国粮食企业何去何从？回答是明确的。各类粮食企业应该、且必须积极沿着符合客观发展规律的走向，加大以企业产权为突破的改革力度，加快在科学发展观指导下的协调、持续发展，在“以人为本”理念下提高增长效益和质量。

如前述，面对着粮食流通渠道和市场主体多元化的走向，产生了一个既是理论、又是实践、还是一个急迫的现实问题，即：如何卸掉“三老”包袱、重塑粮食流通主渠道？实际上，粮食企业“三老”问题已基本解决。也许人们要问，现在推进粮食购销全面市场化还需不需要粮食流通主渠道。回答是肯定的。当前，不管在粮食主产区，还是粮食主销区，都需要发挥国有粮食企业的主渠道作用。但是，它不是传统计划经济时代的主渠道，而是“新型市场经济主渠道”。这样的主渠道与传统的粮食流通主渠道具有根本的不同：其一，它是市场需要的粮食流通主渠道，既不是“官封”的，也不是“自封”的，而是在市场竞争中客观形成的；其二，它是在粮食流通中发挥主要作用的渠道。发挥主要作用的渠道可以是一条（或称一家），但不一定是惟一的一家，也可以是二家或三家，像国有粮食购销企业、中粮和中储粮等大型粮食企业，都可发挥主要作用；其三，各种流通渠道在市场和法律法规面前“条条平等”，靠公开公正公平竞争而取得市场地位和作用。

在一个呈现多元化格局的市场上，为保护粮食生产者和消费者利益，为维护粮食市场和粮食价格的基本稳定，必须要有发挥主导作用的市场力量。这也可以理解为发挥粮食流通主渠道作用的必要性。其道理有三：

一是，农业粮食大国需要主渠道。中国是一个发展中大国，而且是一个农业粮食生产、加工、贸易和消费大国，粮食流通的任务极为繁重。从粮食流通规模上看，目前每年都在2亿吨以上；从供应消费者数量上看，逐年增多，不下五六亿人口；从进出口贸易数量上看，多则几千万吨（如果把大豆包括进去）；少则也有几百万吨；从粮食供应的地域上看，遍布全国东西南北广大幅员之内，且地形复杂，交通艰难。这些情况决定，中国粮食市场巨大而广阔，必须有强有力的流通主渠道、辅之以灵活有效的多渠道，才能承担起粮食大国繁重的粮食流通的主要任务。

二是，平抑市场、保护农民利益需要主渠道。粮食是受自然条件制约的风险产业，有风险是正常的事，难免发生阶段性、结构性供过于求，或供不应求的现象。与此相应，市场粮食价格也可能出现较大波动。这就需要建立防止和平抑市场波动的机制，需要有一个主导市场的力量保护生产者权益。尤其在市场经济制度不完善的条件下，为避免农民卖粮难，以及有效平抑市场，国有粮企的粮食主渠道作用必不可少。

三是，粮食专项大批量供应需要主渠道。在一个像中国这样的农业粮食大国，地域发展很不平衡，农业基础还较薄弱，开展大型农业工程建设是必要的，紧急救灾活动也是常有的。例如，进行农业粮食结构调整、实施大型水利工程项目，以及抵御严重的自然灾害等等。对于结构调整、大型水库移民、风沙源治理、救灾粮和部队军粮等大批量供应，必须由设施条件好、运营能力强、不以盈利为目的的国有粮食企业承担，发挥主渠道作用。否则，会延误工程建设和影响社会稳定。

事实上，在许多市场经济发达国家客观上也存在粮食流通主渠道。例如，在法国和德国，农村合作组织在市场竞争中赢得很高的粮食市场份额，法国在70％以上，德国在50％以上。日本的农协也占有很高的粮食市场份额。在平等竞争中形成的主渠道发挥的作用越大，越能满足市场供应，也越能更好的维护农民利益。这些国家的经验很值得借鉴。

四、重构微观主体，创建城乡一体的粮油连锁营销服务网络

要加快行业创新，除包括制度创新、机制创新、技术创新、网络创新、结构创新之外，特别要创建城乡一体的粮油连锁营销服务网络。除少数特定职能的粮食企业外，全行业需要以产权改革为突破，以股份制为公有制的主要实现形式，以结构调整为主线，以新发展观指导下的协调、可持续发展为主题。这其中，包括发展粮食现代流通方式。所谓现代流通方式，是适应现代粮食生产、粮食消费及流通发展要求的、各种流通方式所形成的组织技术业态系统。随着世界第三次流通革命的进程，流通方式逐步发生深刻变化，出现以下发展趋势：①零售业态多样化。出现了大型综合超市、仓储店、便利店、专业店及购物中心等，形成多种业态并存的零售格局。②批发技能复合化。开发出商品配送技能、商品开发技能、信息技能、金融技能等，开辟出多种新的经营领域，形成复合化的批发技能。③流通组织连锁化。在流通革命中为避免和解决流通企业规模的不经济，为克服流通企业发展过程中的空间障碍，为提高中小流通的组织化程度，流通组织连锁化应运而生，方兴未艾。④物流功能专业化。原依附于商流过程的物流过程，脱离商流而独立出来，承担储存保管、流通加工、运输配送、委托代理等业务功能，形成专业化的物流业。⑤流通管理

信息化。流通革命，一方面对信息技术提出日益高的要求，另一方面技术革新又促进了流通革命。这两方面促使流通管理信息化水平不断提高。

粮食行业要从逐步填平城乡二元结构鸿沟和重构粮食行业微观基础出发，积极逐步创建城乡一体化的粮食连锁网络，即建立和健全城乡一体的粮食社会化服务体系。其基本步骤包括：

1. 减企增点，实现网络化。即按经济区划整合、减少粮食购销企业，同时增设农村服务网站，即在行政村或沿交通要道的大村增设不同服务形式的农村服务网点。

2. 企业改制，实现股份化。即对整合后保留或新组建的粮食购销企业实行改制，依据具体情况实行国有独资或控股的股份制购销企业，也可成为粮油连锁服务企业，开展服务“三农”的经营活动。

3. 转换身份，实现民营化。即分流下来的人员，在身份转换后可自谋职业，也可自愿回乡或下乡办服务网点，即前述的粮油连锁服务店，完全民营化。粮食购销企业可以委托粮油连锁服务店代购代销。

4. 设置配送中心，实现连锁化。在市（县、区）设置配送中心作为城乡粮油连锁服务店的“龙头”，组成城乡利用自家的房屋（现在多数农民都有空闲的房子）的粮油连锁服务网络，对工业品“联购分销”；对农产品和土特产品“分购联销”。配送中心对各连锁服务店实行统一名称、统一挂牌、统一配送、统一价格、统一服务。

5. 扩展功能，发展家庭服务业。建立和健全城乡一体化的粮油连锁网络，为服务市民（农民）、家务劳动社会化创造了载体条件。例如，工厂化生产加工主食快餐或方便主食；通过配送公司发送到各连锁网点；终端消费者在就近的主食连锁店就可以买到所需要的日常必需用品，节省时间。城乡一体化粮油连锁经营发展市民（农民）家庭服务社会化，对于满足社会家庭生活需求、提高民生质量、扩大粮食职工和农民就业、拓展粮食行业服务的广度与深度，以及扩大内需都具有重要作用。粮食行业有责任、有条件在发展家庭服务社会化、乃至农村生活小康化方面有所作为。

原刊于《中国评论》（香港），2004年12月第84期

粮食改革篇

纪　　元

中国改革开放30年感怀

一声号角开纪元，
翻江倒海卷巨澜。
三十春秋变沧桑，
九州方圆换人间。
和谐春风融冰雪，
小康阳光暖贫寒。
巨龙腾飞风雷震，
百年复兴大梦圆。

2008年6月8日
于北京百万庄斗室

发展粮食市场经济的基本观点与举措

——浅论我的粮食经济观

粮食，古今中外足食强兵的战略品，

粮食，世界各国稳定市场的必需品，

粮食，一个永恒又有新意的大主题，

……

历史进入20世纪80年代，粮食又成为中国经济改革的大课题。

粮食改革，在当代中国波澜壮阔的农村经济体制改革和流通体制改革中，始终是攻坚的重点。在向市场经济体制过渡的条件下，深化粮改更具有艰巨性和复杂性。既涉及经济制度、经济体制、经济机制三个层面；又关系粮食生产、粮食经营、粮食消费三个主体，还涉及城市和农村、国内和国外等诸多关系。毫无疑问，生产决定流通；然而，流通也具有重大反作用，甚至在一定条件下，流通也表现出决定性作用。在市场经济条件下，粮食流通具有更突出的地位和作用。如何才能更充分发挥粮食流通的作用？在此承前启后的历史时刻，中国深化粮食流通改革走向何处、深向何方？本文，试对这一具有跨世纪意义的课题试谈一些基本观点。

现在，全国各地掀起开拓粮食市场经济的热潮。然而，也产生一些偏颇认识，认为把农民推向市场，让市场调节粮食就行了，不需要再加保护。对这种看法，必须加以澄清。由于农业和粮食是社会效益极大的公益产业，又是经济收益低微的弱质产业，还是受自然因素制约的风险产业，在市场竞争中处于弱者地位，因而在向市场经济过渡的初期，粮食领域存在种种隐患：在生产领域，农民种粮吃亏，积极性下降，粮田面积缩小，物质投入减少，调出商品粮的地区集中在有限几个省份。在流通领域，国有粮食企业市场意识薄弱，还留恋于吃政策饭，企业机制不活，经营困难，效益低下。在消费领域，全国人均占有粮食325～340千克，低于世界平均水平，品种供求结构不相适应，小麦供应不足，籼稻需求量少，发生积压滞销。特别值得注意的是，粮农收益低，“高产穷县”普遍存在，贡献商品粮数量很大的基地县，农民人均收入却低于全国平均水平。所有这些，成为粮食经济面临的、迫切需要解决的重要问题。否则，在市场经济条件下，粮食产业会走向萎缩、衰败。或者说，如果不迅速走出认识误区，那么就会危及国家粮食安全和粮食市场经济的健康发展。鉴于此，适应粮食由产品经济向商品经济、市场经济的历史转变，广大粮食工作者必须强化基本粮食经济观，深化改革大举措。概括而言，要强化“十大基本粮经观”，深化“十大改革新举措”。

一、坚持客观基础观，振兴粮食大产业

具备理论的明确性和彻底性，才会有行动的正确性和坚定性。保证粮食产业长盛不衰的一个基本理论观点，就是坚持农业和粮食的客观基础观，在当代中国向市场经济过渡的关键时候，必须重申：农业是国民经济基础、粮食是基础的基础的观点依然不可动摇。这是客观经济规律和国情决定的。

粮食经济和农业经济结构是分层次的：粮食和其他植物性食物属第一性，肉蛋奶等动物性食物属第二性。作为第一性的粮食是不可替代的战略物资。它在农业经济乃至整个国民经济中具有客观存在的基础作用。即使在农牧业高度现代化、居民食物结构以动物性食物为主的世界经济发达国家，粮食是国民经济基础的观点都无例外是适用的。那么，在经济还落后、特别是农业基础还薄弱的发展中国家，粮食的基础地位更不可忽视。粮食，是人类维系生活、生存、生命之泉源；是社会安定、政治安定、市场稳定、人心稳定的拳头商品，也是全国实现小康生活的最基础的物质资料。它作为生活资料，是人们食物的主源；作为生产资料，是饲养业的重要饲料，又是食品工业的重要原料。目前，我国粮食加工业的总产值占全国食品工业的60%以上。粮食这种不可替代的基础作用，在拥有11亿多人口、9亿多农民的农业大国，更显得重要和不可动摇，更应该把它作为大产业着力振兴，毫不放松。

振兴粮食大产业，是我国农业的一项战略任务，必须采取一系列战略措施。在思想观念上，要防止和纠正忽视粮食生产的倾向。特别是，每当农业丰，粮食盈，人们不为吃饭发愁时，就不再把粮食视为“宝中之宝”。现在，必须转变普遍存在的“轻粮”思想。在理论指导上，要坚持农业和粮食的“双基础”观，并把这一基本观点落实到各种措施中，即政策措施、科技措施和投入措施中。在农业粮食生产制度选择上，且不可把农民家庭经营为主的承包责任制视为权宜之计，必须巩固和完善这种新经济制度，同时又要勇于探索，勇于健全完善。在战略措施上，要继续建设和扩大高水平的商品粮基地，提高粮食商品化和专业化水平，同时必须保证足够的粮田面积和物质投入，全国粮食种植面积务需稳定在16.5亿亩以上。在宏观决策上，必须创造一种激发粮农增加投入和增产粮食的积极性的机制，即种粮也能致富的机制，而不能单纯靠号召让农民做贡献。在经营范围上，要继续扩大、延伸、充实和完善粮食及制

品的“产供销”或“技工贸”一体化经营，综合开发粮食资源，提高粮食附加值。最后，还必须建立粮食发展基金，以从价格、信贷、奖励等方面促进粮食的产、供、销，保证我国粮食生产到20世纪末再登上一个新台阶——实现粮食总产量5亿吨以上的战略目标。能否登上这个艰难的新台阶，不仅关系我国能否实现小康的战略规划，而且关系创造发展粮食市场经济的物质条件。因此，我国别无选择，务必坚持粮食基础观，把粮食发展成为国民经济一项大产业。

二、运用商品价值观，发展粮食大流通

发展粮食市场经济，必须以运用客观价值观为基本条件。价值法则是第一法则。运用价值法则，核心是逐步利用等价交换的经济杠杆，保证生产者和购销者各方的耗费得到补偿和合理的经济利益。从而，创造粮食扩大再生产和粮食市场经济运行的宏观环境条件。

然而，在很长时期内，不少人认为：对粮食不能实行价值法则，因为受到粮食商品率低的约束。这是一种产品经济的陈旧观念。我国粮食经济长期违背商品价值法则，导致产生了严重恶果：粮食失去了“商品”本性，沦为“救济品”、“福利品”、“贡品”，使粮食流通愈来愈陷入“死胡同”。走出“死胡同”的出路正在于运用价值法则，实现粮食商品化，经营市场化。价格机制是市场机制的核心，要充分发挥它调节粮食资源稀缺性和流动性的作用，引导其从低效益行业、部门和地区向高效益行业、部门和地区流动，以实现资源合理配置和提高经济效益。运用价格机制的关键，是继续深化粮价改革，建立完备、机动、灵活的价格体系。从国内外粮食市场的客观需要出发，粮食价格体系主要应由国家收购价、市场自由价，最高限制价、必要保护价、国外进口价、国内出口价等粮食价格所构成，以适应发展粮食市场经济的需要，逐步朝着实现粮食及制品等价交换的目标前行。

全面运用价格法则，就为发展粮食大流通创造了基础条件。在新的环境条件下，我国发展粮食大流通势在必行。在社会扩大再生产中，粮食流通既连接粮食生产，又连接粮食消费，还与多种经济领域密切相关。在粮食流通范围内，有作为粮食主渠道的国有粮食商业，又有作为多渠道、多成分的个体、私有粮食商业；有粮食批发商业，又有粮食零售商业；有粮食购销企业，又有粮食加工企业，还涉及大量饲料加工企业。因此，有必要运用大系统理论，即研究大系统结构和实现整体优化的理论，探讨粮食大流通的内涵，并提出其基本构思：从系统整体优化的目标出发，通过竞争加强国有粮食商业主渠道地位的大作用，培育和发展具备组织性、开放性、竞争性、灵活性和规范性的全国统

一大市场，开拓延伸生产与生活领域及广大农村的大服务，建立粮食区域平衡的大格局，建设粮食商流、物流、信息流的现代化大设施，切实改善法治和财政大环境。从而，实现具有中国特色的效能高、货流畅、促进生产、引导消费、平衡供求的粮食大流通。通过发展粮食大流通，架起粮食主产区和主销区、粮食作物区和经济作物区、小麦优势带与水稻优势带和玉米优势带、粮食生产和工业需求之间的市场经济的桥梁。

三、坚持国粮主导观，立足市场大竞争

古今中外，都把掌握粮食主动权视为治国安邦的要端。掌握粮食主动权，便牵住了稳定市场的“牛鼻子”。在向粮食市场经济过渡的阶段，对关系国计民生的粮食，依然必须坚持“国粮主导观”，即：国家粮食主动权不可失，国有粮食企业的主导作用不可弱。为此，全国粮食系统保持精干、高效的粮食管理机构是必不可少的。那种撤销粮食职能机构，或以企代政的做法必有损粮食工作，的确不足效仿。当然，要十分清醒的是，专门粮食管理机构，需要彻底转变职能，切实政企分开，真正赋予各类粮食企业自主权。同样，还要十分清醒的是，国有粮食企业的主动权和主导作用，绝不能靠“皇封”和靠“统”的垄断手段取得和保持，而靠转换国有粮食企业机制，增强活力，立足包括国内和国外两个市场的大竞争。换句话说，国有粮食部门要彻底抛弃“等、靠、要”思想，加强竞争意识，增多竞争方式，加强竞争手段，有效启动消费，扩大粮食营销，加强国有粮食企业的市场竞争地位和竞争力量。

为了适应粮食市场竞争，必须转换粮食企业经营机制，大中型企业要放活，小型企业要放开，使其尽快成为具有活力与动力、凝聚力和后续力的“四自”经营主体。为实现这个目标，国有大中型粮食企业可实行“国有民营”的改革。所谓“国有民营”，决不是私有化或分散化，而是通过股份制等形式实现所有权与经营权分离，国有资产会不断增值，企业机制会高效转换。这种“国有民营”将成为促进粮食领域生产力适合生产关系、从而解放和发展生产力的改革，也是促进“官商”彻底转换机制，以适应广大消费者多层次消费需求的改革。对于大量处于困境的中小粮食企业，如农村基层粮食企业，可以引进类似农村改革中的“大包干”机制，大胆放开经营，使其焕发生机，充满活力，转萎为荣，绝处逢生。

四、树立现代市场观，完善粮食大市场

粮食市场，是发展粮食市场经济的载体和依托；粮食市场机制，是粮食资源配置的基础手段和粮食经济运行的基础方式。现代市场经济具有产权明晰

化、决策自主化、行为规范化、管理法规化、调控宏观化的特点。它在本质上是经济发展的历史过程，不存在社会制度的属性。因此，要坚决摒弃市场经济姓“资”的传统观念，努力发展和健全大市场体系，即：包括国内和国外两大市场。就国内粮食市场体系而言，它又包括现货市场和期货市场；批发市场和零售市场；以及中央级、区域级和初级等三级市场体系，构成纵横交错的市场网络，创造发展粮食市场经济的基本载体条件。为实现国内统一的市场体系，要分步实现粮食内外贸一体化：第一步实行内外贸联营；第二步实行内外贸联合；第三步内外贸结为一体。

现在值得注意的是，人们在走向粮食市场经济的初期，也一定程度地走入认识误区。举其要者如：把市场等同于市场经济，以为建起了市场就是建起了市场经济大厦，不顾客观条件乱建、滥建市场，结果有场无市。还有的把现代市场经济等同于古典自由资本主义市场经济，以为市场放开就是放任自由，无需规章、规定和规范。为促进粮食市场经济的健康发展，必须有效“排除五性，培育五性”，即：排除杂乱性，培育组织性；排除垄断性，培育竞争性；排除封闭性，培育开放性；排除非法性，培育法规性；排除内向性，培育外向性，即国际性。建立起以上述“新五性”为标志的规范化的粮食市场体系，就可保证粮食商品放而有度，活而有序，提高效用和效能。

国家级中央粮食批发市场和大型区域粮食批发市场，更应该率先实现制度化、规范化。

1. 服务制。大型粮食批发市场要以服务，即为粮食生产者、经营者和加工者服务为基本宗旨。它应全心全意为被服务者着想，建立和健全配套服务制度，提供态度优、效率高、成本低、手续简、功能全的服务。

2. 会员制。粮食批发市场向全社会开放，根据自愿申请广纳会员。它可按照章程吸收具备一定资格的粮食商业企业、生产企业、加工企业以及食品加工企业等为粮食批发市场的会员。凡会员都具有权利和义务。

3. 交易制。大型粮食批发市场，开展交易活动应一律在交易大厅进行，禁止场外交易。交易大厅内要醒目地公布粮食品种、产地、质量（等级）、价格和数量等。交易方式可采用公开拍卖（即公开招标）或协商等。不管采取何种方式，都要体现公开、公正和公平竞争的原则。

4. 合同制。大型粮食批发市场在交易业务活动中，合同制是一种广泛应用的形式。特别是对于粮食中、远期交易实行合同制更有必要性。合同制要具有标准化、程序化、简便化的特点。所签合约，可以经过粮食批发市场转让，接受转让合约者应该承担原签约者应负担的义务。

5. 保证金制。国家级和大型区域粮食批发市场，需要建立保障交易双方按期履行签定合同的保证金制度。一般可按照成交粮食的品种、数量和交易期限向批发市场交纳一定比例的保证金。待合同按期履约之后，如数退还保证金。如果有一方违约，由粮食批发市场请专门经济法庭仲裁，酌情适量扣除或全部扣除保证金。

6. 信息发布制。国家级中央粮食批发市场应成为粮食经济信息，特别是粮食市场信息的中心。要定期公布粮食价格、供求、行情等信息。粮食信息的公布要定时、定点、定项，对全国粮食产、供、销发挥导向作用，并成为一个向世界粮食市场打开的窗口。

7. 市场协会制。按照政企分开的思路，可设想由国家级和大型区域批发市场组成全国粮食批发市场协会，作为协商、协调和维护市场秩序与会员利益的粮食市场行业组织。它遵守和执行国家的有关法令和规定，国家也可委托粮食批发市场协会承担一定任务。全国粮食批发市场协会不必建立庞大的常设机构，可通过联席会议形式定期进行协调和合作。

五、选择适度消费观，采取科学“大膳食”

粮食经济是包括粮食生产、粮食流通、粮食分配、粮食物流和粮食消费等重要内容的经济学科。以往，在我国受部门分割体制的影响，或单一研究生产，或孤立研究流通，对粮食消费的规律很少有人问津，把粮食生产、流通、分配、物流和消费有机结合起来进行研究，更是绝无仅有了。现在，对于粮食经济进行系统的研究，必须把粮食消费提上日程了。

这就是说，要发展粮食市场经济，必须从系统论出发，在研究粮食生产、流通的同时，把粮食消费也包括进研究的有机构成内容。消费，是扩大再生产的重要环节和组成部分。粮食消费，也是发展粮食市场的重要环节和动力。因此，树立正确粮食消费观，具有理论和实践的创新意义。

迄今，在学术界曾提出三种消费观：一种是高消费观；另一种是抑制消费观；第三种是适度消费观。多年来，笔者一直主张，在吸取前两种消费观合理成分的同时，摒弃其缺点，然后在我国优秀养生文化的基础上选择第三种适度消费观。择取粮食适度消费观的关键，在于转变粮食消费观念，特别要转变刺激性“高消费”和抑制性“低消费”等两种片面粮食消费观。适度消费，关键在一个“适”字，即适时、适量，不可不及，不可过度。它意指随着劳动生产率的提高和国民收入的增长，适度提高粮食消费量。这是吸取历史教训、借鉴国外经验、符合我国国情的正确的粮食消费观。这种消费观，既以粮食生产力为基础，又以消费为生产的动力，还以客观可能的条件为依据，动态地、适度地满足人民增长的物质文化生活需要。显然，这是一种适合国情，有利于发展粮食市场经济的粮食消费观。

有什么样的粮食消费观，必然有什么样的食物结构。与粮食适度消费观相适应，需要选择科学化“大膳食”结构。所谓大膳食，并非大鱼大肉、大吃大喝，而是适合人体全面营养需要的多样化、科学化的“健康膳食”结构。所谓“健康膳食”，是一种食物消费方式，非是指保健食品。它要求，一方面，要发扬我国传统食物结构的优点，又避免其缺点；另一方面，要吸取经济发达国家食物结构的长处，又避其短处。我国古代《黄帝内经》中提出这样的食物结构：“五谷为养，五菜为充，五果为助，五畜为益”。按照这种营养观，在发扬我国食物结构优点的基础上，适当增加肉蛋奶等动物性食品的消费量，从而向国民提供数量充足、品质优良、种类多样、比例合理，适合人体需要的多种营养素。它们提供的热量、蛋白质、脂肪、矿物质等基本保持平衡。这样的食物结构原则，就是在现代仍然显示出科学的借鉴性。它从人体生理需要出发，以植物食物为主，以动物食物为辅，以谷物为基础，适量增加动物食品消费，再配以果蔬、豆类、植物油等，不失为实现全国居民生活小康化的食物消费结构。这种食物结构，把改善生活的理想性、现实性和可行性统一起来，把粮食生产、流通和消费协调起来，从而促进实现食物结构的科学化。适度消费和科学食物结构，对于促进国民经济生产与生活、民族繁衍与繁荣、国民强健与强智，粮食市场经济发展与发达等，将显示出内在、持久的意义。

六、更新经营效益观，开拓粮食大服务

效益，是经济的生命，更是市场经济的生命。欲振兴粮食市场经济，必先唤醒粮食人的效益意识，转变只向国家“等、靠、要”的依赖思想，也要转变只讲社会效益、不求经济效益的片面效益观。

提高粮食经济效益的重要途径就是开拓大服务，即：粮食部门的服务不仅局限于城市，而且要向广阔农村延伸；不仅局限于生活，而且要向生产领域延伸；不仅局限于传统服务项目，而且要向多种经营延伸；不仅局限于国内市场，而且要向国外市场延伸；不仅局限于老服务形式，而且要探索“产、供、销”一体化和连锁化、企业集团化的新服务形式。

这里特别指出，农村是中国市场的主体，也是发展粮食市场经济的广阔天地。当前农民企盼粮食部门提供实用、实效、实惠的服务。像农村粮食加工、农村科学保粮，以及农村饲料供应等，都是急待加强的薄弱领域。粮食部门还应探索对粮食生产者的系列化服务新形式。许多地方的试点经验证明，农村基层粮管所和一些小型粮食企业转变为向粮农提供代购、代销、代储、代加工、代运输等多元化、综合化服务实体，使之由政府主导型转变为企业主导服务

型，具有产权明晰化，决策自主化，经营灵活化，效益优良化的特点。换言之，这也就是把农村基层粮食机构的单一收购功能改革为向粮农提供集约化储粮、市场信息、科技咨询等与“两代一换”的多样化服务，成为粮食部门扩大农村服务的前沿阵地。粮食部门开拓农村服务，对农民是“雪中送炭”，对自身是“开辟财源”，而且会为完善农村“统分结合、双层经营”经济体制和发展市场经济加强实力。

七、建立新型平衡观，完善粮食“大储备”

粮食和整个农业属风险产业和生态产业，粮食生产的或大或小的波动不可避免。就是在世界经济发达国家也难避免粮食和农业的或长或短的波动，进行季节、区域、丰歉等时空与品种结构平衡不可或缺。因此，联合国粮农组织和世界各经济大国都高度重视粮食结构平衡。所谓粮食结构平衡，狭义而言，是指粮食购、销、调、存、加等多个行业之间的构成和相互关系。广义地说，是指在社会再生产过程中适应外部环境的粮食各个部门的构成及相互关系。前者，称作粮食“硬”结构平衡。我国粮食部门历来重视狭义的粮食结构平衡，即人们常说的综合平衡或计划平衡，也就是前面所说的粮食经济“硬”结构平衡。这当然是正确而必要的。然而，这种“硬”结构平衡多偏重于粮食商业系统内部、相对稳定的粮食数量关系的平衡，在社会扩大再生产过程中对丁生产和消费处于被动地位，而且具有更强的机械性功能，灵活的调节功能则不足。正因此，在农村生产结构巨变，商品经济猛进，人民生活改善的新条件下，粮食经济“硬”结构平衡就不适应需要了。

为此，有必要引用粮食“软”结构平衡的观念。所谓“软”结构平衡，是适应粮食生产、消费、市场、自然条件等外部环境变化的有效调节能力。例如：适应国内粮食市场扩张和缩小的能力，适应粮食生产提高和可能降低的能力，适应粮食需求转移和新生的能力，适应粮食替代和补偿的能力，适应粮食余缺调节和丰歉年景平准的能力，适应粮食科技发展的能力，适应国外粮食市场风云变幻的能力等。为增强粮食经济适应外部环境变化的能力，即自我调节的能力，增强粮食经济“软”结构平衡能力具有现实性和重要性。

依据上述新型粮食平衡观，我国的粮食经济工作应把促进粮食经济“软”结构平衡作为一项重大粮食举措。为了实现粮食“软”结构平衡，首要的关键是进一步健全和完善粮食“大储备”。所谓粮食“大储备”，并不是指粮食储备可以无限量的“多多益善”，而是指建立多级粮食储备体系，既包含中央储备，又包含地方储备，还包含民间储备；既包含粮食储备量充足，又包含粮食储备结构合理，还包含粮食储备量适当之意。“适”者，即粮食储备达到合理的量度和合理的储备结构，一般应达到和保持国家应急、应变所需要的储备量和储备品种，主要包括关系民众口粮安全的稻谷、小麦、玉米等。建立国家粮食“大储备”，是国家适应外界环境变化所需要的一种实力。可大体确定，国家粮食储备合理数量的标准是，在遭到严重自然灾害条件下能够接到新粮的储备量，即为适宜粮食储备。具体说，粮食储备量大体以保证10个月到1年的销售量为宜。与此相适应，还必须建立和健全精干有力的、具有宏观调控职能的粮食调节储备机构。同时，还需要加强研究，包括研究国家粮食储备战略、储备政策、储备机制等，即加强粮食储备“软件”建设。同时，还不可放松“硬件”建设，即加强粮食现代化仓储设施。没有现代化粮食设施，就谈不上粮食服务现代化和粮食流通现代化，更谈不上建立粮食“大储备”。粮食设施现代化，主要包括商流、物流、信息流三大系统。例如，在粮食主产区建设“绿色储粮设施”；在粮食管理、批发中心建设现代化商流、信息流设施。目前，需要沿着全国粮食主产区、直销区的陆路、水路交通主干线和集散中心，建设物流设施，即建设起全国粮食储运体系；在东部沿海港口装备粮食进出口装卸设施，以适应粮食对外贸易的需要；在东北商品粮集中产区，建设一批低能耗，低污染、高效率、高质量的烘干设施，解决这一地区长期存在的高水分粮问题。建设这些设施，不仅仅对于风险防范、粮食安全具有重大意义，同时也为粮食市场提供坚强后盾。

八、树立技经结合观，发展粮食大加工

粮食经济越现代化，技术和经济越来越相互渗透，相互结合。宏观粮食经济研究为技术发展提供了科学“软件”，技术进步为经济发展奠定了坚强“硬件”。把粮食经济与粮食科技紧紧结合起来，就会为粮食市场经济的腾飞插上有力的翅膀。

市场经济是竞争经济。粮食及粮食制品的竞争力，实质上是物化在其中的现代科学技术和智力的竞争。运用现代粮油科技可以有效开发利用各种粮油的多种化学成分，生产出更多粮油食品和综合利用产品，促进开发粮食新产品，提高资源利用率，增加加工附加值，提高粮油的价值和使用价值，从而提高粮食部门经营的经济、社会和生态效益。因此，在发展粮食市场经济的过程中，要树立起粮食技术和粮食经济结合观，积极推进粮食大加工。所谓发展粮食“大加工”，不是指单纯建设大加工厂。它的基本内涵是：以提高粮食加工质量和效益为中心，建立体制新、机制活、结构优、多元化粮食加工业体系。它不仅发展城市粮食加工，而且大力提高农村粮食加工现代化水平；不仅加工居民日常食用的粮食制品，而且大力开拓新型粮食制品；不仅发展传统产品，而且

更多发展深加工新产品；不仅发展国内市场需求的粮油制品，而且要大力发展国际市场需求的新产品。这样发展起与粮食生产和消费相适应的粮食大加工工业体系，加强粮食经济的支柱行业。

九、树立现代人才观，造就优秀人才“大群体”

同任何事业一样，粮食市场经济发育的快慢、成败和兴衰的决定因素之一，是人才素质。国有粮食企业竞争力的强弱，也决定于人才素质的优劣。因此，树立现代人才观，造就复合型人才“大群体”，以适应发展现代粮食市场经济的需要。目前，各级粮食部门、特别是领导层树立现代人才观，造就现代粮食人才队伍，具有重要的现实意义和深远的战略意义。现代人才观，就是适应现代市场经济的要求，通过多种有效形式育才、用才和护才的观念。特别要尊重人才，重用人才，使人尽其才。对于发展粮食市场经济而言，急需不拘一格造就新型管理干部和大批企业家，包括商业企业家、工业企业家、科技开发企业家、外贸企业家等等。各类粮食人才，既应是社会人、经济人、伦理人优秀品质的整合，又应是强人型、能人型、贤人型优秀性格的整合，从而造就出具有市场经济意识、忠于粮食事业、能胜任发展粮食产业经济的一代人才群。其必须的前提条件是，要创造人才脱颖而出的良好环境，造就发展粮食市场经济所需要的人才和英才。这种人才群的结构是既包括专职领导管理人才，还包括精通粮食市场的经营人才；既包括粮食经济科学人才，又包括粮食自然科技人才。为人尽其才，要借改革机会，进行人才分流，少部分留在政府管理机构中，大部分转向各类粮食企业或实体中从事经营服务。对各类人才要充分发挥激励机制，奖惩分明，并把物质奖励与精神奖励结合起来。总而言之，最大限度开发人才资源，造就大批优秀人才，是粮食市场经济振兴的首要条件。

十、强化宏观调控观，创造良好大环境

笔者在多篇文章中做过阐述，宏观调控是现代市场经济题中应有之义。自西方经济学创立以来，经过重商主义、古典自由主义、庸俗经济学，到凯恩斯革命，及至新自由主义，已解决了市场经济要不要宏观调控的问题。

然而，现在却出现了本已不成问题的问题。诸如，放开粮食购销和粮价了，还需要不需要加强管理？发展粮食市场经济还需要不需要宏观调控？回答当然是肯定的。不仅需要，而且必须加强和完善。放活经营，不等于放松管理，更不等于放弃宏观调控。为此，在观念上要走出前述把市场等同于市场经济，把市场经济等同于放任自流经济，甚至把市场经济等同于“无政府主义经济”的认识误区。现代市场经济，既不是放任自流，又不是垄断统制，而是微

观经济自由原则和宏观经济平衡原则相结合的资源配置方式和运行方式。微观经营机制愈活，宏观调控手段需愈强。一般而言，宏观调控不是微观、直接和实物的干预，而是宏观、间接和价值的调节。

强化和完善宏观调控，目的是创造有利于发展粮食市场经济的大环境。实行政企分开改革后的粮食体制，政府的小而精、效能高的行政机构专司管理、执法、检查、监督、救灾等职责。粮食管理部门通过经济的、法律的和行政的手段进行调控，保证粮食市场环境公平公正，活跃繁荣，有序稳定。而广大粮食企业则依法开展经营活动，充分享有国家《企业法》中赋予企业的种种权利。政府粮食部门可受国家委托起草《粮食批发市场法》或《粮食市场法》及《粮食进、出口许可证制度》等各种法规和条例。通过必要的法律手段，一方面约束各种粮食交易当事人的行为，另一方面又保护各方面的正当权益。总之，必须创造出有利于粮食大流通的法律环境，实行“以法治粮”。此外，信贷自由，资金充足，利率合理，是发展粮食市场经济的财政金融环境因素，也是宏观调控的有力手段。

这里特别提出，要把尽快建立粮食保护价格制度作为宏观调控的一项基础建设。对于粮食——社会效益极大的公益性产业、经济效益微薄的弱质产业和受制于自然的风险产业——必须建立粮食保护价格制度，或者说建立长效保护机制。为此，在全面考虑承包费、农资费、人工和必要负担等成本因素的基础上，再参照有代表性的粮食市场上的粮价水平，确定合理的保护价格，保证农民有适当利润。作为保护粮食的资金来源，需要尽快建立一项粮食基金。通过建立和实行粮食保护价格，实现如下切实可行的目标：在一般自然风险、市场风险、社会风险条件下，保证粮食生产稳定增长、粮农收入合理提升、粮食市场行情稳定、粮食供求基本平衡。

原刊于人民日报《理论参考》，1984 年 2 月 5 日

对我国粮食流通战略转变的探讨

建国以来，特别是党的十一届三中全会以来，我国的粮食流通工作取得了巨大的变化，这是公认的。然而，今天粮食流通面临着新形势和新问题，需要探索发展粮食流通的新体制和新战略。

近年来，与世界粮食减产成鲜明对比，我国的粮食形势“风景独好”。1983年，全国粮食总产量达到3.873万吨，人均粮食占有量达到390千克。这一数量比世界平均水平425千克还相差约40千克，与我国人民过小康生活的粮食需求量相比（从国内外经验看，达到小康生活水平，大体人均需要原粮400千克以上），相差还不少。可见，我国的粮食并没有过关。粮食不是多了，而是还不足。因此，粮食生产还必须继续抓紧。

现在使人困扰的是，一方面我国粮食并不富裕，另一方面又有相当多地方的农民“卖粮难”；一方面一些产粮省份迫切要求调出粮食，另一方面国家则“储粮难”、“调粮难”、“运粮难”。产生这种种矛盾现象的原因是多方面的，粮食流通渠道不畅是重要原因之一。出路在于实行粮食流通体制的根本性改革，在于对我国的粮食流通进行战略转变。

一、粮食流通战略转变的依据

马克思主义关于社会再生产的原理阐明，生产过程和流通过程是两个相互依存、相对独立的两种经济运动过程。一定的生产决定一定的流通的深度、广度和方式。但是，流通也对生产有着重要的反作用。流通是社会再生产进行的重要条件，是满足人们日益增长的消费需要的必要环节。当然，流通一定要适应生产发展的需要。马克思主义这一基本原理，为我们提供了目前进行粮食流通战略转变的理论依据。

从我国现实中纷纷涌现的新情况、新问题看，进行粮食流通战略转变的必要性和紧迫性十分鲜明。

1. 农村开始了“两个转化”的新历史时期。随着以家庭经营为基础的联产承包责任制的实行，广大农民迸发出前所未有的生产积极性，广大农村开始了由传统农业向现代农业、由自给半自给经济向较大规模商品生产的转化。近年来的事实表明，这“两个转化”过程在加快。1982年与1978年相比，农村作为商品出售的各种产品的总金额增长了89.1%，其中出售农副产品的金额增长了98.9%；农村多种经营各业生产的商品率平均由40%上升为59.4%。在我国农业中占首位的粮食生产也开始了一个新阶段。老商品粮基地在稳定巩固，新商品粮基地在发展提高，粮食专业户成批涌现，从而使粮食增长速度加快，商品率提高。建国后的1950—1959年，9年平均每年增产粮食420万吨；从1960—1969年，9年平均每年增产粮食近750万吨；从1970—1979年，9年平均每年增产粮食近1 025万吨；进入80年代后的前3年，平均每年增产粮食2 224万吨。现在全国粮食商品率已提高到30%以上，比4年前约增长了8个百分点。粮食生产、特别是商品粮生产继续快速发展的趋势，给粮食流通提出了越来越严重的新挑战。

2. 粮食消费结构发生了显著变化。随着生产的发展和人民生活的改善，广大消费者对粮食的消费愈益向着讲究营养、卫生、方便的趋势发展，粮食消费明显发生了三个重要变化：不仅要求量足，而且要求质高；不仅要求供应原料，而且要求供应成品；不仅要求单一的粮食，而且要求多样化的食物。因此，目前粮食消费结构出现了“三增三高”的新趋势：细粮增多，精度提高；方便食品增多，工商用粮提高；动物食品增多，饲料耗粮提高。以面粉消费为例，1981年，全国生产精粉236.7万吨，到1983年便迅速增加到390万吨，净增153.3万吨，增长了64.7%以上。精粉产量虽然有了这样大量的增长，但还是供不应求。由只求温饱，到丰衣足食，这种消费结构变化的新趋势，给粮食流通提出了必须相应解决的新课题。

3. 农村经济结构发生了巨大变化。我国现在的农村经济结构已经发生了巨大变化，而且还将发生更大的变化。它将愈来愈由单一农业转向农林牧副渔全面发展的轨道；由单一经营转向农工商综合经营的轨道。与此相适应，农村劳动力结构也将改变，大批剩余劳力将不断地走上林、牧、副、渔及工、商、运等各种专业化行业，由原来的粮食生产者变为粮食消费者。与这些变化相对照，出现一个广阔的农村粮食市场，产生了对粮食及其制品的新需求。这就必然要求改变过去那种由农村购粮、向城市供粮的单一流向，发展成为粮食购销的多元流向。

4. 农村商业流通渠道发生了深刻变化。现在，全国农村粮食流通改革已迈出了小步。整个农村商业已在相当大程度上由封闭式的独家经营转变为开放式的多元化经营。国营粮食商业在党的十一届三中全会后恢复了议购议销业务、重新开放农副产品集市贸易后，粮食可以自由上市。从1984年起，在夏粮征购开始的同时开放市场，实行多渠道经营，允许供销社、农村其他合作商业和农民个人在当地，甚至出县、出省收购和运销，农民当然也可以自销。于是，不可避免地产生了多条流通渠道之间的竞争，相应发生了如何处理好粮食主渠道与多渠道关系，以及在以国有粮食商业为主导前提下，如何充分发挥多渠道作用、发挥市场调节作用的新问题。

5. 粮食流通渠道不畅，粮食价格倒挂，财政补贴巨大。“卖粮难”、“买粮难”、“运粮难”、“调粮难”的核心问题是粮食价格不顺，长期粮食价格倒挂。按照现行办法，随着农业的丰收，国家收购的粮食愈多，中央财政补贴愈多，国家财政压力也愈大。若不从改革和建立新的粮食市场价格体系入手，那么，上述矛盾就得不到解决、粮食流通渠道也就难以通畅。

6. 我国实行了对内搞活、对外开放的方针。在经济全球化的趋势下，我国粮食必须实行对内搞活、对外开放的方针。选择这一方针，必然要求粮食市场由“死”变“活”；要求国内粮食市场应该和国际粮食市场联系起来。近年来，我国的粮食进口和出口业务已有所扩大。国内粮食市场和国际粮食市场已经初步联系起来。今后，这种联系不仅不可能割断，而且可能越来越扩大和越加强。

综上所述，20 世纪 80 年代的中国农业、农村经济发生了巨大而深刻的变革，粮食生产和消费也有显著的提高。所有这些，对作为粮食生产和消费中介的粮食流通提出了新挑战、新课题、新要求。为了迎接新挑战，解决新课题，满足新要求，因循守旧、故步自封不行；抱残守缺、头痛医头、脚痛医脚也不行，必须进行粮食流通的战略转变。

二、粮食流通战略转变的内容

进行粮食流通的战略转变，要解放思想，实事求是，勇于革新，从有利于促进和引导粮食生产，有利于指导和改善粮食消费，有利于创立具有中国特色的粮食流通新体制和形成新机制的原则出发。当前，要从以下一些主要方面逐步进行转变。

1. 转变粮食流通的战略指导思想。要把实质上是“粮食由我管，吃饭由我包”的高度集中粮权的思想，转变为“必要的计划内由我管，计划外由多家分担”的适当放开的指导思想。

毫无疑问，在我国目前的条件下，在一定范围内坚持粮食的计划收购、计划供应和国有粮食商业为主导是必要的。但是，粮食流通的战略指导思想要转变。过去，我们搞粮食工作，一般说可以概括成从“少”字出发，“管”字为上，“死”字为果。这就是说，围绕着粮食“少”做文章，在工作上追求“管”得全而细，结果形成了“粮食由我管，吃饭由我包”的垄断思想。现在粮食形势发生了重大变化，开始由供不应求变为“供过于求”。因此，过去关于粮食流通的一些政策、规定、办法，特别是指导思想，就变得很不适应了，就需要认真清理，废止过时的办法，从根本上转变战略指导思想：要把“少”字变为“多”字（当然只是相对而言），把“管”字变为“放”字，把“死”字变为“活”字。这就是说，从我国现有较“多”的商品粮出发，要敢于进行粮食流通的创新和改革，“放”宽粮食政策，“搞活”粮食流通。在破除“粮食由我管，吃饭由我包”的垄断思想后，便会带来巨大的新活力。

只要国有粮食商业企业足以能左右粮食形势，只要坚持国营粮食商业为主导，那么，就可大胆扩大市场调节部分。这样，既使国家可以甩掉一些不必要的“包袱”，又会受到生产者和消费者的欢迎。可以这样设想：减少国家粮食管理品种，缩小计划供应范围，压低奖售粮食项目。今后国家只负责最基本、最必要的方面：①国家只负责稻谷、小麦、玉米、大豆等几种主要粮食品种的计划收购、计划供应，实行指令性计划；其他粮食品种或完全实行指导性计划，或实行市场调节。②国家只负责最必须的粮食计划供应：城镇、工矿、农村中非农业人口（指农村中党政干部、教师及农业科技人员等）的定量口粮的供应；必须的工、商（食品、试剂、酒精、医药等）用粮的供应；盐业、渔业、牧业、林业及大、中城市郊区蔬菜专业队定销口粮的供应；军需用粮的供应；遭受特大灾害地区救济粮的供应；国家储备粮的必要补充。综合以上六项必须由国家供应粮食的项目，全国目前每年大体需要 6 500 万吨粮食就够了。以销量定购量，再适当留有余地，国家每年征购粮食规模 7 000 万～7 500 万吨就足矣。所确定的粮食征购计划数是计划任务，必须完成。计划外的粮食国家不再收购，但不是撒手不管，而是由国家、集体、各种农村合作经济以及个体等多条渠道购销经营。总之，把握的基本取向是缩小指令性计划购销的粮食，扩大市场调节的粮食数量。既利于减轻国家负担，又利于搞活粮食流通，也不影响农业生产。

2. 转变粮食流通的独家经营体制。要变高度集中的、封闭式的、国有粮食商业独家经营的体制为国有粮食商业为主导的、多成分、多渠道、多形式、少环节、开放式的“三多一少”的粮食流通体制。

如上所述，在国家确定的粮食征购数量以外的粮食，都可以作为市场调节的部分，国家、集体、个体可以一起上，而且既可以单独经营，也可以联合经营。国家粮食议购议销部门可以主动、灵活、普遍地参与市场调节，放手开展粮食议价经营；农村供销社可以扩大经营范围，积极开展粮食经营业务；农村其他合作经济也可以运销粮食；还要适当发展一些个体户开展粮食运销。这样，主渠道、支渠道相交错，长渠道、短渠道互配合，形成新的粮食流通体制和流通体系。

3. 转变粮食流通的重点。要变过去重点是做好分配管理工作，为在做好这一工作的同时重点转向管理经营。过去的粮食流通，与其说是开展粮食流通，毋宁说是完全搞粮食分配和管理。现在，随着历史条件的转变，要求粮食部门更多地开展流通和经营。当然，过去的粮食流通中也有经营，但一般是初加工的单一经营，现在已有条件转向多种经营。市场和群众需要什么，就经营什么；而不是粮食部门供应什么，群众就吃什么，真正树立起以消费者为中心的经营观点。我国现在已完全有条件这样做了。现代粮食经营包括许多新内容和新业务：①进一步开展收购、加工、销售的综合经营；②扩大粮食利用的新领域，发展粮食食品工业和饮料工业；③粮食部门要充分发挥原料和产销的优势，发展配合饲料、预混合饲料和浓缩饲料，大力提高产量，扩大销售。与此同时，各级饲料公司还要积极开展饲料服务业务；④积极开拓粮食对外贸易经营。

4. 转变粮食储备方针。要在注重建立国家粮食储备的同时，还要注重建立粮食加工企业、农户多形式的粮食储备。要建立充足的粮食储备，光靠国家的力量是远远不足的，要提倡建立多种形式的粮食储备。

关于充足合理的国家粮食储备。所谓国家粮食储备，主要是战略储备，国家粮食战略储备是保证国家在非常时期的安全需要，是必不可少的。国家的粮食储备要建立在合理的基础上，做到足量、适量储备，但并不是越多越好。如果超储备，除了增加保管费用、增加损耗外，还会使粮食陈化、降低营养价值。在合理的粮食储备量以外，就可以适度扩大转化使用。

关于普遍的农户粮食储备。藏粮于民的口号应当响亮地重申。现在产粮区出现农民不愿储粮的趋势，原因是农民想把家里的存粮当超购加价粮出售给国家。他们想：遇到灾年时再向国家要救济粮。鉴于这种情况，国家要大力提倡农民储粮。应当看到，农村广阔分散，农民数量众多，交通运输也很不方便，因此号召农民储粮备荒，以丰补歉，是具有战略意义的大事。全国有近2亿农户、8亿多农民，如果每个农家储存半年到一年的粮食，那么全国农村就可储备10 000万～15 000万吨粮食。当然，在粮食主产区，应大力提倡集约化的合作储备粮的服务形式，像开展粮食“两代一换”。

这样，合理的国家粮食储备与普遍的农户粮食储备相结合，就能保证国家在任何异常情况下掌握粮食主动权。

5. 转变对粮食市场调节限制过死的陈规。要变对粮食市场调节限制过死，为放开手脚、把市场调节进一步放宽搞活。

对关系国计民生的重要物资的生产和流通实行统一的计划管理，是坚持有计划商品经济的重要内容，是保持宏观经济基本稳定、宏观与微观相协调的必要措施。但是，要处理好计划部分与市场调节部分的关系。从我国实际出发，今后要逐步把粮食计划购销部分占社会总流通量的比重减少到60%上下，把粮食市场调节部分占社会总流通量的比重增加到40%上下。在市场调节部分，国家粮食议价部门的经营量可以保持在50%左右，其他部门、集体和个体商业的经营量则可增加到50%左右。这些比例数只是一个大体的设想，并不是很严格的，更不是一成不变的。随着粮食生产的发展和粮食流通改革的深化，市场调节部分还可逐步扩大。

迄今，在国有粮食商业领域，除作为主导的计划市场外，以市场调节为主要职能的粮食购议销的机构已初具规模，几乎所有的省、市、自治区一级都建立了议购议销公司。但是其作用还没有充分发挥出来，关键原因之一是，国有粮食商业在根本上未改变计划市场与市场调节的关系，往往认为前者是份内事，后者是额外负担，甚至担心后者会冲击前者。因此，在注重计划市场的同时，一般容易忽视或排挤市场调节。为了充分发挥粮食议购议销搞活市场的作用，今后要改变已经过时的陈规，努力做到：①解放思想，端正认识。真正把粮食议购议销当作统购统销的必要补充，把计划市场让出一部分给市场调节；②价格灵活，薄利多销。按照价值规律，随行就市，依质论价，有升有降；③方式多样，范围扩大。行政部门不仅不要过多干预、而且要支持粮食议购议销的业务；④给粮食议购议销企业一定自主权。包括一定的粮食支配权，适当的价格浮动权，合理的利润提成权等。

6. 转变粮食流通领域分配制度中平均主义、“大锅饭”的旧制。要把粮食经营中普遍存在的平均主义、“大锅饭”的制度，转变为责、权、利相结合的粮食经营责任制。人是生产力中最活跃的因素，为了充分调动广大粮食职工的积极性和主动性，当前特别要做到：①实行责任制。要从粮食部门实际情况出发，建立和实行责、权、利相结合的经营责任制；②奖罚分明。奖金发放，要奖勤罚懒，切实做到多劳多得；③树立新风。改变“官粮”作风，即切实改变经营方式，扩大服务内容，提高服务质量，简化手续，方便群众，树立文明经商的新风。

7. 转变粮食流通领域陈旧落后的技术装备。要把粮食购、销、存、加各个环节陈旧落后的技术设备，转变为现代化的技术设备。

加强粮食商业现代化建设，是搞好粮食流通的重要措施。在已进入电子计算机时代的今天，我国粮食流通领域的科技状况依然是：“信息靠报表，验质靠牙咬，计数靠算盘，加工装备老”，极不适应加快流通的需要。当前，面对新兴的技术革命的浪潮，粮食部门急需做到以下三点：

第一，抓紧职工知识更新。面对新形势，我国的财经干部面临着知识更新的任务，现在大多数财经干部还没有看到这个任务的紧迫性。为此，广大粮食职工要学习商品流通的经济科学知识，学习现代技术知识，学习现代科学管理知识，以及信息技术知识。

第二，抓好行业技术改造。要大力提高粮食流通领域各行业的科学技术的现代化水平，包括提高机械化、仪器化、电子化水平，尽量应用微型电脑，建立信息控制、数据运算及储存的电子计算机中心。

第三，大量引进新型技术。这里所说的引进技术有两层意思。一是从国外引进一些必须的、国内尚为空白的适用技术设备，这只是一小部分；二是从国内引进，内陆地区引进沿海地区的先进技术，粮食部门引进其他部门的先进技术，这是大量的，而且能很快见效。

8. 转变在国际粮食贸易中无所作为的观点。要变我国在国际粮食贸易中消极被动、无所作为的状况为积极进取、大有作为。

过去，我们注重国内粮食市场，没有条件面向国际粮食市场。那时，多是在粮食紧张时想到进口，而对发挥本国特有的优势，出口名特产品重视不够。这主要是认为我国人多粮少、无力出口的观点所致。现在已到转变的时候了。我国开展粮食外贸，不仅局限于产品的进出口，还要审时度势进口国外资源和利用国外市场，进行国际资源配置。欧洲的小国荷兰，尚且利用进口的土豆作原料，加工出几十种土豆食品和其他产品，行销世界几十个国家。作为世界最大粮食生产国的我国，粮食品种多，资源广，尤其是有许多杂粮品种在国际市场上独具优势，更有许多名特产品已畅销世界各地。我们要充分发挥本国的优势，以丰富多彩的名特粮食食品去积极进取，开拓市场，扩大贸易，增加外汇收入。这是大有作为的。

三、粮食流通战略转变的步骤及目标

转变粮食流通战略，无疑是一项艰巨的改革，是一个不断探索、创新的过程。因此，粮食流通的战略转变应逐步进行，可设想分如下几个步骤：

1. 系统准备阶段。主要包括三种准备：①思想准备。要使各地领导，特别是广大粮食职工认识农业粮食向商品生产转化的必然性，认识粮食流通面临的新形势、新挑战，树立勇于探索、锐意改革思想。②研究准备。要组织各方面的人士（包括实际工作者和专业理论研究者）深入调查，用系统工程的方法，综合研究，全面论证，提出适应到本世纪末的、新的历史条件需要的扩大市场调节的粮食流通战略方案。③物质准备。与上述思想准备和研究准备同步进行，要加强粮食技术装备、仓储流通设施。

2. 试点探索阶段。对制定的方案，要选择具有代表性的不同地区、不同企业、不同典型进行试点探索，总结实践经验，再进一步修正和完善所制定的战略方案。

3. 全面转变阶段。在第一、第二两个阶段中，同时也进行一些必要的改革；待第一、第二两阶段工作完成后，即可在粮食流通领域因地制宜地进行战略转变，致力开创具有中国特色的粮食流通的新局面。

通过粮食流通的战略转变，要达到的目标是：把我国原来带有浓厚供给制色彩的、适应农村自给半自给经济特点的粮食流通，转变为反映商品经济特点的、适应农村经济向大规模商品生产转化及人民生活总体上达到小康生活水平这一历史时期的粮食流通；把高度集中、独家经营、封闭式的粮食流通，转变为在国家计划指导下，以国有粮食商业为主导的、开放式的多渠道粮食流通；把职工素质差、技术设备旧、经济效益低的粮食流通，转变为职工素质好、技术设备新、经济效益高、能减少财政补贴、引导和促进粮食生产、指导和改善消费的粮食流通。

现在提出转变我国的粮食流通战略，会不会有什么风险？这是人们担心的问题。我认为，不会有多大风险。因为我国现在已具有多种有利条件，粮食流通战略转变的时候确实到来了。我们要看到这个大趋势，革故鼎新，勇于开创。只要做到方向明，决心大，规划周，步骤稳，那么，我国粮食流通战略转变之举必成，我们应当有这样的信心。

原刊于《农业经济问题》，1984 年第 7 期

此文是在全国政协举行的“关于粮食形势和流通改革座谈会”上的发言稿，会后作了一些删减。

粮食托市收购是“四有利”的宏观调控举措

——基于粮食主产区“托市收购”实践的思考

我国启动粮食最低价收购预案——简称“粮食托市收购”，是深化粮改和健全粮食市场经济体制的重大举措。笔者多次到黄淮海和东北等粮食主产区进行调研和考察，特别是深入到农村农户进行访谈，取得了丰富的第一手材料。从调研材料的梳理和思考中得到一个明确认识：粮食托市收购政策是我国“四有利”的宏观调控举措。

一、实施粮食托市收购的做法和意义

迄今历经4年的实践表明，我国实施粮食托市收购政策取得显著成效，显示出“四有利”：有利于保护农民利益，提高生产者的种粮积极性；有利于国家掌握足够粮源，加强粮食宏观调控的实力；有利于改善国有粮食企业经营，更好发挥市场主渠道作用；有利于健全粮食市场体系，发展粮食市场经济体制。概括为一句话就是，它有利于把宏观调控与市场经济机制结合起来，有效保障国家粮食安全。

笔者在河南、山东等地农村调研考察中看到，国有粮食企业在贯彻执行粮食托市收购政策中，基本做法是实现“五到位”：一是思想认识到位，组织领导有力；二是政策宣传到位，做到家喻户晓；三是准备工作到位，扎实推进小麦托市收购；四是监管措施到位，确保收购进展顺利；五是防范措施到位，确保储粮安全。在具体实施措施上，各直属库与托市收购库点都坚持“七加强”：加强政策学习，提高政策意识；加强组织领导，严格落实责任；加强政策宣传，让农民交售“明白粮”；加强过程监控，政策执行到位；加强优质服务，让农民交售“舒心粮”；加强收购监管，严肃收购纪律；加强协同合作，营造良好环境。事实证明，我国实施粮食托市收购政策具有重大意义。

其一，粮食托市收购政策是宏观调控新举措。宏观调控是现代市场经济题中应有之义。各国国情、农情和粮情各异，采取的宏观调控措施也不相同。在市场粮价低迷、甚至“谷贱伤农”条件下，不能指望单纯依靠企业行为改变市

场失衡和失灵的状况。在关键时候，国家采取宏观调控举措是势在必需。国家对主产区大宗粮食品种启动最低收购价预案，并且与粮食公开拍卖竞价销售相结合，是一项“雪中送炭”的、具有中国特色的宏观调控新举措。

其二，粮食托市收购政策是农民稳定增收的保障。在市场价格下降到使农民不足以得到平均利润、种粮亏本时，企业不愿意、也不可能对农民增收有什么作为。在农业和农民最需要“以工补农、以城支农”的时刻，只能依靠国家采取积极干预措施，才能保障生产者基本收益。最近两年国家实施的托市收购，就为农民增收提供了有力保障。笔者在河南调研中接触到许多农民，他们都以亲身体会诉说道：没有托市收购，粮食真的是种不下去了。这几年，农民每斤小麦从托市收购中多收四五分钱，比“直补”益处大。据计算，从2006—2009年的4年间，河南全省农民从小麦托市收购中总计增收117.6亿元。难怪农民把小麦托市收购看成是“民心工程”。

其三，粮食托市收购政策是促进粮食持续稳定增长的动力。中国粮食产业兴盛不衰的动力源泉蕴藏在农民中，只有不断合理提高他们种粮的收益，给他们创造扩大再生产的条件，才能保护和激发农民内在的种粮积极性。实施托市收购政策有效保障了农民种粮的收益，有力增强了广大农民内在的粮食生产热情和积极性。这种热情和积极性转变为巨大的物质成果。以河南省为例，全省粮食连续4年增产。2007年，河南省小麦在连续3年增产的基础上，又第4年增产，增产量达12亿千克，占全国小麦增产量16.7亿千克的71.8%以上。这巩固了河南省在全国第一小麦大省的地位。

其四，粮食托市收购政策加强了国有粮食企业市场主渠道的作用。在市场价格低迷、粮食生产者需要保护的条件下，尤其需要国有粮食企业充分发挥市场主渠道作用。所谓“市场主渠道”作用，主要体现在国有粮食企业作为载体、模范执行国家宏观调控的举措。实质而言，小麦托市收购就是国有粮食企业发挥主渠道作用的一种形式。采取这种形式，把主渠道与多渠道结合起来，有利于促使粮食市场正常运行，竞争有序，有利产销。这里顺便提及，实施小麦托市收购政策，还有利于调整面粉加工企业结构，促使其趋向大型化、合理化。

其五，粮食托市收购政策促进了新型市场主体的成长发育。自实施粮食托市收购政策以来，农村应运而生涌现了一大批粮食经纪人。迄今，我国农村粮食经纪人队伍约拥有80多万人，主要由以下三部分构成：一是农村粮食专业合作社（小麦专业协会、粮油服务社等）开展粮食收购；二是农村有小本买卖经验的农民，进行粮食收购。他们活跃在当地的农村市场上，在收购季节经营粮食，机动灵活，像一支支“购粮小分队”；三是粮食企业下岗职工。这一类为数不多。他们具有粮食业务知识和技能，从事粮食经纪职业更驾轻就熟。农村粮食经纪人弥补了粮食收购市场上的“断层”，成为新型市场主体。据调查，农村粮食经纪人收购的托市小麦占总收购量的60 %以上，在河南、山东和河北一些地方，这个比例更高达90%以上。

综合上述的结论是：粮食托市收购政策与粮食公开拍卖竞价销售，是国家粮食宏观调控的新探索和新创造，对保护农民生产积极性和增加农民收入发挥了巨大的经济社会效应。对这一重要新举措，应该进一步健全和连续实行下去。

二、实施粮食托市收购的启示和经验

其一，持续促进全国粮食增产是成功实施小麦托市收购的坚实基础。战略是农业粮食持续发展的方向盘。进入新世纪以来，党中央、国务院反复明确强调：要把农业和粮食置于“重中之重”的地位；要警钟长鸣，加强粮食安全。与此同时，中央逐年加大对粮食的扶持力度。2008年中央惠农资金额达到5 000亿元以上。全国粮食总产量连续5年增产。从2004年到2008年，全国粮食总产量依次达到46 946.9万吨、48 402.2万吨、49 804.2万吨、50 160.3万吨和52 871万吨。全国农业粮食大省河南省，从2005年以来，开展创建粮食核心产区行动，主攻粮食单产。2007年，粮食总产量达到200.07亿千克，比2006年增产11.89亿千克。2008年，河南粮食核心产区取得了更大成效，成为河南省夏粮实现“五连增”的决定因素。全省粮食连续增产，为实施小麦最低价收购创造了雄厚的物质基础。

其二，正确的粮食价格政策是成功实施小麦托市收购的良好前提。粮食政策尤其是价格政策是粮食托市收购成功的生命线。2008年，国务院决定提高粮食最低收购价格。其中，各等级白小麦的收购价格为：一级0.81元/500克；二级0.79元/500克；三级0.77元/500克；红小麦和混合麦小麦的价格为0.72元/500克。另外，2008年是我国实施小麦新国标的第一年，大部分都符合白小麦新标准。这样，500克白小麦即可多卖5分钱，加上提价，白小麦比上年每500克可增收8分至1角钱。驻马店一位农民说：我家今年收获小麦5 000多斤，粮库化验结果都是1级白小麦，每斤卖价8角1分钱，比去年提高近1角钱，可增收500多元。由于合理提高了粮价，所以农民出售余粮的积极性始终高涨。

其三，严格落实托市收购政策是成功实施小麦托市收购的关键。国家粮食部门采取多项措施，严格落实托市收购政策：一是按照“有利于保护农民利益、有利于粮食安全储存、有利于监管、有利于销售和有效布点”的原则，合理确定最低收购价收购贷款企业和委托收储库点。二是严格执行收购价格和质量标准。要求收购中必须要坚持用“仪器定质”、以质论价、优质优价，防止压级压价，损害农民利益。同时也不得以降低收购质量标准的手段“抬级抬价”收购，损害国家利益。三是为了正确执行小麦新国家标准，凡承担收储任务的粮食库点都必须配备小麦硬度指数测定仪，操作人员必须持证上岗。一律以小麦硬度指数测定仪检验打印的结果作为确定白小麦、混合麦的依据。凡不配备小麦硬度指数测定仪的不能作为粮食收储库点。四是严把验收关。坚持实行边收购边验收的办法，做到“收满一个仓，验收一个仓，封存一个仓”。五是严格防止“转圈粮”。要求各被委托收储库点必须切实采取有效措施，防范不法企业将陈粮和前两年托市小麦拍卖粮转入今年托市收购粮。六是进一步加强监管。即加强粮食监管体系，完善网络、充实力量、强化措施、落实责任。

其四，提供人性化服务是成功实施小麦托市收购的良好条件。国有粮食部门满怀深情为农民提供现代化、人性化服务。他们普遍采取“一站式”服务：一是思想领先。对全体职工及早层层动员，要求树立维护农民利益、维护国家粮食安全、维护市场稳定等“三维护”思想，全身心做好服务。二是改善流程。各直属粮库加强组织管理，公开业务流程，用仪器定级，同时把各项结算等业务都集中在一个20～30米的区域内，避免农民往返耽误时间。三是人性化服务。各直属库都配有农民休息厅，内设有咨询台、样品展示台、药品箱、茶水站、政策宣传栏、路线指南，并为售粮农民提供免费就餐，使农民售粮如同到家一样。四是加强技术装备。2008年，各直属粮库购进2 000多台小麦硬度测定仪，添置一批地动衡和输送机械，还研制一些适合“散装、散卸”的粮食物流设施，从而大大提高了效率和减轻了劳动强度。

三、澄清认识，坚持和完善粮食托市收购政策

我国自2006年实行粮食托市收购政策以来，不时传来质疑和批评的声音，说什么粮食托市收购是“倒退”、是“得不偿失”，以及将要造成“第二次粮食积压”等。就实质而论，这些看法，既是由于对粮食最低收购价政策的基本内容和实施方式缺乏了解，又是由于对国家宏观调控与现代市场经济的辩证关系缺乏正确认识所致。目前，需要澄清认识，坚持和完善粮食托市收购政策。

第一，粮食托市收购是市场经济体制和机制的完善，而绝非是倒退。2005年，在我国粮食生产继上年丰收的基础上再次取得丰产，市场粮价趋于疲软，农村出现“卖粮难”的端倪，极可能影响农民的收入，挫伤其生产积极性。在这种关键时刻，2006年，国家及时启动了粮食最低收购价预案，即在相关粮食主产区对大宗粮食品种按最低价收购农民余粮。3年来粮食托市收购政策成

功实施的事实证明，它把宏观调控与市场经济机制结合起来，弥补了粮食生产者与收购企业之间的“断裂”，维持了粮食市场的正常运行，达到了预期的政策目标。事实证明，粮食托市收购是必要的粮食宏观调控新手段；是农民稳定增收的保障；是促进粮食持续稳定增长的动力；是国有粮食企业发挥市场主渠道作用的体现；还促进了新型市场主体的成长发育。可见，实施粮食托市收购政策不仅不是倒退回传统计划经济的老路，相反是市场经济的健全和完善；更不是人们所说的“打压市场粮食价格”，相反是合理“托高”了市场粮价。

第二，粮食托市收购是物有所值，而绝非是国家财政负担。如上述，自2006年实行粮食托市收购以来，不少的人存在担心和疑虑，国家花巨额财政资金以“托市价格”收购大量余粮，会不会重蹈上世纪90年代后期那样的“粮食积压”、“财政负担加重”的教训？无疑，这种担心是出于对国家和粮食企业的关心，然而却忽略了已经发生巨大变化的国内外环境条件。

从社会经济全局着眼，国家为托市收购粮食提供必要的财政支出是“物有所值”。在市场价格低迷条件下，国家花费一定资金，增购一批储备粮，收到了巨大的多方面的经济社会效应：首先是保障农民种粮不亏本，且能增加收入，扩大农村消费能力，拉动消费市场；其次是保障粮食供应充足，市场粮价基本稳定，民生稳定，社会稳定；其三，保障粮食市场秩序正常，保障国家掌握足够粮源，增强应对世界粮食危机和金融危机的能力，有效提高国家粮食安全度。从2007年到2008年，世界粮价飙涨，小麦和玉米价格涨幅创10年来之最，全球粮食储备降低到30年来的最低点。与国际粮价飞涨相对照，中国粮价虽然有所上扬，但表现出温和性、结构性、可控性、基本稳定的特点。实际上，100多亿元的补贴在我国现在的财政收入中所占比重微不足道，国力已经完全能够承担这笔费用，算不上什么“财政负担”。

第三，适度增加粮食储备是客观必须，而绝非“包袱”。从中长期发展趋势判断，我国粮食供求矛盾的主要方面是“防少”，而不是“防多”。要清醒判断：我国粮食将长期处于“紧平衡”状态，中长期粮食安全隐伏着风险因素。一方面人口众多、饲料和工业用粮不断增加，粮食需求量将呈刚性增长，解决粮食供求问题只能依靠自力更生；另一方面耕地资源稀缺、且呈下降趋势，加之水源、能源短缺，粮食进一步增产的难度加大。日益加剧的资源约束和市场约束与不断增长的粮食需求形成鲜明对比。这种基本国情决定，保障国家粮食安全的中长期战略方针应是，稳定持续增强粮食综合生产能力，健全完善现代粮食流通体系，在生产提高的基础上保持充足的粮食储备。

粮食储备是国家为加强宏观调控、平衡市场、调节丰歉、保障粮食安全的一项基本建设。特别是对于应付特大自然灾害等突发事件必不可少。这是世界

各国通用的一个有效举措。从上世纪 90 年代初我国建立粮食专储制度以来，它对于粮食宏观调控发挥了积极作用。各国的国情、粮情不同，所建立的粮食储备规模各不相等。无疑，充足的国家粮食储备规模和合理的粮食储备结构是加强粮食宏观调控的基础。然而，国家粮食储备不是“多多益善”，越多越好，而是“适度储备”为上策。所谓“适度”，指“规模适中”、“结构适宜”、“品种适用”、“分布适当”。“规模适中”是指，国家粮食储备，既不可缺量，又不可严重超量，而需要保持适当数量。“适度”是动态的，在不同社会经济环境下，“适度”的内容不尽相同。从我国国情出发，我国的粮食储备量应该高于联合国粮农组织提出的 17%～18%的安全线，可设想提高到 25%～30%的水平。对于一个拥有 13 亿多人口、农业粮食基础还薄弱、多重约束日益加大的国家而言，粮食供求的主要矛盾在于“防少”，而不是“防多”，不存在产生“粮食积压”的条件。

第四，必须继续坚持实施粮食托市收购政策，绝不可半途而废。迄今，我国粮食托市收购政策已经实行 4 年了，在实施过程中也产生了许多新问题。现在需要在发扬成绩的同时，要坚持粮食托市收购政策的健全和完善。笔者在山东、河南等地调研中，听到农民说：粮食托市收购给我们带来的实惠真的比“直补”还大，真是顺民心，得民意，但就是不知道能实行多久。我们担心国家停止和改变这项政策。为解除农民的后顾之忧，特建议：一是，实施粮食最低收购价政策，要稳定化和连续化；二是，实施粮食最低收购价政策，要机制化和制度化；三是实施托市收购的价格，要合理化和动态化。通过健全完善措施，使广大农民解除后顾之忧，使之放心和安心，持续发展粮食生产。

原刊于人民日报社《人民论坛》，2009 年第 20 期
原文较长，收录时进行了大量删减。

国有粮食企业在改革中重获新生

国有粮食企业改革是整个粮食流通改革的重心和重点内容。我国30年粮改，30年巨变。尤其是2004年粮食购销全面实现市场化后，广大国有粮食企业继续坚持锐意探索，勇于创新，“凤凰涅槃”，再获新生。这一粮改硕果经受住了全球金融危机和世界粮食危机的严峻考验。

一、历经改革洗礼，国有粮食企业还是主渠道

在全球瞩目的粮改中，国有粮食企业坚持以改革谋发展，以发展促改革。特别是“十一五”以来，粮食企业更奋力攻坚，摆脱了困境，获得了新生。

一是，基本解决“三老”难题，企业“死而复生”。解决“三老”问题，是国有粮食企业重获新生的前提。近年来，国有粮食企业历史政策性财务挂账进一步核实，上划到县级以上（含县级）粮食行政管理部门集中管理；原来按保护价和定购价收购的庞大数量的老库存粮食全部销售出去；改革改制后的企业富余人员得到了比较妥善地安置。2009年，全国国有粮食企业职工总数比改革初期1998年的330.6万人减少266.6万人，减幅81%。消除了“三老”历史包袱，国有粮食企业轻装前进，经济效益显著提高。从2007年开始，全行业已连续3年实现统算盈利，2009年净资产达到817亿元，比2004年猛增1 397亿元。一个资不抵债、长期亏损的行业，而今实现连续盈利，可谓变化巨大、“死而复生”。

二是，企业布局结构优化，主渠道“弱而转强”。2004年以来，国有粮食企业以产权改革为突破，促使其结构优化，产业升级。截至2009年底，全国国有粮食企业总数18 163个，比2004年底减少16 469个，减幅达47.6%。从2006年到2009年，国有粮食企业累计收购粮食64 610万吨，占社会粮食总收购量的57.8%。这表明，改革改制后的国有粮食企业继续发挥着主渠道作用。济南市粮食局按照集团化和连锁化的思路，整合资源，优化配置，平战结合，立足大众化快餐，实施“居民厨房工程”，大大强化了主渠道作用。该市已发展起拥有1家配送公司和150家快餐连锁店、年销售收入2.7亿元、实现利税3 500多万元的主食快餐连锁集团企业，在保障全市民生中发挥出举足轻重的作用。

三是，创新体制和制度，激发企业“僵而变活”。国有粮食企业按照建立宏观调控下市场经济的总体要求，狠抓政企分开、责权划分和完善机制，并不断深化企业内部人事、劳动、分配等三方面的制度改革：精兵简政，消除人浮于事的、臃肿的机构；优胜劣汰，减缩众多的冗员；身份置换，实行全员合同制和聘任制；奖勤罚懒，打破平均主义“大锅饭”；革故鼎新，培育企业逐步成为具有“四自主体”特点的经济细胞。新体制和新制度的建立和健全，促使国有粮企盘活了呆滞资产，用活了优质资产，激活了闲置资产，挖掘出内在的深厚潜力。浙江省上虞市对粮食职工全员身份置换，实行结构工资制和用工聘任制，彻底打破了“大锅饭”和“铁饭碗”分配制度，职工积极性和主动性高涨。他们与省外粮食主产区建立起产销合作关系，广辟粮源，年经营量超过10万吨，成交额高达1.7亿元以上。真的是“为有源头活水来”，粮食企业的活力与动力越来越旺盛。

四是，肩负重大责任，成为粮食宏观调控的稳固载体。为避免和走出粮食大起大落的“怪圈”，国有粮食企业采取了一系列保护农民利益和粮食主产区的措施，包括健全完善中央储备粮管理体系和制度，实施粮食收购保护价、粮食直接补贴、粮食最低收购价和粮食临时收储等。这些宏观调控举措，避免了“谷贱伤农”和农民“卖粮难”，保护了粮食主产区和农民生产积极性；保证国家掌握充足粮源，增强国家进行宏观调控和保障粮食安全的实力。我国第一粮食大省河南省，从2006年到2009年，国有粮食企业以作为宏观调控载体为己任，开展“一站式”优质服务，累计完成托市收购粮食4 702.53万吨，为农民增收117亿元，对保障全省粮食总产量“八连增”功不可没。

曾几何时，国有粮食企业还是一个体制陈旧、机制僵化、负债累累、连年亏损的行业；如今，已转变为体制新、机制活、生机旺、连年赢利的新生行业。堪称“凤凰涅槃”，旧貌变新颜。

二、着力改革转制，开辟国有粮食企业新生的途径

我国国有粮食企业“重获新生”的根源在于改革转制。具体而言，国有粮食企业狠抓了四个关键步骤。

一是，着力推进“三改”，实现企业产权多样化。进入21世纪以来，国有粮食企业始终坚持改革、改组、改造等多种形式的“三改”举措。包括兼并重组、拍卖出售、股份制改造和身份置换等措施，实现了企业产权多样化。在现有粮食企业中，已完成改革改制的企业数达11 197个，占62%。国有及国有控股企业数量减少，规模扩大，效益提高，由长期亏损转变为连续盈利。河北省柏乡粮库，原是一个仓容量只有50万千克、年经营量65万千克的“微型粮

库”，经过改革、改制和发展，现在的柏乡粮库，拥有仓容40 000万千克，固定资产20 000万元，年经营量高达65 000万千克，由单一收购变为综合化经营服务型的大型集团企业。

二是，积极转变经营方式，开拓粮食经营产业化。在科学发展理念指引下，国有粮食企业积极转变粮食经营方式和资源配置方式，开拓多种形式的粮食产业化经营：一头通过发展订单生产和订单收购，向生产领域延伸；一头通过发展产加销一体化，向加工领域延伸，涌现出一大批粮食产业化龙头企业。各地从实际出发探索出“公司＋农户”、“公司＋基地＋农户”、“公司＋专业合作社＋农户”等形式。湖南省粮食部门积极整合优势资源，把分割的产业链和资源优化组合起来，已经建立起国家级和省级粮食产业化龙头企业7家和65家；全省粮油订单面积达到1 839万亩，订单收购粮油352万吨，带动农民增收14亿多元；创造中国名牌5个，中国驰名商标6个，大大提高了“湘米”的市场知名度。

三是，普及推广现代业态，加强社会化服务体系。借鉴世界第三次流通革命的成果，国有粮食企业积极推广连锁、配送、超市等现代业态，普遍发展城乡一体的社会化服务体系。包括开拓粮食生产、运输、加工、销售和科技等服务网络。普遍的做法是：以县（市）粮食配送中心为龙头、以城乡基层粮站（店）为网点、以为“三农”服务为宗旨，构建起城乡一体化的、实行“五统一”的连锁经营网络。粮食连锁企业实行以经营粮油及制品为主业的综合化经营，对于粮油等农业土特产品，实行“分购联销”；对于日用工业品实行“联购分销”。四川省崇州市粮食企业构建起覆盖全市的粮油连锁经营体系。包括建立配送中心3家、城镇超市11家、乡村连锁店162家。迄今，市粮食部门共计与2.64万户农民签订单面积6万亩，粮油经营总量达3.57万吨，销售收入达1.3亿元，三年累计助农增收1 023万元，荣获“全国粮食系统抗震救灾先进集体”荣誉称号。

三、转变发展方式，做大做强国有粮食企业

在客观评估国有粮食企业改革创新、局面大变的同时，还必须清醒意识到，目前我国国有粮食企业还客观存在需要解决的问题：一是“散、小、弱”；二是“旧、低、难”。前者是指，迄今多数国有粮食企业分布散、规模小、实力弱。后者是指，多数国有粮食企业设施旧、技术低、融资难。由这些结构问题又产生了连带的问题：粮食主产省购销企业经营性挂账数额仍然较大、负担重和资金缺，安置富余人员再就业难度大；企业整体实力不强，竞争力薄弱。

令人欣慰的是，笔者获悉国家粮食局正在制定《粮食流通产业“十二五”

发展规划》，把国有粮食企业的改革发展置于重要地位和重要内容。本文提出如下意见和建议：

第一，继续转变发展方式，大力提升企业结构。转变发展方式之于国有粮食企业，实质在于提高其发展质量和效益，重点在于调整和提升企业结构。当前需要采取三项举措：其一，要完善调整粮食企业结构的制度安排。主要包括“三完善”：完善利益分配制度，发挥“无形的手”、即发挥市场机制优化资源配置、导向企业发展的基础作用；完善宏观调控制度，发挥“有形的手”、即创造公开公平公正竞争的、宽松环境的保障作用；完善自主创新制度，增强核心竞争力的引领作用。其二，要狠抓粮食企业结构调整的着力点，提升企业结构层次：通过多种形式的资源整合，扩大企业规模经营；通过多条途径的自主创新，加快产业结构优化升级；通过转变发展思路和发展方式，促使企业由粗放型向集约型转变。其三，要培育和壮大一批国有或国有控股大中型粮食企业，增强我国粮食产业在世界市场上的竞争力和话语权。如是，不断促使国有粮食企业的结构层次由低向高过渡；市场竞争力由弱到强转化；发展质量和效益由劣向优提升。

第二，继续发挥联合优势，做大做强国有粮食企业。解决国有粮食企业多而不大、多而不强问题的惟一途径在于，以改革为动力开拓联合发展之路。即建立具有开放性、联合性、规模性经营的新型企业结构。联合之路有多条：粮食购销企业与粮食仓储企业、加工企业及其他多类企业联合开展产业化经营，以取得产业升级之效；中央粮食企业与地方国有粮食企业实行多种形式的联合，联手互动、开展购销、服务“三农”，以发挥优势互补之效；国有粮食企业探索“产加销”或“产学研”一条龙的联合发展道路，以提高要素优化配置之效；相关粮食加工、物流及服务企业，配置集聚在一个园区或城镇，形成产业集群，以形成开发利用资源、发展循环经济、低碳经济的基地，有效降低消耗，提高收益。笔者建议：在“十二五”期间，要培育和壮大一批国有或国有控股的地方大型粮食企业，有力增强区域粮食市场调控能力；扶持和提升大批骨干粮食产业化龙头企业，增强优化资源配置和促进农民增收的示范带动作用；配置和建立相当数量的粮食产业集群，形成充分开发利用资源、发展低碳经济的基地。特别要培育和壮大若干个有实力的粮食集团企业，增强我国粮食在世界市场上的竞争力和话语权。

第三，适应我国国情需要，加强粮食市场主渠道。在粮食购销全面市场化条件下，流通具有更突出的地位和作用，更有必要发挥国有粮食企业的主渠道作用。我国是一个世界级的粮食生产大国、消费大国和贸易大国，粮食产销量都高居世界首位，粮食流通任务极其巨大和繁重。这一特点决定，在复杂多变的粮食市场上必须有一个能够承担主导作用和主渠道角色的市场力量，这个角色非国有粮食企业莫属。然而，广大国有粮食企业必须摒弃传统的粮食计划主渠道，锐意探索发挥粮食市场主渠道作用。所谓“粮食市场主渠道”与传统的“粮食计划主渠道”有实质的区别。它不是通过行政指令、而是通过公开、公平和公正竞争取得市场主渠道地位和发挥主渠道作用。它不仅不排斥、不否定多渠道，相反还鼓励和支持发展多渠道。例如，国有粮食企业积极支持农村经纪人进入粮食流通领域，迄今已形成百万农民粮食经纪人队伍，成为农村粮食流通的新型主体，也成为粮食流通主渠道的有力助手。

第四，政府部门要加强支持，继续创造宽松的环境条件。诚然，国有粮食企业在改革中获得了新生，但还面临着诸如实力弱、体制不顺等与肩负的重大经济社会责任不相适应。特别是，国有粮食企业承担的职责都与国家粮食安全和支持“三农”息息相关，具有很强的政策性和公益性。因此，国家及相关职能部门应该为其创造必要的条件，以增强其发挥宏观调控载体和服务“三农”的能力。也就是说，政府对国有粮食企业深化改革和持续发展，应该提供更多政策资源和公共财政资源的支持。在国有粮食企业积极争取多元化融资的条件下，国家公共财政应该对粮食仓储和物流基础设施建设，以及质量安全的建设项目提供必要的资金支持；金融部门对关系国家粮食安全的建设项目与粮油购销活动提供优惠贷款；税务部门对国有粮食企业实行优惠措施；在实施国家粮食战略工程中，要把粮食基础项目列为重要内容。另外，要鼓励民间资本进入粮食领域。通过创造良好的环境，进一步促进新生的国有粮食企业成长壮大，使其真正具有胜任重大经济社会责任的实力和能力。

原刊于《人民日报》，2010 年 9 月 17 日
公开发表时有所删改。

国有粮企改革的“济南模式”（节选）

进入新世纪以来，济南市粮食系统以保障粮食安全、保障民生需求和促进粮食流通产业发展为目标，勇于脱胎换骨改造国有粮企，创新粮食经营微观主体；勇于摒弃传统粮食零售体制和机制，创新粮食零售网络；勇于转变粮食发展方式，创新粮食产业化经营，把现代粮食流通产业推进到一个新水平，形成了粮食流通产业改革与发展的“济南模式”

一、“济南模式”的崭新内涵

（一）脱胎换骨改造国有粮企，创新粮食购销微观主体

济南市通过兼并、联合、股份制改造等多种形式，完成了对102家国有粮食购销企业的改革或改制，新建粮食购销企业20家。经过行政转变职能，政企彻底分开，建立现代企业制度等一系列改革，使国有粮食企业获得新生，从行政“附属物”的地位转变为“自主决策、自主经营、自负盈亏、自我管理”的“四自”市场主体；机构精简，人员分流，从困扰粮食企业多年的“老人、老粮、老账”等“三老”的历史包袱中解脱出来，轻装前进。

（二）重构粮食零售行业，创新粮食零售网络

2006年以来，济南粮食系统龙头企业“金德利快餐连锁公司”，以“人”为根本，以“效”为中心，以“文”为手段，多项措施并举，谋求又好又快持续“兴企”，发展起覆盖全市的粮食主食品营销网络。目前，该公司已发展成为拥有1个配送公司和4个子公司、1个加盟公司和150个连锁网点、4 500名员工的具有民族特色的快餐连锁企业，成为济南市民众生活中不可缺少的“大厨房”。该公司通过改革经营、细分市场、关注民生和创新发展，不断丰富了企业的品牌内涵，提升了企业的品牌价值；也标志着济南市全面改造粮食零售结构，再造粮食零售业体系和网络，创新和开辟了“平战结合，面向市场，营养优质，方便快捷，环境整洁，服务优良”的城市主食快餐食品零售业的新型发展道路。如今，“金德利快餐连锁公司”已发展成为“全国十大快餐企业”之一。

（三）转变粮食发展方式，创新粮食产业化经营途径

济南市粮食部门通过改革和改组、创新经营和资源配置方式，把原属粮食局的10家企业有机结合在一个产业化龙头企业中，创建了济南民天集团有限责任公司，开拓“产供销”一体的粮食产业化经营。民天公司全力“为耕者谋利，为食者造福”，把产业链延伸到粮食产区，把品牌和技术优势与产区的产品优势相结合，形成新的优势，建成7条加工生产线，把日加工小麦能力扩大到近2 000吨，从单一的面粉主业向面粉、食品、粮油附营三大主业纵深拓展，实现了产品向米、面、油、食品的全面发展，成为一个集面粉加工、粮食储存、食品生产、粮油贸易和进出口贸易为一体的大型国有粮食产业化经营企业，2008年被批准为“第四批农业产业化国家重点龙头企业”。

二、“济南模式”的八个体系（略）

三、“济南模式”的启示

（一）保民生、保安全是粮食流通产业的优先战略目标

保民生、保安全集中体现“以人为本”科学发展观的内涵。经过30年的改革开放，民众的生活质量不断改善。为适应民众膳食消费结构转变的新趋势，济南市粮食局对保民生赋予了新含义，在全国率先明确把“科学膳食”的概念引入粮食工作和民众生活中，确立了“科学膳食，健康身体”的经营理念；强化“办好大众厨房，让顾客吃出健康”的社会责任。同时，提出“盯住盘中餐，服务三顿饭”，积极实施“放心早餐工程”和“居民厨房工程”，向广大消费者提供“制售方便，食用便利，质量达标，营养均衡，服务简便，经济实惠”的丰富多彩的主食快餐食品。

（二）兴创业、开新业是粮食流通产业扩大就业的广阔路径

改革开放之初，城市零售粮食企业被推向市场之后，发生了“卖粮人遭遇到没饭吃”的难题。面对大批粮店陷入生存危机和沉重的“三老”（老人、老粮、老账）包袱的压力，济南市粮食部门没有采取其他地方普遍采用的把国有资产“变现”的出售粮店、“甩包袱”、导致大批职工下岗的做法，而是对在传统计划经济体制下形成的城市粮食零售网络进行脱胎换骨的改革，再造适应市场经济和消费者需求的新型城市粮食零售网络。这些经营网点的兴起，不仅使原有粮食职工无下岗之虞，而且还增加了3 000多个新就业岗位，吸纳了一批

社会劳力，为建设和谐社会做出了贡献。

（三）强创新、拓新路是粮食流通产业发展的强大动力

2006年，济南市粮食局研究确定了粮库建设总体思路：“整合资源，退城进郊，移地改造，逐步建立布局合理、规模适当、设施先进、管理规范、效益良好、调控得力的地方储备粮管理新格局”。按照总体思路，济南市粮食局还具体制定了地方储备粮库建设规划，整合现有济南市直属粮库土地资源，粮食储备库“退城移郊”，在3～5年的时间内，在市区建设总规模35万吨的3个大型现代化粮食储备库。此外，济南市粮食部门还采取一系列措施，改善和增强市场应急能力。

（四）创市场、强监管是粮食流通产业走向成功的关键

济南市国有粮食企业勇于面向大市场，开拓新市场；积极转换老机制，形成新机制，发挥出市场主渠道作用，探索建立国有粮食企业的现代企业制度，以产权改革为关键，以转换机制为中心，以连锁制或产业化经营为企业形式，开辟粮食企业发展的新路径。在粮食购销和市场经营中，积极履行对全社会粮食经营管理的职能，严格执行粮食市场准入和退出制度，加强对已经取得粮食收购资格经营者的服务和监管，建立粮食经营者诚信档案制度，实现分级管理。探索和加强对粮食经纪人的培育、服务和管理，切实维护粮食购销市场健康发展，把粮食购销市场化提高到更加成熟的水平上。企业则通过健全制度和标准进行监管，实现监管制度化、标准化、统一化和规范化。

（五）重诚信、优服务是粮食流通产业不竭活力的源泉

在积极建设企业文化过程中，济南市国有粮食企业把“诚信”和“服务”奉为“兴业之道”，持之以恒打造“诚信”品牌，千方百计拓宽“服务”途径。民天集团从“以人为本”的职工队伍建设，到“以民为天、服务为本”的市场营销理念，无不渗透着企业对社会、消费者、客户的高度责任感，形成了独具企业特色的“民天精神”，展现了良好的企业形象和朝气蓬勃的精神风貌。这种形象和精神，正是企业活力与动力的源泉。

原载于《粮企改革创新的济南模式》，中国农业出版社，2010年6月

深化粮食流通体制改革势在必行

一、继续深化粮食流通体制改革的必要性

改革开放二十年来，我国围绕理顺粮食流通体制问题已采取了一系列的改革举措，取得了明显成效，对促进国民经济发展和社会稳定起了重要作用。但也要看到，现行粮食流通体制还存在很多深层次矛盾和问题，既不利于调动农民的生产积极性，又不适应社会主义市场经济发展的要求。因此，粮食流通体制改革必须进一步深化。

（一）国有粮食企业机制转换严重滞后，经营效益滑坡，财务挂账剧增

改革开放以来，社会主义市场经济的发展，要求国有粮食企业转变经营机制，以市场机制作为配置粮食资源的基础手段。然而，迄今国有粮食企业依然存在着严重缺陷，尤其缺乏“动力机制、发展机制”等6种新机制：包括缺乏产权清晰、责权明确、激发人的内在积极性和创造性的持久动力机制；缺乏科技进步、技术革新、推广先进成果、改变陈旧面貌的现代发展机制；缺乏低耗、高效、优质的集约增长机制；缺乏调整产业结构、促进产品更新换代的产业升级机制；缺乏降低流通成本、开拓广阔市场、吸引广大消费者的市场竞争机制；缺乏自主决策、自负盈亏、自我约束、自我发展的市场经营机制。这些严重缺陷，导致种种消极后果。诸如：国有粮食企业大量资产闲置，不要说资产增值，连保值都很困难；粮油、食品工业同构现象严重，产品结构不适应市场需求结构和消费结构变化的需要；增长方式粗放，投入多，产出少，效益滑坡。1996年和1997年，全国独立核算亏损粮食企业占企业总数的比例分别为54.8%和74.0%，后者比前者增加19.2个百分点。粮食企业亏损额也连年大幅增加，1996年比1995年增长77.6%，1997年又比1996年增长59.7%。巨额的粮食亏损和财务挂账，不仅使粮食企业生存艰难，而且银行和财政难以承受，国家也不堪重负。

（二）政企不分，冗员膨胀，管理粗放，仍然未改变“大锅饭”模式

在政企不分的传统计划经济体制下，粮食企业只不过是政府的“附属物”。一方面，行政管理部门往往直接参与或干预企业经营，使国有粮食企业无法成

为“自主经营、自负盈亏、自我约束、自我发展”的市场主体；另一方面，粮食企业既从事商业性经营，又代理行使部分行政管理职能，造成层层吃“大锅饭”的问题。企业吃财政、银行的“大锅饭”；职工吃企业的“大锅饭”；地方吃中央的“大锅饭”。这种“出懒汉、养冗员”的体制，必然把国有粮食企业推入冗员膨胀、管理粗放、经营不善、费用剧增、负担沉重的困境。迄今，国有粮食系统拥有职工 337.5 万人，其中，“八五”以来粮食职工增加 110.0 万以上，人员增长速度高于粮食购销业务的增长速度，人头费和医药费用巨大。与此同时，“大锅饭”体制又导致产权不清，管理粗疏，内部制度不健全，财经纪律不严明，经营决策不得法，资金“跑、冒、滴、漏”现象严重，大批企业严重亏损，难以为继。

（三）中央和地方粮食事权不清，既削弱了中央宏观调控，又抑制了地方积极性

长期以来，我国一直实行“粮食由我管、吃饭由我包”的高度集中统一的计划经济体制。近些年来，虽经多次改革，但在现行粮食流通体制中还存在着中央和地方粮食事权不清、责任划分不明的现象。主要表现在：中央政府在粮食流通上管得过多、过细，管了不少应该由地方政府管理的“份内事”，影响了地方的积极性，也影响了中央对粮食生产、流通的宏观调控。与此相对照，地方又在很大程度上产生了依赖思想，向中央“等、靠、要”，在粮食生产、流通中未能充分发挥应有的积极作用。

（四）粮食市场体系不健全，粮食价格机制不完善，市场信息不灵通

市场体系是开展市场经济活动的载体，市场机制是配置资源的基础手段，而价格机制是市场机制中最核心的手段。改革开放触及了传统粮食流通体制的“坚冰”，推动了粮食流通沿着市场经济的方向逐步前进。迄今，全国已建立粮油批发市场 260 多个，其中在全国占有重要地位的有 24 个，为搞活粮食流通注入了新因素和新力量。然而，与建立市场经济体制的要求相比，粮食市场体系还远不适应需要。突出表现是，现有粮食批发市场设施简陋，功能单一，管理落后，地区封锁，不能面向全国发挥更大作用，尤其是县以上粮食批发市场薄弱。与此并存的是，粮食价格形成以行政直接定价为主，而不是依照市场供求为主，造成粮食价格不顺，带来多种消极影响：不能充分发挥市场机制优化配置粮食资源的作用，难以在产区和销区之间建立相对稳定的产销关系；不能发挥价格杠杆的导向作用，难以引导粮食生产、改善粮食品种结构和提高粮食质量；不能有效发挥市场对粮食需求的调节作用，难以在粮食市场波动时平抑

价格，维持市场稳定。

二、深化粮食流通体制改革的原则

进一步深化粮食流通体制改革，涉及多方面的、深层次的利益调整，是一项务求必胜的重大改革。为此，就必须坚持“四分开一完善”的原则，即实行政企分开、中央与地方责任分开、储备与经营分开、新老财务账目分开，完善粮食价格机制。

政企分开。政企分开是深化粮食流通体制改革的重点和难点。只有政企分开，才能为国有粮食企业转换机制创造条件。首先，要把粮食行政主管部门的职能和粮食企业经营职责明确分开。前者是政府职能部门，代表政府管理全社会粮食流通，在人、财、物等方面与粮食企业完全脱钩，只依照国家法律规定实施行政管理职能，不参与粮食经营，不直接干预粮食企业经营活动。粮食企业应切实转换经营机制，真正转变为“自主经营、自负盈亏、自我约束、自我发展”的经济实体和市场主体，完全不承担政府行政管理职能。粮食企业应面向市场、增强市场竞争力，实行独立核算。转换经营机制后的国有粮食企业，有条件在公开、公平的市场竞争中发挥粮食流通主渠道作用，积极做好粮食收购，掌握充足粮源，在保障市场供求和稳定粮价中发挥主导作用。在粮食经营业务活动中，国有粮食企业必须服从国家宏观调控的要求，模范执行国家政策，在各方面发挥表率作用。

中央与地方责任分开。明确划分中央和地方粮食事权，是彻底改变粮食“大锅饭”模式的突破性改革举措和必要步骤：中央政府主要负责全局性粮食工作，诸如抓好全国粮食供求和市场流通的宏观调控；制定生产发展规划，支持各地区、特别是主产区发展粮食生产；确定全国粮食总量平衡和进出口计划；确立全国粮食购销政策和价格政策，稳定全国粮食价格总水平；负责中央储备粮管理，并承担相关费用、利息补贴和储备库建设资金；保证及时、足额提供粮食风险基金中应由中央补助的部分等。地方政府需要进一步加强和实施“米袋子”省长负责制，全面负责本地粮食生产和流通工作；抓好商品粮基地、粮食市场和地方储备粮库的建设；及时、足额配备粮食风险基金中应由地方承担的部分；建立粮食产区和销区的长期稳定产销合作关系，保证产区粮食有稳定的销路，销区供应有充足的粮源。通过对粮食事权的合理划分，中央政府可以摆脱具体的、本应由地方处理的事务，集中精力搞好宏观调控，地方也能充分发挥积极性，做到粮政统一，分工负责，协调合作，供求平衡，确立供应，即充分发挥中央和地方两个积极性。

储备与经营分开。从一定意义上说，现代市场经济是市场机制和宏观调控有机结合的统一体。因此，在现代市场经济条件下，加强粮食宏观调控已是一个无可争议的问题。其主要举措之一，就是建立和健全粮食储备。粮食储备和粮食经营的功能截然不同。前者是国家政策行为，在于加强国家宏观调控的实力；后者属企业行为，目标在于满足市场需求。在粮食储备中，又分为中央国家储备和地方国家储备。在深化粮食流通体制改革中，二者也需要分开，以加快完善中央和地方两级粮食储备体系。中央储备粮粮权属国务院，由国家粮食储备局负责统一管理。国家根据宏观调控需要、财政承受能力和市场供求需要，确定储备粮的规模和品种，或适时收购和抛售。为创建适合我国国情的粮食储备体系，必须加强储备制度改革的力度和采用现代科技储粮手段，建立国家储备粮和地方储备粮分开、布局合理、储存安全、调用畅通、灵活高效、节约费用的粮食储备管理体制和运作机制，真正做到“储得进、调得动、用得上”，并逐步实现粮食储备制度化和现代化，使之充分发挥国家粮食储备的宏观调控作用。

新老财务账目分开。能否逐步消化由于复杂因素、多年积累的粮食新老财务挂账，同时杜绝再产生新的粮食挂账，关系到能否减轻国家财政和银行的重负；关系到广大国有粮食企业能否轻装上阵、成为竞争力强的“四自”经济实体和市场主体；更关系到这次粮食流通体制改革的成败。所以，必须切实把解决粮食新老挂账问题当作深化粮食流通体制改革的重要环节。这需要双管齐下，从两方面采取切实措施。一方面，由中央和地方共同出力，上下分担，逐年消化粮食财务挂账。这中间，又要视各地财力状况，采取不同的办法：对于财力较强的地区，由省、市级政府统一筹集，在规定年限内向银行还清本金和利息；对于其他地区的粮食财务挂账，利息偿还由中央承担，本金归还由地方承担，归还期限可视各地财力状况分短、中、长三个时段还清。上述由中央和地方分担消化粮食财务挂账的办法是公平合理的，也是切实可行的。地方政府特别是财力较强、又多是粮食销区的地方，应积极为国家分忧解难，承担起自己应有的责任，其他财力较弱的地区也需作出应有的贡献。另一方面，必须改革粮食收购资金的供应、管理和运行体制及方式。其中最关键的改革举措包括：粮食收购资金封闭运行，与商业性贷款分开，“库贷挂钩”，“钱随粮走”。此外，还必须严格资金管理，严明财经纪律，任何部门和单位都不得以任何名义挤占挪用资金，也不得用收购资金进行固定资产投资和多种经营。

完善粮食市场机制。归根结底，粮食产业的基本问题有三：生产什么？怎样生产？为谁生产？这三个问题既涉及资源优化配置，又关系粮食商品合理分配。粮食是一种具有重要战略意义的特殊商品，具有数量大、地域广、季节强、波动频的特点，往往是一地、一季生产，多地、多季供应，需要合理配置。有效配置资源的基础手段就是充分利用市场机制的力量。这需要从“硬件”和“软件”两个方面进一步健全市场载体条件：克服单纯追求市场数量、忽视质量的片面性，大力完善现有粮食批发市场功能，加快健全区域性和全国中心粮食市场体系，特别要重点办好县以上粮食批发市场，向全国开放，严禁封锁；同时还要加强和完善粮食市场信息网络，提供及时、准确、灵验的信息服务；最终形成统一开放、竞争有序、信息准确、灵活高效的粮食市场体系。为保持粮食市场和粮价基本稳定，必须坚持和充分发挥国有粮食企业主渠道作用；农村粮食收购主要由国有粮食企业承担。至于粮食销售市场，应该进一步放开搞活，支持和引导多渠道经营，鼓励公平竞争。

价格是最重要的市场机制。在健全市场体系的同时，必须进一步完善粮食价格机制。遵循市场经济规律，在正常情况下应由市场供求为主形成粮食价格，国有粮食企业以市场价格经营。当然，这并不意味着政府对粮价撒手不管，而主要是转变管理办法，由政府直接定价变为间接宏观调控为主。市场供求和粮价平抑应以吞吐专储粮为主要手段。鉴于历史经验，今后在调整粮价时，应对粮价不断进行“微调”，建立和完善包括定购价、最高销售限价、必要时的收购保护价和市场价格等构成的粮食价格体系。

原刊于《人民日报》，1998年7月14日

建立粮食保护价格制度是基础建设

农业和农村经济的历史性改革，为我国建设现代市场经济大厦奠定了第一块基石。实现农业、农村经济与粮食经济商品化、经营市场化，是正确的方向，应该始终不渝地坚持下去。然而，必须清醒认识到，在向市场经济过渡的历史关头，对农业、农村经济和粮食经济需要及时进行一项重要的基础建设，即：建立粮食保护价格制度。

所谓粮食保护价格制度，是政府从农民、农业和农村经济全局出发，对粮食制定和实施的宏观价格支持性保护制度。具体而言，当粮食市场价格跌到目标价格以下、粮农连简单再生产也无法维持时，政府以预定的粮食保护价格收购粮农自己生产的、当年新收获的、符合质量标准的粮食。用一句话说，保护价格是保护生产者利益的措施。

建立粮食价格保护制度，是以多种客观因素为依据的：

其一，是由现代市场经济的特征决定的。现代市场经济并非放任自流的无政府经济。西方经济学自诞生以来经过种种经济学派的争论和鼎新，特别是宏观经济发展实践的检验与选择，已解决了市场经济是否需要国家积极干预和宏观调控问题。由于市场经济条件下，微观经济主体追求的是微观效益最大化，由于社会弱者和弱质产业在市场上处于弱小地位，还由于市场对资源配置具有优化与非优化的内在矛盾，因而，对国民经济的间接宏观调控、甚至必要干预都是必不可少的。也可以说，对全社会有公益的、弱质产业——粮食经济实行宏观调控，是现代市场经济题中应有之义。

其二，是由农业、特别是粮食经济自身特点决定的。农业、特别是粮食属国民经济基础性和全社会公益性产业，又是比较效益低下的易受市场经济效益原则冲击的弱质产业，也是受自然条件和生态环境严重制约的风险产业，还是容纳大量农业劳动力、保障社会安定的劳动密集型产业。对这样的产业不管东方，还是西方国家，也不管是经济发达国家或经济欠发达国家，都普遍实行保护措施。从我国粮食产业现状看，规模小，成本高，效益低，粮农几乎无利可图，必须且急需加强宏观保护。据预测，经济落后、特别是农业基础脆弱的我国，直到 20 世纪末，粮田面积需要稳定在 16 亿～16.5 亿亩。然而，不可替代的耕地资源剧减，在过去耕地资源连续大量减缩的基础上，1992 年又净减

340万亩。现在全国人均耕地不足1.5亩，早已到必须严格加以宏观调控和严格管制的时候了。

其三，是由粮食市场供求平衡需要决定的。粮食，在农产品市场上始终处于中心地位。粮食稳，市场稳；粮食紧，市场紧。这是一个不可违背的客观规律。我国人口众多，9亿农民，尚有8 000多万人口处在贫困线以下，粮食需求量巨大。据预测，到20世纪末，全国总人口至少达到12亿以上，粮食总需求量将达5亿吨甚至5亿吨以上。这样巨大的粮食需求量，只能以自力更生为主去解决。从目前粮食市场供求状况看，粮食多一点则“卖难”，少一点则“买难”，处在“两难”波动中。加之，建立国内粮食市场平衡的地区供求结构、品种供求结构和丰歉供求结构，任务重大而艰巨。由基本国情决定，在充分发挥市场机制配置资源的基础作用的同时，我国必须采取粮食价格保护措施，以保障粮食生产稳定、粮农收入稳定和粮食市场供求平衡。

其四，是迎接“入世”后国际粮食市场的严峻挑战决定的。我国恢复关贸协定缔约国地位是利弊兼之，既带来机遇，又面临挑战。由于国外一些经济发达国家农业生产率高，规模效益远在我国之上，粮食及其制品竞争力强，因而大量粮食和其他农产品涌入国内市场，将会产生强烈冲击，这是必须做好防范准备的。采取宏观调控措施，是保护国内粮食市场必不可少的措施。

由多种客观需要决定，我国建立粮食保护价格制度势在必须。那么如何建立粮食保护价格制度呢？这是一项涉及诸多方面的复杂工程。兹谈几点浅见：

第一，确立适当的、可行的目标。实施粮食保护价格不可能解决整个农民收入和农村经济问题，也就是说，只能在特定条件下选择有限定的目标。它应该、而且只能以保证粮农简单再生产为目标，即：在任何自然风险、市场风险、社会风险条件下，保证粮食生产稳定增长，保证粮农收入稳定合理上升，保证粮食市场稳定平衡，保证粮食种植业品种结构合理调整和相对平衡。这些目标的核心是保护粮农利益，使之在生产者难以抗拒的条件下，能够收回种粮成本并有适当利益可得，从而维持粮食简单再生产。这是建立粮食保护价格制度应发挥的、基本的作用。

第二，确定合理的保护价格水平。人们从不同角度可以提出不同的判定粮食保护价格的依据。从上述目标出发，以下依据比较可取，即：以粮食成本加适当利润为主要依据，再以有代表性的粮食市场价格为参照系数，经计算测定。关于粮食成本应该包括五项主要因素：农业税、承包费、负担费、农资费和人工费等。这里强调说明，劳力投入费是必须计入的。在粮食生产成本费的基础上，再根据农村劳力收入水平确定一个适宜的利润额。这样就可以确定出一个比较合理的粮食保护价格水平。

第三，建立作为粮食保护资金来源的风险基金。实行粮食保护价格制度，是国家宏观调控的政府行为；粮食宏观调控权，诸如实行粮食保护价格的数量、品种、时机、地区、机构等，统一隶属中央。由粮食保护价格的性质决定，应由中央财政支持建立一项粮食基金，作为实行粮食保护价格的资金来源。为了尽快建立起这项人们呼吁已久的粮食基金，现在至少可以采取二项措施，一是在粮食改革中，原来的差价不收回；二是从乡镇企业上交税收中“切出一块”，作为粮食基金。此外，还可考虑从工商业盈利中抽出适量资金充作粮食基金来源。当然，更可行的、也是理所当然的是从公共财政预算中划出专款建立粮食基金。这是国家扶持粮食产业采取的积极财政措施。

第四，建立一个综合性操作机构。由于实行粮食保护价涉及农业生产、粮食流通、资金信贷、供销服务等许多部门，因此需要建立一个综合性的操作机构。如果一时难以建立，可设想采取制度化、稳定化的农村经济联席会议形式。参加联席会议的主要部门包括国家计委、财政部、农业部、国家粮食储备局，以及金融部门等，办事机构可设在国家粮食储备局。

第五，需要研究的几项配套措施。主要包括：

一是，实行粮食保护价格制度，是否还需要保留国家合同定购？或者保留合同定购，但保量不保价？

二是，实行粮食保护价格制度，是否通过粮食批发市场敞开收购，还是只收购预定的保障数量范围内粮食？

三是，实行粮食保护价格制度，是否只适用于粮食主产区？是否只适用于主要粮食品种和优质粮食品种？

四是，实行粮食保护价格制度，是否只适用于农民当年新收获的粮食？就是说不是农民从市场上购买的粮食？

五是，实行粮食保护价格制度，是否需要多级调控？是否一级调控或二级调控就足够了？多级调控是否不必要？

农业部软科学委员会专题讨论会，1993 年 10 月 10 日

需要重视和有效调控主要农产品价格

一、正确认识粮食等主要农产品价格合理上涨

保持市场物价基本稳定，尤其是保持与民生息息相关的粮食等主要食品价格的基本稳定，是社会稳定和人心安定的必要条件，也是治国理政的一项重要职能。当前，我国需要高度重视和有效调控农产品价格。

今年初以来，农产品市场价格成为民众关注的热点和焦点。1—9 月份，全国 CPI 连续攀升，后 3 个月仍然有上涨压力，应该引起警惕和警戒。但是，应该科学审视和正确认识。今年，我国粮食获得“七连增”，粮食等主要农产品供应充足，城乡市场繁荣，商品琳琅满目。关系民生的特殊商品粮食，储备充裕，市场稳定，目前安全有保障。总体看，虽然 CPI 逐月上涨，但市场仍然是平稳的。具体分析，迄今粮食等农产品价格呈现以下特点：一是渐次、稳步上升，月均增幅为 2.87%；二是仍然处在合理区间内，是绝大多数消费者可以承受的；三是低于同期我国国内生产总值同比的增幅，2010 年以来，我国一、二、三季度的国内生产总值的增幅依次为 11.9%、10.3%和 9.6%，平均增幅达 10.6%；四是远低于同期国际市场的价格增幅。例如，经济活力较强的“金砖四国”中的其他 3 个国家，经济增速均低于我国，但是居民消费价格却远高于我国。俄罗斯 9 月份的 CPI 上涨了 7%，印度 8 月份的 CPI 上涨了 9.9%，巴西 9 月份的 CPI 上涨了 4.7%，都高于我国 3.6%的增幅。上述表明，虽然我国居民消费价格略高于年初的预期，但考虑到国内特大自然灾害频发和重发，考虑到全球金融危机的负面影响的严重性和广泛性，在这种严峻的国际与国内环境下，我国物价平均增幅不足 3%的水平，应该说是正常的，在世界上也是罕见的。

客观评析，我国粮食等主要农产品价格呈稳步、适度上涨态势，是必要的和积极的。从我国宏观经济的大环境看，现在已进入工业化中期，步入工业反哺农业、城市支持农村的发展阶段。工农关系、城乡关系和地区关系等都发生了大变化，产生了工农产品剪刀差扩大、城乡差别拉大、收入分配差距加大，区域间出现种种不协调。目前我国最大的收入分配失衡，就是表现在城乡差别方面。城市居民靠工资、经营、服务等多条途径增加收入，而多数农民还只能主要依赖种地的收入维持生计。迄今，农民收入的增长速度和幅度都低于城市

居民的增速和增幅。2008年，城乡居民收入比由3.32再扩大到3.33。到2009年，我国基尼系数接近0.5的国际警戒线。要解决这个问题，必要途径在于发挥初次分配的基础作用。从此视角出发，粮食等农产品价格适度上涨，是缩小城乡差别、促进农民增收的客观需要。同时，并没有影响城市居民的生活（当然，对城镇低收入者应提供必要补贴）。事实表明，粮食等主要农产品合理涨价，产生了巨大的效应。我国粮食连续七年增产就是一个硕果。

综合以上所述，主要农产品合理涨价，是符合市场经济规律的正常反应。它对提高农民收入和增强其生产积极性具有不可替代的作用，为农业粮食产业的持续发展注入了内在的动力，对于整个宏观经济的稳定增长和缩小城乡差别都具有重要深远意义，应该成为我国决策的导向与依据。

二、粮食等农产品价格上行压力需要引起重视

在客观评析粮食等主要农产品价格适度上涨的合理性和积极作用的同时，对我国前9个月多种食品和农产品的价格、逐月攀升的态势也不可掉以轻心。预计今年最后的3个月，由多种因素推动粮食等主要农产品价格上行的压力依然存在，应该引起足够的重视。

从国际环境看，全球后金融危机时代，经济恢复缓慢，对国内带来的负面影响至今还未完全消除。近期美元贬值刺激了大宗商品价格上涨，同时受极端自然灾害的影响，一些国家农业减产，国际市场粮食等农产品涨价潮席卷许多国家。像俄罗斯的持续高温和大旱，导致小麦等作物严重减产，影响到国际市场粮食等农产品的供应。另外，生物燃料推动了植物油的需求，生物柴油的产量今年将攀升到1 800万吨，是2005年产量350万吨的5倍。这些导致食用油库存下降。豆油和棕榈油的库存量在未来一年将下降12%。还不可忽视的是，这期间，国际投机资本乘机炒作，在一定时间内放大了国际农产品价格的波动性，难免不对国内农产品价格产生一定输入性通胀的压力。

从农产品成本不断上升看，伴随农业现代化的进程，农产品成本因素愈益多元化，来源愈益市场化。其构成由以往的主要以物质投入成本驱动，转变为由物质、人工、土地、机械和服务等多种投入因素驱动。同时，随着城乡一体化、农业现代化的进程，各种要素自由流动，粮食等主要农产品的生产成本高度市场化。包括化肥、农药、柴油、石油、农膜等农业生产资料，以及农业机械等设备的价格都主要是由市场机制决定的。特别是劳动力和原材料价格呈上涨态势。如果企业和生产者不能利用先进技术克服这部分上涨成本的压力，那么，其中有一部分成本就会传导向后续产业。事实表明，粮食等主要农产品的生产成本，在过去几年一直不断上升。2007—2009年，我国水稻、小麦和玉

米价格年均混合增长率为7.1%；同期，总生产成本年均增长率达11.7%。其中，据有关报道，人工、土地、物质与服务费用年均增长率依次为11.3%、29.2%和15%。粮食等农产品价格上升的成本因素的积累，必然打破市场供求平衡关系，增大粮食等农产品价格上扬的压力。

从粮食等农产品的消费需求看，随着人口增加和食品消费结构转变，粮食等主要农畜产品的需求呈刚性增长。预计全国总人口到2015年将增长到14亿以上，而且居民食物消费结构朝着“优质、多样、营养、保健、方便、安全”的趋势转变，对肉蛋奶等动物蛋白食品和食用植物油的消费量日益增加。与此相对照，我国的耕地、能源和淡水等自然资源和环境的约束性越来越大。人均耕地和水资源数量低于世界平均水平。我国耕地面积只占世界总面积的9%，而人口却占世界总人口的22%，人均耕地面积只相当于世界人均数量的42.7%。至于人均水资源量，仅相当于世界人均数量的24%。特别是，耕地和淡水资源还呈逐年缩减趋势。这种产销关系的演变，也必然会打破市场供求平衡关系，导致粮食等主要农产品价格呈上行趋势。

从今年国内气象变化看，南北严重自然灾害接踵发生。西南地区持续数月的大旱，长江中下游长时间持续低温，6月中旬从南到北的强降雨造成的严重洪涝等，都是历史上罕见的。这些极端的自然灾害，肆虐范围广，造成危害重，导致一些品种的蔬菜、小杂粮等产量下降，供应量减少。然而，市场对这些产品的总需求量却不减反增，价格上涨预期是意料中的事情。

客观透析，上述因素在实质上都是在向现代化、市场化进程中必然产生的结果。这意味着，支撑我国粮食等农产品价格上行因素在不断积累，并导致其波动上扬。就实质而言，我国粮食等农产品市场价格上浮，是由消费拉动、成本驱动、国际带动、灾害推动等客观因素合力作用的结果。这表明推动我国粮食等主要农产品市场价格上行的压力是客观存在的，需要认真应对。

三、有效调控粮食等主要农产品市场价格

对于粮食等主要农产品价格的升降走势，必须从宏观经济的视角出发给以密切注视、有效调控和驾驭。所谓有效调控和驾驭的含义是：要从粮食等主要农产品市场价格动态升浮的情况出发，按照客观经济规律进行积极的干预，使其避免大起大落；或者说，不是片面消极的限制，而是主动利用“两只手”调控物价，使之保持在合理水平上。为增强宏观调控和有力驾驭粮食等主要农产品市场价格的能力，需要谋划与实施配套的举措。

第一，树立包容式调控思路。粮食等主要农产品的价格千种万种、千变万化，关系千城万乡、千家万户，因而千万不可疏于监管和调控。从现实条件出

发，需要树立包容式思路。即：着眼全体国民，共享改革成果；着眼广大消费者权益，避免各种损害；着眼宏观经济，坚持抓大放小；着眼两种资源、两个市场，善于兴利避害。所谓“抓大放小”，包括两种含义：一是加强对大企业的监管；二是加强对大宗农产品价格的监管。粮价是百价之基，肉蛋奶是关系“菜篮子”轻重的主要副食品，对于这些商品的价格必须进行有效调控和驾驭，使其价格保持平稳，不可大起大落。对于粮食，要继续坚持和健全粮食托市收购政策，继续完善粮食贮备制度，发挥国有粮食企业的市场主渠道作用，做到“手中有粮，心里不慌”。对于猪肉和食用油，要健全和完善贮备制度，并及时做好吞吐，发挥其平抑市场价格的作用。与此同时，继续放活包括蔬菜、水果及小杂粮等生活日用品，坚持由市场供求关系形成价格的机制。如是，把粮食等主要农产品市场价格保持在合理水平上，既避免“谷贱伤农”，又防止“米贵伤民”。

第二，创新均衡式调控方式。有效调控和驾驭农产品市场价格，是一个系统工程，涉及生产者、消费者和经营者。一项调控措施往往具有两难性，因此，应当着眼均衡发展，创新均衡式调控方式。首先，实现粮食等主要农产品的产销、供求基本均衡。特别是稻谷、小麦和玉米等三大谷物品种的供应，要坚持依靠国内为主的方针；猪肉和主要蔬菜品种的生产结构要适应市场需求结构和居民消费结构，做到适销对路；在积极发展民族大豆产业的同时，根据需要进口国际市场大豆，利用两种资源、两个市场满足对大豆和大豆油的需求。其次，健全完善粮食等主要农产品批发市场体系，并合理布局在产区和销区。现在的批发市场存在布局混乱、不合理的问题，致使产品迂回运输，加大运输里程，浪费石油，增加鲜活商品损耗，提高物流成本。基于此，对农产品批发市场上的鲜活品一般不宜提“买全国、卖全国”的口号。再次，城市化不可“消灭菜篮子”。城市化的方向完全正确，问题是许多地方在扩建城市中，不是重在充实内涵，而是偏重于“摊煎饼式”地扩展外延，致使居民的“菜篮子”被房地产消灭殆尽了，造成百姓吃菜难。鉴于此，现在要通过“均衡式”调控方式，实现粮食等主要农产品的产与销、供与求、城与乡、市场布局与居民消费之间相互协调与配合。

第三，健全数字化市场监管。监管是一种思想，也是一种对管理者的思维起指导作用的方法论。要运用新的方法，即创新数字化监管制度。包括建立在数据收集、整理、分析基础上，制定管理措施，并通过制度、规范和机制，以及宏观调控实现市场监督和管理。例如，准入性审批权，是由政府控制的，也就是政府的宏观调控。要通过信用管理和信息管理提高批发市场管理水平。主要包括：打破市场分割，促进统一化，形成统一组织、城乡一体的市场网络体系；打破市场人治，促进制度化，形成规范、健全的粮食批发市场运营机制；打破市场混乱，促进秩序化，形成公平竞争、灵活有序的市场环境氛围；打破市场粗放，促进多功化，形成具有交易、信息、物流等多功能的中心市场；打破旧法管理，促进创新化，形成信用化、信息化的高手段管理新体系。与上述相配合，还要健全完善制度体系：一是建立市场准入制度和市场退出制度，以此作为市场的守护神，保证市场主体的良好资质；二是建立市场信用制度，通过信用管理和信息管理提高批发市场管理水平；三是制定市场管理规定或准则，包括市场主体行为准则、产品质量检测及其标准等；四是建立小宗农产品市场价格监管办法。

第四，发展现代业态销售网。所谓现代业态销售，是指以现代市场体系为依托，以超市、连锁、配送为销售形式，以先进技术装备为手段的商品营销网络。从现实需要出发，要大力推广普及城乡一体化的连锁销售网络，改善农村购物环境。与此同时，要建立粮食等农产品可追溯体系——流通现代化的一个重要体现。它是指农产品在生产的整个过程中，包括产前、产中和产后及其加工、包装、运输等每个环节的物质投入等，都有准确记录档案，供追溯和追踪。通过建立现代业态销售网络和农产品可追溯体系，经济社会意义重大：一是从制度上加强了农业生产者、产品加工者和流通经营者的责任心，为满足消费者需求提供更多、更优农产品；二是提高市场组织化、规范化水平，可有效降低成本，提高效率，防止假冒伪劣和不法行为；三是一旦发生事故，就可按照记录档案，进行检索查证，追溯原因和责任人。

第五，发挥对称性信息导向。在现代社会和现代市场环境下，信息的导向作用迅速而巨大。要驾驭粮食和农产品市场价格，必须注重利用对称的信息手段，防止和避免信息误导舆论和市场。今年以来，在农产品遭遇全球涨价潮和国内某些品种蔬菜价格上涨的时候，游资乘机炒作，囤积居奇，放大了总需求扩张的效应和供求矛盾。此时不该发生的是，一些媒体充当“义务宣传员”，以不同形式渲染不实信息，欺骗公众，在一定时间内放大了农产品波动的效应。本来，一些小品种蔬菜，因自然灾害导致供给暂时减少引起价格上涨，是一种正常现象。但是，不少媒体小题大做，过度地夸张，调侃语言满天飞，误导了舆论。吸取经验教训，有关职能部门要主动、及时、准确发布市场行情和价格信息，以对称性信息正确导向市场价格。

第六，培育义利型商业企业。这里重点指经营粮食等主要农产品的大中型企业（包括外资企业）。这些企业实力雄厚，覆盖广泛，网点众多，辐射力强，最有条件“呼风唤雨”，即操纵市场。它们最有可能置民生和社会稳定于不顾，或抬高价格抢购农产品货源，或囤积居奇干扰市场价格，以求经济利益最大化。近来，颇引人瞩目的是，小包装食用植物油大幅涨价。其重要原因是一些著名大企业旗下的“福临门”、“金龙鱼”、“西王玉米油”等大幅度提价所致。对于这些大中型经营农产品的商业企业，必须加强“义利”素质的培育和培养，促使它们树立辩证的“义利”观。即：既要具有办好企业、提高经济效益的责任心；又要具有关系民生、维持市场价格稳定的社会责任心。对于经营粮食等主要农产品的外贸企业，还要树立民族的责任心，决不可为追逐经济利益而不惜损害民族产业，更不允许勾结国外垄断资本推涛作浪、操纵国内市场价格。总之，为管理好粮食等农产品市场，并有效驾驭价格浮沉，对于大中型商业企业必须进行素质的培育和提高，同时也必须进行严格监管。

第七，加强防范性对策措施。首要的措施是，进一步建立健全市场价格预警机制和制度。要扩大预警覆盖的广度，加大预警监测的深度，做到事前及时预警防范。其次的措施是，切实完善农产品市场体系。包括建立布局合理、供应能力均衡、设施完备、便于消费者购买的农产品市场网络，避免鲜活农产品远距离运输或迂回往返运输。再次的措施是，普遍发展农民专业生产合作社。通过这种“民办、民用、民有”的新型合作社，提高农民的组织化程度，可代表农民直接进入市场，减少流通环节，减低物流费用，增加农民收入。最后一个新措施是，推广普及直销形式，例如“农超对接”新形式。即：农产品生产者直接把自己生产的产品销售给超市；或者超市直接向农产品生产者采购产品再如，“农企对接”和“农校对接”形式，即农产品生产者直接把产品销售给消费大户——大型企业和大专院校等。也可设想，农民专业合作社进入批发市场办超市，直接销售自己生产的农产品。如是，优化农产品供应链。

最后，再次重申，目前农产品市场价格上行压力不容忽视，需要及早研究制订防范措施。包括在必要时，对于大米、面粉及其制品等生活必需品实行市场最高限价，以确保市场平稳和居民基本生活需求。

原刊于国务院发展研究中心《经济要参》，2010年第47期

充分认识稳定粮价的艰巨性

2007年，我国粮食实现了23年以来的首次连续4年增产，总产量提高到50 150万吨。与此同时，经过不断深化的粮食流通改革，粮食流通市场体系已经基本建立健全，形成了国有、个体、私营等多种成分、多条渠道，多元化、多形式的粮食流通格局。目前国家粮食储备充足，粮食市场供应充裕，粮食安全系数高于30%，更远高于世界粮农组织确定的17%～18%的安全线；在国际粮食市场粮价跌宕起伏的形势下，我国市场价格基本稳定，粮价只表现出温和性、合理性、可控性上涨，农民从中得到更多实惠。与世界粮食飙涨相对照，中国成为“世界粮食市场的安定绿洲”。这表明，我国目前的粮食市场和粮食安全状况是可喜的。

然而，喜中有忧，我们必须居安思危，保持清醒。当前，要冷静“三思”：

一是，从深层次思考，扶持农业和粮食具有长期性。迄今，我国农业基础仍然脆弱，农民收入依然低下，农村面貌还相当落后。解决“三农”问题在长时期内都是全党工作的重中之重。

从中长期粮食产销变迁趋势看，我国有“五个不会变”：人口逐年增长不会变；耕地面积逐年减少不会变；全国对粮食的需求量逐步增长不会变；两种资源、两个市场相互依存、相互制约的潮流不会变；以自力更生为主解决粮食问题的方针不会变。这些规律决定：全国粮食需求呈刚性增长，整体上将长期处于“紧平衡”状态。我国农业和粮食必须居安思危，采取扎实措施，有效增强粮食综合生产能力，在5亿吨总产量的基础上继续稳定持续提高。

前不久，国务院果断决定，在已采取多项政策措施的基础上，2008年再采取10项扶持农业和粮食生产的重要举措。这是着眼全局的治国理政之策，是富有远见、及时而必要的强农、兴粮之举。它体现出党和国家对促进农业粮食生产持续发展的决心和信心，是居安思危、主要依靠自力解决本国吃饭问题、确保国内粮食安全而采取的实际行动。

二是，从当前市场价格上涨压力思考，防止价格大起大落具有极大必要性。总体而言，目前我国粮食等农产品价格偏低，逐步合理提高其价格，对粮食产业和整个宏观经济都是有利的。然而，农产品价格由结构性上涨转变为通货膨胀的可能性是不能不防止的；粮食等主要农产品市场价格上涨的压力也是有可能加大的。同时，农业稳定发展和农民持续增收的难度加大，经济社会的深层次矛盾不断产生和加剧，以及在民生领域存在的影响社会和谐的因素等都不可忽视，亟待解决。

我国近年来价格调控的实践表明：国民经济越发展，越需要继续加强农业和粮食的“双基础”地位；社会流通越活跃，越需要加强和规范市场秩序；市场化程度越高，越需要加强市场监管；经济发展越快，越需要关注和保障低收入群体的生活。在我国粮食取得“四连增”的条件下保障市场有效供给，避免粮食价格大起大落，维护社会稳定和人心安定，促进社会和谐，是长期的经济社会发展目标，任务繁重而艰巨。

三是，从国际环境因素思考，应对全球粮价飙涨具有紧迫性。从长期看，世界经济发展之路纵然曲折，但终将保持增长的基本趋势。但是，必须清醒看到，全球金融危机和世界粮食危机的影响可能传导进国内粮食市场，我国经济发展面临着严峻挑战和潜在的风险：世界经济发生波动或增长放缓的可能性加大，经济上不测因素增多；美国次级房贷危机发展前景需要拭目以待，对本国及一些经济体带来的消极影响不容忽视；国际资源性产品和农产品价格仍居高不下，甚至可能继续上涨；“粮荒”蔓延到世界37个国家和地区，不少国家粮食供求关系严重紧张，甚至引发社会动荡；在国际贸易中，针对我国的贸易保护主义进一步抬头，针对我国的各种贸易壁垒越来越多、也更加严厉。这需要我国认真应对。

面对复杂多变的、不确定的国际因素，我国必须有足够的认识和清醒，把粮价稳定在合理水平上，是极艰巨的事情，必须切实做好应对更加复杂困难局面和各种突发事件的准备。其中，极为重要的一条就是，“手中有粮，心里不慌”，拥有13亿人口的大国必须主要依靠自己的力量解决吃饭问题。这要求全国万众一心，上下拧成一股劲，抓紧农业和粮食生产不放松；抓紧健全和完善国家粮食储备体系；建立和健全适应市场经济体制需要的粮食价格体系，既避免“谷贱伤农”，又防止“米贵伤民”。

原刊于《人民日报》，2008年5月5日

多重问题袭来 务须采取对策

1992年入秋以来，农产品收购资金短缺，各方告急。这就不能不引人从更广阔的视角审视农业、农村和农民问题；审视农村的改革和发展；审视农民的现实和未来；审视农业的兴衰和成败。

一、增产不增收，“小康”令人忧

不实现9亿农民的小康，全国奔小康就无希望。然而，作为小康基本标志的农民收入，近年来停滞不前。我国农村改革的前期，是农业增产、农民增收最快的5年。从1980—1984年，农民人均纯收入年平均增长速度高达15.1%。接着出现农业徘徊而农民收入仍然维持增收时期，但收入增长速度已明显降低。1985—1988年，农民人均纯收入年平均速度仍然为4%。此后的几年内，农业全面丰收，农民收入徘徊微增，近于停滞。1989—1991年，农民人均纯收入仅增长0.7%。其中，1989年下降1.8%，1990年稍增1.8%，1991年又增2%上下。

与农民人均纯收入停滞不前相对应，城市居民与农民的收入差距拉大：1981年，农民人均纯收入为223.44元，而城市居民收入为458元，其比例为1∶2；1983—1984年，其比例缩小到1∶1.7；从1986年开始，二者比例又开始拉大，当年扩大为1∶1.95；1987年又恢复到1981年的1∶2；到1990年，已拉大到1∶2.2的比例水平。如果考察一下城乡居民人均收入绝对差额，更使人看到问题的严重性和紧迫性。在1981年，城市居民比农民人均收入高234.6元；到1990年，二者差距扩大到757元之多，后者是前者的2.2倍。

值得关注的是农民收入徘徊停滞具有普遍性。因而，这更加重了问题的严重性和影响的广泛性。严重影响到农民生活、农业生产和农村经济，使人对实现农业小康生活产生忧心。

二、“圈地运动”逐浪高，“面包篮子”再缩小

土地，是人类的“面包篮子”。然而，在土地产权不明晰的条件下，浪费惊人，屡禁不止。尤其是，“圈地运动”逐浪高，本来不大的中国人的“面包

篮子”现在越来越缩小了。据统计，从1957年到1985年，全国每年减少耕地800万亩。1985年，全国出现第一次非农占地高潮，占用土地面积多达1 500万亩。在非农占地中，有一部分是合理占用，但相当大部分是违法乱占、滥占，大面积良田被“圈占”后，荒芜弃耕。1986年后，随着贯彻执行《土地法》，“滥占圈地”之风有所抑制。

然而，1992年以来“圈地运动”此起彼伏。“以地生财”一浪高过一浪，层层兴办开发区、旅游度假区。有的地方，出让土地的招牌和欢迎投资的横幅比比皆是。截至1992年10月底统计，乡以上兴办各类开发区达7 800个，占地3 000万亩。令人痛心的是，大片土地闲置，或者炒来炒去，一无所建。在出让土地中：以拍卖、招标等市场机制形式进行的只占2%，其余大部分是“条子工程”或‘协议转让’，竞相降价，少数人饱了私囊，而国家蚀了血本。还不可忽视的是，本属紧缺型土地资源，却大面积撂荒。在苏北，撂田农户占总户数的5%，撂田面积占总面积的8%～10%。问题的严重性还在于，农民撂田在很大程度上是一种弃田行为，若不及时解决，农民无序流向，必将导致撂田、半撂田现象更加蔓延。

三、苛捐杂费出不穷，农民负担愈加重

减轻农民负担的文件一个严于一个，而农民的摊派负担一年重比一年，且具有以下特点：

1. 农民负担日益加重，已明显高于收入增长。1985—1991年的6年间，农村经济净收入增长11.9%，农民人均收入增长10%；而农村税收年平均增长16.9%，农民人均集体负担年均增长15%，其中农户直接负担年均增长17.5%，其他各种社会负担也成倍增长。

2. 农民负担多头化，名目繁多。近年来，农民负担加重的另一特点是，负担多头化，项目越来越多，数目越来越大。许多部门把负担转嫁给农民，如交通、道路、邮电、广播、卫生、文教、保险、治安、民兵、土地管理、计划生育等等，名目繁多。农民反映说，“上面千条线，下面一根针”，无一不向农民伸手，不向农民索要。

3. 农民的负担沉重，已超过了承受的能力。5年前的1986年与1991年相比，各种负担占上年农民人均所得的比重变化如下：农民人均税金占上年人均所得由29.7%上升到38.7%；人均集体负担由6.37%提高到7.94%。1991年农民身受的各种负担占到上年农民人均所得的64.9%，比1990年增加了6.4个百分点。现在，“三乱”风越刮越狂，捐款杂费不可胜数。据有的地方清查，加重农民负担的捐款杂费多达40多种，摊派方式，应有尽有。例如，

有的地方按承包亩数征收，有的地方按人口索取，至于出生费、计划生育费、教育费等等，多得令人吃惊。向农民征收摊派是很严厉的，不管农业生产丰歉，也不管农产品价格升降，还是农民盈亏，所摊派捐款杂费必须如数上缴。许多地方更有绝招，采取扣款办法，农民出售农副产品的钱还没到手，就被扣掉了，甚至还不够。

这里，特别值得提出的是，多数摊派都有不同上级发的“红头文件”为依据，过去的许多“大办”，现在变成了“大摊派”。据吉林省清查，10 年来加重农民负担的“红头文件”共 879 件，现已废除 491 件，修改 388 件。一些地方的乡镇政府“庙小神多”，大部分费用都转嫁到农民头上。近来，许多地方以兴办服务为名，又立摊派新项目。许多地方忙于建班子、盖房子、挂牌子，农民未受实惠反加重负担，严重影响党群、政群关系，甚至酿成人祸。

四、农村生态仍在恶化，环境质量趋向下降

在历史上，受贫困的驱使，大规模伐林、开垦，农村生态环境恶化；越穷越伐、越垦生态环境越恶化，陷入了恶性循环。历史的教训应当汲取。在农村改革、开放的年代，为脱贫致富，大规模开发农业资源，并取得重大成就。然而，受急功近利驱使，短期行为屡见不鲜，农村环境依然经受着严重挑战，威胁着农业生产和农民生活的安全。

必须正视我国农村生态环境恶化的严酷性。农村人口爆炸，已逾 9 亿，大批劳力转移艰难；土壤沙化，现已高达 33.4 万平方公里，而且还呈蔓延之势，每年以 1 560 平方公里的速度扩展，全国 60%的贫困县处于风沙严重的生态脆弱带；水资源分布不均，南国水多地少，占全国 36%的耕地却拥有 82%以上的水资源；北方地多水少，占全国 64%的耕地仅有 18%的水源；全国每年有灌溉设施、但因缺水却不能充分发挥效益的土地面积不断扩大。

除生态环境之外，农村经济环境也值得关注。由于我国对农业的宏观调控、特别是农产品保护制度还没有及时建立起来，因而当农副产品市价降低到合同订购价格以下时，无法以保护价格收购农民手中的商品农产品。特别是，农民在长期的“向城市倾斜”的二元经济结构中处于弱者地位，在市场波动中受损害的大都是农民利益。由于农产品的价值不能实现，因而导致农民增产不增收，甚至减收，使农民的生产积极性受到严重挫伤。

五、采取必要措施，切实强固“三农”

在我国，历史的教训反复重演：每当农业丰收、粮食剩余、日子好过一些时，人们就忽视、否定农业基础地位，甚至放松农业和损害农民利益。当前农

村经济中出现的新问题，发出一个信号：农业又面临新的考验和抉择，亟需采取应对措施。

对策一，加快改革开放，促进除旧布新。10余年农村改革，成就举世公认。然而，迄今农村所取得的还仅是一个不成熟、不完善、不畅通的市场环境。条条的垄断，块块的分割，城乡的隔离，地区的封锁，原有的计划体制的摩擦等，致使农村经济运用市场机制优化配置资源方面滞后，市场波动不断，缺乏安全稳定。鉴于此，解决目前农村经济中新问题的首要对策，就是加快改革开放，继续除旧布新。其方向是发展农村现代市场经济，其重点是深化农产品流通改革。为此目标，首先要建立和健全统一的市场体系，除商品和生产资料市场外，还包括劳力、资本和土地等要素市场。其次要创造平等的市场竞争条件。市场缺乏公平、公正、公开竞争性，比没有市场的危害性更严重。为实现充分、平等的竞争，必须突破市场垄断和割据两大难点，同时要赋予农民进入市场的自主权和自由权。再次，要放开农产品价格，建立机动、灵活、有效调节产销的价格体系。最后，要利用国内和国外两个市场、两种资源，兴利除害，勇于开拓农业外向型经济。

对策二，多方拆借资金，解决收购急需。解决粮棉等农产品收购资金问题，实乃燃眉之急。据了解，中国人民银行和中国农业银行已将农产品收购资金贷款拨给地方，财政补贴也已到位，问题主要出在地方。一些地区对国家安排的收购资金未及时到位，有的地方甚至大量截留挪用。因此，各级银行要负责收购资金到位，首先用于农产品收购，对挤占、挪用收购贷款搞基建者，要实行加息、罚息，甚至停贷。各级财政部门对1992年粮食企业的补贴要定额补贴到位。同时，要及早下达本年度国家棉花储备计划，并安排贷款和储备费用，商业、粮食和供销社等部门要积极回笼贷款，继续用于收购。对于拖欠贷款企业，要停止供应棉花。此外，为开辟收购资金的来源，可设想试行专用债券，进行市场拆借。总之，可考虑逐步利用市场机制解决农产品收购资金问题。

对策三，正确估量民情，速减农民负担。农民负担关系经济发展，政群关系。一些地方过高估计农民富裕程度，不顾民生一味“大办”，追求政绩，乱收、乱摊、乱罚，致使农民负担一年重过一年。农民负担过重已经成为农村社会一大隐患，到了必须以“快刀斩乱麻”方式迅速解决的时候了。首先，要实事求是，正确估量民情。人们决不可错把温饱当小康，坚决纠正过高估量农民富裕程度的倾向。各项事业要以顺民心民意而做，量民力民情而行，不可事事“大办”。其次，要端正思想，深刻认识加重农民负担的危害性，坚决纠正“得罪起农民、得罪不起上级部门”的错误观念。再次，要堵住源头，迅速把农民的负担减低到合理的程度。造成农民负担过重的源头在于乡镇人员多，非生产性建设“达标”活动多，以及不正之风吃喝多。因此，要清文件，裁冗员，砍“达标”，减摊派。最后，要以法治“乱”，坚决落实党和政府三令五申的减轻农民负担的政策、法令和条例，坚决刹住各种歪风邪气。对于违反者视情况轻重给予严肃处理。

对策四，完善宏观调控，加强安全保障。农业是风险产业，加之近年来，市场波动连绵不断，价格起落难料多变，因而使农业和农村经济缺乏安定和安全感。所以，完善宏观调控，加强关系国计民生的农产品的安全保障愈来愈迫切、愈重要了：一是完善粮棉专项储备，使之充分发挥调节产销的作用；二是健全重要农产品的价格体系，制定粮食等大宗农产品的保护价格和最高保障数量；三是建立重要农产品稳定基金；四是制定有利于促进农村流通和市场繁荣、农业和农村经济发达的信贷、税收、汇率和投资政策。特别是对适应市场竞争力薄弱的农业生产者和长期以社会效益为己任的农产品经营者，在转向市场经济的初期，需要“推、扶”相济，不可一“推”了之。最后，必须“以法治地”，狠煞乱占滥占土地资源现象。对于过多、乱占土地而一时还难于开发、见效的土地，应退回复耕；对于非法滥占土地、蚀国家“血本”而中饱私囊者应绳之以法。

对策五，尊重客观规律，均衡调整结构。合理均衡调整农业结构，是提升我国农业和农村经济的动力，也是长期的战略措施。当前，我国应选择的良策是，通过市场机制和科技进步，实现资源均衡配置，优化农村经济结构。所谓调整结构，包括产品结构、产销结构和产业结构；产品结构要向着“高产、优质、高效”的顺序调整；产业结构要向“种养加、农工商、一、二、三产业”综合发展方向迈进，促使农村劳力从第一产业转移到第二、第三产业。还可考虑，趁部分农民不愿务农而愿转向第二、三产业的时机，把土地转包给种田能手或种田大户，这样，既解决了部分地区土地撂荒问题，又解决了调整土地规模经营结构的难题。与此同时，特别要扶持农民发展第二、三产业，可与小城镇兴建结为一体，既促进农村城镇化，又推进第二、三产业布局适当集中化。

原刊于《经济研究参考》，1993年2月24日

原发表时的题目是：《试论农产品收购资金短缺》。

调整粮食结构的流通政策选择

自去年 4 月份至今，以“三项政策、一项改革”为主要内容的粮食流通体制改革稳健推进。回顾一年来的粮改历程，以“三个有利于”标准衡量，中央的粮改决策是符合现代市场经济要求和国情的。

当然，我们也必须看到如下事实：目前，我国粮食总量供求平衡，丰年有余，但是粮食供求结构不平衡：优质粮供不应求，成为调整供求经济关系中突出的新问题；普通粮种或差质粮供过于求；粮食消费结构和需求结构日趋多样化和优质化，而粮食生产结构则日趋老化、同化，导致部分粮食产能成为无市场容量的、多余的产能。实质而言，目前全国粮食供与求、产与销的形势不是生产与消费的年度间的此多彼少，也不是粮食供给与需求的简单失衡，而是低结构状态下从以粮食短缺为常态到以供过于求为特点的阶段性、结构性剩余。这给目前的粮食流通体制改革和粮食流通工作带来了新情况和新课题，即缺乏合理化、适应消费结构需要的粮食供给结构。从我国粮食问题所处的历史阶段和供求结构矛盾状况出发，稳定提高粮食总产量，大力优化改善品种结构，注重优化粮食质量，转换经营机制，促进粮食营销，改善经济效益，是目前粮食流通改革和发展的重要课题。

本轮的粮食结构调整，是我国粮食产业以市场需求为导向，以确保国家粮食安全为原则，对资源进行优化配置。它具有以下特征：此次粮食生产结构调整，是在粮食连续增长条件下的主动调整，而不是在减产或危机后的被动调整；是整体性的产业提升，而不是简单的、局部的“多砍少赶”；是指导方针和产业政策、产业组织的转型，而不单单是生产安排和技术性问题的转变。就实质而言，我国目前的粮食生产结构调整，是在国家宏观调控下以国内和国际市场需求为出发点，以资源合理配置、促进产业提升为动力，以技术创新为支撑，以专业化和社会化服务为纽带，以转变经济增长方式为途径，变单一产量增长型为产量、质量并重的发展型。对于在新的高度上促进粮食生产结构调整，健全完善粮食流通政策可以大有作为，发挥其巨大的能动作用。笔者以为，目前需要对粮食流通政策作出新的调整和选择。

第一，以市场需求走势引导粮食种植结构的合理调整，促其实现“两高一优”。市场对粮食结构调整的作用主要表现为：对粮食需求总量的预示作用；对粮食需求结构的导向作用；对粮食资源配置的基础作用。根据近年来市场需求结构的变化及未来走势，目前我国粮食生产结构调整的主要措施包括：地区结构，品种结构，质量结构，以及粮食产销系统与生态系统的结构平衡。地区结构调整是一种战略性布局配置。凡具有出口创汇能力高的地区（例如，东部沿海地区）应大力发展创汇农业。“米袋子”省长负责制是要求粮食总量供求平衡，并不要求各地一律粮食自给。粮食主销区在保障居民口粮一定水平的自给率的条件下，不足的粮食可向粮食主产区购进所需要的商品粮食。中部地区要发挥粮食生产的优势，增产更多商品粮。至于品种结构，实质上也是优化粮食质量问题。目前需要采取如下调整措施：扩大优质专用稻谷生产；增加冬小麦、特别是优质专用小麦生产；扩大优质专用、早熟玉米生产；在东北地区和其他主产区扩大优质大豆生产，并发展大豆深加工，生产市场容量大的优质系列大豆蛋白制品；小品种杂粮大有文章可作，在华北、西北等全国广大地区都具有条件增产荞麦、燕麦、豆类等多种优质小杂粮。采取这些调整措施，就会重新配置粮食产能，淘汰不适应市场需求、无生命力的粮食产能，发展适销的、有生命力的粮食产能，促进粮食品种和质量结构适应消费和市场需求结构，使二者相互促进，相得益彰。

第二，拓宽粮食购销渠道和完善价格政策，优质优价，扶优抑劣。在继续规范和管好粮食收购市场的前提下，拓宽粮食购销渠道，以扩大市场需求和加快粮食流转，推动农民按照市场需求安排粮食生产。目前可采取如下措施，积极拓宽粮食流通渠道：一是允许国有粮食加工企业直接收购农民的余粮，其价格不得低于保护价水平；二是允许加工企业和私商委托国有粮食收储企业收购粮食，其价格不低于保护价，委托手续费由双方协定，收购资金由委托方承担；三是允许南方饲料企业委托玉米主产区粮食企业收购饲料玉米，其价格不低于保护价，收购资金列入收购指标，利息由委托方负担。这里的关键是“多渠道、保粮价”，以保护人民利益。

价格是市场机制中的核心机制，是合理调整粮食结构的强有力的杠杆。为充分发挥粮食价格对粮食结构调整的扶优抑劣作用，当前，必须采取价格改革措施：首先，实行优质优价，拉大质量差价。优价幅度要使农民种优质粮比种普通粮获得更高的收益。其次，完善保护价制度。保护价只应保护和扶持有生命力的粮食产能，而不应保护无生命力的粮食产能。一年多的实践表明，现在需要把严重滞销的粮食品种和质量差的粮食品种排除到保护价之外。再次，实行季节差价。为避免农民交售余粮的时间过分集中，对农民推迟交售粮食，可按延迟时间的长短提高收购价格，提价幅度略高于同期的储存费用，让利于民。这实际上是补偿农民的储藏费用。

第三，创新产业组织，加强中介组织作用，开辟调整粮食结构的新途径。调整粮食结构包括产业组织优化和产业结构提升。就粮食流通而言，发展“产供销”一体化的粮食产业化经营，建立农村粮食连锁网等，都可开辟粮食结构调整的新途径。根据近年来粮食系统探索优化产业组织的经验，可因地制宜选择如下形式：①“龙头”企业带动形式。以具有一定辐射功能和带动能力的加工企业为“龙头”：以国内、国外大市场需求为导向，以专业化服务为纽带，以市场机制配置资源的基础手段，形成“一条龙”的粮食组织经营形式。②特色资源开发形式。即以开发名、特、优资源为基础，以增加科技含量为重点，以扩大销售市场为导向，变特色资源优势为经济优势，开辟发展名优品种、提高粮食质量的新途径。③技术创新提高形式。即迎接知识创新和技术创新的挑战，粮食加工业要积极转向依靠科技进步、转变增长方式、优化粮食工业结构的轨道，开发新产品，提高成品率，扩大优质率，增强竞争力，变粗放型为集约化效益增长型，创造调整粮食结构的物质技术条件。

第四，健全粮食市场体系，运用合同契约形式以销定产，引导粮食结构调整。当前要大力加强县（市）以上粮食批发市场建设。在加强市场“硬件”建设的同时，更要加强市场“软件”建设，主要包括：建立市场制度，完善市场规则，扩大市场开放，加强市场功能，发布市场信息，使之成为综合性现代市场服务中心。可设想建立健全粮食市场协会，发挥其引导粮食结构调整的作用；加强县级批发市场建设，要从实际出发，防止乱建滥建，导致有场无市。

此外，要注意发挥粮食期货市场的经济功能。即发挥粮食期货市场发现价格信号和规避风险的经济功能，引导生产者按照市场走势调整粮食结构，积极地、切实地改善品种，提高质量，增产适销对路的优质专用粮食，增加粮食效益和农民收入。期货市场一定要为现货市场服务，创新为实体经济服务的方式，二者之间要架起桥梁。

随着粮食生产区域结构的调整，有必要签订主产区和销售区之间中长期粮食购销合同，以销定产。在粮食主产区和主销区之间，可通过合同契约形式建立相对稳定的粮食供需关系。可采用中长期粮食购销合同形式，以销定产。这样，通过购销合同正确引导粮食生产，其品种、数量、质量、价格等都以市场需求为取向。

第五，建立新的粮食质量标准体系，为实行优质优价和优化质量提供衡量尺度。粮食产品质量是指符合规范标准、适合用途、能够满足消费和市场需求的特性。检验粮食的质量，需要以科技发展水平、国家技术政策和用户需要等为依据制定出质量标准，作为衡量粮食质量的尺度。过去我们往往偏重于以产量高低作为衡量粮食是否是优良品种的标准（作为标准的一项内容，是正确的，但不完全），结果造成粮食高产不优质，没有市场容量，更不利于改善粮食品种结构。现在应尽快建立新的粮食质量标准体系，至少需要包括以下“五性”：一是优良性。指产量高、蛋白质含量高、技术性能高、成品率高；二是安全性。指有益无害、不出事故、可靠可信；三是稳定性。指耐储藏、不易变质、不易受损；四是经济性。指使用方便、成本合理；五是美观性。指感观色泽好、适口性好。适应调整粮食结构的需要，要由专家尽快制定出体现上述“五性”的科学指标体系。

第六，探索粮食“内外贸”、“产供销”一体新形式，以国际市场拉动粮食结构调整。我国的国内粮食市场和国际粮食市场目前日益建立起相互依存、相互影响、相互补充的关系。积极利用两种资源、两个市场，对调整粮食结构的意义不可忽视。让国际市场检验、评定和决定粮食产品的取舍，可有力拉动国内粮食生产者按国际标准改善品种和提高质量，力争在国际市场上占领一席之地。从我国目前实际出发，可考虑采取粮食内贸和外贸联营或联合形式，建立“产供销”一体化的粮食外贸模式，即：以国际市场需求为导向，以农民家庭种植为基础，以专业化服务为纽带，以内外贸联营为形式建立粮食出口基地。农户一心一意搞好生产，提高产量和质量；外贸部门发挥优势寻找销路，办理出口业务；粮食内贸部门利用自己的优势对出口粮专收、专储、专运、专供，确保出口粮食的质量。建立粮食“内外贸”一体的另一个重要内容是，把粮食外贸与专储粮轮换结合起来。选择部分位于港口和交通枢纽的专储粮库，储存供出口的粮食，定期推陈储新。当然，在推进粮食对外开放中，必须注重“兴利避害”。如上述，粮食外贸、内贸和专储粮轮换相对稳定结合起来，可以形成以外贸促进专储粮轮换和带动粮食结构调整的新模式。

原刊于《中国经济导报》，1999年5月14日

落实"敞开收购"余粮的重要意义

——从安徽农村的一条标语说开去

周前在安徽农村调查时，我们听到和看到多条标语，其中一条是："农民兄弟不用怕，国家有个保护价"。寥寥14个字，表达了广大农民对政府的高度信赖，也倾诉出农民群众对保护价敞开收购余粮政策拥护的心声。眼下，秋粮收购在即，我们在调研中深深地感到，当前不折不扣贯彻落实按保护价敞开收购农民余粮政策，具有重大经济和政治意义。

一、敞开收购，利国利民

实践证明，以保护价敞开收购农民的余粮，是一项完全正确的决策。首先，"敞开收购"有利于保护农民的生产积极性和主动性。在市场粮价长期低迷、农民卖粮困难、甚至种粮收益下滑的条件下，国家只有采取保护措施，即按保护价敞开收购农民余粮，才能保护他们的积极性和主动性。

其次，"敞开收购"有利于保障改善农民生活。目前在我国，除乡镇企业、非农产业发达的地区与大中城市郊区以外，广大地区农民的生活来源还主要靠种植业，特别是粮食产业。"粮价是百价之基"。粮食售价好，农民基本收入有保障，就提高了农村有效购买力，为开拓市场、扩大内销创造了基本条件。反之，如果粮食售价很低，就会"谷贱伤农"。农民基本收入无保障、甚至下降，那么广大农村市场就会陷入疲软，改善农民生活就会成为无源之水，扩大内需更会成为无本之木。

再次，"敞开收购"有利于国有粮企发挥主导作用。国有粮食企业，是深化粮改和搞好粮食流通工作的载体。要确保国家的粮食安全和发挥国有粮食企业的主导作用，必要条件之一就是，必须掌握足够的粮源。其主要途径是在国内收购商品粮。目前，国有粮企利用国内粮源充裕的条件，以保护价敞开收购农民余粮，既保护农民利益，又可做到手中握有足够的粮源，为发挥主导作用创造必备的条件，可说是一举多得。

第四，"敞开收购"有利于加强粮食宏观调控。无论东方和西方，在市场经济条件下都努力追求商品供求总量平衡、市场与价格平衡、社会生活稳定。在我国，基本国情是人口多、财力弱、底子薄、农产品市场分散，粮食在农产品市场上始终处于中心地位。粮食定，天下定，对其加强宏观调控更是不可缺少。从我国基本国情和吸取市场经济正反两面的经验教训出发，建立和健全粮食的价格保护制度和粮食储备调节制度，是国家对粮食宏观调控的基本手段，必须长期坚持。实施这些宏观调控的实力与基础在于，国家必须掌握足够的粮源。做到这一点，国家既拥有平衡市场供求、保证粮食安全的物质条件，同时也增强了国家对粮食控制力的物质手段。

第五，“敞开收购”在当前有利于抑制农民收入下滑。近两年来，农业和粮食依然呈现可喜的发展势头，但喜中有忧。令人忧的是农民收入增幅降低。特别是今年，种种原因导致主产区农民种粮收益滑坡。对主产区农民种粮收益降低、收入下滑的苗头必须有力加以抑制。否则，难免挫伤主产区和农民种粮积极性。实际情况表明，主产区种粮农民对粮食生产投入出现减少趋势，对粮食种植管理也有粗放倾向。另外，农民收入增长缓慢、甚至下滑还引起有效购买力减弱，开拓农村市场、扩大内需的难度增大，不利于国民经济持续、快速、稳定发展。现在完全按照保护价敞开收购农民余粮，可抑制农民收入下滑，避免多种负面影响，立竿见影起到护农利农的作用，具有重要政治、经济、社会意义。

二、澄清认识，以农为本

在看到贯彻落实“敞开收购”政策取得明显成效，发挥重大作用的同时，我们还要看到，在实践中有部分同志因为对新政策认识不深刻，易被似是而非的“理论”所迷惑；态度不坚定，易被暂时困难所动摇。当然，这一政策本身也存在不完善之处。现在，必须从理论与实践的结合上，克服对按保护价敞开收购农民余粮的模糊认识与错误做法。

一是，克服“敞开收购会给粮企造成压力”的错误看法。有人认为，当前国有粮食企业的“压力”是“敞开收购”造成的。所持的理由是：一头“敞开”收，一头“顺销”难，造成粮企“胀肚”压力。从表面上单纯打国有粮食购销企业的“小算盘”出发，这种看法似乎有理。但实质上是错误的。一则，这种看法把自己视为一般的竞争者；二则，所说的“压力”恰恰是有些国有粮食企业打局部利益的“小算盘”所造成的。即有些国有粮食企业不以发挥粮食收购市场主渠道作用的高度责任感敞开收购农民余粮，拒收限收，甚至经营行为不规范，少数职工与不法商贩勾结，先低价从农民手中购粮，再高价卖给粮食企业。这种错误做法不仅损害国有粮食企业的形象和农民的利益，而且给不法商贩和个体加工者低价收购粮食造成可乘之机。农村低价粮源不断，市场粮价难升，何谈顺价销售呢？所以，认识必须澄清，误解必须纠正。当前国有粮食企业的“压力”并不完全是按保护价敞开收购农民余粮造成的，而首先是与粮食总量供过于求的大形势密切相关。同时，也恰恰是由于没有不折不扣贯彻落实好“敞开收购”的政策而产生的负面效应，是只盘算企业暂时的、局部的利益，而忽略了广大农民长远的根本利益所带来的消极结果。

二是，克服“以罚代管”的错误做法。对农村粮食收购市场管理不严格、不规范，是某些地方工商管理部门的做法。客观而言，不少地方的工商部门力不从心。但毋庸讳言，确实有些工商部门不是下功夫真抓、狠抓粮食经营主体，严格个体和私营粮食加工企业台账制度，并进行严格监管。相反，有些基层工商部门网开一面，只罚不管。这给不法商贩和个体私营粮食加工企业以低价收购农民余粮造成了漏洞。正是从这些“漏洞”中，源源流出大批低价粮食，抑制市场粮价攀升，既损害了广大农民的利益，又给落实中央深化粮食改革举措造成了消极影响，实质上是违背了广大人民的根本利益。这种做法必须纠正，要完全遵照国家的相关政策严格执法，管住与管好粮食市场。

三是，克服“占压资金不合算”的抱怨。首先要说明，从经济成本核算观点看，企业占压资源必须以效益为准，一般不应多占压资金。目前，一些粮食企业认为：收购粮食滞压资金，多收多滞压，少收少滞压。这一问题当然应引起注意。但是，它也涉及到理财观。积极的理财观应是“开源、节流”，或者说是“增产、节约”。所谓“开源”或“增产”，应主要靠保护生产力，发展经济。在目前粮食阶段性、结构性供过于求、市场粮价持续下跌的形势下，尽管国家财力弱、底子薄、且防范和化解金融风险的任务很重，但把一定财政资金和信贷资金用于粮食购销和仓储建设是值得的。因为这些资金直接保护了农民利益和他们的生产积极性，即保护了农业和粮食生产能力，是国家宏观调控应付出的代价，是“愉快的负担”。退一步说，如果对农民不采取保护措施，农业和粮食势必会重蹈“丰收—卖粮难—减产”的“怪圈”。一旦农业和粮食滑坡，到那时候就不是花几百亿元购粮建仓的问题，而是不知要花多少倍的代价才能恢复元气。“敞开收购”农民余粮合算不合算不是显而易见、不言而喻了吗？

三、只有“敞开”，才能“放开”

在市场经济条件下，农业和粮食生产者处于市场竞争的弱小地位，且常常受到不测风云的自然灾害的袭击。因此，任何一个国家都不能不对农业和粮食生产加以合理的保护。在当前我国粮食总量供过于求、市场粮价低迷、

“谷贱伤农”的条件下，特别是当前农民增收困难，部分地区又遭受严重自然灾害，必须进一步研究和采取保护农民积极性的措施。目前，对国家政策规定范围内的粮食按保护价敞开收购，是必须坚持的宏观调控举措。对符合国家质量标准的粮食，国有粮食购销企业要切实做到按保护价常年、随时挂牌敞开收购，不准限收、拒收、停收。为更好地做到保护价敞开收购农民余粮，要拓宽粮食购销渠道，允许产业化经营龙头企业直接收购农民余粮，供企业自用。这些龙头企业要效法许多地方采取的“订单农业”的经验，根据市场需求和生产条件制定科学的规划，积极引进和培育优良品种，发展区域规模化种植，实行产销衔接的一体化经营，执行优质优价政策，加强对农民的政策引导和技术服务。这样，更有利于落实“敞开收购”的政策措施。

在粮改进入到攻坚阶段的条件下，更需要科学的理论和冷静的态度。我们不反对“放开”，而且主张最终实现“放开”，仅仅反对的是不分青红皂白的简单“放开”。目前在我国只能是积极创造条件，逐步实现粮食“放开”；即使“放开”，也绝不是撒手不管、放任自流，而必须建立规范的市场准入制度。如果不讲条件地“放开”，那等于不负责任地“放弃”保护农民利益。这里特别强调，在当前，只有国有粮食购销企业真正敞开收购农民的余粮，“放开”收购才有条件。国务院主要领导最近指出：只有“敞开”，才能“放开”。这的确是一个精辟的命题。我们理解，只有国有粮企做到了“敞开”收购，农民就随时可以把余粮以保护价卖给国有粮企，就不会把粮食以低价卖给个体商贩和私营企业。这样就不会有危险和出乱子。“敞开”体现了国家对农民利益和农业生产力的保护，是一种宏观调控措施，国家财政应该给以必要支持，或说是应付出的必要代价。但是，这种保护政策不能是“无限”的，而应该是“有限”的。调整保护价收购范围，对主产区大宗粮食实行重点保护，是一项积极的政策。概括说，“敞开”是“放开”的必要条件；“放开”是“敞开”的发展趋势。只有“敞开”才能“放开”的论断，阐明了实行保护价政策与深化粮改的关系，也指明了今后粮改的方向，且忠实代表了广大农民群众的根本利益。

原刊于《光明日报》，2000年10月24日

粮食安全篇

粮　　战

夜读粮史

阅尽中外与古今，
史海如镜映烟云。
巧取豪夺洒血泪，
文争武斗种仇恨。
莫道西方世界富，
勿忘东方天下贫。
试看今日粮战激，
暗流陷阱当惊心。

2007 年 8 月 6 日
于北京粮科大厦

中国成就　令人信服

近年来，国际粮价暴涨，原因有多种：随着世界人口的增长和经济的复苏，粮食需求量扩大；世界气候异常导致暴发多种毁灭性自然灾害，全球粮食总产量大幅度下降；粮食总产量下降和总需求增长，必然导致全球粮食储备量减少；经济发达国家采取贸易保护主义政策，使广大发展中国家在国际市场上必须支付更多的钱才能买到所需的粮食；世界最大粮食出口国美国消耗巨量玉米生产燃料乙醇，造成“汽车与人争粮”。以上是近年来国际粮食市场行情变幻、粮价飞涨的主要的、直接的原因。

可惜，已经一再被铁的事实击破的中国“粮食威胁论”又被国外一些人老调重弹。当国际粮食供求紧张时，又有人无视国际粮食市场供求紧张、价格跌宕的真实原因，无中生有的捏造：中国经济的高速发展导致粮食供求关系尖锐，由于中国大量进口粮食引起国际粮价飞涨。这是完全违背中国粮食产销实际的奇谈怪论，必须加以澄清。

事实胜于雄辩。与全球粮食总产量下降和储备减少形成鲜明对照的是，中国粮食连续增长，供应充裕，储备增加。其主要标志有五点：

一是粮食总产量连续4年增长。从2004—2007年，中国累计增产粮食6 930多万吨。从2003—2007年，全国粮食总产量依次达到：43 070.0万吨、46 946.9万吨、48 402.2万吨、49 749.9万吨和50 000.0万吨以上。2007年，在上年大幅度增长的基础上，又增产250万吨以上，总产量超过5亿吨，以此树立起新世纪中国粮食生产的一座高大里程碑，打破了中国粮食发展史上五年为期的“二增、二平、一减”的周期。

二是国家粮食储备连续增加。与粮食总产量增长相适应，国家粮食储备规模不断扩大。目前中国的粮食储备已经达到相当高的数量，占当年全国粮食消费总量的比例超过35%，远高于FAO提出的17%～18%的粮食安全线。同时，国家粮食储备品种结构相对合理，分布也比较适当，做到“储得进、调得出、用得上”，有利于保障国家粮食安全。

三是中国粮食自给率一直保持高水平。自改革开放以来，中国一贯的方针政策是：既积极利用两个市场、两种资源，又坚定坚持自力更生、发展生产、保障供给的方针。政府采取一系列惠农、兴粮的大举措，确保农业持续增产、农民稳定增收。因此中国的粮食对外依存度很低，谷物自给率一直保持在95%以上。2007年1—7月份，谷物进口总量为100.5万吨，价值3.2亿美元，比上年同期分别下降54.9%和34.6%。同期，出口总量为350多万吨，谷物外贸由逆差转变为顺差。事实表明，国外有些人说中国大量从国际市场上进口谷物纯系颠倒黑白，至少是不明真相。

四是中国靠自力更生丰衣足食。中国虽然总人口众多，但是人均粮食占有量和其他动物性食品的占有量依然逐年上升。与此同时，人均动物蛋白食品占有量也明显增加。2006年，全国肉类总产量跃居世界第一，奶类总产量跃居世界第三，水产品总产量跃居世界第一。2007年，全国动物性食物总产量比上年又有明显增长，对于保障国家粮食安全更具有重要意义。

五是中国贫困人口大幅度下降。迄今，按国内标准计算，全国农村温饱线以下人口由20世纪80年代初的2.5亿多，降到目前的1 000多万人口，占农村总人口的比例已由改革开放初期30%降低到目前的1.6%。这一成就，受到世界的刮目相看，被公认"是了不起的伟大成就"。到2006年，全国城市居民家庭恩格尔系数已降低到35.8%，农村居民家庭恩格尔系数已降低到43.0%。中国靠自力更生使13亿人口的生活总体上实现了小康化，并正向全面小康化迈进。

世界上尊重客观事实、正义善良的人们，不管持何种意识形态，都一致认为：中国以占世界9%的耕地养活了占世界22%的人口，而且每年还有大批粮食和其他动植物产品出口到世界市场上，这是中国人对世界粮食安全的巨大贡献。

原刊于《人民日报》，2008年1月18日

论粮食安全观创新

"安全"与"风险"是社会经济生活中普遍存在的矛盾，粮食安全亦然。粮食问题不只是经济问题，也是政治问题，事关国家安危、经济进退、民生福祸，以及社会民心稳定。所以，历来治国兴邦者都把确保"国家粮食安全"与防范"粮食风险"视为一项重要国策。总体上看，目前我国粮食已基本告别了短缺，出现阶段性、结构性供过于求。在这一新形势下，一方面应高度警惕放松粮食生产的倾向；另一方面，也应与时俱进，创新粮食安全观。包括农业和粮食生产、粮食内贸与外贸，及国家粮食储备等都需要相应转变与改进，探索和开创一条不同于历史上传统做法的新途径。

一、全面理解粮食安全的内涵

粮食安全是一个不断丰富、充实和深化的概念。迄今，它包括国家粮食安全、家庭粮食安全等。若从另外的视角出发，粮食安全又可划分为粮食数量安全、粮食质量安全和粮食营养安全等。当然，这些关于粮食安全的内涵是相互联系、相互统一的。

所谓"国家粮食安全"，是在 20 世纪 70 年代中期，为奠定世界粮食安全的基础、促进以确保粮食供应为重点的各国粮食安全。它是由联合国粮农组织首先提出来的。在这种指导思想下，亚洲一些国家开展绿色革命、发展粮食生产，力求主粮自给；拉美、非洲诸国侧重改革流通、改善粮食分配，保障市场供应；日、韩等国努力提高大米自给率。

所谓"家庭粮食安全"，是从 20 世纪 80 年代开始，市场成为影响粮食安全的重要因素，许多贫困家庭无钱购买口粮。粮食安全的概念出现第一次延伸，即在保障粮食充足供应的同时，强调"每一个家庭都有获得粮食的能力"。这样，粮食安全从国家、政府层面又进一步延伸到家庭、个人层面，触及到消除贫困的难题，于是出现了"家庭粮食安全"的新概念。

在逐步形成"家庭粮食安全"概念的过程中，联合国粮农组织从营养视角出发又先后提出发展中国家人均膳食能量不足、蛋白质含量不足的问题，同时还提出发达国家营养过剩引发疾病的现象。于是，国际上又提出了"粮食营养安全"的概念。

对于粮食的概念，世界上不同国家和不同地区，在不同时期有不同的观点和解释：有的单指禾本科的谷物，有的泛指谷物和其他各类植物性、动物性食品。在我国的粮食概念中，除包含国际上通用的谷物之外，还包括大豆和薯类。谷物产量占粮食总产量的比例一般在87%以上。

联合国粮农组织在20世纪70年代中期，把粮食储备作为粮食安全的基本内容。FAO当时提出：一个国家的粮食储备要相当于当年粮食消费量的14%，这被视为粮食警戒线；一个国家的粮食储备要相当于当年粮食消费的17%～18%，这被视为粮食安全线。到80年代，联合国粮农组织对粮食安全又提出了一个被更广泛公认的定义，即“要保证任何人在任何时候都能买得起所需要的粮食”。

结合我国实际，理解粮食安全的概念，至少具有以下基本点：为确保国家粮食安全，一是务必加强农业和粮食的基础地位，从而保证粮食产业和国民经济持续、高速、稳定发展；二是国家必须牢牢掌握粮食主动权，不受制于任何外国。为此，国家对粮食储备、粮食进出口、粮食一级市场需要保持控制力；三是需要切实保护和稳定提高粮食生产能力，要保持粮食基本自给的水平；四是每个中国家庭、每个中国居民不分城乡，尤其是穷人和弱势群体，都要保证他们有饭吃；五是要保证生产和供应的粮食与其他食物符合卫生质量标准，满足人体的营养需要；六是积极利用两种资源、两个市场：一方面要充分挖掘本国资源和市场的潜力，并优化其配置；另一方面要兴利避害，积极开拓国外粮食资源和粮食市场，通过粮食进出口有效调节国内粮食供求基本平衡。

二、任何时候都不能忽视粮食安全问题

早在我国“十五”规划中，已建议正式采用粮食安全的概念。这是我国国民经济、农业和粮食进入发展新阶段的需要。现在提出粮食安全的命题，并非如人们所疑问的，是粮食出了问题才提出的，而是适应新形势、新要求提出的一种新思路；是长期指导方针，而不是权宜之计，是确保国民经济发展、国家经济安全、社会稳定的战略措施；是对粮食生产、流通、储备、外贸等管理方式的更新。因此，它具有深刻的新意。

目前，在实事求是评估我国粮食安全状况良好、水平较高的同时，还必须居安思危，清醒认识和正视我国粮食问题中潜在的不安全因素，即粮食的“风险因素”。尤其是，在近年来出现粮食结构性过剩、粮食供过于求的形势下，市场粮价长达数十个月低迷，致使粮食主产区出现“谷贱伤农”、农民收益下滑的问题。一些地方视粮食为“包袱”，意欲甩掉而快之。2000年，

全国粮食总种植面积缩减9 000多万亩；2001年，全国粮食总面积在上半年大幅度减少的基础上再缩减1.7%，绝对种植面积约减少2 000万～3 000万亩。虽然其中有合理的因素，但是粮田面积缩减过猛，务必引以为戒，绝对不可逾越基本农田的“红线”。现在，特别需要警惕和防止淡薄农业和粮食的基础地位、看不到全国中长期粮食供求偏紧的思想，必须警戒这种无形的、危害极大的粮食风险因素。

从供给方面分析，我国粮食生产也存在多种自然禀赋的缺陷：一是人均耕地趋减，生产规模狭小；二是水源短缺，干旱威胁严重；三是科技落后，创新力薄弱；四是生态环境恶化，污染严重。以上耕地、水源、科技和生态环境等方面的资源禀赋缺陷，构成了我国粮食生产和供给量提高的严重制约。越往后，这种约束性将越强。这是我国保护和提高粮食生产能力的关键环节。实际而言，粮食总产量在一年一度、时而有所减少并不可怕，可怕的就是上述制约粮食生产的自然因素、特别是干旱与洪涝危害的加剧。还不可忽视的是，迄今我国粮食流通体制改革还未取得根本突破，新体制与旧体制之间的摩擦常有发生，不利于确保国家粮食安全。

在未来相当长的历史时期，我国粮食需求依然呈刚性增长趋势。虽然我国目前粮食呈现阶段性、结构性供过于求态势，但是中国在任何时候对粮食问题都不可掉以轻心，对国家粮食安全更不可等闲视之，提出建立粮食安全保障体系，具有警钟长鸣与警戒、防范粮食风险的作用。从更广阔的视角看，建立国家粮食安全，有备无患，有利于迎接“入世”挑战。在我国加入世贸组织之后，农业和粮食将面临新的发展机遇。但是，在近期可能会带来冲击和压力，诸如市场冲击、价格冲击，以及农民收入冲击等。面对兵临城下的压力，我国农业和粮食部门从现在起就要积极做好“入世”的准备，以确保“入世”后保持主动、立于不败之地。

当然，我们强调树立新的粮食安全观，决不是复归到“以粮为纲”和传统计划经济时代、不顾自然条件和经济规律而片面追求自产自销、力争自给的传统粮食安全观，而要从客观自然条件和市场经济规律出发，发挥比较效益优势，创新粮食安全观。这种新粮食安全观的特征包括：一是符合中国国情的“粮食安全观”，而不是他国的；二是符合市场经济要求的“粮食安全观”，而不是适应传统计划经济体制需要的；三是符合城乡协调发展需要、特别是“三农”发展需要的“粮食安全观”，而不是相悖的；四是符合充分利用两种资源、两个市场的“粮食安全观”，而不是封闭锁国、孤立于国际市场之外的；五是符合加入WTO需要的“粮食安全观”，而不是与WTO规则背道而驰。

三、切实强化粮食安全保障

在符合国情和市场经济要求的新型粮食安全观的指导下，我国应该从多方面采取重要举措，强化粮食安全保障。

第一，强粮食安全之本，重在建立五大体系。粮食生产、流通、储运、供给、外贸，以及对低收入消费群体的补贴等等，都是构成粮食安全的重要内容，只有多方相互协同、共同努力，方能圆满完成粮食安全体系的建设。从国情和粮情出发，我国需要强粮食安全之本，重在建立五大体系：确保粮食生产能力持续、稳定增长的生产体系；确保高效、规范、可靠的粮食供应的市场贸易体系；具有综合实力的粮食宏观调控体系；可提供综合信息的粮食预警体系；援助特殊弱势群体的社会保障体系。

第二，固粮食安全之基，切实保护粮食主产区。随着农业和粮食结构的调整，以及比较优势规律的影响，我国粮食生产愈来愈向主产区集中，即集中到东北、黄淮海与长江中下游等地区。与此相对照，东南沿海成为粮食主销区，粮食严重不足。从发展趋势看，全国几大片粮食主产区越来越构成“粮食安全”的基础。然而，多年来存在一个“老大难”问题，即如何适当处理粮食主产区和主销区的利益关系。近年来二者矛盾趋向尖锐，主产区产粮越多、补贴越多、吃亏越多。只有建立一种机制改变这种不合理的利益关系，才能有效保护主产区农民利益和生产积极性。为此，在主产区要继续稳定粮食保护价，逐步转变补贴方式，像增加“绿箱”政策补贴，改善生产条件，减少农民的基础设施方面的各类集资和投入。此外，当前在粮食主产区仍要坚持敞开收购农民余粮，使之切实发挥对主产区农民的保护作用。

第三，丰粮食安全之源，视野要大大放开。在经济全球化趋势下，我国粮食的两种资源、两个市场必然越来越深、越广地相互依存、相互融合、相互补充。只要兴利避害，善于开发利用两种资源、两个市场，会大大丰富我国粮食安全之源，其利大于弊。我国在坚持自力更生为主的基本方针下，要把思路和视野扩展到国外，以谋其利。鉴于我国人口众多、土地资源稀缺，而国外有些国家人口稀少、土地辽阔、水源丰沛、光热充足，给我们留下发挥优势的空间。我国可利用丰富的人力资源去开发国外土地和水利等资源，采取“走出去”的举措，即“借地种粮种油”，或者说叫“借鸡下蛋”。如是，可增加我国粮源、油源和糖源等，增强我国粮食安全的物质基础。

第四，重粮食安全之要，提高粮食和食物质量。一国之粮食安全，既要依靠足够的数量做基础，又要依赖可信的质量做保证，二者不可偏废。在当前假冒伪劣猖獗、污染严重的社会环境条件下，更要重视粮食和食物质量，

采取确保粮食和食物质量的必要措施。首先，要加强监管，防患未然，防止污染于源头前。其次要加强市场监管，特别是对生产、经营企业要严加管理，做到“五严”：严格市场准入制度；严格规范市场主体行为；严格检疫检验制度；严格整治假冒伪劣商品；严格实行无污染包装和标签制，包装上注明生产厂家地址、质量标准、日期等。这样，消弭污染于源头，确保餐桌上的食品安全。再次，要打绿色牌，走绿色路，增产“绿色食品”。所谓“绿色食品”，就是生产、经营无污染、无公害粮食与食品。适应“绿色化”的趋势，农业生产要走生态农业的道路，多施有机肥料，少施或不施化肥；采用生态防治法储存粮食等农牧产品，使其有效保鲜、保质。与此对照，少用或不用农药，少用或不用植保剂等化学物品，严格限制在饲料中添加抗生素、激素等化学合成物。

第五，定粮食安全之法，抵制国外的倾销。一个国家的粮食安全，涉及诸多法律、法规。这里着重提出，要尽快制定《农产品反倾销法》。在我国加入世贸组织（WTO）后，面临关系我国粮食等农产品安全问题的倾销可能性更大。我们必须积极做好防止和抵制国外粮食等农产品可能出现的倾销的准备，同时需要尽快研究和制定中国的《农产品反倾销法》，通过法律防止和抵制可能出现的国外倾销对我国国内市场的冲击。

原刊于《光明日报》，2001年12月4日

要重视粮食可持续安全

俄罗斯总理普京2011年5月28日在莫斯科表示，俄政府将从今年7月1日起、取消去年出台的粮食出口禁令。联想到近期因世界多个地区大旱引发的对粮食减产的担忧，“粮食安全”再次成为舆论关注的热点。

“粮食安全”这一命题，自上世纪70年代中期联合国粮农组织提出之后，其内涵不断丰富、延伸：从世界到国家、再到家庭粮食安全；从数量到质量、再到消费粮食安全；及至2001年，在德国波恩举行的世界粮食安全大会上，又提出粮食可持续安全的概念。

所谓粮食可持续安全，可以表述为：在任何时候、任何条件下，都能动态地、充足地供给当代和后代居民质量合格的粮食，以保障其身体健康，精力充沛地从事各项活动。概括地说，这个问题具有全局性、战略性、代际性、生态性、准公共品性等特点。如果深入解读粮食可持续安全，其新内涵具有以下要点：以宏观社会经济系统和自然生态系统的协调统一为指导思想，以改善和保持良好自然环境、合理配置和利用资源为前提，以科学发展方式促进农业粮食稳定增产为基础，以健全的现代市场体系高效供应为关键，以“减量化、再利用、再循环”为主要内容的循环经济为途径，以充分满足当代及后代的粮食合理需求结构为目标。

对世界，特别是广大发展中国家的粮食可持续安全，要警钟长鸣，未雨绸缪。因为从全球范围来看，当前的粮食安全形势依然令人担忧。一是粮食总需求的增长依然呈刚性。世界人口、特别是发展中国家人口迅速增加，每年新增8 296万人，2011年全球人口将突破70亿，导致粮食需求持续扩张。二是粮食产销分布不平衡格局仍未根本改变。发达国家的人口约占世界总人口的1/3，其粮食占有量却高达2/3左右。与此相对照，发展中国家的人口约占世界总人口的2/3，粮食占有量则仅为1/3多一些。三是世界粮食市场的不确定性加剧。在后金融危机时代，国际投机资本流入粮食等大宗商品领域，粮食的金融属性表现得愈加突出，其不确定性也随之增长。四是生产燃料乙醇消耗的粮食有增无减，导致“与人争粮”的矛盾加剧，世界粮价跌宕起伏。五是全球严重自然灾害频仍。近年来，全球气候变化诱发大范围的严重干旱、洪涝、冻害、飓风等灾难频发，成为粮食大幅减产的不可忽视的因素。六是自然资源的约束性日益加重。作为基本生产要素的耕地和水源的人均数量趋减，尤其水危机，成为农业和粮食生产持续增长的严重局限。面对制约粮食可持续安全的种种因素，我们必须防患未然，采取综合性和战略性举措，不断加强世界粮食可持续安全的基础。

确保粮食可持续安全，是一个复杂的系统工程，需要不断完善农业粮食生产系统、贸易供给系统、社会需求系统、社会保障系统、人口经济系统和环境生态系统等六大系统的协调统一。此外，还应转变发展方式，优化资源配置，开拓“低投入，高产出；低消耗，高效率；低污染，高品质”的农业粮食发展模式，提高土地产出率。保障粮食安全，必须坚持走经济、社会、环境相互协调发展与可持续发展道路，减轻和防止水源、土壤及海岸的污染，使之可持续利用。

原刊于《人民日报》，2011 年 5 月 30 日

本研究成果获得国家粮食局2007年软科学研究优秀成果一等奖

实施“以粮食为重点的综合化食物安全”新战略（节选）

确保国家食物安全的惟一的和最高的宗旨，就是为了促进包括城乡全体居民在内的、符合科学发展观本质要求的、人的全面发展。由这一崇高宗旨决定，应该在以人为本、全面协调可持续的科学发展观指引下，实施“以粮食为重点的综合化食物安全”的新战略。

战略重于资源。战略新，资源劣势会变成优势，并使资源优势更优，不断转化成财富和食物。世界上有一些资源短缺的国家，因发展战略正确而经济进入世界发达国家行列，也高水平地保障了“国家食物安全”。

一、“以粮食为重点的国家综合化食物安全”新战略的一般概念

借鉴国内外的宝贵经验，中国应该创新国家食物安全战略，适时把“单一化粮食安全”观，拓展为“以粮食为重点的国家综合化食物安全”新战略。

（一）“新战略”的基本内涵

实施这一新战略的基本内涵是：建立和健全符合国情和市场经济要求的以粮食为重点的综合化食物安全观：一要树立大食物观；二要树立大市场观；三要树立大流通观；四要树立大质量观；五要树立大资源观；六要树立大加工观；七要树立大安全观。以粮食安全为重点的食物安全具有公共性、整体性、系统性、根本性、可持续性等特点，各地区要充分发挥区域优势，发展特色经济，确保从“田头”到“餐桌”的全过程的食物安全。

（二）“粮食安全”与“食物安全”的不同内容

在中国，“粮食”一词的内涵专指稻谷、小麦、玉米、高粱和杂粮，以及薯类（2.5千克鲜薯折500克粮）与豆类。在迄今采取的确保国家“粮食安全”措施中，尤以发展稻谷、小麦和玉米等三大品种为重点。而按照国际上大体统一的分类体系，“食物”一词的内涵则更丰富，包括8大类、100多种食

物：既包含植物性食物，又包括动物性食物。前者除谷物类食物之外，还包括块根和块茎类、油料和糖料作物及果蔬等。后者则包括家畜和家禽饲养业、水产业、草原畜牧业等。由于二者的内涵不同，因而对自然资源的利用度也不同，对“人的发展”的满足度也各异。传统意义上的粮食产业主要以利用耕地资源为生产基础，也就是说只能在我国约18亿亩耕地上发展种植业，以实现“粮食安全”。与“粮食”相对照，食物则是以整个国土资源为生产载体，除种植粮食作物的耕地之外，广阔的草原、河海湖泊水域、林地，甚至庭院等都可开发利用，生产丰富多彩的动物和植物性食物，向人体提供高质量的动物蛋白、热量、微量元素、食物纤维等多样化营养素。总之，采取“食物安全”概念，是从更广阔的视野而提出的新命题。它有利于增强人的体力和智力，促进其全面发展。

（三）“粮食安全”和“食物安全”的辩证关系

“粮食”和“食物”同是人的生活必需品，在食物结构中发挥相互补充、相互平衡的作用。因此，二者间是相辅相成的辩证关系。粮食在“食物安全”中发挥基础作用；粮食以外的其他主要动物和植物性食物则发挥不可缺少的辅助作用。按照农业客观经济规律，种植业、畜牧业和水产业之间是相互依存、相互促进的辩证关系。种植业中的粮食生产，为发展畜牧、水产业提供所需要的口粮、饲料粮，具有基础作用。畜牧业和水产业可扩大粮食市场需求，增强粮食生产发展的拉动力。在实际生产活动中，例如在南方水稻种植中，有的地方发展“立体农业”，或者在水田养鱼；或者在水塘上造舍养猪、养禽，畜禽粪便落入塘中充作养鱼的饵料；池塘中的水又变成“有机肥水”灌溉水稻，促进稻谷丰产。从完善消费结构的角度看，只有把粮食和其他食物消费科学地相互结合、相互补充、相互平衡，才能完全满足人体的合理需求，实现食物营养安全。确立“以粮食为重点的综合化食物安全”新战略，丝毫不否定和削弱粮食的基础作用，相反依然坚持农业和粮食是基础的基本观点。无论食物经济发展到多么高的程度，粮食的基础地位都不会改变，其基础作用依然不变。但是另一方面，粮食以外的其他主要动植物食物产量的提高，既可以减轻口粮消费的压力，又可减轻耕地资源的过重负荷，还可以充分开发利用多种资源，更妥善处理粮食和其他主要动植物食物的辩证关系。

（四）“以粮食为重点的综合化食物安全”新战略的优越性

树立和实施“以粮食为重点的国家综合化食物安全”新战略，是对中国经济安全战略乃至国家安全战略观念的开拓和丰富，具有以下优越性：其一，继续坚持粮食的基础作用，并持续稳定提高粮食的生产能力，更多增产优质粮食，不断优化和合理开发国土资源中的精华——18亿亩的耕地资源。其二，放眼全国国土，唤醒还在沉睡中的资源，并对其合理开发和利用、保护和改善。其三，促进全国农业和粮食结构合理调整，宜粮则粮，宜牧则牧，宜渔则渔。这既有利于充分发挥区域比较优势，又有利于保护和改善生态环境，实现全面协调可持续发展。其四，促进全民食物结构改善，更加符合人的多样化、优质化、营养化和安全化的消费发展趋势，提高广大居民生活质量，有利于实现全面小康社会。其五，促进广大农民增收。在广辟食物资源的同时，积极走食物资源综合开发、精深加工、提高科技含量和产品附加值的新型工业化道路。这一方面可以加工转化出大量满足市场需求的、营养丰富的食品；另一方面又为广大农民（牧民、渔民等）开辟增收致富的新门路和新途径。其六，有利于改善生态环境，促进经济、社会和环境协调发展，促进农业可持续发展。

（五）实施“新战略”是建设全面小康社会的需要

确保国家“以粮食安全为重点的食物安全”是为了“人”，即充分体现以人为本，满足各类消费者的全面发展的需要。人的食物消费规律经过生存（温饱）阶段、享受（小康）阶段，上升到发展（富裕）阶段。目前我国在总体上实现小康的基础上，正向更高层次、更全面的小康社会过渡。适应这种需要，必须拓展新路，广开资源，增产更多样、更优质的食物。此外，如反复强调的，中国“食物安全”的重大而艰巨的任务还包括：在大多数人对食物的数量需求已得到满足的基础上，需要全面、科学地提高食物的质量；在提高城市居民食物消费质量的同时，更要下大力关注和解决重点地区、重点人群，特别是弱势地区、弱势群体的食物与营养问题。所谓重点地区是指农村地区特别是广大中西部农村地区。所谓重点人群是指少年儿童群体、妇幼群体、老年人群体。鉴于上述，中国应该积极实施“以粮食为重点的综合化食物安全”新战略。

二、积极实施“以粮食为重点的国家综合化食物安全”新战略

（一）建立实施“以粮食为重点的综合化食物安全”的制度体系

确保“以粮食为重点的综合化食物安全”，既需要创新食物发展战略，又需要实现制度创新，建立和健全“以粮食为重点的综合化食物安全”的制度体系。

1. 创立相关食物经济系统统一的组织管理体制。实施“以粮食为重点的综合化食物安全”新战略，要求其生产系统、贸易供给系统、加工系统、人口

经济系统、生态环境系统与社会保障系统等多种系统的协调、互动和统一。主要包括七项互动和统一：一是粮食产加销与其他主要动植物性食物产加销协调、互动和统一；二是食物生产、加工、营销与消费协调、互动和统一；三是食物资源开发利用、保护再生、可持续发展协调、互动和统一；四是食物生产数量与质量及食品卫生安全协调、互动和统一；五是优化食物生产结构与优化食物市场需求结构协调、互动和统一；六是城市与乡村及不同区域间食物产加销协调、互动和统一；七是国内与国外食物的两种资源、两个市场协调、互动和统一。以上七项协调、互动和统一，恰恰是目前中国粮食等主要食物经济领域需要大力加强的薄弱环节。

2. 建立食物要素资源的有效保护、合理利用制度。必须通过建立和健全制度，把合理开发与有效保护结合起来，实现永续利用，可持续发展。其中，最重要的是建立和健全三项基本制度：

其一，改革土地制度，实行永佃制。其基本做法是：①在坚持土地集体所有制条件下，把农地（包括耕地、草地、林地等）永久租佃给农户，农户拥有永久的土地使用权、收益支配权；②承佃农户有权在自愿、互利原则下把租地转租给其他农户，具有转租权；③承佃农户不得把租地改为非农用地；④可以把租地作为股份加入专业合作社，具有分红权；⑤公益性和非公益性征地要与承佃农户协商、并征得同意，必须维护其合法权益。

其二，坚持基本农田制。鉴于乱占耕地之风屡禁不止，需要把耕地提高到作为宏观调控重要资源的地位。当前，要保护和合理开发利用土地，特别是耕地资源，必须采取以下措施，即：以与土地相关的法律法规为强大武器，有力刹住乱占滥用耕地的歪风；严格控制用地规模；真正守住 18 亿亩基本农田的"红线"；在不断提高粮食单产的条件下，保持 15.5 亿～16 亿亩的粮食种植面积；改革和完善供地政策和标准，把好征地关口，维护农民合法权益。

其三，课征新税种生态税。要以强有力的宏观调控手段保护粮食等食物生产的生态环境。建设生态文明的过程，同时也是迄今日益覆盖全社会的统筹协调、可持续发展的新价值观的形成过程。要采取国际上许多经济发达国家通用的经济手段，例如，通过课征生态税，以有效保护生态环境。可设想依据企业排废量，即按照排放液体、固体和气体废弃物的数量征收生态税。全部税金收支两条线，设立专门账户，集中用于治理和保护农业生态环境。

3. 健全和完善农业粮食保护制度和粮食补贴制度。农业和粮食是最大的弱质性、风险性和公益性产业。对其实行保护制度是国际上普遍的具有悠久历史的做法。中国对粮食实行保护价收购的政策已有多年，但执行结果不尽如人意。在目前中国国情、粮情条件下，汲取国内外粮食补贴制度的经验教训，应当继续坚持和完善粮食保护措施，像近两年在小麦和早籼稻主产区实行的最低收购价政策，就是一项成功的粮食保护措施。农业粮食补贴的目标和方式应以生产力水平为基本条件，或者说，在不同生产力发展阶段上，农业和粮食补贴的目标和方式是不相同的。在中国现阶段生产力水平和粮食供求关系的条件下，农业和粮食补贴要兼顾粮食安全和农民增收，两个方面不可偏废，要逐步实现制度化、财政化和法制化。

4. 创新对贫困地区、特别是自然条件恶劣地区的补贴机制。解决贫困人口食物安全是难度大、且易被忽视的问题，也可以说是个世界性难题。迄今，我国农村贫困人口特别是数千万还不得温饱的农村人口主要分布在中西部山区和丘陵区，耕地资源稀少，解决这些地区贫困农民的口粮问题，既关系到他们的食物安全，又关系到巩固这些地区 25 度以上坡地退耕还林、还牧问题，更关系到还贫困的农村人口实现小康化。从统筹城乡、区域发展的科学发展观出发，为解决数千万贫困人口的食物安全问题，要继续加大对贫困地区和贫困人群的支持，特别是支持其改善食物生产条件。例如，对全国特别是对广大中西部地区改造 25 度以下坡地成为永久梯田的农业建设，建立直接补贴制度。其基本办法是：①补贴对象。凡是把 25 度以下坡耕地改造成为永久梯田的农户；②梯田要求。凡是以石头砌墙建成的具较强蓄积雨水、防止水土流失作用的永久性梯田；③补贴数额。按照农户建设成功的永久梯田面积乘以“直补”标准，即得出农户应获得的永久梯田的“直补”金额；④蓄水池补贴。对在梯田上建造蓄积雨水的水泥蓄水池，按面积（平方米）向农户提供直接补贴。这种蓄水池，一则可防止坡田水土流失，二则可用蓄积的雨水灌溉梯田作物。

（二）依靠科技进步和创新，加强食物安全的核心保障力

迄今，我国粮食等主要食物科技仍是个薄弱环节，科技贡献率低，先进科技成果转化慢、时效性差，对粮食等主要食物安全的核心保障力不强，必须迎头赶上包括粮食在内的世界先进食物科技水平，占领制高点，开拓创新点，抓紧关键点，强化食物安全的核心保障力。

1. 继续大力研究和发展农业生物技术，加快其产业化。开辟粮食等主要食物高新技术产业化道路，是其转化为生产力的必要步骤。从 20 世纪 90 年代以来，世界农业生物技术主要集中于基因工程和动物生物技术研究两大领域。前者的研究重点包括植物抗逆性、抗病虫、提高农产品质量和改良产品品质等方面。后者的研究重点包括：动物基因定位和诊断技术、动物乳腺生物反应器技术、畜禽基因工程疫苗、动物核移植技术，以及动物生产性状转基因改良技术研究等。把研究农业生物技术取得的相关先进成果及时在粮食等主要食物领

域转化并实现其产业化，将开辟食物生产的新前景。

国内外经验证明，建立高效率、高效益的先进、适用性粮食等食物科技成果推广体系及产业化运行体系，是先进科技成果转化为现实生产力的根本途径。当前，应该做到以下几点：要以改革开放为动力，调动社会多方面的积极性，并以市场机制作为配置资源的基础手段，形成多元化先进粮食等主要食物科技成果推广队伍；建立国家扶持和市场引导相结合、有偿服务和无偿服务相结合的新型推广体系；要以粮油食品、动物食品、水生食品、园艺食品的科技成果和经营管理体系为主体，实现粮食等主要食物科技成果的多元化运行机制，促进其生产经营活动走向专业化、规模化、可持续化和国际化。

2. 继续大力研究和发展食物信息技术，实现其网络化。以新的农业科技革命为契机，信息技术将发展成为新世纪最具活力的支柱产业，信息将成为知识经济社会中最重要的资源和市场竞争的要素。特别是从 20 世纪 80 年代以来，在计算机作为重要工具用于农业、食物领域计算和数据处理之后，信息技术在食物产业的应用范围日益广大，开发的各种模型普遍用于宏观和微观领域。从发展我国精准农业和食物产业出发，目前和未来农业食物信息技术要在以下领域加强应用研究：知识数据处理；系统模拟；专家系统；网络技术；决策支持；市场行情；电子商务等。在广泛应用电子计算机技术的基础上实现农业食物信息网络化，将会对改进粮食等主要食物生产经营和市场营销方式，对提高其生产效率和降低成本产生变革性作用。

3. 继续大力研究和发展食物保鲜技术，促进其绿色化。对农牧产品特别是对动植物性食物采用先进科学技术储藏保鲜，特别是运用被称为“绿色储藏保鲜”的新技术和新方法，是加强食物安全保障力的不可替代的必要措施：一是维护食物品质质量，有利于消费者健康；二是减少食物损耗浪费，有利于降低经济成本；三是延长食物储藏期，有利于调节市场；四是增加食物花色品种，有利于提高科技附加值；五是充分开发利用食物资源，有利于保障食物安全。在总结和吸收国内外先进食物储藏保鲜科技成果的基础上，我国要大力在四个领域、三个层面强化和深化研究。所谓四个领域是粮食等食物保鲜储藏新技术和新方法；粮食等食物保鲜清洁运输新技术和新设备；粮食等食物质量监测检验新仪器和新方法；粮食等食物信息新技术。所谓三个层面是粮食等食物应用基础研究；技术开发与产业化；先进科技成果推广。具体而言，要集中力量狠抓以下先进物理和化学粮食等食物储藏保鲜科技：节能、高效、保质型谷物干燥技术；无公害、环保型谷物储藏技术装备；果蔬预冷、低温、气调储藏设施；肉蛋奶等动物食品离子辐射灭菌方式等；充二氧化碳、充氮、密闭缺氧储藏技术；肉体分割包装、真空包装、加脱氧剂包装等储藏技术等，发展与采用这些新技术、新设备和新方法，将会有效提高粮食等主要食物储藏保鲜的“绿色化”水平。

4. 继续大力研究和发展食物加工技术，推进其精深化。发展包括粮油在内的食物精深加工是农产品加工业中的重要组成部分，也是实施“国家综合化食物安全”新战略的必要措施。食品工业是人类赖以生存和繁衍的生命产业，是吸纳劳力能力强、促进农村劳力转移、增加农民收入的劳动密集型产业，还是增加科技附加值、满足全民日益提高的生活需求的长盛不衰的产业。改革开放以来，我国涌现出一大批农产品和食物加工骨干企业。这些龙头企业具有以下特点：与农户建立了利益连接机制；产前建立生产基地、产中形成一批成熟科技成果、产后形成市场营销体系，加强了食物产业发展的基础，在全国形成了一批特色鲜明的食物加工业带。当前，我国继续研究和发展食品深加工需要抓紧以下重点环节：粮食等食物系列化加工新技术装备；粮食等食物资源综合化开发、合理化利用加工技术工艺。在发展粮食等食物深加工业中，要加强特色专用食品的研究开发，像休闲食品、膨化食品、保健食品、风味食品等，以满足各种消费群体的各种需要。

这里还要强调，在发展食物深加工业中，要注重主食品工业化生产新技术。适应我国人民向全面小康生活转变的需要，积极研究和发展主食品工业化生产新技术，具有很大必要性。主要包括：方便米饭、营养米粉和米线等米食品工业化制作；馒头、中式方便面、冷冻饺子、包子及多种烘焙食品工业化制作；燕麦片、玉米片等谷物早餐方便食品工业化制作；学生营养餐工业化配制；营养强化主食品工业化制作等。研制和发展主食品工业化制作新技术、新产品，不仅促进广大居民家庭生活社会化，有效提高其生活质量，而且可促进食品质量提高，有利于居民家庭食物安全。

5. 继续大力研究和发展食物资源开发利用技术，加强其循环化。以粮食为重点的国家食物安全，是以各种资源及其合理开发利用为基础的。所以，继续大力研究和发展粮食等各种食物资源开发利用技术，对于发展在我国还是刚开始倡导的循环经济是具有创新意义的举措。这是粮食等主要食物产业发展模式的根本转变。其基本途径是：采用“3R”原则，即：资源循环利用（Recycle），资源多次使用（Reuse），资源减量使用（Reduce）。这是粮食等主要食物产业前所未有的新发展模式：即由传统的“资源—生产—消费—废弃物排放”的单流向线性食物经济发展模式（图1），转变为现代的“资源—生产—消费—再生资源利用”的循环型食物经济发展模式（图2）。采用合理转化粮食等主要食物资源的循环经济模式，既是粮食等食物产业的深刻革命，又是一场深刻的社会变革。为大力发展粮食等食物业循环经济，当前要着力抓好“三个关键”：一是以人为本，以市场为导向；二是以科技为支撑，以优化结构为主线，以龙头企业为核心，以工业化理念为指导，整体提升和优化粮食等主要食物的产品和产业；三是以综合开发利用为途径，充分、合理转化资源。

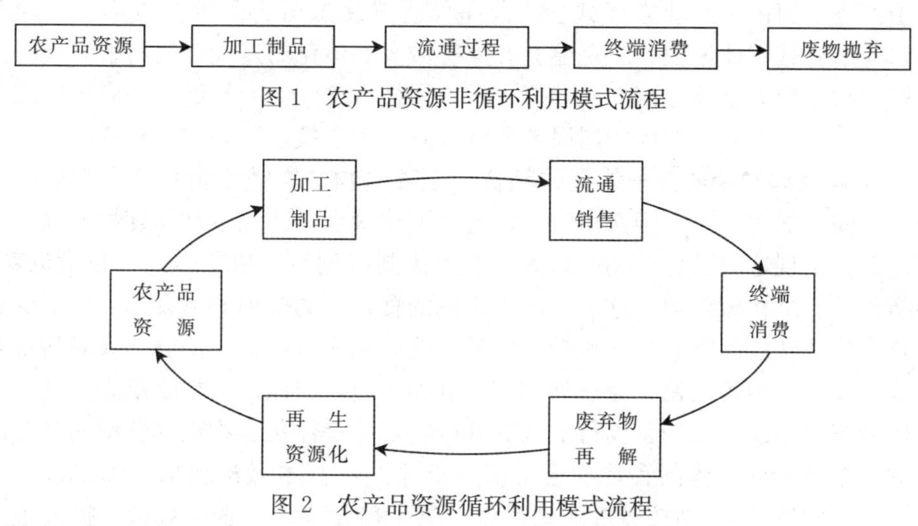

图 1　农产品资源非循环利用模式流程

图 2　农产品资源循环利用模式流程

（三）把“食物安全”建立在更广阔资源的基础上（略）

（四）进一步整合和完善城乡粮食等食物市场供应体系

针对目前存在的实际问题，我国整合和完善城乡粮食等主要食物市场供应体系，需要在“五个统筹发展”的科学发展观统领下，加强统一性，克服分割性；加强开放性，克服封闭性；加强竞争性，克服垄断性；加强有序性，克服混乱性。目前尤其要强化市场供应体系的统一性。

1. 完善市场体系的总思路。从遵循市场经济规律和中国目前粮食等主要食物购销情况相结合的原则出发，整合和完善城乡市场体系的总思路应是：稳定数量，提高质量，健全结构，强化功能，加快培育和完善多元化、多成分、多类型、多形式的统一开放、竞争有序的完整市场体系。从当前实际需要出发，要抓好以下四个重要环节：一是培育成熟的市场主体；二是规范良好的市场秩序；三是建立完备的市场制度；四是健全完整的市场体系。如前述，所谓市场制度，包括市场准入制度、市场交易制度、市场退出制度、市场信用管理制度等。所谓完整的市场体系，既包括作为“主体形式”的现货市场，又包括作为“高级形式”的期货市场。

当前，要以调整和完善市场结构为主线，整合大批县级以上批发市场，按经济区划设置，增强其功能。在整合和完善城乡粮食等食物市场体系中，须从实际出发，抓好“三个环节”：一是积极引用世界流通产业革命和流通企业管理发展的最新成果，积极推广现代流通方式，发展城乡连锁经营、物流配送、电子商务、超市等新业态形式。二是整体提升多成分、多种类中小型流通企业，应维持其主体地位。三是建立和完善城乡一体化的连锁营销网络，鼓励粮食等食物流通大企业把网络延伸进农村，实行直接配送，杜绝不法商人坑农害农，让包括广大农民在内的居民都能购买到“放心粮油”和“放心食品”。

2. 建立和健全城乡一体化的粮食等主要食物的连锁营销网络。为适应全民食物安全的需要，我国必须积极、逐步创建城乡一体化粮食等食物连锁营销网络。为实现这一目标，相关行业需要加快制度创新、机制创新、技术创新、网络创新、结构创新等。这里，区别不同的食物种类提出如下设想：对于少部分具有特殊功能的国有粮食购销、储备企业，可实行独资、控股和大股的企业形式。除国有粮食购销企业以外的其他食物企业，应该以产权改革为突破，以结构调整为主线，重构食物行业微观基础，创建一体化食物连锁营销网络，即建立和健全城乡一体的食物社会化服务体系。其基本做法包括：①“减企增点，实现网络化”。即按经济区划整合、减少粮食等食物企业数量，扩大企业规模；同时，增设农村服务网点，即在行政村或大村增设不同服务形式的、民营农村服务网点（可统称为连锁服务店）。②“企业改制，实现股份化”。即对整合后新组建的粮食等食物企业实行改制，依据具体情况实行股份制或股份合作制。③“转换身份，实现民营化”。即分流下来的人员，在身份转换后可自谋职业，也可自愿回乡（即家在农村的职工回乡或其他职工下乡）办服务网点，完全民营化。④“设置配送中心，实现连锁化”。在市（县）设置配送中心作为城乡粮食等食物连锁服务店的“龙头”，组成城乡食物连锁服务网络，对工业品联购分销，对农产品和土特产品分购联销。配送中心对各连锁服务店实行统一名称、统一挂牌、统一配送、统一价格、统一服务。

3. 发挥专业合作社优势，健全农村市场体系。农村市场是我国市场的主体。长时期以来，在中国的政策措施中存在着“城市倾向”，导致农村市场建设投入严重不足，市场体系严重滞后，农民缺少交易场所，原始交易方式依旧普遍采用。这严重影响了农产品市场化的发展。农村商品市场主要经营农产品、农业生产资料和工业消费品。这三大类商品直接和间接都与粮食等主要食物密切相关。以高效率、低成本的现代交易方式搞好这些商品的流通，不仅可以促进农产品进城和工业品下乡，促进城乡和地区统筹发展，而且能以最低的成本把包括各种食物在内的商品供应给农民。所以，大力推动农村市场体系的建设和健全是落实科学发展观、构建全面小康社会的需要。

近年来，各地粮食部门探索和发展一批产供销一体化的粮食产业化“龙头企业”。应该说，这些“龙头企业”对于解决农产品销售、扩大农民就业、促进农业和农村经济发展等发挥了积极作用。但是，它们与一般商业性企业一样，几乎全部采用一次性买断的办法，加工、销售利润全部归企业所得，农民无缘分享工商利润。这很不利于农民增收和刺激农民生产积极性。转变这种弊端的途径是，把真正的农村合作制引入粮食产业化经营中。目前在全国已发展起来各类专业合作社30多万个，其基本特点是：农民相对成为合作社的主人，为农民生产与生活提供统一服务，与农民结成利益共同体，建立了较为合理的利益分配机制。这从制度创新上为农民增收及确保其以粮食为重点的食物安全开辟了新途径。为解决“三农”问题和确保食物安全的优势，要把发展真正的农村专业合作社和采用合作制的粮食产业化“龙头企业”作为国家优先扶持的重点。

4. 以“七项服务”为支撑，健全科技服务市场体系。为充分发挥科技创新对于确保国家“以粮食安全为重点的食物安全”的作用，需要建立从产前、产中到产后的配套的科技推广、支持、服务体系：①良种推广服务。利用生物工程培育优良品种，建立服务体系，推广优良品种，实现“优质、高产、高效、生态、安全”的十字方针。②安全储藏服务。利用现代储藏（绿色储存）技术，提高粮食等主要食物产品保鲜储藏水平，维护其质量，减少其损耗，确保其储藏安全。③精深加工服务。发展粮食等农产品精深加工，充分开发利用食物资源，提高成品率，研制新产品，增加科技附加值。④资源开发服务。研究粮油资源开发与转化新技术、新工艺、新产品，如开发主食品、功能食品、保健食品、休闲食品、无公害食品、特色风味食品等，实现资源利用综合化，加工食品系列化，丰富市场和人民生活。⑤质量监测服务。制定统一、完备、与国际接轨的粮食等主要农牧水产品标准，并加强产品检验检测体系建设，实现监测标准化，仪器电子化，确保粮食和其他食品质量安全。⑥冷藏运输服务。对于鲜活、易腐食物，极需要建立和健全现代物流及现代“冷链”物流系统，以减少产品损耗和降低物流成本。⑦信息技术服务。要大力实施信息技术集成工程，要以信息化带动食物管理科学化、食物流通市场化、新型工业化，最终带动以粮食为重点的食物安全化。

（五）以“六大转变”为新方式，整体提升食品工业（略）

（六）实施“走出去”战略，开辟确保食物安全的广阔资源

经济全球化的重要特征之一，就是国际经济和社会联系的普遍化与密切

化，以及资源配置的国际化。在经济全球化和全面市场化的趋势下，作为经济活动的粮食等主要食物资源配置，可以越过领土界限到国外进行，做到优势互补、取长补短、优化配置。中国经济在加速发展，全国粮食和其他食物市场在不断扩大，消耗粮食及其他食物资源的“胃口”相应膨胀，国内有限的资源就不够“吃”了，需要到国外进行互惠、互利的资源配置。事实上，改革开放以来，中国粮食和其他主要食物的两种资源、两个市场已经越来越相互依存、相互融合、相互补充了，现在应进一步开发利用两种资源、两个市场，有效地扩大以粮食为重点的食物安全资源之基础。

当然，经济全球化是一把“双刃剑”，既带来机遇，又带来挑战，甚至有种种陷阱。所以，在开拓和利用两种资源和两个市场的过程中，要警惕可能产生的危害国家粮食等主要食物主权利益的不安全问题，必须建立有效的风险防范机制：一是国家对粮食等主要食物进出口要保持控制力，以不损害国家的粮食主权；二是国家要把粮食对国际市场的依赖度即进口量控制在适当的范围内，以不带来负面影响为原则；三是中国粮食进口市场要多元化，避免过分倚重于某一国家或地区，分散粮食进口的政治风险；四是国家要改善和扩充服务粮食进口的基础物流设施，像港口、储运设备等。这样，兴利除害，确保掌握国家粮食主动权，就会有利于保障“以粮食为重点的国家综合化食物安全”。

报告执笔人：丁声俊　马　榕

本文节选自国家粮食局软科学课题《以民为本，创新理念，树立新型粮食安全观——关于树立以粮食为重点的综合化食物安全观》，全文较长，这里只节选了最后部分，并压缩了文字。

粮食属性 粮价形成 粮食安全

一、基于“新型民本观”：粮食兼具基本人权需求（社会属性）和商业需求（经济属性）两种属性

迄今，人们对于中国、乃至世界最大农产品粮食的属性的认识，还大相径庭。最根本的分歧在于，粮食是商业需求，还是基本人权需求，抑或二者兼有之？人们从不同视角和视野出发，对粮食属性得出不同的看法和判断。

一种观点认为：粮食属商业需求，是纯粹的商品，应把它完全按照商品进行市场化经营。从纯粹的商业需求，又凸现出粮食的经济属性。持这种观点者，绝对排斥国家行政职能部门的任何干预，即主张完全用“看不见的手”进行调节。这种观点的实质在于，只片面看到粮食的经济属性，唯一追求的是商业利益最大化。

另一种观点认为：粮食属于基本人权，完全是产品，应把它按照公共产品进行调配，不能以盈利为目的。持这种观点者，绝对排斥利用市场机制配置粮食资源，主张完全通过行政机关按照所谓的“计划”进行收购和销售，即用“看得见的手”进行调节。这种观点的实质在于，单纯注重社会效益，不计经济成本核算，只强调粮食的社会属性。

第三种观点认为：粮食既具备基本人权的属性，又具有商业需求的属性，即：粮食的社会属性和经济属性等两种属性兼而有之；同时，后者附属于前者。基于此，人们应该如实把粮食视为准公共品，或特殊商品，要在政府有力和有效的宏观调控下，充分发挥市场机制配置粮食资源的基础作用，即把“看得见的手”和“看不见的手”有机结合起来。

笔者拙见，第三种观点更符合粮食的特性。因为它是吸取了前两种观点的合理因素而形成的辩证观点，避免了片面性。

不可否认，粮食具有不可替代的社会属性。其标志有四点：一是，粮食是广大民众生活与生存的基本需求。这是基于“新型民本观”而提出的命题。所谓“新型民本观”就是真正为民众根本利益服务的“民生观”。这里要强调的是，人们不应该只是把粮食看作重要生活资料的层面上，而且还必须把粮食提高到基本生存必需品的高度。“生存”与“生活”虽然只有一字之差，但基本

生存必需品比生活资料的概念更严、层次更高。人们不喝咖啡、不饮白兰地、不吃人参汤等奢侈品，生活依然照常继续。但是一日不吃饭，便饥饿难耐，体力不支，足见粮食的不可或缺性。二是，粮食是足食强兵的战略物资。粮食是决定战争胜负、保障国防安全的重要战斗力之一。古今中外的战争史上，断粮道、烧粮草、劫粮仓的战例俯首皆是，举不胜举。军粮充裕，供给及时，战斗力就加强，战事便主动；否则，战斗力就削弱，战事便陷入被动，甚至兵败国亡。古语说，“兵马未动，粮草先行”，就是说的这个道理。三是，粮食是稳定社会和民心的拳头物资。民以食为天，无粮则招乱。粮食安，民心安；粮食稳，市场稳；粮食定，天下定。且不说历史上有多少次因连年饥荒、民不聊生而揭竿而起，纷纷战火蔓延，只说 3 年前的那场世界粮食危机，导致 37 个国家陷入粮荒，更酿成许多国家发生社会动乱。无数历史场景历历如在眼前：一旦粮食供求断档、发生抢购风潮，社会秩序和社会稳定立即就会被不安与混乱所淹没，陷入多事之秋。四是，粮食安全是国家准公共物品。国家粮食安全具有宏观性、战略性和准公共性的特征。“国以民为根，民以谷为命，命尽则根拔，根拔则本颠，此最国家之毒忧”。没有粮食安全，就没有国家的经济安全、乃至国家安全，也无法维持民众的福祉和生计。从这个意义说，粮食是每一个地方、每一个人、每一天需求的准公共物品。

当然也不可否认，粮食也具有普遍的经济属性。其一，粮食是具有市场竞争性和排他性的消费品。从世界市场的视角出发，一个国家或一个地区粮食消费数量的增加，就意味着其他国家和地区粮食消费份额的减少。从微观的视角考察，工业或畜牧业消耗的粮食数量扩大，就意味着居民口粮或其他领域粮食消费份额的缩小。这说明，粮食作为消费品（即使是基本必需品）的竞争性和排他性是显而易见的。其二，粮食是需要支付成本的生物产品。实质而言，粮食是太阳能、水能、耕地、肥料等，在人力与机械力劳作的条件下、促使植物有机体转化生成的生物产品。大自然恩赐的太阳、空气等资源取之不尽，用之不竭，无需支付费用；但水源、肥料和耕地等重要农业生产资料都是有价资源，在粮食生产过程中必须支付必要的成本，在进行粮食交易时必须进行成本核算。其三，粮食在市场上需要等价交换。农民生产什么、生产多少，以及什么时候生产等，都要以市场需求为依据。同时，粮食销区一般经济较发达，而粮食主产区经济欠发达，二者通过市场建立产销关系。生产者在生产过程中，必须消耗化肥、农药、地膜及设施农业的装备等多种作为生产资料的工业品，粮食与农资之间需要建立合理的比价关系。上述表明，粮食在市场上需要进行等价交换的经济属性是客观存在的。其四，粮食生产过程与人自身的生产过程是相互交织的。粮食生产的动力是人，即广大农民；粮食生产的目的是为了人，即满足城乡居民的需求。作为社会的人，其自身的生产过程始终需要消费粮食，而这种消费处于等价或不等价交换等复杂的经济关系中。如是，粮食的经济属性是不难理解的。

综合前述，正确的结论应是，粮食兼具两种属性：第一是基本人权需求，因为与生俱来、人人都有维持基本生存的权利，粮食是日常必须的基本生活与生存资料；第二也是一种商业需求，因为粮食作为社会人的、具有竞争性和排他性的消费品，只有通过发挥市场机制优化配置粮食资源的基础作用，才能保障粮食产业经济长盛不衰。由前一种属性决定，必须保障粮食供给，使任何地方、任何时候、任何人都有饭吃，以维持其生命和生存。由后一种属性决定，粮食必须运用“两手”，即把“看得见的手”和“看不见的手”结合起来，以充分有效满足不同消费群体、不同消费层次、不同消费领域的粮食需求。那种强调单纯依靠“看不见的手”解决我国的粮食问题，只能是主观幻想。

在市场经济条件下，妥善处理粮食的两种属性的关系，是一个重大的课题，应该辨证地认识和处理。一般而言，商业需求要服从于和服务于基本人权需求。特别是国家粮食安全，具有全局性、战略性和根本性。作为全社会利益代表者、民生的保障者的政府职能部门，在关键时刻决不可屈服于受自身利益驱动的、包括国内与国外商业集团提出的要求与压力，必须以保障人的基本需求为最高职责；特别是当国家粮食主动权受到挑战和威胁时，要坚定运用宏观调控手段、即“看得见的手”，确保满足基本人权的需求。

二、基于“现代市场观”：必须采取在国家宏观调控下由市场供求关系为主形成粮价的机制

粮价是百价之基。这是一个基本的价格观。与对粮食属性的认识相关，对粮食价格形成机制的观点各不相同。虽然粮改已历经30余年，但至今差异性很大的观点依然存在：一种是，把放任市场自由形成价格奉为圭臬。持此种观点者，从粮食是商业需求的认识出发，主张粮食价格应该完全由市场自由形成，任何行政干预措施都是多余的，都会导致市场扭曲。另一种是，把统一制定粮食购销价格视为良策。持此种观点者，从粮食是基本人权需求的认识出发，坚持粮食价格必须由国家职能部门统一制定，并认为应把粮价保持在较低的水平上。否则，市场粮价和农产品价格难于稳定，民生难以保障。第三种观点是，在国家积极干预、即在政府有效的宏观调控下，粮食价格主要由市场机制、即粮食供求关系形成。实施这一主张，将可能形成合理、包容、和谐的粮价体系，既避免“谷贱伤农”，又防止“米贵伤民”。

任何一种经济机制，都不是一成不变的灵丹妙药，市场经济机制也不例外。社会进步到今天，市场经济早已超越了放任自由阶段，进入到现代市场经济时代。站在新时代的高度，一方面，要继续发挥市场机制优化配置粮食资源的积极作用；另一方面，又必须避免和克服市场机制非优化配置粮食资源的消极作用。所以，那种单纯主张完全由市场机制自由形成粮食价格的观点，早已落后于时代，是必须摒弃的盲目观点。

同样，统一制定粮食购销价格的观点也早已不合时宜了。7 年前，我国粮食购销已实现了全面市场化，已初步形成了适应市场经济体制需要的粮食价格体系。事实证明，由市场机制为主形成价格、并发挥其优化配置粮食资源基础作用的办法，比之由行政部门统一制定粮食价格更具优越性，是不可倒退的，当前必须创新我国粮食价格形成机制。这就是在科学发展观指导和国家宏观调控下，由市场供求关系为主形成粮食“和谐价格”体系。选择这种价格观，其核心是，真正体现以人为本的精神，促进农业粮食稳定增产和农民合理增收，持续广泛地保障民生；其要点是，在运用市场机制合理配置粮食资源的同时，加强必要的宏观调控举措。所谓市场机制，包括价格机制、竞争机制、风险机制等，其中价格杠杆是最重要、最有效的市场机制。从健全完善粮食价格体系出发，除了粮食市场价格、质量和地区各种差价、进出口价格等价格之外，还必须制定和实施粮食保护价格。在一定条件下，采取国家干预措施、进行宏观调控具有很大必要性。这里特别强调两点：一是应该树立“包容式”调控思路。粮食等主要农产品的价格千种万种、千变万化，关系千城万乡、千家万户，因而千万不可疏于监管和调控。但是，需要从现实条件出发创新理念，树立“包容式”调控思路。即：着眼全体国民，共享改革成果；着眼宏观经济，坚持抓大放小；着眼两种资源、两个市场，善于兴利避害；着眼当代和后代，促进可持续发展；着眼于经济、社会和自然环境，促进和谐发展。二是创新“均衡式”调控方式。有效调控和驾驭农产品市场价格，是一个系统工程，涉及生产者、消费者和经营者。一项调控措施往往具有“两难”性，因此，应当着眼均衡发展，促进经济增长、社会进步和民生改善，为此，需要创新“均衡式”调控方式。要通过“均衡式”调控方式，实现粮食等主要农产品的产与销、供与求、城与乡、市场布局与居民消费之间相互协调与配合。

粮食是一种受自然资源约束性很强的、生态性、弱质性、公益性产品，难免不发生市场价格波动。在必要时，政府应及时采取经济、法律、甚至行政措施，以抑制粮价波动，特别是必须严格控制可能出现的粮价大起大落。2006 年，在粮食市场价格低迷、可能出现农民“卖粮难”时，国务院及时制定和实施了《粮食最低价收购方案》，有效保护了农民利益和生产积极性，

可见国家的积极干预是必要和有益的。尤其是在当今的市场环境下，必须保持清醒：粮食的两种资源、两个市场相互影响加深，我国每年进口数千万吨大豆和其他农产品，国际市场农产品价格的风云跌宕、不可避免地传导影响到国内市场价格；国外粮食垄断集团和国际投机资本千方百计以图控制我国的粮食市场和掌握我国粮食价格的话语权，以牟取高额利润。鉴于国内与国外这种经济大环境，在充分发挥市场机制为主形成粮价作用的同时，有力加强国家必要的干预、即宏观调控举措，是必不可少的。

三、基于“经济安全观”：确保国家粮食安全必须依靠国内市场为主，国外市场为辅

在论述本题之前，顺便提及近来否认粮食安全的两种声音：一种是“人造粮食安全”说。有人认为，本不存在粮食安全问题，硬是相关部门和利益集团为了向国家要钱而“人为造出来的”。另一种是“有钱就有粮食”说。有一种看法认为，粮食不值几何，把经济搞上去，有钱不愁没粮，也不愁粮食安全，关键是狠抓工业化和城市化，结果导致农业粮食被弱化，甚至导致以牺牲农业粮食为代价去推进工业化与城市化。这两种声音的实质在于否认粮食安全，是完全与我国的客观实际相悖的，必须加以澄清和纠正。

至于如何确保国家粮食安全，因认识不同、视角不同，所以主张也各异，甚至相互对立。对如何保障国家粮食安全有三种主张：一是“主要依靠国外市场”。有一种说法是“手中无粮不用怕，国外有个加拿大”。与这种看法如出一辙，有学者认为：只要世界上存在自由交易市场，粮食安全就不存在问题；甚至认为，保障粮食安全主要依靠国外市场。二是完全依靠国内市场。这种观点认定，中国13亿人口的吃饭问题，必须、也只能依靠自己解决，对国外粮食垄断集团不可存有任何幻想。三是依靠国内市场为主、国外市场为辅。持这种观点者，既注重国情农情和粮情，又树立经济全球化的视野；既坚持以自力更生为主解决国民吃饭问题的方针，又不排斥善于利用国外市场和国外资源，前者为主，后者为辅。三种主张，孰是孰非？

先评析第一种观点。它只是一种幻想或传说。且不说我国人口众多、粮食消耗量巨大，世界上没有一个国家和地区有能力稳定满足其需求，进口一些谷物只能是杯水车薪；且不说迄今世界市场上每年的粮食交易量有限，特别是稻米充其量不过2 000万吨上下，绝不可能只出口到一个国家；且不说我国的粮食装卸和运输的码头、交通等物流设施还很不适应需要，运输成本很高。就目前在还未根本改变的国际经济旧秩序条件下的粮食贸易而言，主要粮食出口国几乎仍然控制着粮食交易的话语权。世界最大的那个粮食出口国，一直把粮食

当作控制别国的“外交手段”和“粮食武器”，常附加苛刻条件，甚至实行禁运。在迄今的世界上，有谁见过粮食“霸主”实行过真正平等自由的交易？相反，我们看到的是，粮食等农产品的不平等贸易依然。在不平等的国际贸易条件下，历史上亚非一些发展中国家因为单纯依赖吃进口粮而吃了大亏，农业畸形发展，最终陷入饥饿的深渊。历史的经验教训揭示，片面依赖吃进口粮具有极大危险性。把保障拥有13亿人口国家的粮食安全的希望，完全寄托于国外市场，只能是“画饼充饥”。

再评析第二种观点。所谓“完全依靠国内市场”的看法，似乎“很安全、很有志气”，但究其实质仍然是“闭关锁国”的落后的传统观念。虽然经济全球化是一柄“双刃剑”，但是这一历史趋势不可逆转。在这种趋势下，粮食的两个市场、两种资源不断相互结合，任何国家和地区的农业粮食都不可能孤立于世界粮食市场之外。在我国改革开放以前，长期实行“不吃进口粮”的方针，结果不惜“购过头粮”，致使农民的负担不断加重，压得他们喘不过气来，也使农业和农村经济“陷入恶性循环”。历史经验教训证明，“吃进口粮就是修正主义”的方针弊多利少，决不可重演。与此相反，在依靠国内为主解决国民吃饭问题的前提下，适时、适量进口一些国内需求的粮食利多弊少。在中共十一届三中全会之后，我国转变了指导思想，认为合理利用世界粮食市场与坚持粮食自力更生并不矛盾，必须摒弃偏颇的方针。从20世纪80年代初开始，我国连续几年进口适当数量的粮食，同时减少了粮食征购量，减轻了农民负担，使广大农民取得休养生息的机会，对我国农业粮食的增产和农村经济的繁荣，发挥了重要作用。试想，我国若不是转变粮食进出口的指导思想和方针、择机从国外进口一批粮食，怎么能取得如此的效果呢？

至于第三种观点。这种看法，是在充分尊重国情粮情、坚持以国内为主解决粮食问题基本方针的条件下，又兴利除害、发挥两种资源和两个市场的作用而提出的辨证粮食安全观。放眼经济全球化的滚滚潮流，世界农业粮食需要中国，中国农业粮食也需要世界。二者之间，包括粮食及制品、粮食科技、粮食自然资源等领域都具有互补性。由于我国人口众多、人均耕地少、灌溉水源缺，所以设想每一种农产品都完全做到自给自足，“万事不求人”是不可能的，也是无益有害的。只要在保持谷物基本自给的大前提下，择机适量进口国内需求的大豆、油菜子、棉花等农产品及制品，有利于实现国内市场供求平衡。特别是，相关有实力的大型企业有组织地“走出去”办农场，生产粮油等农产品，可以有效弥补国内的资源不足，有利于保障国家粮食安全。近年来，我国谷物供求基本平衡，但是大豆等植物油料进口量较大，2009年，我国大豆进口量达到4 255万吨。2010年，进一步提高到4 600多万吨。此外，我国同期进口食用植物油数百万吨（2009 年进口 816 万吨）。据折算，近年来我国进口的大豆等多种农产品，相当于利用境外种植面积 6 亿多亩的土地和大量能源与水源。这说明，在坚守自力更生为主的基本方针下，适量进口油料和一些粗粮等农产品，是有利于国家粮食安全的措施。

有比较才有鉴戒。对粮食属性、粮食价格、保障粮食安全的不同观点和主张进行比较，孰是孰非便一清二楚了。最符合客观经济规律和国情粮情的理论观点和对策是：粮食既具备基本人权的属性，又具有商业需求的属性，即：粮食兼具社会属性和经济属性等两种属性，但后者应附属于前者。基于上述基本理念，我国必须创新粮食价格形成机制，即在科学发展观指导和国家宏观调控下，由市场供求关系为主形成粮食和谐价格体系。以上述见解和观点为依据，确保我国粮食安全的基本方针应是，在坚守国内为主解决粮食问题的同时，又重视合理利用两种资源和两个市场的作用，适量进口一些国内市场需求的重要农产品（如适量的大豆、油菜子等农产品），把本国的粮食安全建立在更广阔与更扎实的资源配置基础上。

原刊于《市场经济与价格》，2010 年第 2 期

强固国家粮食可持续安全大厦的砥柱（节选）

一、粮食总产量达到5.4亿吨有多重

2010年，在国内外严峻经济环境下，我国战胜罕见的、频发的极端自然灾害、克服各种艰难险阻，夺取粮食“七连增”，达到54 640万吨，比上年增产1 560万吨，增幅为2.9%。我国粮食总产量达到5.4亿多吨，真的份量很重。它鲜明标志我国农业粮食产业取得“三最”的重大奇迹：一是粮食生产连续七年增产，时间最长；二是粮食总产量连续4年稳定在5亿吨以上，总产量最高；三是目前粮食供给充裕，市场稳定，形势最好。同年，全国粮食单产达到331.5千克，比上年提高6.9%，科技贡献率提高到52%上下，良种覆盖率提高到96%以上，机械化水平扩大到52%以上。2010年，黑龙江继河南省之后，成为全国粮食总产量第二个超亿斤的粮食大省，可说是“喜中之喜”。

粮食“七连增”，具有不同寻常的意义。新中国成立以来，粮食总产量首次实现“七连增”的重大成就，提供了有力证明：①党中央、国务院采取的一系列扶农、兴粮、富民举措的正确性和有效性；②我国农业粮食生产抵御自然灾害能力显著增强；③我国粮食生产在五年中“二丰、二平、一歉”的生产周期被打破；④确保国家粮食安全和抵御国际金融风险的能力进一步提高；⑤再次向世界宣告，中国有能力主要依靠国内养活自己，西方所谓的“中国粮食威胁论”又一次被事实击破。

二、粮食安全能否持续隐伏远忧

粮食安全的内涵不断丰富和充实，除了粮食数量、质量、加工和消费安全等重要内涵之外，可持续性也成为粮食安全不可缺少的内容。目前，我国粮食储备充裕，市场供应充足，粮食安全是有保障的。但从可持续粮食安全的意义上衡量，即使我国粮食总产量取得“七连增”的奇迹，对粮食安全也决不可高枕无忧、陷入盲目乐观，相反必须常存忧患意识。拥有13亿人口的中国，国民的饭碗只能端在自己的手里。靠国外市场解决自己的粮食问题，只能是一种主观臆想。清醒评析，我国粮食安全大厦的砥柱不仅谈不上强固，而且存在削

弱之虞，隐伏远忧。

一忧，“忽视粮食安全”的思想仍较严重。当前，国内对确保国家粮食安全是重大战略任务的观点，是占主流的认识。但是，目前忽视“粮食安全的”想法和做法并不少见。在一些地方“米袋子省长负责制”没有得到真正贯彻落实，甚至以牺牲农业和粮食为代价发展工业化、市场化和城镇化。群众反映说：现在不是“米袋子省长负责制”，而是“米袋子总理负责制”。此外，还不时出现这种或那种影响舆论的“杂音”，众说纷杂。举其要者包括：一是“得不偿失”说。认为建造工厂发展工业，比搞农业、种粮食效益要高得多；二是“严格耕地保护制度有害”论。认为政府划定的基本农田“红线”弊端甚多，危害很大；三是“粮食无忧”说。认为在粮食连续增产、储备充裕的条件下，已不必为粮食发愁，典型表现是轻视粮食管理，大面积浪费耕地、毁坏粮食作物，以及类似事件屡有发生；四是“国外市场保障”说。认为“市场不但能够保障安全，而且能够最优地配置”，通过国际市场保障粮食安全更可靠；五是“人造安全”说。有少数研究者认为，粮食安全问题“是人造的”，即利益集团为了自身利益人为“制造出粮食不安全的舆论”，以索取国家资金。虽然这些“杂音”不可能掩盖主流观点，但是对确保国家粮食安全仍然会带来涣散和危害作用。特别是有些地方党政领导忽视粮食安全的看法和做法，更令人担忧。当前，需要从理论与实际的结合上认清形势和澄清认识，对国家粮食安全，必须警钟长鸣。

二忧，未来粮食消费量将可能大于供给量。据最近研究预测，未来10年，我国粮食供求形势呈现以下特点：粮食供给仍会稳步提高，但将“产不抵消”；粮食供求结构不平衡加剧，粮食供求区域性矛盾凸显，品种结构性矛盾加剧，主销区供求缺口扩大；商品粮输出省越来越少，集中于五六个省。随着人口的增长、居民食物结构的改善、现代食品工业的振兴和饲料工业的扩大，以及其他多种因素决定，全国粮食总需求量将呈刚性增长。预计到2020年，全国粮食总需求量将达到6亿吨以上，而同期全国粮食总供给量则不能满足需求，存在明显缺口。粮食主产区日益集中向东北和中部，全国由“南粮北调”转变为“北粮南运”的粮食产销格局进一步明显。从粮食生产分省的结构看，从2004年到2010年，我国粮食总产量实现“七连增”。在粮食总产量中，全国13个粮食主产区粮食产量占全国粮食总产量的75.7%；18个粮食主销区和产销平衡占全国粮食总产量的比重仅为24.5%。2009年，粮食年产量在3 000万吨以上的河南、山东、黑龙江、四川和安徽等5个省的粮食总产量高达20 014.3万吨，占全国总产量的比重高于37.85%；如果加上其他粮食主产省河北、吉林、湖南、湖北和辽宁等，以上10个主产省的粮食产量占全国总产量的61.7%以上。与此相对照，原来一些有余粮输出的省份现在变成为基本自给省，而原来一些粮食自给地区变成为粮食销区，可以输出商品粮的省份越来越少。所呈现的总趋势是：全国粮食主产区日益集中；粮食主销区供求缺口不断扩大；粮食基本自给区的自给水平下降。为我国粮食产销和粮食安全带来了新矛盾和新问题，需要认真研究应对。

三忧，农业资源约束性进一步加重。我国人均资源量稀缺，这是基本国情之一。从发展上看还必须正视，随着时间的推移，我国农业粮食生产资源的约束性必将进一步加重。这主要包括：人均耕地数量微少，而且数量和质量趋于降低；人均水资源量稀少，与需求矛盾突出；农业粮食生态环境污染严重，加剧资源问题的严重性。迄今，我国人均耕地已不足1.43亩，水资源2 070多立方米，都远低于世界平均水平。与此同时，耕地质量也趋向变劣，“低、费、污、失”依然是我国土地土壤质量变劣的要害问题。所谓“低”，是指基础地力低，即在不施肥时农田靠本身肥力可获取的产量。由于我国主要农产区耕作不合理、过度使用化学材料，土壤耕作层普遍变薄，基础地力下降。所谓“费”，是指土壤更多地吃肥、吃水、吃药等农资之后，才能增产或维持高产，导致耗“费”更多的投入。所谓“污”，是指农业污染严重。据权威部门的资料，我国每年的农药耗用量高达130万吨，是世界平均水平的2.5倍，农业污染耕地面积1.36亿亩；地膜耗用量达63万吨。所谓“失”，是指我国水土流失仍很严峻。例如，黄河流域水土流失面积46.5万平方千米，占总流域面积的62%，其中强烈、极强烈、剧烈水力侵蚀面积分别占全国相应等级水力侵蚀面积的39%、64%、89%，是我国乃至世界上水土流失最严重的地区之一。还不可忽视的是，导致土壤质量严重下降的重金属、抗生素、激素等有机物的重度污染不减反增。没有质量或者说质量下降的土地，与土地面积数量缩小同样令人担忧和不安。

四忧，粮食生产资源配置与生产结构越来越不相称。与我国自然资源约束加剧相对照，农业粮食生产资源配置与粮食生产结构变得越来越不对称，尤其是稻谷生产的“北移”使资源配置越来越不相对称。如前述，随着全国农业粮食生产结构的不断转变，原是稻谷主产区的南方，现在位置发生根本转变，沦为粮食主销区。然而，正是南方地区，阳光充足、水源丰沛——拥有80%的水资源，适宜于种植稻谷。如今正是这个地区，稻谷种植面积大幅度缩小，总产量不断降低，作为主销区的地位不断上升。据统计数据，我国北方地区耕地面积占全国总面积的59.6%，人口占44.3%，而水资源仅占14.5%；黄淮海地区耕地面积占34.7%，人口占39.4%，而水资源仅占7.6%。在过去10年中，我国依次增产粮食最多的河南、吉林、黑龙江、山东和辽宁等5省，都集

中在北方地区。在粮食生产、特别是稻谷生产明显“北移”之后，黄淮海流域和松辽流域成为粮食优势区域和主产区，灌溉水源更加紧张，生产资源配置与生产结构愈加不对称。建立在这样基础上的粮食产销平衡关系和粮食安全，其持续性不能不使人担心和忧虑。

五忧，缺乏高素质的现代农业粮食产业大军。即使实现了高度农业机械化，建立一支高素质的、专业的现代农业粮食产业大军仍然是不可或缺的。我国农村拥有大量的人力资源，需要有效开发利用。然而，现在出现严重的矛盾：一方面农村劳力仍有剩余，需要继续转移到非农产业；另一方面，我国又缺乏一支职业的现代农业粮食产业大军，目前农业粮食生产主要靠“6038部队”。这是指，在农村务农种粮的都是老人和妇女，几乎没有青壮年。这样的农业粮食产业队伍存在着致命弱点：其一，体力弱。由于他（她）们体力衰弱，无法承担需要较重体力的农业劳动；其二，知识缺。因为他（她）们一般缺少先进科学知识，不能适应发展现代农业粮食产业的需要；其三，技术低。由于他（她）们不会使用先进科技新产品、新方法和新工艺等，所以很难推广新技术；其四，再塑性差。由于他（她）们一般接受培训的兴趣不高，培养前途也不大，所以不可能把现有农村的老人妇女培育成现代农业粮食产业大军。鉴于上述，在农村需求劳力关键时刻，“民工荒”也时有发生。最近，在我国冬小麦主产区黄淮海地区发生严重干旱，但是有的地方抗旱保苗进展不力，甚至有的田块没有出苗。其主要原因之一是缺少劳力，甚至无人抗旱。一个农业粮食大国，“后继无军”、即缺乏年富力强、高素质的、职业型产业大军。这是更令人担忧的。

六忧，外国垄断粮商意图蚕食我国粮食产业。先是受美国次贷危机、后是受全球金融危机的影响，美元一路贬值，诱发国际市场上以美元计价的粮食价格进一步上扬。这些因素，都刺激和驱动国际投机资本流向价格不断上涨的粮食等大宗农产品市场。实际上，一些国际金融投机“大鳄”，早已经在捕捉时机和布局安排涉入农产品市场，利用其雄厚的投机资本在期货市场上炒作，制造高牛市行情，以从中渔利。世界跨国粮食集团变本加厉地利用国际粮价上涨的机会牟取暴利。目前世界上有四大跨国粮商——也被称为“四大粮食帝国”，即“ABCD”：“A”是“ADM”（Archer Daniels Midland）；“B”是“邦吉”（Bunge）；“C”是“嘉吉”（Cargill）；“D”是“路易达孚”（Louis Dreyfus）。目前，这“四大跨国粮食集团”垄断了世界粮食交易量的80%上下，拥有绝对的粮食定价权。冷静分析和审视，近年来国际粮价风云跌宕，甚至促使粮食价格持续暴涨居高不下。在这浪涛翻滚的市场上，“四大跨国粮食集团”是推涛作浪者，也是暴利的牟取者。据媒体报道，“ABCD”四大跨国粮商在国际粮价变动中都大发横财。2007 年 5 月到 11 月，“嘉吉”净收益同比增长了 61%。“邦吉”在同年前 9 个月净收入增长 107%。美国 2007 年农产品出口量并未有大量增加，但是出口额却显著提高，达到 820 亿美元，比上年增加 70 亿美元。与此相对照，世界上有 37 个国家闹粮荒，饥饿人口由 8 亿增加到 10 亿以上，真是“几家欢乐几家愁”！

必须清醒识破国际投机资本的伎俩。投机者惯用的手法是，把粮食期货价格和现货价格炒上去，把市场价格炒得沸沸扬扬，造成市场粮食价格上涨的假象，引诱不知底细的人们上当受骗，跌入隐蔽的“粮食陷阱”。近年来，国际粮食垄断集团千方百计从我国的油脂市场向大米、小麦的购销、加工领域扩展，以图逐步左右我国粮食市场。与此同时，还极力推销转基因种子，意图蚕食和控制我国农业粮食的关键环节——种子业。然而，迄今我国在世界粮食市场上几乎没有话语权，国内企业多是利用西方的信息作为决策的依据，容易误入“陷阱”。近期国际粮食等农产品市场上价格起伏动荡、持续暴涨固然有多种因素，但是，投机资本在其中的推波助澜作用，以及由此产生的输入性通胀不可麻痹大意，必须保持清醒和警惕，必须加强信息研究，形成可靠的主流信息，做到认真防范，牢牢掌控自己的粮食主权。

三、未雨绸缪，采取加强粮食可持续安全的必要举措（略）

四、树立科学消费观，创新“健康膳食”模式

营养安全是粮食可持续安全的重要内涵。迄今，富有国家产生的大量“肥胖症”，是营养过剩酿成的苦酒。与此相对照，贫穷国家的“饥饿症”，则是营养匮乏造成的恶果。营养过剩与营养匮乏，同是导致众多居民失去健康的“祸根”。随着环境的变迁，如何维持和增进居民健康也越来越多地受到挑战。为拔除危害人类健康的“病根”，必须树立科学消费观，采取健康膳食方式。改革开放以来，我国居民营养水平显著提高，然而同时也产生值得注意的新问题：一是营养不足和营养过剩并存。城市相当多人口营养过剩，导致多种疾病；而贫困农村营养不良状况严重，特别在中西部农村营养不良人口高达 2/3 以上；二是在城乡与膳食结构相关的慢性疾病呈发展趋势，必须大力遏制；三是包括孕妇、婴幼儿和乳母在内的特殊人群营养状况不佳，必须尽快改善；四是公众普遍缺乏营养科学知识和正确理念。目前，我国是世界上拥有营养不良人口最多的国家之一，存在营养素摄入量不足和结构不平衡问题，营养状况地区不平衡明显，西部地区 5 岁以下儿童低体重率为 21.6%，比东部高 12 个百分点；发育迟缓率 30.8%，比东部高 16.3 个百分点。

针对实际问题，为确保每个地区、每个家庭、每个居民都能得到有营养的、能保障健康的食物，必须采取“健康膳食”模式。这是一个全新的命题。它不是指具体的“保健食品”，而是指一种膳食方式——促进人体健康的科学餐饮方式。其基本内涵包括：以现代营养学原理为指导，以增强人体健康为目标，以促进人体营养平衡为核心，以对食物的文明消费方式方法为关键。可以说，这是人类膳食模式的具有创新意义的进步。普及健康膳食方式的重要途径在于，大力开展饮食科普，利用各种媒体，以深入浅出、生动活泼的形式，推广普及各种实用的餐饮知识和方法，像吃什么、吃多少、怎样吃，以及什么是营养和营养平衡，等等。在广泛倡导民众树立科学消费观、推进健康膳食方式过程中，特别要关注和改善农村地区、老年人、妇女和儿童等重点地区、重点人群、弱势群体的粮食等食物消费与营养健康水平。积极倡导健康膳食，既可收普及低碳生活方式、提高居民生活质量之效，又可得普遍节约粮食和其他食物之果，对保障国家粮食可持续安全更是大有裨益。

原刊于《期货日报》，2011年1月20日、21日、22日

咬定“粮食安全”不放松

回首经年，真是多灾多难：先是西南旱魔肆虐，接着是华南暴雨袭击，再后来是北方大面积罕见低温，不禁引起国人对夏粮年景的忧心。

然而，风雨之后见彩虹，如今全国夏粮赢得“七连丰”。有的主产省夺取夏粮连续增产的业绩。捷报传来，振奋欣喜之余，受到深刻启迪……

今年粮食生产初战告捷，夏粮“七连丰”，来之不易，诚为可喜。然而，不管从近期或远期、从国内或国外等各种因素分析，我国必须紧紧咬定“粮食安全”不放松。

虽然夏粮“七连丰”，但是，夺取秋粮丰收的道路并不平坦，甚至是充满艰巨和困难。秋粮占全年粮食生产的3/4，是大头。夏粮的丰收，为我国夺取秋粮丰收创造了有利条件，应该加以充分利用。但是，我们也面临着许多不利因素。从气候条件看，南方早稻主产区普遍发生强降雨，早稻生产势必造成损失。截止7月15日，全国共有26个省（区、市）遭受洪涝灾害，尤其是在南方稻谷主产区江西、湖南等省发生多次强降雨，造成重大损失：累计农作物受灾面积高达615.5万公顷，早稻生产很可能会受到较重损失；受灾人口累计达9 750万人，直接经济损失高达1 202亿元。与此同时，北方秋粮主产区遭受高温酷热，部分地区出现旱情，对秋粮生产也可能会造成消极影响。此外，在东北秋粮主产区还可能发生难以预料的各种严重灾害，像早霜、冷害等。从市场条件分析，我国粮食也将可能遇到约束和困难，对此也不可掉以轻心。

从宏观经济条件分析，虽然我国粮食总产量实现了连续增产，国家粮食储备充裕，粮食市场供应充足。然而，我们必须树立忧患意识，居安思危，警钟长鸣，防患未然，必须进一步抓紧粮食产业不懈怠。在当今中国，粮食领域在改革开放中不断产生需要研究解决的新情况、新问题和新矛盾。特别是面对和分析出现的复杂的新环境，确保国家粮食安全的艰巨性进一步加大：一是在全国粮食“六连增”或“七连丰”的前提下，继续增产的难度进一步加大；二是我国耕地、水源、能源等要素资源对农业粮食生产的约束性进一步加大；三是面对百年不遇的席卷全球的金融海啸及对世界粮食安全带来的负面影响，对我国粮食生产和市场流通带来的不确定性进一步加大；四是在两个市场和两种资源相互结合的条件下，我国粮食等农产品受国内外市场的约束性进一步加大；

五是受全球气候变暖的影响，极端的自然灾害屡屡发生，严重的低温、冰雪、干旱、洪涝等自然灾难对农业粮食生产的危害进一步加大；六是在市场粮食价格偏低、生产资料价格更快上扬情况下，种粮农民增收的难度进一步加人；七是在外资全面进入粮食流通领域的背景下，确保国家粮食主动权的必要性和迫切性进一步加大；八是在多成分、多渠道的激烈竞争条件下，发挥国有粮食企业主渠道作用的难度进一步加大；九是进一步改善农村地区、弱势群体的食物结构与营养状况的难度进一步加大。特别是尽快解决农村还处于贫困线以下的1.5亿人口（按国际标准计算）的温饱问题、并进而转向小康生活的艰巨性进一步加大。十是从全球、亚洲和周边等三环结构地缘格局的视角出发，我国地缘经济具有脆弱性、外部性和冲突性，因而面临的挑战和威胁进一步加大。鉴于上述，我国必须增强农业粮食的综合生产能力，促其持续稳定增产。

正如党的十七届三中全会精辟指出的“三个最需要”，即：“农业基础仍然薄弱，最需要加强；农村发展仍然滞后，最需要扶持；农民增收仍然困难，最需要加快。”当今，加强农业基础、扶持农村发展、加快农民增收、确保粮食可持续安全，是“天下之至重，天下之至要，天下之至难”的任务。鉴于此，必须进一步加快构建粮食安全体系，把发展粮食生产放在现代农业建设的首位；要调动农民种粮和地方抓粮两个积极性，支农政策要向粮食主产区倾斜，各地区都要明确和落实粮食发展目标；抓紧实施粮食战略工程，推进国家粮食核心产区和后备产区建设，加快落实全国新增千亿斤粮食生产能力建设规划的重大举措；继续加大公共财政的支持和扶持力度，改善农业粮食生产条件，建设优势农业粮食产区；继续建立健全促进农业粮食产业发展的保障机制和支撑机制，确保粮食主产区和农民的物质利益，使其收入不断增加和生产积极性不断提高；加强以水土保持为中心的农业粮食基础设施建设，扩大节水灌溉面积，加强抵御自然灾害的能力。全面有效地实施这些举措，就能化危机为机遇，变挑战为动力，就能进一步夯实基础建设、扩大消费能力、改善民生福祉、调整农业经济结构、增强粮食发展后劲。同时，也会促进实现粮食供给稳定，储备充足，调控有力，运转高效和保障全面小康社会对于粮食需求的目标。

原刊于《农村工作通讯》，2010年第16期
本文是《夏粮“七连丰”的意义及启迪》一文中的第三节。

冷眼看市场　热心保安全

2003 年 9 月开端、10 月下旬较大幅上升的粮价，像秋末冬初之风吹皱相对平静的粮食市场海洋，也引起人们思绪的动荡：有紧张者，以为缺粮了，心里发毛；有惊慌者，以为要闹粮慌了，个别地方出现抢购现象；但更多的人情绪平静，认为中国在可预见的年份内不缺粮，此次粮价上升，对冬日的粮食市场会带来暖意和积极的作用，无需惊恐。这些差异很大的看法孰是孰非？又该如何评析？

追溯六年来粮价负增长的历史，观察此次粮价上涨的幅度（10%～20%），预测全国粮食供求关系的发展趋势，对目前的粮价上浮不能只看表象，也不可以传统计划经济的思维方式去观察和思考，而应当透过表象看实质，以市场经济的思维方式进行清醒的理智思考。这就是说，对此次粮价上涨既不需惊慌失措，也不可掉以轻心。这种态度可以表述为："冷眼看市场，热心保安全"。所谓"冷眼"者，就是冷静观察粮食市场的价格升降，供求丰歉、趋势变化，从容面对。所谓"热心"者，就是要加强关注和关心粮食产业的热度，提高粮农收入，稳定持续提高粮食生产能力，确保国家粮食安全。

冷眼观之，这次粮价上涨是供求关系变化的自然反映。国内由于粮田面积缩减和自然灾害，粮食总产量、其中特别是夏粮总产连续四年下降。由于当年粮食总产量产不抵消，每年约需动用 1 500 万～2 000 万吨粮食库存保持供求平衡。与此同时，近两年国际粮食减产，可供应量缩减。与供给量下降相对照，社会对粮食需求呈刚性增长。供求关系的转变、即由严重供过于求转变为供求基本平衡的价格反映就是"上涨"。这在市场经济条件下是自然的反映，无需惊恐。如此观之和思之，便会得到合乎理性的结论：这次粮价上涨，是国家高层决策者制定政策措施目标的初步实现，表明国家宏观调控奏效，有效减轻了粮食超储压力；也是粮价长期低迷的合理回归，基本上接近了粮食价格和价值的统一，体现出粮食市场机制对配置资源和调节供求基础性作用的正常发挥。这次粮价上涨会给粮食产业、特别是主产区粮食产业注入内在的发展动力。粮价走出低谷、稳步回升，必然使农民增收、企业增效、主产区增强兴粮实力。总而言之，粮食市场上合理幅度内的、轻微通货膨胀比长期"超稳定"更符合市场经济规律，可以更有力地推动粮食产业兴旺发展。

当然，在冷静评析这次粮价上浮的合理性、积极性的同时，还要清醒正视这次粮价上涨中包含的另一方面的信息，即：我国粮食总产量连续四年下降之后，国家粮食库存量也大幅度减少，国家粮食供过于求的局面在可预见的未来将转变为供求基本平衡，粮食供求中隐伏着的风险会显现出来。我国的基本国情是，作为粮食生产基础的耕地资源稀缺，人均耕地仅 1.5 亩，约相当于世界人均数量的 40%；作为粮食生产命脉的水资源严重短缺，人均水资源量也只有 2 220 立方米，仅为世界人均数的 25%。另外，农业生态环境恶化，土地沙化、盐碱化面积扩大。这些对于粮食生产供给都是不可忽视的制约因素。与此相对照，我国由于诸多因素对粮食的需求量呈刚性增长：每年人口增长 1 000 多万；城市化率年均至少提高 1 个百分点；居民食物结构改善消耗的动物蛋白食品数量增加；农业粮食结构将进一步调整，退耕还林、还草面积还将扩大。综合以上资源约束和需求增长两方面预测，我国中长期的粮食供求关系是偏紧的，对于粮食安全问题决不可掉以轻心。鉴于此，在“冷眼看市场”的同时，还要对“保障粮食安全”不断加温，即加强必要措施，确保包括粮食数量安全、质量安全和可持续安全在内的国家粮食安全。

当前，“热心”确保粮食安全需要在贯彻实施以人为本、统筹发展城乡、区域经济社会发展的战略措施下，切实采取以下措施：一是坚持基本农田制，确保 16.0 亿亩基本农田为不可逾越的红线。二是坚持最严格的耕地保护制度，在逐年提高粮食单产的基础上，确保 18.0 亿亩耕地面积。三是坚持加强粮食主产区生产能力建设，增加投入，促进粮农增收致富。四是支持农业和粮食结构战略调整，加强优势粮食产业带和高标准农田的建设，提高粮食优质化率和竞争力。五是坚持加强农业和粮食科技，发展粮食深加工业，提高其附加值。六是坚持完善国家储备粮体系，当前要积极落实《中央储备粮管理条例》，以充分发挥其确保国家粮食安全的功能。七是坚持进一步深化粮食流通体制改革，逐步推进粮食主产区市场化改革，进一步完善与整合粮食市场体系，发挥期货市场发现价格和规避风险的重要作用，发挥现货市场配置粮食资源的基础作用。

原刊于《人民日报》，2003 年 11 月

面对国际粮价飙涨
我们该坚守些什么

从2007年以来，国际市场跌宕，粮价攀升。纵观国际粮价变化的态势，呈现3个特点：一是粮价涨幅大，上涨的幅度，超过整个物价的幅度；二是波及范围广，粮价飙涨具有普遍性，波及众多发达国家和发展中国家；三是持续时间长，粮价激荡上扬已经持续了两年有余，只不过是前期粮价上涨较为缓和，到后期越来越加剧了。面对国际粮价飙升我们应该坚守些什么？

一、国际粮价变动与国内粮价的关联性加强

（一）国际价格飙涨对各国和下游制成品价格具有传导作用

在日趋强烈的经济全球化趋势下，全球性市场价格变动必然对世界各国的商品价格产生影响，有可能加大生产者和消费者的通货膨胀预期。国际市场重要商品价格上涨，对中国国内粮价的影响也不可忽视，尤其是国际市场上能源等资源性产品和农产品价格（像石油、谷物、大豆等）的大幅度上涨，必然会逐步成为各国、各地区和下游产品价格形成的新因素。近年来，制造业生产成本不断升高促使各类制成品价格节节攀升。这就是国际市场价格飙涨向各国和向下游产品价格上涨传递的反映。如前述，迄今国际粮价的变动，虽然对中国并未带来严重冲击，但是国际市场大宗商品价格的暴涨，对中国国内粮食市场产生强烈示范效应和传导作用，即表现出很大的关联性。

（二）国际粮价飙涨加大了国内粮食等产品价格上涨的压力

近年来，国际市场石油价格上涨近2倍，对粮食市场产生了多方面的影响作用：一是促使大量玉米转化生产燃料乙醇，导致国际玉米期货和现货价格上涨，加大了国内玉米价格上涨的压力；二是促使大批菜子油、大豆油等植物油转化生产加工生物柴油，同样构成了国内食用植物油价格上涨的重要因素；三是促使国际海运费用大幅度提高，这是石油价格上涨的必然后果。例如，中国从巴西进口的大豆每吨成本增加500多元；四是基于国际石油价格暴涨，一方面生产资料价格也水涨船高，另一方面又构成国内商品价格上扬的推力。特别

是国内少数对世界市场依赖度大的商品，受国际商品价格变动的影响更大。例如，中国食用植物油的70%依赖进口，国际市场大豆和食用植物油价格的飙升直接诱发国内相关产品价格上涨。同样，国际玉米和饲料价格的提高，也会导致国内相关产品价格的上涨，进而促使养殖业成本提高，再进一步传递给肉类及制品，导致其价格相应上涨。

（三）国内粮油期价与国外粮油期价显现出更紧密的关联性

特别需要指出的是，国内粮食和油料的期货价格与国外的期货价格表现出更大的关联性。从2006年开始的国际农产品价格大幅上涨，一直刺激着国内市场农产品期价的神经。尤其是全球小麦库存降至新低，构成了国际市场小麦期货价格呈现牛市的“基石”，后期澳大利亚小麦的减产是牛市的“导火线”。近年来，国际市场小麦期货价格走势的主要特征表现为持续上涨和屡创新高。从具体演变看，2006年7月下旬以后，在国有粮食企业收购力度加大及国际小麦主产国出现恶劣气候的情况下，国内外小麦价格同步上涨。2006年10月到11月，国际小麦期货价格达到540美分/蒲式耳的价位，而郑州强麦期货价格也达到了1 856元/吨。2007年，在国际基金炒作、投机资金大量入市的推拉下，国际小麦期价一路上涨，到2007年12月中旬上涨至1 009.40美分/蒲式耳。国内小麦价格基本上呈现上涨——大幅拉升——高位振荡的走势。同年7月到9月，国际市场农产品及工业品价格的大幅上涨，强烈支撑了国内小麦价格。在8月初，郑州强麦期价形成突升，至9月中旬最高上涨到2 108元/吨；到11月中，再涨至2 170元/吨，随后才在国家宏观调控政策的干预下趋于回落。

二、面对国外粮价变动，我国应采取的积极对策

对比国外与国内粮食价格，总体呈现的印象是：前者市场风云跌宕，大宗粮食产品价格暴涨；后者现货市场总体稳定，粮食供应充足，价格温和上升。虽然国际粮价大幅上涨对中国也产生了一定传导影响作用，但是并未对国内粮食和其他食品价格产生严重冲击，中国的粮食市场经受住了国际市场粮价上涨的考验。然而，当今时代，粮食的两种资源、两个市场已越来越深地相关联、相制约。面对波及全球的粮食与其他主要食品价格飞涨的形势，中国决不可掉以轻心，必须积极防范，认真应对。面对国际市场粮价变动的态势，我国必须坚守以下应对措施。

（一）继续坚持和健全基本农田政策和最严格的耕地保护制度

为扩大市场供应，保障供求平衡，持续增产是基础。当前，要继续加强农

业粮食的"双基础"地位，探索具有中国特色的农业现代化道路。土地制度特别是耕地制度是农业粮食产业的一个根本制度，必须继续坚持18亿亩基本农田的"红线"不可逾越，粮食种植面积必须适当扩大，力争达到和保持16亿亩以上。与此同时，实行以"治水"、"治土"为中心的"水土新政"。即要大力整理农田，特别是要建设高标准基本农田，改造中低产田；建立和健全节水灌溉网，扩大旱涝保收面积；发展粮食优势产区，加大对主产区的扶持力度；切实转变资源利用模式，坚持农业和食物资源综合开发和高效利用。主要包括：以耕地动态平衡为核心的土地集约利用，以发展畜牧业为核心的非耕地（草地、荒地、坡地等）的高效利用，以节水为核心的水资源有效利用，从而大力提高农业和粮食等主要食物综合生产能力。此外，要充分挖掘各种资源的潜力，充分科学地利用耕地、水域、草原和山地等国土资源，增产更多粮食和其他动、植物性食物。在此过程中，要始终注重加强现代科技，稳定提高粮食和其他主要食物的单产量和优质率。

（二）继续坚持和规范粮食宏观调控

从新情况、新形势出发，国家在总体上要采取更有力、更有效的宏观调控措施，以进一步改善宏观经济环境。除坚持行之有效的各项措施之外，当前必须采取两大措施：一要严格控制谷物出口；二要继续实施"托市收购"政策。近年来，中国除大豆以外的谷物进口量减少，出口有所增加。在目前国际粮食环境下，减少进口、扩大出口，不利于国内粮食市场平衡。国家粮食外贸部门应该注意汲取过去"逆向调节"、对国内粮食市场带来负面影响的教训，必须严格控制主要谷物的出口，以增加国内粮食供给能力。此外，近两年，我国对主产区小麦、稻谷实施的最低收购价政策，对国家掌握足够粮源、有效增加农民收入、提高农民生产热情、促进粮食持续增产、稳定市场粮食价格等发挥了巨大作用，现在已经成为"民心工程"，成为国家粮食宏观调控的重要手段，应该继续坚持完善和实行下去。

（三）继续坚持建立健全农产品和粮食预警报机制

对于具有风险性、生态性的农业粮食产业而言，继续建立和健全预警报机制极为必要。从中国实际情况出发，要进一步强化预警意识，建立专职预警报机构，建立国有粮食等食物安全预警报系统和快速反应机制。在建立国家粮食等主要食物安全预警报体系中，要以供给和需求平衡为基础，对整个粮食和主要食物的供求状况进行动态监测、深度测算和"警情"预报。特别是必须切实加强准确、全面的市场价格信息的收集、加工、综合与分析，注重解决国际与国内市场信息不对称问题。此外，中国还需要建立健全粮食和其他主要食物总量供求平衡的预警报系统：建立和健全粮食和主要食物安全的“警级”、“警线”。建立国家粮食和主要食物安全的专职“预警报机构”。通过专职预警报机构，把相关信息主流加工成准确的预警报告，提供给政府用作决策依据。

（四）继续坚持调整保持玉米加工业的适度规模

目前，不管世界还是中国，实行结构调整，合理利用粮食资源都是稳定粮食等食品价格的必要措施。实质上，这是一个对玉米深加工业进行全面科学规划、合理调整结构、正确处理“汽车与人畜争粮、争地”的问题。面对人均不足1.4亩耕地和13亿人口，中国的玉米深加工业必须以人为本，统筹兼顾，协调发展。所谓以人为本，就是要把人的食物和畜禽的饲料置于首位，把“汽车喝的油”放在次要的适当位置。从科学发展观出发，坚持适度、稳步、有质量、高效益发展玉米资源深加工业的战略与策略，使其发展的速度、规模同玉米总产量的提高相适应，同玉米的消费结构相协调。

实现上述战略与策略的最佳对策是：“创新为先，重在开源，统筹兼顾，适度发展”。所谓“创新为先”，是通过理念创新、体制创新、机制创新、科技创新等，提高发展玉米深加工业的程度和智力支撑能力。例如，通过科技创新，大力发展第二代生物燃料，解决“不与人争粮、不与粮争地”的问题。所谓“重在开源”，指通过进一步深化改革，政策扶持和必要的物质投入，激发广大生产者、经营者和加工者的积极性，增强玉米综合生产加工能力，提高商品供给率；增强玉米集约化开发利用能力，提高资源产出率。所谓“统筹兼顾”，是指按照协调发展的原则，通过科学规划对玉米资源的利用进行大体合理分配，以满足食品、饲料、能源、医药等主要行业的需求。为此，要坚决“扩大压小”，即扩大现代化大型玉米深加工企业，压缩技术含量低的小型企业，同时继续严格控制新上燃料乙醇项目。所谓“适度发展”，是指制定科学发展规划，包括发展目标适当、发展规模适量、发展速度适中、发展结构适宜。通过以上措施，把中国玉米深加工业推进到行业协调发展、资源循环利用、有利环境保护的可持续发展的轨道，实现玉米资源深加工业同玉米生产的发展，同经济、社会和生态效益的统一。

（五）继续坚持和加强稳定市场价格的政策措施

维持粮食和主要食品价格稳定，是中国一贯奉行的重要国策。当前，更需要采取两项措施，坚持和保持“双稳定”：一要增加供应，加大市场调控力度。目前，国家粮食储备充裕，仅托市小麦库存量就高达数千万吨。国家要择机拍卖一部分政策性粮食、即托市收购小麦和稻谷，加强平抑市场价格的力度。实践证明，采取小麦、早籼稻托市收购与公开拍卖竞价销售是粮食宏观调控的新探索、新经验。国家通过拍卖托市收购小麦和稻谷，可加强平抑市场价格的力度。二要加强市场管理，维持粮食市场的正常秩序。要充分发挥粮食批发市场的作用，粮食拍卖要在有资质的批发市场上采取公开、公平和公正方式，进行竞价销售。同时要严禁变相涨价、串通涨价和“价格联盟”等不正当竞争行为。在当前条件下，特别要严格贯彻执行《粮食流通管理条例》、《中央储备粮管理条例》等法律法规，打击各种违法乱纪的破坏市场秩序的不法行为。

（六）继续坚持“环境友好型”可持续发展模式

农业和粮食是具有生态性、风险性的产业，受气候的极大制约。全球气候日趋变暖和严重灾害频仍导致全球粮食减产，对中国的危害也令人惊心。据中国气象局测算，从20世纪90年代起，因气候灾害导致中国每年经济损失超过千亿元人民币，约占GDP的3%～6%，导致粮食减产1 000万～2 000万吨。由此可见，有效改善生态环境和抵御自然灾害，是农业粮食持续增产的必要举措。中国和世界都有义务，共同采取积极行动，防止全球气候变暖。就中国来说，要坚定不移走“环境友好型”可持续发展道路。一方面，要加大保护清洁水源、防止和减轻环境污染的力度，增强抵御各种自然灾害的能力；另一方面，要积极采取循环经济发展模式，实行资源“减量使用、再生使用和循环使用”的“3R”原则，既避免浪费资源，又防止环境污染，可以说是一举两得，意义深远。

粮食是可再生的，中国和世界还拥有雄厚的资源。只要采取科学的发展战略和策略，坚守和坚持实施以上各项应对举措，那么中国和世界都将会增产更多粮食和其他丰富多彩的动植物性食物，粮食价格会实现合理水平，粮食供求会达到新的平衡，粮食安全会得到有效保障。

原刊于《中国经济导报》，2008年2月26日

食物品质安全怎样“保驾”

古往今来，食物安全都息息关乎民生祸福与安危。“食以安为先”。这里着重指的是食物品质安全。即：着重从卫生质量角度对我国食物安全的现状进行概括评述。在此基础上对确保中国品质食物安全提出政策建议。

一、人口大国已基本解决了温饱难题

从1949年建国到1980年改革开放初期，全国居民生活的温饱问题长期未得到解决。广大居民家庭生活质量低下，与营养不良相关而产生多种慢性疾病。以改革开放为契机，中国的粮食和其他主要动植物食物生产取得跨越式发展，对城乡居民家庭供给食物的数量和质量显著提高，品种也明显增加，趋向多样化、优质化、安全化和方便化。2004年，我国粮食总产量增长到46 947万吨，其中谷物达到41 151万吨。此外，油料、糖料、水果总产量依次达到3 065.9万吨、9 570.7万吨和15 340.9万吨。随着生产发展，2004年城乡居民消费粮食量分别达到78.2千克和218.3千克，食油分别达到9.3千克和5.3千克；肉类分别达到29.3千克和17.9千克。

居民生产发展与生活改善的另一重要标志是，农村贫困人口大幅度下降。在改革开放初期的1978年，全国贫困人口25 000万人以上，占总人口的比重高达30.7%。2004年，全国贫困人口减少到2 610万人，占总人口的比重猛降到2.8%。这一重大成就被国际组织赞扬为“奇迹”。

二、从吃饱到吃好路途遥遥

我国总体食物安全水平不断提高是客观事实。但是，以粮食为重点的食物安全问题依然严峻，特别是对食物品质质量问题，千万不可掉以轻心，必须切实应对挑战。目前影响中国食物质量安全的主要因素包括以下6个方面：

（一）微生物污染是危害食物安全的大敌

所谓微生物污染包括细菌、病毒、真菌及其毒素等多种污染。在中国，迄今微生物导致食物中毒仍居首位，占到39.62%；化学性食物中毒占38.56%；动植物性和原因不明的食物中毒的比例均在10%上下。如果进一步分析，在生物污染中，细菌性污染是涉及最广、影响最大、问题最多的一种污染。在中国由细菌引发的食源性疾病居首位，其中，肠类弧菌占 31.1%，沙门氏菌占 17.9%。在食物产、加、销、储、运等各项环节，因工艺方法不当或卫生操作疏漏等，都会造成细菌和致病菌超标，危害和降低食物质量标准。

（二）化学性污染是危害食物安全的大患

所谓化学性污染，是指滥用、乱用农药、兽药、化肥、添加剂等化学品、而造成食物中有害物质残留超标。例如，农药残留、兽药残留、有机物污染、食品添加剂和饲料添加剂超标等，都是化学性污染食物的隐患。这里列举四条主要污染途径：一是滥用杀虫剂。在中国的杀虫剂中，有机磷农药占 70%，其中高毒品种又占 70%，是重要的污染源；二是滥用兽药。由于兽药安全性低，加之普遍滥用，造成兽药残留超标现象严重；三是滥用添加剂。即在工业生产饲料中添加违禁药品，造成有害化学物质残留超标；四是农业环境污染。由于土壤、空气和水源等方面的污染，进而导致农业环境受污染之害，直接造成粮食等食物中重金属含量超标。

（三）相关环节污染是危害食物安全的重要根源

由于动物防疫机构不健全，检验设备不完善，检验手段落后，致使畜牧业疫病时起时伏；甚至一些疫病重新抬头，新的疫病不断出现，人畜共患病呈现范围扩大趋势。另外，中国食物生产、加工、包装、储存、运输和销售等环节，生产规模小、经营分散、技术水平低，大量手工作坊式的小企业的产品很难达到质量标准。以食品营销为例，迄今全国食品营销主体约为 1 033 万多个，其中企业 32.934 万个，个体户 983.144 万个，食品超市约 7.11 万家，经营食物的集贸市场 9.927 万个。在食品加工主体中，有 70%是 10 人以下的家庭作坊式特小型企业，缺乏生产符合卫生质量标准食品的必备生产技术条件，难免导致食物二次污染。值得注意的一种普遍现象是，食品经营者杂乱，尤其是在食品经营主体中，食品摊贩占很大比重，环境卫生条件恶劣，加之监管薄弱，成为传染病的发源地。

（四）食源性疾病是生命安全的严重威胁

迄今，食源性疾病是中国的一个重要致病源，也是食物安全问题的最直接表现之一。不论在发展中国家，还是在发达国家，食源性疾病发生率都比较高，据 WHO 估计，在美国，几乎每年 3 个生病的人中有 1 个是食源性疾病。在发展中国家（包括中国）尚无确切的食源性疾病发病率的统计数据，但肯定

高于发达国家。从目前统计数字看，中国每年食物中毒报告病例数为 2 万～4 万人。但专家估计，这个数字不到实际发生数量的 1/10。这意味中国每年食物中毒总数至少在 20 万～40 万人。按照卫生部的数据，全国近几年食物中毒呈现上升趋势。

（五）市场混乱是危害食物安全的久治不愈的顽疾

食物安全不可忽视。食物流通的载体是市场，然而，由于目前中国包括食物在内的商品市场体系还不健全，存在市场主体不成熟、市场秩序不规范、市场设施不先进、市场分布不平衡、市场中介作用不到位、城乡市场不协调等问题，导致交易秩序混乱，给不法分子造成可乘之机，致使食物安全警钟不断。多年来，假冒伪劣食物屡禁不绝，食物违法事件不断发生，像毒米、毒酒、毒油、伪劣奶粉、毛发酱油、陈馅月饼、瘦肉精、增白剂以及食品变质发霉，以及未标注转基因标识等，都严重侵害消费者食物安全的权益。

（六）科学营养知识贫乏是危害食物安全的隐患

合理的食物结构、平衡的食物营养、科学营养知识和科学消费方式，对于确保食物安全具有决定意义。可惜的是，因为我国粮食等主要食物长期处于短缺的状态，所以在消费上多以满足数量为主，形成的消费观念与科学营养原理根本相悖。迄今，民众科学营养知识缺乏，存在多种食物营养“误区和盲点”，成为危害食物安全的隐患。诸如：误以为大鱼大肉就是高营养，结果大吃大喝、暴饮暴食，吃胖了身体吃出了病；误以为烧酒热量高、能量大，结果酗酒无度，喝伤了身体喝坏了胃；误以为烹饪用油越多越好，多吃素油无害；误以为吃补品和保健品就能保障健康，殊不知一日三餐的膳食安排不合理就会天天损害健康；误以为“三高”、“三低”食品是合理食物结构，盲目追求食物消费模式“西化”，导致高血压、糖尿病等“文明病”发病率升高。

科学营养知识的缺乏和消费方式的愚昧无知，导致目前我国居民在健康营养方面存在值得重视的五大问题：一是营养不足和营养过剩并存，部分人群存在营养不足，部分人存在营养过剩；二是贫困农村营养不良状况严重，特别是中西部农村营养不良人口仍然众多；三是与膳食结构相关的慢性疾病呈上升趋势，必须大力遏制；四是包括孕妇、婴幼儿和乳母等在内的特殊人群营养状况不佳，应该尽快改善；五是我国是世界上拥有营养不良人口最多的国家之一，存在营养素摄入量不足和结构明显不平衡现象。西部地区 5 岁以下儿童低体重率为 21.6%，比东部地区高 12 个百分点；发育迟缓率为 30.78%，比东部地区高 16.3 个百分点。以上所述，是影响中国食物安全的严重隐忧，需要通过发展粮食等食物生产和大力普及科学营养知识予以消除。

三、多管齐下，“保驾”食物放心和可靠

为优先保障国民食物安全，中国必须实施从“田头（食物生产源头）到餐桌（食物消费终端）”的、配套的、切实有效的政策措施。

（一）建立统一协调、分工合作、职责明确的管理体制

建立和健全统一协调、分工合作、职责明确的管理体制，是确保民众食物安全的首要前提。从目前看，把涉及范围广、数量大、品种多、技术难的食物安全“系统工程”统归到一个职能部门管理还不大可能。但是，多头管理弊端明显。是否可以考虑实行一个部门主管下的相关部门负责制，值得探索研究。还可设想由相关政府职能部门组成国家食物安全委员会，专门负责组织、协调政府各相关管理部门对食物安全的监管，为政府制定食物安全政策提供建议。与此同时，还可设想在该委员会内设立由各方面专家组成的专家咨询组，进行食物安全状况调查研究和评估，并提出食物安全政策措施方面的咨询和建议。不管怎样，建立统一协调的、强有力的食物安全监管体制极为重要。

（二）科技支撑体系不可缺少

建立健全有力的科技支撑体系是确保中国食物安全的必要条件。目前，最迫切需要的是研究和发展以下多种技术：①研究和发展可靠、快速、便携、准确的食物质量安全检测技术，重点是开发为保障食物质量安全限量使用的农药、兽药、有机污染物、食品添加剂以及饲料添加剂的检测技术和相关设备。②研究和发展食物安全的全过程控制技术，重点是以下关键技术：食物中主要污染物残留控制技术；兽药残留控制技术；饲料安全质量控制技术；食物生产、加工、储存、包装和运输过程的安全控制技术；植物新品种测试标准化技术；以及农业转基因生物安全管理标准化技术等。③研究和发展对危害食物质量安全的评估技术，包括化学污染物危害性评估，生物因素危险性评估，特别是要把与食源性疾病相关的高危因素作为评估重点。④增大食物质量安全研究和科技成果转化的投入力度，各相关部门必须把投入重点放在提高食物质量安全技术、完善基础设施、引进国外先进技术设备，以及加强人员培训提高其素质等方面，改变质量食物安全投入严重不足的状况。

（三）食物标准体系与国际接轨

建立健全与国际接轨的食物质量标准体系，是确保中国食物质量安全的必

要条件。在这方面，目前中国应该抓好以下重要环节：一是加强协调一致。即在有关部门的统一领导、组织和部署下，对各职能部门制定、修订标准进行协调。二是制定、修订标准。由卫生部、质检总局、农业部和国家粮食局等政府职能部门，对粮食和主要食物制定或修订标准体系，包括：粮食等各种食物产品生产环节的标准；粮食等各种食物加工、储运、包装、流通及消费环节的标准；粮食等各种主要食物的检测方法标准；各种与粮食等主要食物相关的投入物的安全标准。三是增强标准的科学性。对各种粮食等主要食物制定各项安全限量标准时，像农药残留限量标准、兽药残留限量标准、添加剂限量标准、污染物限量标准、有害微生物与生物激素限量标准等，都要以科学数据为基础，且发布的标准必须预先经过实验室的全程验证。四是优化食物质量标准结构。食物品种多、数量大、范围广，其标准化是一个复杂的系统工程，需要建立和维持合理化的结构，以尽快提高中国粮食等主要食物质量标准的先进性、配套性和互补性。

（四）建立统一、高效、有权威的监测体系

针对我国食品质量安全监控薄弱、甚至不到位的问题，亟需要建立和加强高效的、有权威的粮食等主要食物质量安全监测体系，是确保中国食物质量安全的“监护神”。这中间，特别要加强监测机构的能力建设，包括：通过利用信息技术，构建粮食等主要食物质量安全监测数据资源共享平台，形成监测信息管理网络，实现监督管理的快速反应；通过教育、培训、职业资格认证，形成门类齐全、专业合理的粮食等主要食物质量监测队伍；实现高效与快速的政府监测、中介组织监测和企业自动监测相吻合。为此，要完成“四大体系”建设，即：建立和完善粮食等主要食物污染物监测体系；建立和完善具有先进水平的食源性致病菌及其耐药性的监测体系；建立和完善检疫防疫监测体系；建立和完善进出口粮食等主要食物质量安全监测体系。

（五）信息交流要统一、灵敏、及时、准确

完善的粮食等主要食物质量信息交流，是加强其安全监测和预警的“千里眼”，其作用极端重要。在幅员辽阔、管理多部门的中国，粮食等主要食物质量安全信息资源存在产生多种消极结果的“三不”现象：信息资源管理机构不统一，信息资源共享机制不完善，信息资源协调、协商和发布机制不统一。为消除这些弊端，我国急需建立健全统一、灵敏、及时、准确的信息资源交流体系和信息资源共享机制。特别重要的是，要加强现有政府职能部门的粮食等主要食物质量安全信息体系建设，整合来自各方面的信息，打破相关信息部门分

割的现状，建立互通有无、高频次交流和共建共享的信息收集、整理、分析和传输利用机制，以及风险信息通报和评估、行动决策与重大事件处理的共享、共商机制。此外，中国还要加强国际间粮食等主要食物安全信息资源的官方和专家共享平台，建立国家间粮食等主要食物质量安全风险信息及时互报、互商和及时处理机制，实现国家和区域间粮食等主要食物质量的统一行动与合作控制。

（六）健全和完善市场制度

建立健全市场制度，是目前加强粮食等主要食物质量安全监管的重要和紧迫措施。多年来，全国粮食等主要食物市场制度不健全，交易秩序混乱，市场信用度低，食物质量安全性无法追溯。转变这种消极状况的关键措施在于建立健全市场制度，包括粮食等主要食物市场准入制度、市场交易制度和市场退出制度等。例如，要确立按照从生产到销售的每一个环节都可相互追查的责任，建立粮食等主要食物生产和经营记录、营销标识制度，以实现其安全责任的可追溯性。像市场经济发达国家那样，推行粮食等食物产品的产地与销地、市场与基地、屠宰厂与养殖场相对接与互认。在市场监管中，当发现某些严重危害公众健康的食物，还未进入市场者，则不准其进入市场；若已混入市场者，则令其退出市场。

（七）充分发挥行业协会的作用

当今中国粮食等食物行业绝大多数生产经营主体呈小型、分散、竞争无序状态，不适应确保其质量安全的需要。消除这种弊端的一条重要途径，就是健全和完善相关行业协会，并充分发挥其行业自律作用、市场监督作用、经验交流作用。甚至像欧盟那样，行政职能部门还可以委托相关产业协会和市场组织以重要管理职能。总之一句话，要充分发挥行业协会对粮食等主要食物质量安全的积极促进作用。

原刊于《中国经济导报》，2005年4月5日

流通领域要治乱

在当前流通领域中，人们感受最强烈的一个字：乱。思想认识乱，市场价格乱，市场秩序乱，市场管理乱，真是“剪不断，理还乱”。流通的混乱，影响市场稳定、物价稳定和人心安定；也给农业粮食生产带来严峻的负面影响，甚至给粮食安全造成危害。因此，促进流通体制深化改革，使其由“乱”到“治”，是当前值得高度重视、认真对待的一个大问题。

从建设具有中国特色的市场经济体制的最终目标出发，根据对全国商品市场的实际情况，国内贸易系统将努力建立国家宏观调控下的，以市场化、社会化、现代化为主要标志的社会主义商品流通体系。从目前的实际需要看，我国商品流通的基本任务是：加强对重要商品宏观调控，促进市场稳定、物价稳定，抑制通货膨胀；以加快流通企业改革为重点，进一步推进整个流通体制改革，发挥公有制企业主渠道作用、强化市场管理，整顿流通秩序，规范市场行为。实现上述基本目标和任务，任重道远，十分迫切。

实现上述基本任务，急需要借助宣传舆论的导向作用，有力破除市场经济“自由放任论”、市场主渠道“无用有害论”、宏观调控“倒退论”；树立市场经济是法制经济观、市场主渠道有用无害观、宏观调控必要观，以及完善重要市场制度，包括：市场准入和市场退出制度，完善重要商品储备制度，防范风险基本制度、科学管理制度，以及探索企业制度现代化、企业组织集约化和企业形式多样化。

这里特别需要指出的是，今年流通体制改革的重点是粮食、棉花等关系国计民生的商品。其中，粮食又是关键。1990 年以来，全国粮食的生产形势是“北增南减”；稻作萎缩，总产徘徊，基本产销格局已由“南粮北调”转变为“北粮南运”。特别是从 1993 年第三季度开始，大米价格上涨，后逐渐波及小麦和玉米，粮食市场和粮价成为消费者感受最强的热点。从全国粮情和客观经济规律出发，需要稳定粮田面积，主攻粮食单产，优化种植结构，提高粮食总产。就粮食流通改革而言，国有粮食部门必须掌握足够的商品粮源，在建立和完善中央、地方粮食储备制度，建立粮食风险基金，以及在安排市场、稳定粮价、保障有效供给方面，要充分发挥国有粮食企业主渠道作用。在国有粮食系统内部，也必须进一步深化自身改革，要明确划分中央和地方对粮食的事权和建立分级责任制。同时要全面推行政策性业务和商业性经营分开的“二线运营”机制。它的关键是要区分两种不同性质的不同业务。对政策性业务要实行“四代一定”，即政府委托企业代购、代储、代销、代加工，给予定额代理费用。对商业性经营则单独核算。也就是说，两种业务，分别核算，搞活经营。总而言之，在继续坚持和完善多成分、多渠道、多形式、多元化流通格局的同时，还必须明确，提供商品粮要靠主产区，粮食流通要靠主渠道，粮食工作要靠主力军。这些是建造粮食市场经济大厦的坚强支柱。

“治乱”，需要“标本兼治”。针对存在的问题，应该对症下药，采取必要措施：在思想认识上，应对市场化的概念加以澄清。现代市场经济，不同于放任自流的市场经济，国家的必要干预和调控与现代市场是相统一的。基于这种理念，对市场加强管理和规范与商品流通市场化并不矛盾，要坚决摒弃那种随心所欲、“无政府主义”的市场经济。在市场秩序上，必须下功夫加以治理。目前市场交易主体素质低下，皮包公司满天飞；假冒伪劣泛滥，屡禁不止；价格欺诈行为充斥市场，损害消费者和生产者利益。鉴于此，要抓住整顿和规范市场主体的关键，依法取缔投机倒把、违法乱纪和扰乱市场者。同时，制定法规，严惩制假、售假的不法分子，以保护生产者和消费者合法权益。在市场价格上，要双管齐下使其合理化。一方面要适当调节消费总量的膨胀，包括个人消费和集团消费；另一方面要适当控制投资的膨胀。这样，釜底抽薪，就会有效抑制和治理通胀。与此同时，各类企业要转变“高投入，低产出”弊端，大力降低生产成本，提高经济效益，避免产品轮番涨价。在价格政策上，要加快“双轨”变“单轨”的改革速度。由于价格“双轨制”，导致市场和价格关系严重扭曲，还给腐败现象培植了肥沃的土壤。因此，加快改革“双轨制”、革除一种商品两种价格的政策，就会为治理市场价格混乱创造了环境条件，甚至可以说消除滋长价格混乱的一个根源。在市场流通管理上，必须坚决整顿和减少中间环节。

作为生产和消费中介的商业流通，是社会大分工的产物。专业化、社会化流通的作用在于节约生产者和消费者的费用。在市场经济条件下，更要注重建立和健全市场流通体系，提高流通效率。为此，要整治和取缔“私倒”和“官倒”，真正建立和完善“三多一少”，即“多渠道、多成分、多形式、少环节”的流通体制和机制。

原刊于《经济日报》，1995 年 2 月 21 日

农业科技推广工作不能削弱

——由农村科技“拆庙”、“断奶”说起

“高产、优质、高效”是今后我国农业的发展方向，而这个目标的实现，在很大程度上则仰赖于科技进步。目前，我国农业增产中科技进步因素占的作用仅为27%，与经济发达国家的80%相比，显然差距很大，科技在实现“双高一优”农业中的潜能还远未发挥。然而，就在此时，我国农村专业科技机构、农技推广体系和农村科技事业费却面临“拆庙”、“断奶”的严重威胁：许多地方对农业科技和推广如何适应市场经济需要研究不够，主张“农技发展方向是完全实体化、全面市场化”。由此出发，对农业科技和推广体系“拆其庙、断其奶”，导致其陷入难于生存的困境。

目前，农业科技系统面临经费少、人心散、队伍乱的严峻局面。据1993年7月的最新统计，全国县一级的农技推广站中全部“断奶”、“断粮”的有39个，乡一级的有5 730多个；“减奶”、“减粮”的，县级有950多个，乡级达1.35万个；调离县级站的农技员有2 400多人，调离乡级的达1.31万人；财产被占用的县级站和乡级站分别有109个和2 260多个。曾经在全国率先完成建置县级农技中心、乡级农技站的宁夏自治区，现已陷入“网破、人散”的困境。不少农技人员“弃科经商”，忙于“觅食”，无法服务。有的地方明文规定：“涉农部门的经费一律在年初预算的基础上压缩25%，事业单位经费压缩25%，并实行拨贷”。有的地方规定贷款期限2～3年，限期“断奶”。为“觅食谋生”，大量农技人员“弃科经商”，农技站变成了饭馆、商店，甚至歌舞厅者已不乏其例。有一个县植保站50余人，现在只留3人搞防治、改良、推广，其余“啥赚钱就干啥，各奔前程”。

“拆庙”、“断奶”后，农科员奔奔波波、寻寻觅觅，捕捉谋生之机，导致造成了难以弥补的危害和损失：首先是农业科技队伍几乎散了；其次是农业和农村科技服务弱了；再次是对农业粮食生产造成负面影响，甚至导致减产和减少收入，削弱了农业粮食的基础。有专家指出：1992年，棉农因棉铃虫损失收入60亿元。这并非完全因虫灾严重到不可防治，而在很大程度上是农技队伍散失、服务不力而造成的。

我国的农业科技及推广本来就薄弱，农技推广员少。发达国家农技推广员

与农业人口比例在 1∶100，我国则为 1∶200；农业科研投资也很薄弱，全国农业科研投资占农业总产值的比重 1980—1986 年仅为 0.27%，远低于国外的 1.5%～2%的水平；科技推广率低，仅为 30%～40%。加上农民科技素质低，对科技成果本来就不会用，“拆庙”、“断奶”无异于是给本来就弱质的农业服务雪上加霜。鉴于上述严峻的形势，必须大声呼吁：变“拆庙”为“修庙”，变“断奶”为“增奶”，尽快有力加强农业科技推广体系。

当然，要修的“庙”已非昔日之“旧庙”，而是“大门”面向市场的农业科技的“新庙”，即乘深化农村科技体制改革的东风，健全和完善新型农技体制和农技推广体系。这种新型农技体系，可以采取多层次、多成分、多形式联合的途径，发展“贸工农”、“产销供”一体化，加强社会化和专业化服务。从而，一方面消除农技站安置大量非科技人员，行政挤占科技事业费的弊端；另一方面，保证实行人员分流和满足农技事业费；同时对农技和推广机构进行调控，以保证农业科技服务的主业地位始终不变。

同样，对农业科技“增奶”也非昔日“旧法”，而是探求“新法”。农业是带来巨大社会效益的公益产业，又是经济效益低的弱质产业，还是受自然制约的风险产业。农业科技的推广和服务对象还是处于相对贫穷中的数以亿计的农民，直接经济效益微薄，甚至毫无收益。这一基本特点决定，农业科技的事业经费应主要来源于国家，即包括农科人员的工资、奖金和补贴及农业科学基础研究、试验示范费用等，都应主要由政府提供，并且还应随着国家财力的增强而相应合理增加。这是强农、富农、护农、兴农的必要宏观措施。同样重要的是，要用好农业科技经费，必须专款专用，确保用于农业科技事业，严禁行政部门克扣和挪用，导致经费错位。

当前，农业科技更需着力开拓服务产业化之路。许多地区的成功经验证明，切实以科技为先导，以农村合作组织为依托，以联合服务为途径，以市场需求为取向，便能开拓农业科技服务产业化。其主要模式有：①联合各方，承包服务；②技物结合，智力服务；③兴办实业，开发产品；④组建集团，走向世界。条件好的科技服务企业还可以跨部门、跨行业、跨地区组成农村支柱产业开发集团、增强服务实力，扩大服务领域，提高服务效益，实现产供销一体化。

原刊于《经济日报》，1993 年 11 月 28 日

君莫做：画饼充饥的黄粱梦

——对一种“粮食安全观”的评论

不久前，有位老教授声称：只要有国际粮食市场的自由交易，中国就不愁没有粮食，也就不存在粮食安全和耕地保护问题。这是该老教授一再宣扬的“粮食安全观”，其实质就是依靠国外粮食养活自己。话说得是那么肯定和动听，可惜现实和历史提供的却是反证。君不见：不久前那场余波未平的世界粮食危机，把36个国家推入粮荒和饥荒，目前全球有10亿以上的人口饿着肚子上床、处于饥肠辘辘的境况。

无需多做理论的阐述，事实胜于雄辩。包括粮食“援助”、“馈赠”及所谓的市场自由交易等，给国外粮食垄断集团带来的是“大福”，对广大受援国造成的是“大祸”。让我们看一看美国政府20世纪50年代推行的、自诩为“拯救世界”的《480公法》援助给受援国带来了什么吧？

美国政府1954年开始实施的《480公法》，全称是《发展农产品贸易与援助法》，到50年代末又改称为《粮食用于和平计划》。当时的背景是，面对着堆积如山的过剩粮食等农产品而忧心忡忡的华盛顿政府，急切地需要尽快把过剩的粮食销售出去，卸掉负担，为国库收钱。在艾森豪威尔执政的所有年份里，压倒一切的是优先考虑把过剩粮食推销出去。为达到这样的目标，美国政府不遗余力推行所谓的《480公法》援助，是美国政府发动的以“粮食用于和平”与“农产品援助计划”为“幌子”的、倾销过剩农产品的战争，那些长期接受美国粮食援助的国家陷入饥饿的深渊而不能自拔。美国政府通过巧取豪夺为垄断寡头带来了巨大的利润和利益，使广大受援国蒙受到严重的苦涩与苦难。

一是，为美国大量过剩粮食等农产品开辟出广大市场，产品扩大销售使农业垄断集团大发横财。在执行这项法律的最初几年内，美国大量小麦、大米和玉米等都销售到国外。特别是在粮食外贸经营惨淡的1959年，4/5的小麦和9/10的大豆油，都是借助于《480公法》运销到世界其他国家。从1955年到1982年间的部分年份，美国在《480公法》名义下向国外出口谷物的数量多达1.031亿吨；从1970年到1983年的13年间，美国共向国外输出大豆3.264亿吨。以此“辉煌战果”解除了华盛顿政府堆积如山的过剩粮食的沉重压力。

与此同时，大量的财富源源滚进美国农业垄断资本家的腰包。

二是，为美国提供了一种新的外交工具，稻米成为美国的“外交作物”和“经济胡萝卜”。当时，美国国内的大米消费量只占生产量的1/3，其余2/3的大米必须输出到国外。美国加利福尼亚和墨西哥湾各州积压的大量过剩大米，幸运地找到了“稳定而有保证的销路”，即外交和《480公法》开辟的市场。当时美国国务院在一定意义上控制了由美国农业部主管的农业粮食政策。国务卿基辛格的一位助手曾感叹说：“农业粮食政策太重要了，不能交由农业部掌管。”人们还称国务卿基辛格博士为“美国大米的最好推销员”。

三是，为美国兜售自己的意识形态和价值观提供了机会。美国政府希图通过实施《480公法》的所谓援助，力图防止和杜绝亚洲一些受援国与共产党国家进行贸易。甚至于，华盛顿政府不惜以《480公法》颠覆别国政权。最为典型的是对付智利。1973年，在萨尔瓦多·阿连德的社会主义政府推行经济改革时，美国不仅对智利的《480公法》援助和其他援助全部中止了，而且还挖空心思对阿连德政府策划一系列政变活动，粮食在其中扮演了重要角色。当时，在美国国务院和中央情报局的支持下，右翼的智利富裕地主破坏粮食生产，导致国内粮食匮乏，粮食进口成倍增加，把外汇储备耗用殆尽。国内粮食短缺引发广大中产阶级不满和社会动荡。在此困难时刻，阿连德向美国政府请求贷款，被美国国务院断然拒绝。最终导致军事政变迫使阿连德下台。

四是，为美国贪得无厌控制世界农产品市场提供了欺世盗名的“旗子”。上世纪50年代，华盛顿政府始终在力图对发展中国家实施一项战略性控制，即千方百计把第三世界许多国家变成单一的经济作物产地，而控制他们的武器是粮食。美国的理论是：贫困的第三世界国家应该放弃在小麦、大米和其他粮食，以及牛肉等食品的自给自足，集中精力生产水果、蔗糖和蔬菜；同时应该更多进口美国“高效率”生产的商品，然后以通过出口经济作物产品支付所需进口粮食的费用。由于种种客观与主观的原因，许多发展中国家都接受了华盛顿在《480公法》框架下的“援助”，结果都越来越依赖于美国的粮食和其他农产品。这就是说，美国成为世界粮食市场的“霸主”，或者说世界粮食市场被美国所控制。这被称为二战后世界粮食的一种新经济现象。

五是，为美国建立世界粮食“霸权”地位提供了机会。回溯世界粮食史，直到20世纪30年代后期，粮食产销结构和贸易结构的蓝图是：唯一的缺粮地区是西欧；主要谷物供应地区是拉丁美洲，每年大约输出900万吨。但是，在20世纪50年代以后，世界粮食贸易的版图大变：美国借助《480公法》的新手段，把它的粮食、饲料等农产品、甚至农业技术和机械设备销售扩大到世界广大的市场，从而逐步建立起它的粮食“霸权”地位。从20世纪50年代到

80年代，北美（主要是美国）愈来愈成为世界谷物市场的控制者，其输出量持续扩大，增长5.3倍以上，其他世界广大地区都是进口粮食和饲料的缺粮地区。其中最引人瞩目的是亚洲、非洲和东欧（包括苏联）的谷物进口量持续增加。在这一期间，亚洲的谷物进口量增长了11.8倍以上，非洲增长10倍以上，东欧从净出口国也变为净进口国。如今，输出到世界市场上的粮食和饲料，约有一半以上是美国的产品。这表明，美国已经登上世界粮食市场贸易的“霸主”地位。世界粮食供求过分依赖于美国等个别地区，是极危险的。

六是，把受援国打入饥饿的深渊。美国推行《480公法》给受援国酿成的恶果是苦涩不堪言。最为典型的一个国家就是印度——这个富饶的国家坠入饥饿的深渊成为世界“饥饿之国”。

印度共和国在1950年1月赢得独立。它位于南亚次大陆，总面积297.32万平方公里，其中可耕地面积达到1.65亿公顷，人均2.32亩，全年降雨量在39 300亿立方米，具有发展农业和粮食生产的优越条件。可惜的是，这个国家因贪吃美国的“便宜粮”而导致陷入“饥饿的深渊”。

在印度共和国独立后的初期，为解决殖民主义者留下的普遍饥饿问题重视发展农业和粮食生产，曾经实现了低水平的粮食自给。但是，从印度“二五”的后期到“三五”的年代里，印度政府改变了国民经济发展战略，在热衷于工业化的同时，忽视了农业和粮食生产，依赖大量进口美国的“廉价粮食”来满足国内需求。在20世纪60年代，印度输入粮食总量高达5 900万吨。如此大量的进口，严重摧残了印度的农业和粮食生产。当时，人们错误地以为，吃便宜的进口粮食比自己生产粮食更合算，因而放松了国内的农业粮食生产。等到美国的过剩农产品（主要是粮食、大豆等）倾销和处理完毕之后，粮食的贸易条件立刻变得苛刻，把“胡萝卜”换成了“大棒”，一棒子把印度等发展中国家打入了饥饿的深渊。印度等接受美国政府《480公法》援助的国家沦落为可悲的牺牲品。

痛定思痛。印度政府从贪吃美国“廉价粮食”的痛苦教训中醒悟过来，从20世纪60年代后期开始，印度政府转变发展战略，采取了多项积极促进国内农业粮食生产的措施：一是为提高农业粮食生产，大规模开展以加强农业科技、推广优良品种为中心的“绿色革命”，粮食总产量由1966年的7 310万吨增加到1983年的1.53亿吨，年均增长4.4%。二是为保障粮食供应，加强粮食流通，建立了粮食收购机构。印度粮食收购由政府负责，通过国民粮食供应局或印度粮食公司执行。20世纪80年代，全国每年收购粮食增加到1 200万～2 000万吨，占总产量的10%～15%。三是在粮食生产发展的基础上减少了粮食进口。从20世纪70年代到80年代，印度年均进口粮食从212.3万吨下降到 109.6 万吨。四是为保障穷人的需求，建立了公共销售系统。由联邦政府组织和管理，通过公共销售系统销售的粮食逐步增加。随着公共销售粮食量的增加，印度政府的粮食补贴额也相应提高，从 1970—1971 年度的 1 300 万美元提高到 1986—1987 年的 13 亿美元。五是为确保粮食安全，建立了粮食缓冲库存，总量大体在 1 000 万吨的水平上。这样，印度逐步扩大粮食生产和供应，比较主动的应对多次外部冲击。印度正反两方面的经验教训值得汲取。

阅尽世界粮食贸易历史，看到的是少数富国粮食垄断集团的贪婪和广大穷国民众的饥饿，看到的是控制与反控制的斗争，看到的是粮食战争的烽火熊熊不息。透过历史的镜子，可以鉴别真伪，可以鉴定优劣，还可以鉴戒未来。在现阶段，我国加强农业基础、扶持农村发展、加快农民增收、确保粮食安全，可以说是“天下之至重，天下之至要，天下之至难”的头等大事。那种认为“中国已经不存在粮食安全问题、也不存在耕地保护问题”的观点，既与我国的国情和粮食实际情况格格不入，也与世界粮食市场的发展历史相违背。那种对片面依赖国外自由市场养活自己的“粮食安全观”只能是画饼充饥的黄粱梦。

原刊于《粮油市场报》，2009 年 10 月

君莫忘：土地是衣食之源和财富之母

——对一种“土地观”的评论

近来，有位老教授多次宣扬他的“土地观”：建造工厂发展工业，比搞农业、种粮食效益要高得多，实行最严格的耕地保护制度是有害的。政府划定的耕地“红线”，束缚的只是中国的工业化与城镇化。

反复思量后，对老教授的“土地观”不仅不敢苟同，而且认为它是完全错误的。我们且不必从原理上去阐述相关的问题，仅就实际的感知而言，老教授反反复复宣扬的“土地观”是违背经济学常识的。君莫忘：土地是衣食之源，是财富之母，是农业粮食之本。

以能量转换理论为科学依据，粮食种植面积的增减、耕地质量的优劣直接影响粮食产量的高低。粮食实质上是一种生物能。它是由太阳光能通过土壤和融于土壤中水分的肥料为载体转化生成的新能源——为人类提供必须营养素的一种营养源。水和土是农业粮食生产必须的两种要素，而且必须紧密结合、优化配置。基于此，足够的耕地面积、丰厚的土壤肥力及所含的水分，是决定粮食总产量的重要决定条件。这些条件优越，粮食总产量就提高；反之，粮食总产量就降低。在科学技术没有取得根本性突破之前，足够的粮食种植面积和水源是保障种植业、特别是粮食总产量稳定增产的基础因素。这是一个普遍的客观经济规律。那种认为“耕地和粮食产量之间没有直接的关系”，以及中国已不存在耕地保护问题的观点，在理论和实践上都是完全站不住脚的。

如果深入评析一下老教授的“土地观”，那么不难看出：它的要害是把保护耕地和推进工业化与城镇化片面对立起来，把“耕地”这种关系国计民生的基础性的稀缺要素资源，视同一般商品可以放任自由流通。它的理论谬误在于违背经济规律，否定农业和粮食“双基础”地位，割裂保护耕地和确保粮食安全的有机关系。它的实践错误在于违背中国国情和粮情，否定保护耕地的必要性，以牺牲农业粮食为代价去推进工业化和城镇化，把保障国内粮食安全的希望寄托于世界粮食市场的自由贸易。客观经济规律表明，三个产业之间是相互制约和相互依存、农业是国民经济“绿色心脏”的辩证关系，若以牺牲农业粮食为代价发展工业化、城镇化，必然导致产生严重的恶果。如果实行这种“土地观”，那么可以断言，不久将会再次掀起“跑马圈地”、毁地、荒地的热潮，导致稀有的农业资源严重浪费，招致广大农民的合法权益再一次受到损害，沦为“无地、无业者”，使农业粮食产业走向萎缩、依赖别国粮食来养活自己的道路。这是一条违背国情、违背客观规律的百害而无益的道路，必须坚决摒弃。

首先，我国土地和耕地的特点决定，必须倍加珍惜和保护。在我国的国土面积中，山地约占33%，高原占26%，丘陵占10%。盆地占19%，平原仅占12%，前三种地貌之和占全国土地面积的69%以上。这种地形地貌决定我国人均耕地、特别是优质耕地少，后备耕地资源少。目前全国人均耕地1.43亩，不足世界人均耕地数量的42.7%。特别是与西欧和北美人均耕地数量相比，我国人均耕地数量更是相差悬殊：澳大利亚37.07亩；加拿大21.99亩；俄罗斯12.85亩；阿根廷12.17亩；美国8.95亩；巴西5.05亩；法国4.62亩；印度2.40亩；德国2.15亩。澳大利亚、加拿大、俄罗斯、阿根廷、美国、巴西和法国等国的人均耕地数依次是我国的25倍、14.9倍、8.7倍、8.2倍、6.0倍、3.4倍和3.1倍以上。在我国人口众多，资源禀赋低，人均耕地资源十分匮乏的情况下，无视国情奢谈不需要保护耕地，真的是背离了经济常识。我们必须要像爱护眼睛一样爱护土地，珍惜土地，节约土地。

其次，耕地是粮食稳定增长的基础因素，必须固基强本。耕地是国土资源中的精华部分，是农业粮食产业赖以持续稳定增长的、不可替代的载体。受我国耕地资源的制约，我国农业粮食生产规模很小，不能与西欧和美洲国家相比。欧美等经济发达国家农业已经实现高度现代化，农业人口占总人口的比例很低，一般在3%上下，每个农业劳力经营的耕地规模更是巨大，呈现出现代化大生产的特点。人多地少构成了我国农业粮食生产发展的长期的、严重的资源约束。粮食面积减少，粮食总产就会下降；粮食面积扩大，粮食总产就会提高，二者之间具有直接的密切的关系。那种无视和否定这种密切关系的“耕地观”，是完全违背实际的。

再次，最严格地保护耕地，对于维护广大农民权益不可或缺。迄今，土地依然是亿万农民安身立命之本。然而，多年来农民权益恰恰在土地问题上遭受损害最大。迄今大家还记忆犹新，在我国曾多次掀起经济过热、农业过冷、“圈占耕地”的浪潮，导致了耕地的严重浪费，包括耕地数量减少，地力减退，土壤污染，以及沙化等。在此过程中，多达数千万农民利益遭受严重损失和侵害，沦为“无地可耕”的无业者。虽然国家多次有针对性地重申最严格保护耕地的政策及相关措施，但是土地开发利用中的弊端和问题至今还仍未得到根本治理。目前尚存在的主要问题包括：集体土地产权不清，权利不明；一些省、市还未实现“占补耕地”平衡，而且补充的耕地质量较低；耕地占用成本低，农民权益受到严重损害；城市盲目扩张，城市用地的增长远快于城市人口的增长。1996 年全国城市非农业人口比 1986 年增长 59.7%，而同期城市用地却增长 106.8%；以及工业企业和乡镇企业重复建设，造成土地被大量乱占滥占，到处都可看到经年荒芜、长满蒿草的"开发区"、"工业园区"、"技术园区"，至于房地产开发商贮存土地的现象比比皆是，对农业粮食产业和广大农民造成的危害触目惊心，不可容忍。这难道不使人们认识到：实施最严格的耕地保护制度和节约制度，也是保护广大农民权益的不可或缺的举措吗？

最后，最严格地保护耕地，也是坚持可持续发展的必要举措。对于农业粮食生产而言，"水"和"土"等资源必须有机结合。这里不无意义地提出"水"的问题。我国人均水资源量只有 2 076 立方米，仅为世界人均数量的 24%，远低于世界水资源丰富国家（加拿大人均水资源 94 314 立方米，美国 9 985 立方米，日本 3 389 立方米，法国 3 218 立方米）。另外，我国水资源分布极不平衡，与农业粮食主产区很不匹配，加之我国是世界上灌溉面积比例较高的国家，用水总量高达 3 440 亿立方米，占全国用水总量的 66.5%。全国常年缺水量多达 300 亿立方米，遭受干旱威胁的耕地面积在 2 亿～3 亿亩之间，旱灾成为制约农业粮食可持续增长的致命因素。还不容忽视的是，一方面中国水资源贫乏，另一方面水资源还在恶化，水污染还在加剧，从而更加重了水资源的短缺，成为制约农业粮食可持续增长的致命因素。

综上所述可见，在我国耕地和水资源的利用中，稀缺与浪费同在，贫乏和污染并存，土壤肥力衰退，清洁水质劣化。这更进一步加重了土地与水资源的短缺，加剧了供求矛盾。那种认为中国"不存在耕地保护问题"的"土地观"，是完全不符合实际的。坚定坚持最严格的耕地保护制度，坚守 18 亿亩基本农田的"红线"，就是坚守中华民族和中国农业粮食产业的生命线；保护稀缺资源耕地、并在保障数量的同时又不断提高耕地的质量，就是保护中国的农业粮食综合生产力；保护和改良耕地，还是维护广大农民利益的必要措施。所以，我国必须长期坚持最严格保护耕地和珍惜耕地的基本国策，要节约寸土地，留予子孙耕。

原刊于《粮油市场报》，2009 年 10 月

对中国粮食能否自给自足的探讨

——兼评布朗先生的《谁来养活中国》

90年代初以来，中国粮食问题引起世界极大的关注。许多国家和学者先后提出关于中国粮食问题的研究报告。令人注意的是，美国世界观察研究所所长莱斯特·布朗先生的一篇题为《谁来养活中国》的长文，引起了世界的轰动和反响。布朗先生虽然了解到中国农业和粮食发展的一些制约因素，但应该说，他对中国农情、粮情和资源的了解还是浮浅的。他预测到2030年，中国总人口将增长到16亿，而同期中国的粮食产量将下降20%，供求缺口3.87亿吨，世界上没有一个国家和地区能够供养中国。他认为世界粮食前景堪忧，中国的粮食匮乏将使世界粮食也匮乏，“中国将饥饿世界”。

一、对中国粮食问题无需悲观

客观而言，对中国粮食问题无需悲观。因为在幅员辽阔的中国，存在着多种发展粮食生产和解决吃饭问题的有利条件。这些条件，既分布在生产要素领域，又体现在科技进步上，即拥有雄厚的资源条件。

首先，中国耕地增产粮食量的潜力巨大。在中国耕地中仍有2/3、即大体有9亿多亩的耕地仍处于中、低产水平。如果采取生物措施和工程措施相结合的途径，把低产田变中产田、把中产田变高产田，那么平均每亩可提高单产50～75千克。按照5亿亩计算，每年即可增产粮食2 500万～3 750万吨。另外，目前全国土地的复种指数约为150%，最高可提高到200%。全国复种指数每增加一个百分点，就等于扩大粮食面积1 500万亩，以现在的单产计即可增产粮食400万～500万吨。采取以上改造中低产田、合理提高复种指数和开发南方冬闲田等三项措施，我国每年就可增产粮食3 900万～5 700万吨，而且是可以实现的。

其次，中国科技兴粮的前景广阔。农业科技进步是振兴粮食业的强大生产力。据农业科技部门推算，农业科技进步在我国对农作物增产的作用，已从过去的20%提高到现在的30%～40%。诚然，农业科技进步在我国粮食增产中的作用与经济发达国家相比还有颇大的差距，这也正说明在中国科技兴粮潜力之大。农学家经过对比筛选提出建议：全国积极推广以下10项适用农业技术措施，可收到投入小、启动快、覆盖面广、增产量大的效果：①粮食作物高产优质综合栽培技术；②粮食优良品种和杂交组合技术；③科学施肥技术；④粮食科学保管、加工、综合开发利用技术；⑤旱地粮食作物栽培技术；⑥地膜覆盖技术；⑦病虫草鼠综合防治技术；⑧节水、节能、节地耕作技术；⑨中、低产田改造技术；⑩多熟制栽培技术等。这些涉及技术工程、生物工程及生化工程的适用科技措施，一经推广被农民掌握应用，就会极有效果地转化为粮食生产优势。例如，北方运用小麦、玉米新品种组装配套形成模式化栽培技术，每亩可增产 150 千克左右。若到 2000 年可推广 5 000 万亩，总计粮食增产量可达 750 万吨。杂交玉米地膜覆盖高产栽培技术，每亩也可增产 150 千克上下，全国适合采用此项技术的面积约 5 000 余万亩，增产总量至少达 750 万吨。我国的农业专家论证，在今后若干年内把技术进步对农业和粮食增产的作用由原有 30%～40%提高到 50%、再提高到 70%的先进水平，是必要而可能的。这意味着全国粮食生产能力增大 4 500 万～9 000 万吨，足以保证中国粮食到 20 世纪末再登上一个新台阶。

再次，中国开发国土资源前景广阔。耕地是粮食和其他作物赖以发展的不可缺少的基本条件。在我国“七分山水、二分草原、一分耕地”的构成中，尽管耕地不丰，但浪费却很严重，因而仍有较大节约开发潜力。据调查，全国有成片可垦荒地 5 亿亩左右，其中近期可以开垦为耕地的约有 1.2 亿亩；有零星荒地 1 亿亩上下，近期可以开发为耕地的约为 5 000 万亩；还有适垦滩涂 5 000 万亩，近期可以改良的草原面积 5 000 万亩，可供养殖的淡水水面和约 100 万平方公里的近海海域利用率还很低。除宜垦荒地外，由于各种自然灾害和基本建设造成损毁的耕地资源数量颇大，累计在 1 亿亩以上，至今只复垦 2%左右。如果达到一些国家 50%的复垦率水平，那么，全国就可新增宜农耕地 4 500 万亩以上。还不可忽视的是，由于我国农田和乡镇现代化水平低，因而农田排灌渠道凌乱，且多为明渠，占据宜农耕地广达 1 亿亩以上；同时，全国近 600 万个村镇占用耕地 2 亿多亩，其中不少北方农户拥有大院落和住宅基地。如果逐步把明渠改为暗渠和喷灌，在村镇建设中把新村移居山地或劣地，把散乱的土葬迁入山地丘陵，那么，全国仅此三项就可节约出条件良好的耕地几千万亩。如果从政策上、法律上和资金投入上加以提倡和支持，开发上述潜在的国土资源是大有可为的。

第四，中国综合开发食物资源效果可观。前述的三点说明，我国粮食“开源”的前景是广阔的。与此相对照，幅员辽阔、人口众多的中国，粮食“节流”的潜力也很巨大。据调查，我国粮食作物在收获、储藏、加工、运输、利用等环节的损失率至少在 10%以上。这就是说，由于粮食储运、加工和利用技术落后，全国粮食收获量中有近千亿斤白白损失了，如果改善这些环节的条件，以减少损失率5%计算，每年就可以少损耗粮食1 500万～2 000万吨，若以中等单产175千克计，大体相当于不种田而收获4 000万～5 500万亩粮食的总产量。此外，全国每年有数千万吨糠麸、油饼、糖渣、酒糟、屠宰下脚料等都是优质精饲料，可转化成数量可观的动物蛋白食品，至于数亿吨秸秆，每年用一部分氨化发展草食动物，也可转化生产出大量牛肉和羊肉。饲养业产生的巨大数量的有机肥料也可有效的促进农业和粮食增产。

第五，中国广开食物资源大有可为。解决中国吃饭问题，还可以寄希望于广开食物资源上。其根据是：①我国是世界拥有草原面积最广的国家之一，丘陵山区草场面积41亿亩，其中可利用面积33.5亿亩，近期可以改良为高水平草场的面积约为5 000万亩。据农业科研部门计算，若将全国可利用草场的80%改造成人工草场，则可增加养牛1 000多万头，肉牛2 000多万头，高产半细毛羊2亿只，都比现有的饲养量高好多倍，使我国的肉、奶、毛产量翻几番。②我国海域辽阔，海岸线长达1.8万公里，浅海滩养殖业区面积近1亿亩。鱼虾贝产品和海洋资源十分丰富。如果进一步开发利用，可以生产出多种水产品，增产多倍于现有2 000多万吨的各种海产品的产量。③拥有宜林荒山地约有12亿亩，可以种植经济林木，发展木本粮油，像油茶、油棕、柿子、板栗、核桃等，对丰富居民生活和改善国民营养有重要作用。

客观条件表明：中国发展粮食生产和解决吃饭问题的前景是光明而乐观的。如果措施配套有力，那么，全国粮食总产量到本世纪末乃至下世纪初保持2%上下的年增长率是完全可能的。这就是说，到本世纪末，全国粮食总产量将能达到5亿吨以上，到2030年将可能达到6.4亿～6.5亿吨。届时，中国总人口依次增长到13亿和16亿，人均粮食占有量保持在400千克上下的水平。这一分析和预测，具有客观依据和充分可行性。这一研究结果表明，布朗先生关于"中国的粮食产量下降20%"的预计，是缺乏深入研究的臆说之辞。他说的中国到2030年"粮食进口赤字将达到3.78亿吨"的骇人听闻的数字也就不足凭信了。中国的社会经济、特别是农业和粮食产业将向世界证明，中国有条件、有能力、有信心养活自己的国民，而且生活水平也将不断有所改善和提高。

二、对中国粮食问题不可盲目乐观

中国粮食发展前景是光明的。然而决不可忽视其严峻性和制约性，陷入盲目乐观之中。在这方面，布朗先生在他的文章中倒提出了一些问题，是需要我们正视的。如吸取东亚一些国家和地区实现工业化以牺牲农业为代价的沉痛教

训；居民食物结构转变过快、粮食消耗膨胀过猛而超过了粮食增长率；作为不可替代的、人均不多的耕地资源连续萎缩、抛荒和消失，成为“最令人头疼的变量”；作为农业和粮食生产命脉的水资源日益短缺，灌溉水危机日趋严重；与农业和粮食息息相关的生态环境在总体上愈益恶化，像土壤侵蚀、盐碱化、空气污染、酸雨和全球变暖等是无法计算却潜伏着极大危险的问题；农业和粮食生产取得新突破希望所在的农业科技，又比较落后，新成果推广缓慢，难于迅速转化为生产力等，都是不可忽视的。

特别在向市场经济过渡的初期，人们误以为把粮食推向市场就行了，无需加以保护和调控，一些地方近年来甚至对农业和粮食的基础地位发生动摇，盲目认为“有钱就有粮，无粮也不慌”，因而发生种种削弱农业和粮食的现象。近年来我国粮食产销特点可以概括为：“一个不稳”：粮食生产徘徊不稳；“二个剧增”：全国人口剧增，粮食消费剧增；“三个趋减”：耕地趋减，粮田趋减，地力趋减；“四个偏紧”：大米偏紧，玉米偏紧，南方偏紧，供求偏紧；“五个不会变”：到2000年，全国每年人口增长1 000多万的趋势不会变；耕地总面积每年缩减几百万亩的趋势不会变；全国粮食需求量将达5亿吨以上的趋势不会变，人均需要粮食占有量400千克以上的趋势不会变；立足国内为主解决粮食问题的方针不会变。综上所述，预计的“五个不会变”决定粮食的特殊战略地位不会变；两个市场、两种资源相结合的趋势不会变。上述足以说明解决中国粮食问题的长期性、艰巨性和严峻性，对中国粮食问题决不可掉以轻心，盲目乐观。

三、解决中国粮食问题的综合对策

中国国情、农情、粮情及客观经济规律决定，解决中国粮食问题需要坚持基本粮经观点，确立综合解决中国粮食问题的战略方针。这一基本对策包括：第一，坚持农业为基础，粮食为主业的方针。换句话说就是，在总体上，全面发展农为本，多种经营粮为主。第二，加强对农业和粮食生产的扶持和保护。即在市场经济条件下，更需扶弱固本护农粮，加大扶持力度，增强农业和粮食发展的后劲。第三，开发耕地稳粮田，科技兴粮攻单产。足够的粮田面积是保证粮食总产稳定增长的决定因素。没有粮田的稳定，就没有粮食总产的稳步增长。我国开发耕地要走内涵开发为主，外延扩大为辅的道路，全国粮食种植面积应稳定在16.0亿～16.5亿亩的水平上。与此同时，要大力采用现代科技措施，以提高粮食单产。第四，坚持粮食大流通，大市场的方向。其主要内容包括：以逐步创立完整的粮食价格体系为突破，实现粮食商品化；以转换粮食企业机制为中心，建立现代企业制度，实现粮食经营市场化；以健全粮食市场体系为载体并制定粮食法规，实现粮食贸易规范化；以创造财政、信贷、安全保障为大环境，实现粮食宏观调控间接化。第五，实施综合战略，广辟粮食新源。其基本要点包括：一是积极开源，提高包括粮食在内的各种食物的增产率；二是广辟新源，提高居民在肉类、水产、蛋类、果蔬、草食动物、木本粮油等食物的占有率；三是科学保藏，减少粮食、肉蛋、果菜等各种食物的损耗率；四是改进加工，提高米、面、食品、饲料等产品的加工成品率；五是综合利用，提高粮食等各种食物资源的利用率。

粮食业同其他产业一样，随着现代化的进程越来越需要社会化服务。农村是中国服务市场的主体，农民是数量最大的服务对象，发展粮食社会化服务天地广阔。它包括及时的市场信息服务；适用的科学技术服务；优质的市场购销服务；先进的加工储存服务；农业科学保粮服务等等。国有粮食部门发展粮食社会化服务大有作为，要把服务向广度和深度开拓：不仅局限于城市，而且要向广阔农村延伸；不仅局限生活，而且要向生产领域延伸；不仅限于传统服务项目，而且要开拓多种经营服务项目；不仅局限于老服务形式，而且要探索“产供销”、“贸工农”一条龙的新形式，特别是把处于粮食服务前沿阵地的基层粮管所，改革成提供收购、加工、储存、信息、代储、代运、代加工等综合化服务的粮食经营服务机构，为农民排忧解难。

我们满怀信心地预言：只要以正确的粮食理论观点作指导，以切实的配套措施保证粮食总产量增长为基础，以粮食流通新体制和新机制作为有力促进，以粮食社会化服务作为新的条件，那么，中国粮食前景将与布朗先生预测的完全相反：不是暗淡，而是光明；不是下降，而是增长；不是养活不起国民，而是以自力为主，必将使国民生活水平不断提高，迈向全面小康化。

原刊于《中国研究》（香港），1995 年第 11 月号第 8 期
原文较长，本次选录时删节较多。

产业创新篇

渔家傲

贺东风第一枝——郑州粮食
批发市场10周年华诞

乍暖还寒冰未消，
忽闻惊雷震九霄。
东风新绿报春早。
一枝俏，
引来百花竞妖娆。

三江四海路迢迢，
谷物畅流架金桥。
纵然征程雨潇潇。
未来道，
越走越宽越逍遥。

2010年10月1日
于北京三路居

采取创新攻势，做大做强小麦产业经济

——兼谈优质强筋小麦期市新品种

我国是世界小麦主产国之一，冬小麦占小麦总产量的90%以上，分布范围很广。我国小麦总产量居世界第一位。其中，小麦最大的主产省是河南、山东和河北。2002年，这三省的小麦种植面积和产量占全国总面积与总产量的42.5%和53.2%，而且呈继续扩大和增长的趋势。从改革开放以来，我国小麦生产、尤其优质专用小麦种植面积迅速扩大：2000年比1999年增长104%；2001年比2000年增长18%；2002年优质专用小麦面积达到535万公顷，产量达到2 150万吨，其中河南、山东、河北三大最大主产省的小麦产量依次达到598万吨、517万吨和310万吨。从1978年以来，我国小麦年增长率达到3%，高于同期整个粮食增长率1个百分点。

然而，我国优质专用小麦发展中还存在种种问题和障碍因素。主要问题是：在生产领域，种子培育体系不健全，种植分散，大多不连片，导致优麦品种退化。在流通领域，大多数尚未做到优质小麦专收、专打、专存、专运，结果使优质麦和普通麦混种、混收、混存现象普遍存在。在价格方面，迄今在各地区、各品种和各企业间还未形成合理的价格体系，特别是采购价格多有差异，缺乏有代表性的优质强筋麦的价格。在小麦加工方面，只有一些设备先进的大中型面粉加工企业生产高中档专用面粉，而大量小型面粉加工企业只能以普通小麦为原料加工普通面粉。这种小麦加工结构对扩大优质强筋小麦的需求带来负面影响。产生上述问题的主要根源在于，还没有把小麦这种大产品提高到产业经济的高度上去认识、去发展，至今还缺乏有力的拉动优质强筋小麦稳定增长、确保质量的市场力量。直到如今，我国小麦经济还是发展内力不足，即不管是生产者，还是经营者，都缺乏生产和经营优质强筋小麦的市场动力，即“无形的手”对他们的拉动力。

正是在此关键时刻，优质强筋专用小麦合约于2003年3月28日在郑交所挂牌上市。这是新世纪为稳步发展粮食期货市场的第一个新品种，也是人们期待已久的新突破。以此重要举措为契机，将会把我国优质强筋小麦推向发展新阶段：一是会形成优质强筋小麦的预期价格，成为引导和推动生产者和经营者发展生产和扩大经营优质小麦的信号；二是会形成专门的优质强筋小麦价格体系，特别是在有代表性的批发市场上形成不同等级、不同地区、不同季节的代表性价格。基于以上两点，产生的第三点是，将会促进形成优质强筋小麦的标准化、规格化，并且将会促进与国际优质强筋小麦标准接轨。在以上三种新因素作用下，必然会真正形成优质强筋小麦的优质、优价体系。进而，加快在小麦主产区形成优质专用小麦的生产体系，加快在全国形成优质专用小麦的专业市场，加快在优质小麦优势产区形成优势产业集群，开创生产发展、流通活跃、农民增收的新局面。由此可见，郑交所推出优质强筋小麦期市新品种的重要意义和重大作用。

优质强筋小麦很具发展潜力，可望成为日益活跃的大宗农产品品种之一。这是由这个品种的特性决定的：

一是，小麦供求正发生转折性变化。当前，全国深化粮改进展明显，整个粮食供过于求的形势逐步转变为供求平衡，仓储压力缓解。而作为我国主要谷物品种之一的小麦已连续四年减产，超量库存已基本被消耗。普通品种小麦供求平衡，但优质专用小麦仍供不应求。从本年度小麦生产形势看，今年冬小麦长势普遍不如上年，由于严重干旱的影响，主产区小麦可能减产较多。在这种供求关系转折性变化时刻，小麦自然会转变成期货市场的大品种，而强麦、硬麦两大期市品种则会成为投资者角逐的一个新战场。加之，郑州期货市场已经修订、完善了交割和交易制度，有利于市场投机资金的投入，投资者对郑州市场信心日益恢复和增强。综合以上因素，郑交所在这种历史性变化时刻推出优质强筋小麦新期市品种，适时提供了小麦产业期货与小麦经济，特别是优质小麦新发展的重要契机。

二是，国内优质强筋小麦需求量呈逐年增长趋势。大体从20世纪90年代中期以来，我国粮食产销、供求与消费关系巨变。居民消费水平显著提高，形成对优质、营养和安全粮食的强劲消费趋势，其中对优质小麦，特别是对优质强筋小麦的需求量大增。2000年，我国面包和高档食品对优质强筋小麦的总需求量为1 800万吨，比1999年增加80万吨，占当年全国小麦总需求量的15.7%。据估算，2002年全国加工面包需要高强筋优质专用小麦360万吨；加工饺子粉和方便面粉需求强筋优质专用小麦1 150万吨；加工饼干和糕点需求弱筋优质专用小麦600万吨。三项总计需求各种优质专用小麦2 110万吨以上，此外还有其他不同方面的用途需求不同的小麦专用粉。迄今，我国每年还需进口优质强筋小麦几十万吨。这种需求趋势，必然会影响这个品种的种植面积和市场价格，有利于期市稳步成长。

三是，优质强筋小麦价值高，价格波动幅度大，具有吸引力。迄今，我国优质小麦现货市场还没有形成公开的价格体系，但优麦平均价格较高，且波动大。例如，在2000/2001年度，优质麦价格比普通麦一般高10%～20%，价格波动幅度在40%上下。同年，农民种植优质麦每亩可增收50～80元。2001—2002年度，全国优质麦种植面积和产量大增，其价格明显回落，同时普通小麦价格上涨，致使二者价差缩小。优质麦收购价格仅比普通麦每500克高0.01～0.02元。从2002/2003年度10月份以后，优质麦价格回升，但上升幅度较小，但到2003年1月中旬，优质麦价格继续上涨，上涨幅度一度达6%～10%之间。优质强筋小麦价值高、价格波幅大的这种特性，正是投资者和套期保值者进行期货交易的吸引力所在。

四是，优质专用强筋小麦挂牌上市，有利于“三农”问题的解决。如前述，郑交所挂牌上市优质专用强筋小麦合约可以形成预期期货价格；更全面重视优质专用强筋小麦与国际接轨的标准化；加快形成优质专用麦的优质优价和专业市场。所有这些期货功能的发挥，将有力促进“订单农业”的发展，推进农业和粮食结构调整，优质专用强筋小麦面积将进一步扩大，农民收入将不断增加，企业效益也会得到改善。所以，优质强筋小麦这个新上市品种必然受到相关部门和国家粮食政策的支持。特别是优质专用强筋小麦上市，有利于各类企业套期保值，广大生产者和经营者、加工企业，乃至外贸企业等都会积极运用这个新市场工具，使期市投资结构呈现多元化。这种趋势不仅有利于扩大强筋优麦的交易规模，而且有利于整个小麦期市正常平衡运行。

五是，中国食用小麦已纳入世界粮食价格体系。从2002年底开始，被称为全球权威性报价体系的路透社硬质小麦出口报价单上列入了中国“郑州小麦”，并每日发布郑州商品交易所小麦期货价格。在此之前，虽然我国是世界最大的小麦生产国和消费国，然而在世界小麦报价体系中并未列入中国小麦价格。如今，中国郑州小麦价格“榜上有名”，与美国、加拿大、澳大利亚、阿根廷等国的价格并列。从2002年以来，我国先后向国际市场送交二三百份小麦样品，并且在小麦标准中包含了面筋值、面筋力和沉降值等内容，得到国际市场的广泛认同。这实质上是对“郑州小麦”品质的承认。这有利于我国进一步把两种资源、两个市场结合起来，实现品种调剂、相互联动，从中必然会创造优质强麦与优质硬麦期市发展的新商机。我国要把握这种新机遇，把小麦产业经济做大做强。

第一，要勇于创新理念。提出发展小麦产业经济，既是一个新概念，又是一项具有生命力的新事业，是“新理念实践化”和“新实践理念化”的统一。在新的时代急需采取以适应社会化大生产所需要的新理念为指导。如今在我国，发展小麦经济需要采取适应社会化大生产需要的工业化理念为指导，即：优质专用小麦种植连片化、生产标准化、管理统一化、服务专业化、产品品牌化、经营市场化。通过新理念指导下的新实践，开创我国发展小麦产业经济的新体制、新机制、新形式。

第二，要培育创新主体。具有创新意识和创新实践能力的人，是发展小麦产业经济的根本。粮食生产者、经营者、科技工作者，以及管理者等都是在不同层面、不同领域进行创新的主体。其中，特别要注重培育能代表农民进入郑州商品交易所的强筋小麦的投资者。为按照新思路发展小麦经济，各种主体最可宝贵、最为需要的品格就是创新，需要不断加强创新意识、培育创新能力，包括创新品种、创新市场和创新组织经营形势等，积极致力于小麦产业经济的新探索、新发明、新创造和新发展。

第三，要开拓创新途径。从改革开放以来发生巨变的客观实际出发，中国小麦产业经济需要创新组织经营形式，走产业化经营新路。其要点包括“五变”：变传统、单一型小麦产品为现代、综合型小麦产业经济；变小麦产业链相互孤立、分割为各产业链相互连接、结合；变偏重数量增长型为数量与质量并重型；变适应僵化计划经济体制需求的封闭型为适应灵活市场经济体制需求的开放型；变与农民的买断关系为与生产者结为利益共同体。

第四，要创新标准体系。在现代市场经济条件下，质量已成为世界市场的语言，质量更成为进入世界市场的通行证。发展小麦产业经济，首要的是提高质量，健全小麦产业经济的标准体系。主要包括：小麦生产的生态环境标准；小麦生产所需农资及使用标准；小麦产品质量标准；小麦加工成品标准；小麦质量管理标准等。总之，要通过加强保优、节本、高效及标准化技术研究与推广，确保小麦质量的稳定性和一致性。

第五，要创新产业布局。从比较优势和地区不均衡规律出发，发展我国小麦产业经济要“抓两头、带中间”，即按照市场需求狠抓优质专用强筋小麦和优质专用弱筋小麦这两种优势产品，同时带动优质专用中筋小麦。在此过程中，要把优势产品集中于优势产区，逐步形成中国小麦经济的优势产业带。所谓优势产区，是指自然地理条件适宜、产量高、商品量大、能抵御国外小麦的冲击和有较大量出口的小麦产区。例如，黄河中下游和黄淮海平原是优质专用强筋小麦优势产区，长江中下游是优质专用弱筋小麦的优势产区，东北兴安岭山麓和内蒙古河套区是优质专用春小麦优势产区。

第六，要创新科技体系。有效推动小麦产业经济不断发展的核心动力是科技创新。要通过制度创新为小麦科技创新与进步，提供必要的保障条件和支持，诸如政策支持、融资支持、市场支持、服务支持等。建立和完善小麦产业科技服务体系，主要包括：优良小麦品种的引进、改良、筛选和扩繁；精细播种和耕作；节水灌溉技术和设施；农业和农村生态环境改善和维护；测土配肥技术推广；产品质量检测检验技术和病虫害防治技术，以及小麦加工和小麦粉制品技术服务。

第七，要创新加工体系。这要求，一方面避免小麦加工低水平的重复；另一方面要变小麦粗加工为精加工，变初加工为深加工。然而，所谓的精加工不是指加工精度愈高愈好，而是充分科学开发利用其各种组成成分。这是小麦等农产品资源充分开发利用的技术创新过程，也是提高农产品科技附加值、增加农民收入的重要举措。要在小麦优势产区建立和加强小麦精深加工业，首先是建立和加强一批小麦加工骨干企业和示范基地，作为带动小麦产业经济发展的“龙头”企业；其次是研制和生产各种专用面粉加工及其小包装技术；再次是发展主面食品工业化生产方式，加工方便面、冷冻包子、饺子等系列化食品；另外是开发小麦加工副产品和综合利用技术。

第八，要创新收购方式。适用的收购方式和先进的检测仪器，是确保小麦产品、制品质量的重要环节。如果不抓好这一中间环节，那么此前的各种提高优质专用小麦的努力就会前功尽弃，损害小麦经济的发展。鉴于此，要把创新收购方式和研制先进检测仪器视为深化粮改和发展粮食科技的重要内容。在收购方式方面，不管是国有收购企业，还是加工企业，抑或是集体与个体企业，对他们都要提出要求和鼓励措施，收购优质专用小麦要做到：专门收、专仓存、专车运、专加工、专包装。

第九，要创新市场营销。在经济全球化和市场化条件下，流通渠道和营销网络也是经济（包括小麦产业经济）发展的要素。流通渠道愈通畅、营销网络覆盖面愈广大，发展小麦产业经济便更有巨大活力。当前创新粮食（包括小麦）市场营销，要实现市场结构完整化，市场营销网络化，市场渠道多元化，市场行为规范化，市场交易诚信化。所谓市场结构完整化，是指既要有健全的现货市场体系，又要有发达的期货市场。注重和充分利用期货交易市场，对进行优质强筋小麦、优质硬小麦，以及普通小麦期货市场交易，发现预期价格，引导小麦生产，开展套期保值，改善小麦经营效益，具有重大作用。

只要采取有力的创新攻势，把握创新的超前性和准确性，开拓小麦产业化经营新途径，提供想顾客所想、急顾客所急的新服务，采用灵活、高效的新机制，那么，我国小麦产业经济便会越做越优、越大、越强。

原刊于《调研世界》，2003 年第 8 期

加快饲料行业建设

现在，我国农村已开始了由传统农业向现代农业转化，由自给半自给经济向较大规模商品生产转化，由传统畜牧业向现代畜牧业转化。在这历史性的转变时期，加快我国饲料行业的建设，具有重大战略意义。

饲料的工业化生产，是提高养殖业生产专业化、商品化、科学化水平的必要条件；是改善居民食物构成、为人民提供丰富多彩动物蛋白食品的物质保证；还是提高饲料粮和各种饲料资源利用率的科学技术途径。客观分析，我国已经具备了发展现代饲料工业的条件。除已经建成了一批配合饲料厂和饲料销售机构外，我国农业连年丰收，为发展饲料工业创造了相当雄厚的物质基础。近几年增产的粮食中，相当一部分是商品粮，可为饲料工业提供的原料越来越多。大豆、花生、油菜子、棉花的丰收，其加工副产品为饲料工业提供了大量蛋白质饲料原料。

饲料工业是为养殖业服务的。随着养殖业的迅速发展，饲料工业分布的范围越来越广，经营规模越来越大，生产数量和品种越来越多。它要求有丰富的、用之不竭的各种饲料资源；有通用化、系列化的饲料机械；有大中小结合、布局合理的饲料加工业；有品种齐全的饲料添加剂；有完备的饲料供销网，还要有与生产、流通和使用相结合的饲料科研体系。根据这种客观需要，饲料工业无疑应成为一个新兴的行业。

作为新兴的饲料行业，它必须具备完整性。这是指在整个社会范围内，饲料行业发展的计划性、协调性和科学性。也就是说，配合饲料工业的各个部分必须成龙配套，相互平衡和协调，保持其内在的必然联系。资源是基础，加工是主体，科技是先行，供销是联系产销的桥梁。如果饲料行业残缺不全，整个饲料生产过程就不可能顺利进行。例如，作为饲料生产基础的各种饲料成分，能量、蛋白质、矿物元素、维生素等必须完全具备，各部分之间还要保持一定的比例。否则，就会影响饲料的质量，降低饲养效益。为使饲料工业走上高经济效益的良性循环轨道，必须把它作为一个完整的行业来办。

建设饲料行业，要适应本国国情，特别是要适应我国养殖业的特点。我国地域辽阔，饲养方式各不相同，用料单位遍布城乡。由此出发，建设我国的饲料行业要充分发挥各方面的积极性，要实行多条渠道集资，多种形式办厂，多

种经济成分经营。要解放思想共同兴办，既要国家办，集体办，也可个人办；既可以单独办，也可以联合办，应该百花齐放。

建设完整的饲料行业，必须把各个组成部分结合成一个协调的整体：一要积极发展饲料资源工业，尤其要广辟蛋白饲料资源；二要建设配套的饲料工业体系，包括饲料机械制造工业，饲料加工工业，饲料添加剂工业等；三要建立完备的饲料供销网，建立农村社会化服务体系；四要发展饲料科技和教育，尽快培养出一大批饲料企业的管理干部和科研人才，提高饲料行业干部队伍的素质；五要建立起全国协调的饲料管理体制和饲料行业协会。

实践证明，兴建完整的饲料行业，效益巨大。它可以把大量人不能吃的原料、加工配制成营养价值很高的配合饲料，然后经过动物的“有机工厂”转化为营养丰富的动物性食品，如肉、奶、蛋等。它还可以大大提高养殖业的科学化水平，从而实现以最小投入取得最大产出的饲养效果。普遍的饲养业的实际效果表明：采用配合饲料，猪的饲养周期可缩短1～2个月；蛋鸡产蛋率可以提高20%～30%；饲料报酬提高20%～30%。全国粮食部门1983年销售配合饲料450万吨，按提高饲养效益25%计，即相当于节约粮食112.5万吨。如果把全国现在每年用作饲料的粮食全部加工成配合饲料，可节约粮食1 000多万吨，大体相当于目前全国每年花费巨大努力所增产的粮食。

除上述效益外，饲料行业的迅速发展，必然促使畜禽饲养量大大增加，从而得到大量有机肥料；有机肥多，可养地，可办沼气。农村有了有机肥料和有机能源，自然就可节省大量无机化肥和无机能，从而促进农牧结合，走上良性循环道路，创造良好的生态环境。归根结底，通过建设饲料行业，可以节约大量活劳动与物化劳动，创造更多价值和使用价值，确实大有可为。江苏省海安县几年来狠抓饲料行业的建设，县办配合饲料工业的年产量达到2万吨，有力地促使全县农村经济走上农牧工副渔全面发展的良性循环道路。海安县养殖业产值占全县农业总产值的比重由18.3%上升到31%，仅次于粮食；生猪饲养量净增38万头，出栏率达146%，上市量增长12%；鲜蛋上市量增长15.3%。

建设饲料行业，是一项新兴的事业。它需要转变旧观念，打破旧框框，改革旧体制；需要抓紧时间，加快进行。因此，我们要以改革的精神和历史的责任感，来加快这项新兴行业的发展。

原刊于《人民日报》，1984年3月25日

尽快建立我国的饲料资源工业

适应我国畜牧业向现代化转变的需要，把饲料工业化生产、专业化销售与社会化服务，作为一个完整的行业来筹划和兴建，已经迫切地提到日程上来。但是，这些年来国内建设的多是饲料加工工业，至于饲料资源工业仍很薄弱，多种资源长期得不到开发利用，仍在沉睡之中。尽快改变这种状况，将使我国的饲料工业建立在坚实的基础上。

首先，要建设好能量饲料资源工业。能量饲料主要是指玉米、大麦、薯类等粮食。全国目前每年用于饲料的粮食约 3 500 万吨（包括农村饲料留粮），粮食加工副产品 2 500 万吨，两项合计达 6 000 万吨之多。可惜，有许多地方的农民单一用整粒粮食喂畜禽，饲料报酬很低，资源浪费严重。通过建设饲料资源的加工工业，把这些能量饲料加以科学利用，以提高饲料效益 20%计，可节约能量饲料 1 200 万吨，从而能增养 5 800 万头生猪。这等于农业“不种地的增产”，也等于畜牧业“不增饲料消耗的增养”。

其次，要建设好蛋白质饲料资源工业。这应作为重点抓紧抓好抓上去。我国同世界一样，蛋白质饲料资源严重不足。以饲料中应含粗蛋白质 20%计，上述6 000万吨能量饲料，就需要 1 200 万吨蛋白质饲料与之配合。迄今，我国蛋白质饲料主要来源于各种植物油料饼粕，其总量 700 万～750 万吨，如果能够有一半用于生产配合饲料，约有 350 多万吨。目前矛盾的现象是，一方面蛋白质饲料严重不足，另一方面资源却又浪费严重。许多地方把含蛋白质含量高达30%～40%的大豆、棉籽、菜子、花生等油料饼粕直接用作肥料下田，浪费极大。改变这种不科学的浪费蛋白质饲料资源的有效途径是，除把大豆、花生、向日葵蛋白质制作蛋白食品外，还要把其他植物油料蛋白质都加工成适合做配合饲料的蛋白饲料。植物油料蛋白作饲料过腹后，还有利于农作物吸收利用氮源。试验表明，植物油料饼粕直接作肥料使用，种植的作物只能利用其氮源的 50%。如果把这些资源先作饲料过腹后再用作肥料，氮源的利用率可以提高到 90%以上。

充分挖掘动物蛋白质饲料资源也大有可为。动物屠宰加工下脚料，如血粉、骨肉粉、油渣粉等，蛋白质含量在 50%～80%，饲喂家禽产蛋多，食味鲜，收益高。全国每年动物屠宰加工下脚料数量相当可观。饲料科研机构的研究表明，像蚯蚓、螺蛳、河蚌，蚕蛹及蜗牛等小动物，都含有丰富的蛋白质。这些小动物养殖容易，设施简单，采集方便，成本低廉，其饲用营养价值堪与鱼粉相媲美，应当提倡广大农户和饲养场大力养殖和广泛采集。此外，饲料酵母，即单细胞蛋白，也是一种极有前途、值得大力发展的蛋白质饲料资源工业。

最后，要建设好青粗饲料资源工业。我国青粗饲料品种多、数量大，资源十分雄厚。据推算，全国每年可做青饲料的玉米秸和薯藤有 2.95 亿吨；可先做饲料后肥田的绿肥作物约有 2.25 亿吨以上；还有各种酒糟 500 万吨，甜菜丝 60 万吨，甘蔗渣 50 万吨，向日葵盘 35 万多吨；以及数量巨大的牧草等等。这些青粗饲料资源若经过适当加工，饲料效益可大大提高。总之，建立我国的饲料资源工业，是一项意义重大的基础性建设，应该积极地、尽快地普遍推进和加强。

原刊于《经济日报》，1984 年 2 月 29 日

用科学方法促进工业化饲料生产

现代化畜牧业，是一种专业化，集约化、商品化、科学化水平很高的产业经济部门，而不是自然经济中作为农业附属物的“副业”。现代化畜牧业中先进的饲养方式，需要有工业化的饲料生产方式相适应。首先，各种养殖企业养殖的畜禽都是群体，采取封闭式饲养，其数量多，饲料需求量大。其次，畜禽活动量小，见阳光少，需要提供既能提供营养全面、促进其发育生长，又能防治疫病的全价优质饲料。再次，专业化饲养需要品种多样化、规格系列化的饲料产品。最后，科学化的饲养，需要有规律地给畜禽供料、供水，因而要求准时提供大量饲料，不可延误。如果不能满足上述条件，轻则导致养殖企业生产率不高，饲养成本增大；重则导致畜禽缺乏营养，疫病蔓延，导致死亡。满足上述条件的唯一途径，就是实现饲料的工业化生产。

饲料的工业化生产，是饲料生产方式的飞跃。它运用现代科技成果，采用特定加工工艺，按照科学配方生产各种饲料产品。它不仅生产量大，可满足机械化、半机械化饲养厂的需要，而且产品品种多、规格全、质量高。举其要者就有预配添加剂饲料、浓缩饲料、混合饲料和配合饲料，等等。预配添加剂饲料，又叫添加剂预配料。由于添加剂用量极微，直接混合难以配制均匀，所以要按不同营养要求和配方，将添加剂和作为载体的玉米粉、糠麸等先行计量配制，在使用时再按定量掺入能量饲料就可饲喂畜禽了。浓缩饲料，又叫蛋白质浓缩饲料，是指预配添加剂饲料再加上蛋白质和矿物元素的饲料。混合饲料又叫初级配合饲料，它是把能量、蛋白质、矿物元素等主要原料加工混合而成，但未配添加剂，营养成分不很完全。采用科学配方，将能量、蛋白质、各种添加剂等主要原料搅拌均匀，再加工制成所需要的形态，即成配合饲料。配合饲料营养平衡，成分齐全。其中：能量饲料大体占60%～70%，蛋白质饲料约占20%～30%，添加剂饲料占2%～8%。而添加剂饲料又分两种：一种是起完善与平衡饲料营养作用的营养性添加剂，如氨基酸、维生素、微量元素等；另一种是非营养性的，像抗菌素、驱虫保健剂、防霉剂等，主要功用是防止畜禽疫病和饲料变质。上述各种成分，都必须严格按照不同饲料配方加工成系列化、标准化饲料产品，包括家畜饲料、家禽饲料和鱼类饲料等。为适应饲养对象的需要，既生产出供仔畜、幼畜、肉用畜、乳用畜等饲用的专用料，又生产

出供雏禽、成禽、蛋禽、肉禽、种禽等饲用的专用料。以饲料形态区分，有粉状料、微粒料、颗粒料，等等。这种配合饲料，可满足畜禽除水分以外的各种营养素，故被称为“全价配合饲料”。

采用配合饲料，可使群体化、集约化饲养方式的优越性得以充分发挥，使畜牧生产效率大大提高。一些畜牧业发达国家，由于普遍使用配合饲料，肉猪饲养周期缩短到5～6个月，体重可达100千克以上；肉鸡饲养周期缩短到7～8个周龄，体重达2千克以上；蛋鸡年产蛋量增加，超过250枚；奶牛年产乳量增长，可达5 000千克以上。我国的饲养实践也充分显示了配合饲料的优越性；饲料报酬可提高20％～30％，蛋鸡产蛋率可提高30％以上，猪饲养周期可缩短1～2个月。全国粮食部门1984年销售配合、混合饲料900余万吨，按提高饲料报酬20％计算，即相当于节约粮食180万吨，或相当于增养生猪700多万头。

饲料工业还可以化废为宝，把人不能直接食用的大量农副产品下脚料，如糠麸、饼粕等加工成配合饲料，再通过动物的“有机工厂”转化为肉、蛋、奶、鱼等动物食品。通过综合开发利用饲料资源，开辟循环经济发展之路，有利于提高畜牧业效益。

我国的饲料工业起步晚，基础弱，因而畜牧生产效率落后于世界平均水平：①在饲料报酬方面。国外养猪饲料报酬为3∶1（即1 500克饲料得500克肉），而我国的先进水平为4∶1。②在出栏率方面。美国1983年猪、牛、羊的出栏率依次为149.6％、33.3％、47.7％；法国依次为173.2％、32.6％、67.8％。而我国依次仅为68.7％、4.6％、27.1％。③在胴体重方面。1983年，美国猪、牛、羊的胴体重每头依次为78千克、278千克和24千克；法国依次为90千克、234千克和19千克。而我国依次仅为64千克、91千克和11千克。④国外生猪商品率一般在90％上下，而我国大体在70％，至于牛和羊的商品率就更低了。为缩小我国畜牧业和国外畜牧业先进水平的差距，用科学方法加快发展我国的饲料工业具有极大的必要性和迫切性。

饲料产品若不符合标准，就会给畜禽带来不同程度的危害。缺少能量，会引起各种疾病；缺少蛋白质，会导致瘦肉率降低；缺少氨基酸添加剂，会使幼畜、幼禽发育生长不良，体重减轻；缺少矿物质添加剂，蛋鸡产蛋量要下降，奶牛产奶量要减少，畜禽还会患佝偻病、软骨病、贫血症等；缺少维生素添加剂，畜禽在骨骼、消化、心血管等系统会发生种种疾病；缺少饲料保鲜添加剂，会引起饲料储藏期缩短，变质发霉。现在值得注意的是，确有一些饲料生产企业，不按科学配方生产，粗制滥造，偷工减料，以次充好，质量低劣，有的甚至乱用、滥用添加剂，影响了饲料加工企业和畜禽饲养业的信誉。

为提高饲料质量，必须严格按科学规律办事，建立质量管理制度。所有饲料生产企业都必须按照质量标准把好“三关”：一是原料关。原料的质量是提高饲料产品质量的基础，饲料生产企业对各种原料都要进行检验，凡是不合格的原料，一律不购、不进、不用。二是加工关。严格按照饲料配方和加工技术工艺的要求生产饲料，是提高饲料产品质量的关键。饲料生产企业要建立起岗位责任制，不准随意更改饲料配方，不准违背加工技术要求，以确保加工质量。三是检验关。认真进行检测化验，是维护饲料产品质量的重要保证。每生产一批饲料产品，生产企业都要认真进行成分化验，残毒检测、质量鉴定，不合格者不准出厂。

现在，我国已经具备了发展现代饲料工业的条件。主要包括：全国已初步建立起饲料管理体系；建成了几千座现代化配合饲料厂；设立了相当数量的饲料科研机构；尤其是种植业和农产品加工业的发展，提供了大量饲料原料，为饲料工业打下了比较雄厚的物质基础。同时，配合饲料的优越性也日益被广大农民和饲养专业户所认识，争相购买和应用，为饲料工业提供了越来越广大的市场。只要尊重科学，充分利用现有条件，积极借助科学方法和科学手段，切实提高饲料质量，就完全能够把我国新兴的现代饲料工业搞上去，为发展现代化畜牧业创造必不可少的前提条件。

原刊于《人民日报》，1986年6月12日

我国大豆产业的出路和对策（节选）

一、我国民族大豆产业发展中的隐忧

总体上看，改革开放以来，我国民族大豆产业在激烈的国际竞争中取得了不小的业绩，应给以充分的肯定。然而，我国民族大豆产业面临着一些不可忽视的、需要认真研究的隐忧。概括起来有“三大隐忧”：一是全国大豆加工业产能有一多半处于闲置状态，浪费严重；二是大豆进口量已经超过国产大豆的总产量，大豆压榨加工业对进口大豆严重依赖；三是外资大举进入中国油籽压榨加工领域，油籽压榨能力已经超过国内油脂工业的压榨加工能力，还冀图进一步占领我国的油脂消费市场，我国民族大豆产业的生存空间日益受到严重挤压。下面，试作一些阐述和评析。

1. 产能大幅超过需求，加工能力严重过剩。我国大豆压榨业的猛烈扩张，导致其产能已经严重过剩。20 世纪 90 年代中期以来，由于种种原因，特别是国外资本大举进入导致的盲目扩张，促使我国大豆的压榨加工能力迅猛增长：2003 年我国大豆压榨加工能力已接近 5 200 万吨；目前全国年加工大豆的能力已经超过 8 000 万吨，加上花生、油菜子、棉籽、葵花籽等油料的加工能力，我国的油料加工总能力已超过亿吨，成为世界上油料加工能力最大的国家。大豆压榨加工能力已经严重超过实际大豆压榨量。针对这种新情况，国家发展改革委员会早在 2005 年 3 月初就发布了行业预警报告：“我国现有大豆压榨能力是实际需求的 2.6 倍以上，大豆压榨业的年综合平均开工率不足 40%，国内大豆压榨业已经出现了严重的产能过剩。”但是，国内油籽压榨产能的扩张并没有因此而得到遏制，反而出现了加速扩张的反常现象，大豆压榨加工业由沿海向内地迅速扩张，加剧了大豆压榨加工能力的闲置浪费。从 20 世纪 90 年代初以来，我国大豆的实际压榨量的增长幅度都远远低于大豆加工能力的增速（见表 1）。

透过国内突飞猛进的大豆压榨业的表象，可以看到其产能严重超过实际需求的真相，隐伏着严重产能过剩的危机。为振兴我国民族大豆产业，大豆压榨业不能再盲目扩张、膨胀了。

表1　1990/1991年度以来我国大豆压榨量变化

单位：百万吨

年度	1990/1991	1991/1992	1992/1993	1993/1994	1994/1995	1995/1996	1996/1997	1997/1998
压榨量	3.90	3.39	4.49	7.61	8.59	7.47	8.69	10.73
年度	1998/1999	1999/2000	2000/2001	2001/2002	2003	2004	2005	
压榨量	12.61	14.97	18.90	20.31	21.23	27.64	33.50	

资料来源：美国农业部。2003、2004和2005年为日历年度。

2. 大豆进口量剧增，对“美洲豆”趋向严重依赖。1995年是我国大豆产业的分水岭。此前，我国一直是大豆净出口国；此后，我国变成大豆净进口国，而且进口量越来越大，大豆压榨业对国外大豆的依存度不断加剧，进口量猛增。所谓大豆压榨业对进口大豆依存度的概念是指：大豆进口量与大豆压榨业对大豆实际需求量之比。从2000—2005年，大豆的进口量与实际压榨量的比重由55%提高到79.37%，提高了24.37个百分点；大豆进口量占国产大豆的比重由67.49%猛增到156.41%，增长了近89个百分点（见表2）。

表2　我国大豆压榨业对进口大豆的依存度

单位：万吨

年份	大豆进口量	实际压榨量	进口量与压榨量之比	国产大豆总产量	进口量与总产量之比
2000	1 040	1 890	55.02%	1 541.0	67.49%
2001	1 394	2 031	68.64%	1 541.0	90.46%
2003	2 074	2 123	97.69%	1 539.0	134.76%
2004	2 023	2 764	73.19%	1 740.0	116.26%
2005	2 659	3 350	79.37%	1 700.0	156.41%

资料来源：美国农业部。2003、2004和2005年为日历年度。

从1995年我国首次成为大豆净进口国后，大豆进口一直持续至今。2000年，中国大豆的进口量比上一年翻了一番，达到1 040万吨，占当年国内大豆生产总量的67.5%。2001年，大豆进口量又在上一年进口量剧增的基础上，又增加了354万吨，达到1 394万吨，占当年总产量的90.5%。到2003年、2004年，大豆进口量突破2 000万吨大关，分别达到2 074万和2 023万吨，依次比当年国产大豆总产量高出534.7万吨和282.9万吨。2010年，我国大豆进口量更猛增到5 480万吨。在此期间，与我国大豆进口量相对照，大豆的出口量很小，而且逐年减少，见表3。特别值得重视的是，我国进口大豆的货

源供应也由少数跨国粮油贸易商所控制。例如，ADM、邦基、嘉基、路易达孚等4家公司就垄断了我国80%的进口大豆的货源。照此发展下去，还何谈中国大豆产业在国际市场上的主动权。

表3　1992—2005年中国大豆进出口统计

单位：万吨

年份	1992	1993	1994	1995	1996	1997	1998	1999	2000	2001	2002	2003	2004	2005
进口	10.5	6.2	23.0	79.0	104.0	294.0	385.0	420	1 040	1 394	1 131	2 074	2 023	2 659
出口	44.3	71.5	48.9	24.1	24.1	17.4	19.2	45.0	20.0	25.0	27.58	29.5	4.9	—

资料来源：中国海关，2005年的数据为预计数。

在经济趋向全球化的条件下，我国适量进口国内市场需要的农产品，像硬质小麦、大豆、大麦等都是有益的。但是，应该控制在适度的范围内。一般认为，如果进口增长有利于满足国民日益增长的需求，有利于我国产业结构的调整，有利于合理利用两种资源和两个市场，有利于保护环境，那么，这样的进口增长是积极的。否则，是消极的，必会产生负面效应。实际上，我国大豆进口价格在很大程度上被人"牵着鼻子走"，明显受制于以美国为主的国外粮油贸易商的价格控制，形成了"南美人种大豆、中国人买大豆、美国人卖大豆并决定价格"的令人费解的"供应链条"。大豆的交易价格更多反映了美国国内的行情，并未全面反映国际大豆供求关系。同时，大豆进口合同采用的是美国粮商提供的合同文本，保护的是大豆出口商的利益，而不利于大豆进口方。对国外大豆的超量进口，越来越严重地挤压我国大豆产业的市场空间，影响农民增收。现在我国大豆产业承受着强大的来自外部的压制力量。作为一个农业大国和"大豆王国"，过度依赖美国、巴西、阿根廷等"美洲豆"，会严重挤压国产大豆生存空间，会左右国内大豆的市场价格，会挫伤农民生产积极性。为振兴我国民族大豆产业，需要减弱对国外大豆的过度依赖性，增强我国大豆产业在国际市场上的主动权。

3. 存在受控于国际资本之险，隐伏着步"南美化"后尘之虞。在我国大豆压榨加工业产能已大大超出实际需求的情况下，大豆压榨业的扩张势头不仅不减，反而增强。原因只有一个，那就是国际粮油贸易商挟其强大的金融资本及产业背景，通过并购重组途径进一步大举占领我国大豆压榨加工业领域，控制要地，以图垄断我国的大豆油消费市场和整个大豆产业。据2000年估算，外资已经控制了我国40%的大豆加工能力，控制了我国大豆实际加工能力的50%以上。到2010年，外商已基本上占领了我国的大豆压榨业。

外资之所以大举闯入，是因为国外粮油贸易商看好我国巨大的食用油消费市场。在以美国为主的跨国“粮油贸易帝国”成功地控制了南美（巴西、阿根廷）大豆产业之后，又迫不及待地觊觎中国的食用油消费市场和大豆资源。我国应高度警惕大豆产业的“南美化”现象，即国际资本对南美大豆资源的掠夺和控制。曾几何时，以美国为主的跨国粮油贸易商为了巩固自己在全球大豆产业中的霸主地位，用资金、农资和大豆产业的规模优势迅速向南美扩张。他们通过向巴西、阿根廷农场主提供商业贷款和生产资料等方式，与其进行物物交换，最终导致南美大豆生产者越来越依赖美国的资本，以土地抵押和低价大豆偿还，美国粮油贸易商以低于世界市场大豆价格的价格得到南美的大豆。与此同时，以美国为主的跨国粮油贸易商还在南美大兴土木，建设仓储、港口、运输等物流设施，以加强对当地大豆资源的控制。如今，大约有80%以上的南美大豆资源是经美国跨国粮油贸易商出售的。这就是所谓“南美人种大豆，美国人卖大豆”的现象。南美大豆产业的前车之鉴，中国大豆产业的后事之师。目前，我国大豆压榨加工业存在受控于国际资本之险，潜伏着步“南美化”后尘之虞。对国外跨国公司在我国实现从大豆原料生产到产品终端销售的全过程的垄断经营的目标，必须加以防备和防范。在引进和利用外资中，必须注意兴利避害，掌控大豆产业的主动权，决不可重蹈大豆产业“南美化”的覆辙。

4. 大豆产业科技落后，与发达国家存在较大差距。我国何以由“大豆王国”急落直下，沦为世界最大的大豆进口国？何以国内巨大的大豆压榨市场为国际资本占据“大片江山”？其中，除了种种客观原因之外，在主观上很重要的一条就是我国大豆科技落后，自主科技创新能力薄弱。其主要表现是：一是缺乏高油优质专用大豆品种；二是高产优质大豆栽培技术体系不健全；三是与大豆育种栽培相关的应用基础研究技术储备不足；四是大豆深加工技术落后。由于我国大豆科技落后，导致大豆产业与先进国家存在着种种差距：①单产差距。2000年，欧、美等13个国家的大豆单产都超过2 000千克/公顷，高于中国。目前，我国大豆单产居世界第15位，比世界平均水平低25%。②投入产出差距。以2000年为例，美国、巴西、阿根廷分别以占世界40.1%、18.5%、11.70%的大豆种植面积，生产出的大豆产量占世界大豆总产量的比重分别达到46.5%、20.2%和12.5%。同年，我国以占世界12.7%的大豆种植面积，却只生产世界大豆总产量的9.5%。投入产出的差距，反映我国对大豆产业的有效的技术支持薄弱。③品质差距。目前国产大豆含油率一般只有16%～18%，而美国、巴西、阿根廷大豆的含油率却为19%～20%，相差2～3个百分点。④研发差距。我国大豆科学研究力量极其薄弱，资金等投入也极为可怜，很难适应需要。先进科技是振兴一个产业的第一生产力，也是核心竞争力。面对我国民族大豆产业承受着国外以先进科技支撑的大豆产业竞争的沉重压力，务必尽快提高和赶上国际先进水平，提高其国际竞争力。

5. 大豆商业信息不对称，危害我国大豆产业安全。迄今，我国大豆产业缺乏准确的、全面的信息。特别是大豆收购、库存、压榨、大豆成品的销售行情等，更是难以找到系统、全面的信息资料。多年来，我国大部分油脂企业在进行经营决策时，主要参考美国农业部或外商提供的大豆市场数据资料。以他人之数据作为决策依据，难免有跌入他人之陷阱之虞。2004 年 3 月，国内无序竞争的大豆压榨加工企业集中采购美国大豆，价格为 4 300 元/吨。货物到岸后的一个多月里，大豆价格风云突变直线暴跌，猛降到 3 100 元/吨，每吨降价高达 1 200 元，也就是说，不计其他费用每吨净亏 1 200 元。巨额亏损把中国大批依赖进口大豆为原料的油脂企业推进绝路。信息不对称，给中国大豆产业带来了“灾灭性教训”，应当铭记！

以上评析使人痛感，我国大豆产业中存在的不可忽视的隐患或者叫风险，已经并将可能导致更大的负面后果：一是中国大豆产业逐步丧失生存发展空间，陷入国外粮油贸易商的控制和垄断。如前述，迄今我国国内大豆进口货源的 80％受控于国外粮油贸易商，国内大豆实际压榨量的 50％以上受控于国外跨国公司。二是进口大豆挤压国产大豆的市场空间，迫使国产大豆产业处境困难，大豆主产区农民增收难度更大。三是大豆贸易和竞争秩序扭曲，导致国内油脂企业大面积亏损。2004 年突发的大豆“价格波动”事件，暴露出大豆贸易和竞争秩序的不公平和不公正，带来的深重影响触目惊心。我国油脂企业的亏损额高达 60 亿元，大批中小油脂企业停产、转产或破产，大豆压榨加工业至今步履维艰。四是扰乱国内市场稳定，危害国家粮食安全。食用油安全是国家粮食安全的重要组成部分，而大豆油在居民食用油消费中占的比例高达 38％，大豆粕为现代饲料工业提供了 60％以上的优质蛋白饲料来源。如果大豆产业完全为国外粮油贸易商所控制和垄断，必将使我国丧失对于大豆的宏观调控能力，损害国家粮食安全。

形势的确严峻。然而，也不必惊慌。我国进口较大数量的大豆、菜子等植物油料，对我国油脂供应、乃至宏观经济产生了积极作用。我国人多地少，资源约束性日益加剧，进口植物油料，等于“进口耕地、能源和水源”，腾出的资源可用于发展谷物生产。换句话说，我国在兴利避害的条件下，继续坚持“两种资源，两个市场”的方针，而不是关闭粮食开放的“大门”。坚持这一方针与振兴民族大豆产业并不是绝对对立的，是可以统一的。

二、振兴我国民族大豆产业的出路和策略

今日之中国民族大豆产业，正处于进退、兴衰的历史路口。需要“避害兴

利，避退促进，避衰促兴"，即尽快振兴我国民族大豆产业是重大的历史使命，具有深远的意义。最现实的意义在于，是民族大豆产业对国际粮油跨国公司的垄断与反垄断、控制与反控制的需要。

相对于以美国为主的国际粮油跨国公司的雄厚实力，我国民族大豆产业处于弱势。在以弱对强的形势下，我国必须寻求正确的出路和策略。包括：加强政府宏观调控，对大豆产业提供有力的支持和扶持；培育具有国际竞争力的大型企业，组建油脂企业"集团军"，增强科技自主创新能力，提高民族大豆产业的国际竞争力；培育成熟的市场体系，加强市场风险防范和管理，增强我国大豆在世界市场上的话语权和定价权；建立全国大豆产业协会，密切产业协调合作，加强产业自律管理；健全与完善大豆信息系统，采取信息化管理，防范国际贸易中的"陷阱"等。这里，着重阐述四点意见：

第一，加强政府宏观调控，建立我国"大豆安全"保障体系。大豆是我国推向市场和利用国际市场最早的大宗农产品，不仅商品率很高，而且市场化程度也很高。这一大方向是正确的。但是，推向市场不等于放任自流。近年来，面对国外资本的垄断性并购，我们在策略上或许有所缺失，主要表现在宏观调控力度不够，极需要加强，尽快建立我国"大豆安全"保障体系，包括：①继续实施"大豆产业振兴计划"，提升我国大豆现代生产体系；②完善包括现货市场和期货市场在内的大豆交易市场，健全我国大豆现代流通体系；③发展精深加工业，延长大豆产业链，做大做强大豆压榨加工业体系；④兴建大豆仓储、运输、港口等基础设施，建立大豆现代物流体系；⑤确定国家大豆自给率指标，从我国资源状况和需求趋势估算，大豆自给率可确定在40%～50%上下。从基本总量控制入手，就可有效保护我国的民族大豆产业；⑥把大豆安全纳入国家粮食安全的预警应急体系中，在适当地点选择若干个国有或者国有控股大型食用油脂加工企业作为定点企业，赋予应急和调控职责；⑦加快法律法规的立法进程，建立为我国大豆产业"保驾护航"的法律体系。我国应尽快对外资强力渗透的风险进行评估，运用相关政策和法律手段化解外来风险与不利因素。同时应该尽快出台《反垄断法》，从法源上阻断国外资本的掠夺式并购，使国内大豆压榨加工业以及经济安全等得到法律上的保障。

第二，组建中国油脂企业集团，提高我国大豆产业的国际市场竞争力。一个产业的活力与竞争力，植根在具有一定规模和实力、采用新体制、新机制的企业。目前在我国，大多数榨油加工厂都是中小型企业，规模小，设备旧，技术落后。以2004年为例，在入调的890个食用植物油加工企业中，年油料总处理量仅5 138.1万吨，精炼油总量只有1 460.5万吨。在企业构成中：①国有企业201个，但年处理油料总量只占648.7万吨，平均每个企业的油料年处理量不足 3.23 万吨。②外商及港澳台投资企业 46 个，年处理油料总量 984.1 万吨。平均每个企业的油料年处理量 21.39 万吨，是前者的 6.6 倍多。如果与国外大豆压榨加工企业规模相比，更是相差悬殊。从经济效益情况看，2004 年，国有的 201 个植物油加工企业亏损额高达 6 584 万元。如此弱小的国有油料压榨加工企业，根本无法与国外油料压榨加工业“大鳄”相匹敌，只能被“弱肉强食”。所以，我国急需要培育和组建少数上规模、上档次、体制新、机制活、科技先进的有实力的油脂企业集团。我国只有具备大型油脂企业集团，才能有机会绕过跨国粮油贸易商直接得到南美的大豆资源，也才能有实力在当地建立以生产基地为基础、以仓储物流为延伸的大豆生产供应链，从而避开跨国粮油贸易商所架构的大豆“南美式供应链”的风险。此外，组建有实力的投资基金公司，是强化我国大豆市场定价权、抗衡国外势力、抵御市场风险的重要力量。只有组建和壮大我国有强大实力的“大豆油脂企业军团”，才能提高民族大豆产业在国际市场上的地位。

第三，切实增强自主科技创新能力，作为振兴民族大豆产业的战略基点。只有抓紧抓好这一战略环节，才能解决我国大豆产业发展中面临的诸如产业技术水平低、投入产出比小等重大问题；只有增强自主科技创新能力，才能突破发达国家的技术垄断、市场垄断，解决受制于人的迫切需要解决的问题；只有增强自主科技创新能力，我国民族大豆产业才能在激烈的国际竞争中和维护国家经济安全（包括大豆产业安全）中赢得主动。目前，我国需要加强以下方面的自主科技创新能力：一是大力加强国产非转基因大豆在含油率及单产方面的科技研发，以提升国产非转基因大豆的综合竞争力。据媒体报道，一项使大豆亩产超过世界平均水平、蛋白质含量超过美国大豆、脂肪含量与美国大豆持平的新技术——“大豆优质高效生产技术研究与示范”课题，近期在哈尔滨已通过了国家科技部专家组的验收。若推广这一技术，能使大豆产量提高 11.5% 上下，流通价格提高 10.7%左右。对这样的自主科技创新的大豆先进科技成果应尽快推广应用。二是延伸大豆产业链，走可持续循环经济发展模式。即研发综合开发利用大豆资源的先进科学技术，像大豆蛋白、保健品与化工产品的研制等，以提高大豆附加值和大豆压榨加工业的经济社会效益。三是创新大豆产业信息系统，即形成全国统一的集大豆生产、消费、流通、期货及国际大豆产与销的各类信息的大豆信息系统，并在此基础上进行信息化管理和经营，以灵敏的、对称的信息为武器防范国内外大豆市场的各种风险，保障我国民族大豆产业的安全和稳定发展。四是倡导和发展大豆专业合作社，提高农民的组织化程度。这种合作社是“民办、民用、民有”；积极走大豆产业化经营之路；向豆农提供优质化、综合化服务，有效提高国内大豆产业的规模化水平，进而提高国际竞争力与效益。

第四，建立大豆产业协会，相互协调，步调一致，共兴民族产业。设想建立的大豆产业协会，不同于目前存在的各种协会。它应该由大豆生产、贸易、加工、科研，以及相关的服务部门的代表所构成，是一个关系大豆产业的社会性“大协会”，而不是局限在某一行业的“小协会”。大豆产业协会要通过定期交流信息、经验、资料及对国内外大豆市场的发展趋势的看法，协调对策和行动。大豆产业协会还要积极引导行业规范、有序发展，以及防范和避免国际市场风险，以保证民族大豆产业稳定、持续发展，使其在世界上保持应有的前列位置。

在“中国首届大豆产业高层论坛（2001）”上的发言，2001年5月

此次发表时，有较大删改和补充。

振兴我国杂粮经济的必要措施

所谓杂粮，是小品种谷物、豆类和薯类的总称。像大麦、荞麦、燕麦、高粱、绿豆、芸豆、赤豆、甘薯、马铃薯等都属于杂粮的范畴。我国杂粮生产在世界上占有举足轻重的地位，是我国广阔西部地区的具有优势的特色产业。在传统观念中，把杂粮仅仅视为单个的产品。站在农业和粮食发展新阶段上，应该把杂粮视为杂粮产业经济，并把它置于战略地位，必将大有作为。

一、杂粮是我国的特色资源

由多种自然和社会条件决定，我国杂粮资源丰富，栽培历史悠久，品种繁多，分布广泛，独具特色，产量巨大。据统计，2002 年，全国杂粮总面积为 12 818.7 万亩，总产量高达 1 775.8 万吨。其中，谷子占1 709.6万亩，总产量占 217.6 万吨；小品种谷物占 4 109.4 万亩，总产量占 634.8 万吨；小杂豆占 5 734.95 万亩，总产量占 590.7 万吨；高粱占 1 264.8 万亩，总产量占 332.7 万吨。我国的杂粮、杂豆有几百种之多，许多品种在世界上占有举足轻重的地位。谷子种植面积和总产量都居世界第一位；黍稷种植面积和总产量均居世界第二位；荞麦种植面积、总产量和出口量都居世界第二位；高粱种植面积和总产量分别居世界第八位和第六位；蚕豆的总生产量占世界的 1/2；绿豆、小豆总生产量占世界的 1/3。

我国杂粮资源的主产地大多集中在广袤的中西部地区，特别是绵长的边疆线上。例如谷子，年总产量在 10 万吨以上的省、自治区有 6 个，都分布在中西部。其中，河北省 47.7 万吨，山西省 46.8 万吨，内蒙古 30.3 万吨，辽宁省 23.4 万吨，河南省 13.1 万吨，陕西省 10.4 万吨。再如高粱，主产区也集中在中西部，其中辽宁省为 83.2 万吨，吉林省 56.5 万吨，黑龙江省 52.3 万吨，内蒙古 34.5 万吨，山西省 25.6 万吨，四川省 18.8 万吨。还如小品种谷物，大多数主产区分布在中西部，西藏为 64.5 万吨，安徽省 62.2 万吨，甘肃省 54.1 万吨，四川省 50.7 万吨，黑龙江省 46.1 万吨，云南省 38.0 万吨，河南省 37.5 万吨，内蒙古 33.9 万吨，山西省 23.5 万吨。在东部地区的只有江苏省小品种谷物产量高，为 86.6 万吨，在小杂豆总产量方面，云南省高达 77.7 万吨，山西省为 69.7 万吨，四川省为 64.2 万吨，吉林省为 57.5 万吨，黑龙江省为53.77万吨，内蒙古为43.5万吨，江苏省为35.6万吨，甘肃省为26.7万吨，湖北省为22.5万吨。广大中西部地区拥有如此丰富的杂粮资源，但可惜许多宝贵资源还在沉睡中，等待唤醒和开发。

早在2003年7月，我们在内蒙古赤峰市举办“杂粮经济高峰论坛”，引起了强烈反响。特别是，把杂粮产品首次提升为“杂粮经济”，受到重视。在我国、特别是广大中西部地区，把杂粮资源优势转变为杂粮经济优势，使之成为本地区的特色产业，大有作为。把杂粮资源转变为杂粮经济，是指从社会物质生产和再生产的客观规律出发，可持续性综合开发、充分利用杂粮资源，使之发展成为特色杂粮产业。提出“杂粮经济”的新概念，是为了转变传统的轻视杂粮的思想观念，转变传统的单纯购销的经营方式，转变传统的封闭型、低层次、低效益的产业状态。提出杂粮经济新概念的主旨在于，唤起全社会，特别是农业、粮食、食品工业界对杂粮这一尚处在弱小状态的产业的关注和重视，促使其资源优势充分转变为经济优势，收到“三个有利”的重大经济社会生态效益。

二、发展杂粮经济特色产业的重大战略意义

其一，杂粮营养价值高，保健功能强，精深开发，有利于发展特色食品行业。杂粮品种多样、营养丰富、品质优良、保健性强、“食药两用”等特点正适应广大消费者、特别是城市各类消费群体的“优质、营养、保健、安全、方便”的食物消费的发展趋势。这里简述以下8种主要杂粮的特质和独特功效。①荞麦。包括甜荞麦和苦荞麦两种。甜荞麦营养高于禾谷类谷物，性甘平，清热解毒，为高血压、糖尿病的疗效食物。苦荞麦含亚油酸较高，具有降低血脂、促进酶的催化作用，是预防动脉硬化、降低血浆胆固醇浓度的药用食物。②燕麦。富含蛋白质、脂肪和膳食纤维，制成燕麦片是广受青睐的早餐方便食品，对高血脂有预防和治疗作用。③莜麦。又称裸燕麦，营养丰富，蛋白质和脂肪含量高，尤其富含亚油酸，对防止人体衰老及高血压、糖尿病等有良好效果。④谷子。古人称之为稗，并誉为“百谷之长”。谷子主要碾制成小米和小米粉，被赞为保健食品，为妇幼老弱皆喜爱之食物。⑤大麦。包括二棱、四棱、六棱皮大麦等多种。二棱皮大麦籽粒充实饱满，是酿造啤酒的不可少的原料。四棱皮大麦主要用于饲料工业。六棱皮大麦是造麦曲的理想原料。⑥小豆。又称赤豆，是制作各种糕点馅和风味食品上佳原料，且具有利水、除湿、活血、消肿、解毒等多种药用价值。⑦绿豆。又称吉豆，富含氨基酸、矿物元素，是一种高蛋白、低脂肪、多营养、广用途的食物原料，具有清凉解毒、止泻利尿、滋补强身的作用。⑧芸豆。又称菜豆，有红芸豆、白芸豆、黄芸豆、

红芸豆等多种。芸豆含有人体所需要的多种氨基酸、矿物元素和维生素，有滋补、清凉、消肿的功效，被称为高蛋白、低脂肪的营养食品。由于杂粮的独有品性和功效决定，使其成为食品工业、餐饮业中具有高价值、特殊风味的原料，可制作出多种优质食品，大大丰富食品市场，改善人民生活，提高民众营养、健康水平，具有极大经济社会意义。

其二，杂粮适于发展旱作农业，有利于农业结构调整和农民增收。杂粮作物一般生长期短，耐干旱、耐贫瘠，还有固氮改良土壤的效应，大多数集中于我国北部和西部边疆地区。笔者曾对内蒙古赤峰市作过调查。这个面积巨大的市，除畜牧业、林业和盛产玉米之外，还是富饶的“杂粮王国”，拥有雄厚的杂粮资源：一是土地资源丰富。赤峰每个农牧业人口平均占有耕地 4.37 亩，高于全国平均数 2.87 亩。二是气候条件适宜。杂粮生长期短，耐旱、耐贫瘠，赤峰的地理、气候条件适宜于杂粮生长。三是品种资源多样。赤峰现在生产杂粮杂豆品种有 40 多个，有的已成为品牌产品，像巴林左旗的荞麦米、翁牛特旗的荞麦米及大明绿豆都远销国外市场。四是产品质量优。赤峰具有得天独厚的适宜于杂粮生长的自然条件，保证了产品的无公害和无污染，加之农民有悠久的种植习惯和传统，使产品品质优良，营养成分丰富，堪称无公害食品和“绿色食品”。五是已形成一定的种植规模。在赤峰有多种杂粮已形成一定的商品量。全市杂粮年总产量保持在 30 万～40 万吨。可见，赤峰是我国杂粮的一座丰富的宝库。在我国北部和西北边疆地区，以国内外大市场需求为导向，大力发展杂粮作物具有多种意义：一是可有效调整农业粮食结构，促进其实现合理化；二是可开发本地区优势资源，促进发展杂粮特色产业；三可开辟新经济增长点，促使农民增收，有利于解决“三农”问题。在实施我国西部大开发战略中，把发展杂粮经济当作一个重要措施，对于建立合理的农业结构，改善生态环境，形成新的经济增长点和新兴特色产业，乃至全面建设小康社会都具有重要现实而深远的意义。

其三，杂粮具有强竞争力，有利于开拓广阔的国际市场。许多小品种杂粮、杂豆在世界上独占鳌头，具有很强竞争力，拥有广阔的国际市场。迄今，我国荞麦销往日本、韩国、欧盟等 18 个国家和地区；绿豆出口到各大洲 49 个国家和地区；红小豆出口到日本、韩国和东南亚等 10 多个国家和地区。新世纪以来，我国杂粮出口量保持上升趋势。据海关信息中心资料，2000 年、2001 年和 2002 年，我国绿豆、红小豆、芸豆和荞麦的出口量和出口值依次为：54.29 万吨、21 538.6 万美元；73.10 万吨、27 238.8 万美元；86.53 万吨、31 001.3万美元。2002 年的出口量和出口值分别比 2000 年增长 32.24 万吨和 9 462.7 万美元。2002 年以来，我国杂粮出口总体呈增长趋势；2007 年，我国杂粮出口取得创纪录的业绩。

三、大力发展杂粮特色产业的重大措施

为促进我国杂粮这一特色产业的发育和发展，需要选择有创意的新思路，采取有力量的新措施，探索有效果的新形式，开创有生气的新局面。

第一，转变传统观念，树立战略新思路，创造发展杂粮经济的先决条件。多少年来，杂粮在我国农业和粮食产业中都未受到应有的重视，也未置于应有的地位。现在，要彻底摒弃忽视杂粮的传统旧观念，树立发展杂粮经济的战略新思路。这就是说，要在我国农业粮食结构调整和西部大开发中，大力提高杂粮经济的战略地位，切实以“六化”创造促进杂粮经济发展的环境条件。这“六化”是：资源配置市场化；经营模式产业化；产品品质标准化；加工利用精深化；企业改制民营化；产品流通国际化。

从上述发展新思路出发，建议国家有关部门和各主产区要把杂粮经济视为特色产业积极扶持：一是把发展杂粮经济列为西部大开发战略的重要内容，对像赤峰这样的主产区列为重要开发项目；二是要把杂粮主产区列入农业部制定、经国务院批准的农业优势产区和优势产品；三是国家在“绿箱”补贴和“黄箱”补贴范围中对杂粮特色产业给以倾斜，支持其改善生产、流通、加工、市场、科技等基本条件。

第二，以创新促创业，强化发展杂粮经济的根本保证。发展杂粮经济是一项新兴产业，必须勇于突破传统的旧习惯、旧方式、旧制度，同时以创新促进杂粮创业。就宏观而言，必须坚定一个方向，明确一个主旨，贯穿一个主导，突出一个主题，狠抓一个主线：方向就是义无反顾地继续走向大市场；主旨就是实现兴农（业）、富（农）民、强企（业）的大目标；主导就是解放思想、更新观念、开拓创新；主题就是抓住机遇，一心一意谋发展；主线就是调整和优化产业和产品结构，全力提高国内、国外大市场占有率。

具体而言，一是各级行政部门发挥主导作用，要为发展杂粮经济特色产业，善于谋化，创造宽松的环境。二是民营经济唱好“主角”。要“放手”发展民营经济，让“民营”企业在发展杂粮经济特色产业中发挥“立业、兴业和强业”的主角作用。三是“块状”经济成为主区（或叫中心区）。为改变杂粮种植分散、规模弱小的不利状况，需要从比较优势规律出发，对杂粮产区和主导产品与加工业相对集中，分工协作，形成“块状经济”布局、即成为主产业或杂粮主产品集聚，成为发展杂粮经济特色产业的支柱。四是广大农民成为“主力”。发展杂粮经济，农民同样是主体。要创新体制和机制，促使其不断立业创业、增收增益，激励其成为发展杂粮经济特色产业的主力军。五是产业化

组织经营为主要途径。为此，首先要培育和壮大有实力、有辐射力的加工或购销企业为“龙头”；其次要培育和发展可提高农民组织化程度、提供社会化服务的杂粮专业合作社；再次要把杂粮生产、加工和销售等各产业链条连结为有机整体；最后要建立合理的利益分配机制，使农民分享合理的工商利润，使他们真正成为发展杂粮经济特色产业的受益者。

第三，采取有力的行动措施，促进杂粮经济可持续发展。发展我国的杂粮经济特色产业，必须采取从田头到餐桌的完整配套的行动举措。

1. 加强杂粮科技，落实“十字方针”。发展我国的杂粮经济特色产业，必须紧紧依靠科技进步的智力支撑。首先，要建立具有新体制、新机制的杂粮科研机构、在科技与经济相互结合的方针指导下，研究新工艺，发明新技术，试验新方法，开发新产品，增强杂粮经济的核心竞争力。其次，要建立专业科学试验基地。对各种杂粮杂豆进行基础性生理营养研究和实用性开发技术研究，为充分开发我国杂粮资源提供切实有力的科技支撑。再次，要以加入 WTO 为契机，大力开展自主创新。包括杂粮产销制度创新，经营机制创新，增长方式创新，产业模式创新，服务体系创新，发展道路创新等。最后，要建立杂粮良种培育、推广体系。为改变杂粮品种蜕化、品质质量下降的状况，必须依靠科技，包括利用太空技术培育杂粮新品种，建立杂粮良种培育、繁育和推广体系，实现原种化。通过加强杂粮科技，实现“优质、高产、高效、生态、安全”的可持续发展的“十字方针”。

2. 改善生产方式，发展集约旱作农业技术。改变传统的落后生产方式，采用现代的先进生产方式是发展杂粮经济特色产业的必由之路。在我国悠久的农业文明中有宝贵的精耕细作的优良传统，从而充分发挥出劳力资源丰富的优势。然而，农业科技落后，劳动生产效率和效益低。为振兴我国杂粮经济特色产业，从杂粮主产区的实际出发，要把精耕细作的优良传统与现代科学技术相结合；把生物技术与工程技术相结合；把杂粮经济特色产业发展与农村综合发展相结合，探索和开拓发展杂粮生产的集约旱作农业技术。因杂粮主产区多干旱少雨，故要积极发展集约旱作农业技术，像推广耐旱良种、发展节水灌溉、采取地膜覆盖等。实践证明，在我国北方和西部杂粮主产区采取这种适用和实用技术，可大大提高杂粮作物的产出率和优质率。

3. 走新型工业化之路，大力发展杂粮加工业。从总体上看，我国杂粮经营至今还是以原粮购销为主，加工业十分薄弱，科技附加值更低下。因此，积极走新型工业化之路，大力发展杂粮深加工、充分开发资源势在必须：一要高起点、高档次研制新技术，开发新产品；二要低消耗、高产出、无公害可持续发展；三要高新技术和先进实用技术相结合，提升传统技术；四要技术密集型与劳动密集型相结合，有利扩大就业；五要提高产品质量，创造名牌产品，以质取胜。通过采用新技术发展杂粮加工业有效提高杂粮科技含量，我国杂粮特色产业就会有效升级。

4. 建立和完善现代市场营销网络。迄今，我国的粮食批发市场上多以大宗粮食为主，而杂粮多是在集贸市场上摆摊出售，很不适应发展杂粮经济的需要。因此，在杂粮主产区或主销区要建立和健全现代市场体系，并且要积极建立和完善现代营销网络。对于杂粮，创新营销形式更具特殊意义，要采取科技营销、文化营销、连锁营销、绿色营销等现代营销方式，把杂粮当礼品、当赠品、当保健品、当专卖品进行精化、细化营销。并切实以消费者为中心实现杂粮营销市场化、网络化。如是，我国的杂粮特色产业就具有坚实的载体。

5. 建立和实施杂粮标准新体系。为应对加入 WTO 挑战的需要，我国要制定与国际接轨的杂粮新标准体系，像杂粮生产环境标准，耕作管理标准，产品购销标准，产品加工及制品标准等。通过制定和实施严格、配套的标准体系，就会大大提高我国杂粮的质量和国际竞争力，有力打破国外的绿色壁垒，有效应对国际市场的挑战，赢得更广大的国际市场份额。

6. 培育和造就一支杂粮专业队伍。培育和造就杂粮经济特色产业的新人才，包括杂粮生产、流通、加工等多领域的专门人才，是发展杂粮经济特色产业的基本建设。像我们这样一个杂粮生产大国和出口大国，应该有一批杂粮博士、硕士、工程师、教授等专门人才。同时，在市场流通方面，也要培养和造就一大批懂杂粮、懂市场、善经营的杂粮营销人员。

探索新的产业模式，加强新的科技支撑，那么，中国的杂粮经济必将取得新突破，谱出新篇章，为兴农富民、特别是为广大中西部边疆地区兴农富民，实现农村全面小康化做出新贡献。

四、取消杂粮及制品出口暂定关税，继续实行自由贸易

为了更好利用粮食外贸的宏观调控手段保障国内粮食供求平衡和国家粮食安全，加强对粮食进出口的管理和管制是必要的。去年岁末，国家有关职能部门决定，从 2008 年 1 月 1 日至 12 月 31 日对 57 种原粮及其制粉征收出口暂定关税。采取这项措施，总体上看是有益的，也是及时的。但是这项举措需要适当调整。早在 2008 年 3 月，笔者提出如下调整意见或建议："出口暂定关税"措施的适用范围应尽快缩小到三大粮食品种及其制品，即大米、小麦和玉米及其制粉。同时尽快取消对杂粮及其制品征收出口暂定关税。也就是说，要更多利用国际市场，放开杂粮出口，继续实行自由贸易。

放开杂粮出口，实行自由贸易的原因有四点：

一是，杂粮是我国的特色产业，其产区大多分布北部、西部和西南部的广阔边疆。这些作物一般不占优良耕地，适宜在干旱和生态条件较差的土地上种植，具有改善土壤和生态环境的优点，是西部大开发的一项重要特色产业。国家在实施西部大开发战略中应该大力扶持其持续发展。这需要充分发挥市场机制配置资源的基础作用。

二是，我国多种杂粮在世界上独占鳌头，在国际市场上占有很高份额。由于杂粮畅销于国际市场，而且国际市场价格远高于国内价格，所以是广大边疆地区和农民群众增加收入的重要来源。许多地方依赖杂粮杂豆取得可观的外汇收入。国家应该继续扩大杂粮杂豆出口，以有利于农民增收。

三是，杂粮出口量的增减对国家粮食安全影响不大。我国的粮食安全主要取决于大米、小麦和玉米等三大谷物品种，杂粮在居民消费中不占多大位置。从一定意义上说，扩大杂粮杂豆出口对确保粮食安全可能带来积极作用。因为有利于振兴西部地区的特色产业，有利于增加这些地区农民的收入。

四是，不限制杂粮杂豆出口，有利于避免国外不必要的非议和麻烦。放开杂粮自由出口，既可与传统的进口国继续保持正常的贸易关系，又可避免国外不必要的非难。笔者日前看到，日本荞麦进口商社的函件，请求我国相关职能部门加深双方了解，对日本荞麦进口给予特殊政策。鉴于上述，我国应该尽快取消对杂粮杂豆及其制品征收出口暂定关税，使其自由扩大出口。

原刊于《国际农产品贸易》，2008年第4期

勇于创新，促进我国油茶产业大发展（节选）

油茶，富含不饱和脂肪酸，被誉为“东方橄榄油”，具有很高的营养、保健价值。油茶与油棕、油橄榄、椰子等并称为世界四大木本油料植物。在我国，油茶既是一种古老的木本油料，又是一个新兴的特色产业。追溯历史，我国栽培油茶已有2 000多年了，但长期处于起伏不定的发展过程中。近几年，人们日益认识到油茶值得高度重视的价值。特别是随着科学发展观的深入贯彻执行和资源观的破旧立新，带来了我国油茶产业发展的新机遇。

国务院对包括油茶在内的食用油的发展高度重视，把它提高到关注民生、改善民生、稳定社会的战略高度加以推进。2008年1月，温家宝总理和回良玉副总理专门就我国油茶产业发展问题做出重要批示，明确要求制定科学规划，研究发展措施。国家林业局在江西专门召开了“全国油茶产业发展现场会”，并出台了《国家林业局关于发展油茶产业的意见》。另外，国家林业局为进一步加强油茶发展的力度，还出台了旨在加强油茶产业的《国家林业局关于加强林业“菜篮子”工作的通知》。所有这些，都为进一步加快油茶特色产业的发展指出了明确方向，奠定了重要基础。现在，全国已经越来越形成共识，振兴油茶特色产业具有重大经济、社会和生态意义。

一、提高认识，把积极扶持和发展油茶产业置于重要战略地位

这是振兴油茶特色产业的前提条件。油茶是我国特有的优质木本油料资源，打造油茶产业涉及到科技、林业、农业、环保、财政、流通和工商税务等许多部门，连结着千万家油茶农户的切身利益。因此，振兴我国油茶特色产业是一项系统工程，需要相关社会各界，把发展油茶产业置于重要战略地位，提高到发展山区经济全局的高度，即：树立振兴油茶产业是贯彻落实科学发展观的需要，是提高农民收入、建设新农村的需要，还是充分开发合理利用自然资源、改善生态环境、发展山区经济、走农业可持续发展道路的需要。

在提高认识的基础上，在科学发展观的统领下，要进一步明确指导思想，遵循现代大林业的发展理念，以市场经济机制为导向，以自主科技创新为支

撑，以强化政策扶持为条件，以建设现代化、集约化油茶种植基地、大力增加高产优良油茶资源总量为基础，以“产供销”一体的产业化经营为途径，以农民增收、企业增效和改善生态环境为原则，大力提高有质量、有效益的茶油供给能力，为国家粮油安全做出积极贡献。

各级政府要积极扶持，科学规划，合理引导，增加投入，以市场经济机制配置油茶资源，制定正确的产业政策，加强油茶林基地建设，促进油茶新产品开发，以高质量的产品带动油茶相关产业链的建设。同时，相关部门必须切实加强组织保障、投入保障、科技保障与政策保障，以把我国油茶资源优势转化为经济优势，转化为促进农民增收致富、改善生态环境的重要特色产业。

二、创新体制和创新机制

这是振兴油茶特色产业的关键。当前从实际需要出发，要紧紧抓住两点：第一点是深化产权改革。振兴我国油茶产业的首要关键在于深化产权改革，明晰油茶林产权。在国有企业改革、建立现代企业制度中，有一条就是要求“产权明晰”。这一条也适用于油茶林的改革。油茶林属于经济林，因此对油茶林要像其他林业一样纳入林权改革的范围内。要从政策上明晰山权、林权，促进林地流转，激发农民种植油茶林的积极性和主动性。第二点是拓宽融资渠道。振兴我国油茶产业的另一个关键，是拓宽融资渠道，筹措发展资金。油茶行业需要创造宽松环境条件，创新市场机制，吸引国内外资金、以各种形式投向油茶产业。例如，吸引外资进入油茶产业领域。所谓外资，既包括国外的资金和技术，又包括省外或地区外的资金与技术。此外，还要积极吸纳大中型企业投入资金，还要鼓励农村有条件的种植大户和加工企业积极投入。通过多渠道融资，促进发展油茶产业。

三、探索和建立油茶专业合作制，提高农民组织化程度

所谓农村专业合作制，是对农村以家庭经营为基础的基本经济制度的健全和完善。发展油茶专业合作制，将开辟振兴我国油茶产业的广阔道路。对此，这里只阐述一些基本要素：

1. 性质。即建立的油茶专业合作社是真正属于农民的专业合作社，全面实现“民办、民有、民享”。

2. 宗旨。即建立的油茶专业合作社的唯一宗旨就是为农民提供全面优质服务。包括产前、产中和产后的系列化、专业化服务。

3. 原则。即建立的油茶专业合作社必须坚持四项基本原则：入社自愿；退社自由；发扬民主；社员平等。

4. 分配。即建立的油茶专业合作社必须采取二次结算的分配方式，确保种植油茶的农民获得合理的工商利润。

5. 组织。即建立的油茶专业合作社以加工企业为龙头、以农户种植油茶林为基础，以社会化、专业化服务为纽带的“三自”组织，即“自主：自我决策；自治：自我管理；自助：自我互助”。

6. 企业。即建立油茶专业合作社企业。为了充分发挥油茶资源优势，政府应制定宽松的政策环境，鼓励和培育油茶龙头企业，打造油茶产品品牌，引导企业参与油茶示范基地建设，通过示范作用带动当地农户，形成“企业＋基地＋农户”的“产供销”形式。这不但有利于良种的推广和应用，更能促进和完善油茶产业链的有机结合，有利于油茶产业化经营。

四、大力实施油茶科技创新

油茶并非是一个天然的低产树种，自然林经过加强科学管理，平均可年产油茶果1 500～4 500千克/公顷，单位面积茶油产量可达75～225千克/公顷。如果采用新选育的油茶良种，那么，单位面积的产油量可达450千克/公顷。虽然我国油茶良种自20世纪80年代末已经开始逐步推广应用，但至今油茶良种推广率只达到8%，仍然很低。现在的关键在于，采取必要的促进油茶产业化的对策措施。

1. 加速油茶良种化。20世纪60年代中后期，首先从湖南省开展油茶良种选育。从生产、资源和品种类型调查开始，进行优树选择、农家品种和优良类型的评选、优良家系的鉴定、无性繁殖技术研究，进而开展采穗圃营建、优良无性系的鉴定等。通过当代测定、子代测定，按照全国油茶攻关协作组制定的选育方法和标准选育出来了一大批高产新品系，主要包括优良无性系、优良家系和优良杂交组合。据统计，目前全国已选育出一批优良无性系。我国通过40多年的育种工作，油茶产量水平提高了一倍。一般优良树种的产量水平在30千克以上。现在为加速油茶生产良种化，必须采取以下措施：一是重视种质资源的保存。所选育出来的优良无性系等良种和种质资源，不但是生产上的材料，更是进一步开展油茶育种研究的宝贵财富；二是持续不断开展油茶良种选育工作。常规育种是最直接，效益较快的育种方式。在自然林分、优良杂交组合和优良家系中选择优树，通过当代无性系测定和子代的多代测定，不断选育出新的优良无性系、优良家系和优良杂交组合来满足生产的需要；三是建立相对完备的油茶良种繁育中心，保证良种苗木质量，健全油茶良种推广渠道；四是充分利用现代分子生物学技术，深入开展油茶基因组学研究，通过基因工程定向培育高产量、高含油量、高抗逆性油茶新品种也是未来的育种趋势。

2. 促进配套科学的丰产栽培技术的应用。油茶并非低产树种，通过低产林改造后可大幅度提高产量。近年优良无性系等新品种的示范也显示出了巨大的丰产潜力。据湖南省统计局2001年调查，油茶的投入产出比为1∶3.1，高于柑橘的1∶2.8。作为经济林树种，油茶一年到头花果不断，营养消耗大，加强肥水管理很有必要。试验表明，施肥、复垦、灌溉和修剪等栽培管理措施均能使油茶增产30%～60%。特别是对优良无性系等良种，在肥水管理严重失衡时，会出现明显大小年现象，导致感染病虫害，加速树体衰老而重新退入低产林行列。由于茶油的优质保健特性及其产量有限，所以油茶产品定位应为高档食用油。要通过研究和开发高技术含量的保健和化妆类产品，提高油茶特色产业和产品的附加值。

五、组建油茶产业协会，规范质量标准

油茶产业是一个涉及多领域的行业，因此需要建立一个包括油茶生产、加工、流通和科技等各个方面在内的油茶产业协会。作为一个自律组织，可以协助林业局等职能部门开展多方面工作，诸如进行调查研究、总结典型经验、传递市场信息、开展科技交流、组织参观活动等。现在，茶油已越来越成为广大群众公认的优质食用油，但将其打造成为一种优质商品，还必须制订一整套与其配套的技术规程和质量标准。当前已公布了一些国家和地方标准，如“油茶丰产林（GB 7906—1987 或LY/T 1328—99)”和“油茶籽油（GB 11765—2003)”等，但还没有形成油菜子和茶油等制品的标准体系，远远不能满足科研和生产上的需要。通过进一步规范油茶生产、产品加工和油品贸易等环节的质量标准，将其提升至无公害、绿色、有机等高级别的、受消费者欢迎的“放心油品”。

原刊于《中国油脂》，2009年第3期

生物能源：开拓低碳经济之新路

能源，是通过一定形式加工和转化成为适于经济社会不同行业需求的能量。随着经济社会的发展，能源愈益成为人类生产与生活动力的本源，成为人类赖以存在和发展的必要物质基础。自人类进入“煤炭时代”、“石油时代”以来，既创造了空前的工业文明成果，相应也产生了严重的、能源和环境污染问题——当今必须研究解决的时代课题。

一、时代呼唤发展“低碳经济”

当今世界各国，能源消耗结构极端畸形，主要以消耗不可再生的化石能源为主。全球每年的能源消耗总量超过150亿吨，其中90%左右为化石能源。然而，不可再生的化石能源储量有限，按照目前的消耗水平，到20世纪中叶，全球主要化石能源将消耗殆尽。据《世界能源统计》（2008年）的预测，按照已探明的储量，煤炭、石油和天然气仅能分别满足全球130年、40年和60年的需求（表1）。另外，伴随大规模以传统方式开发利用化石能源，还导致产生了气候变化、环境污染及生态破坏等严重问题，直接威胁着人类社会经济的可持续发展。

表1 三大化石能源探明储量、产量和储量产量比

能源种类	探明储量	单位	产量	单位	储量产量比
煤 炭	8 474.88	亿吨	31.356	亿吨油当量	133
石 油	12 379.00	亿吨	81 533	千桶/日	41.6
天然气	177.36	万亿立方米	2.94	万亿立方米	60.3

资料来源：Renewables 2007 Global Status Report.

正阔步迈向四个现代化的我国，国内能源发展趋势呈现出如下特点：一是能源资源开发突飞猛进，适应国民经济的需要供应量大幅度增加；二是能源结构趋向转变，总趋势是以低含碳燃料逐步替代高含碳燃料；三是我国已经发展成为一个能源大国。既是能源生产大国，又是能源消费大国，还是贸易大国。如今，我国在世界前10个能源生产国中，高居第二位；四是随着工业化、城镇化的进程，全国对能源的需求量持续猛增。能源已经发展成为涉及经济、社

会、政治、外交和军事等领域的重大产业经济行业。从2005年到2008年，我国能源生产总量由20.59亿吨标准煤增长到26.0亿吨，增加5.41亿吨，增幅达20.84%上下。在我国能源消费总量结构中，不可再生的一次能源占91.2%，可再生能源仅占8.9%。

伴随我国能源需求的猛增，产生了一系列突出问题：一是，能源需求增长压力巨大。目前我国已经成为世界第二大能源消费国，能源供求形势多年来呈现紧张状态。二是，能源结构长期呈畸形状态。全国浩劫性化石能源、尤其是碳排放高的煤炭在能源消费结构中占据的比重过高。三是，GDP能源消费强度居高不下，经济增长方式急待转变。四是，某些高耗能行业盲目扩张，导致能耗增高，加剧浪费和环境污染。五是，农村能源商品化程度很低。农村能源依然是一个极为薄弱的环节，生产与生活用能都严重短缺。六是，能源生产和消费方式落后。七是，国内能源的生产与消费方式还处在简单、甚至原始的水平，经济高速增长带来环境污染的压力日显突出。目前我国 SO_2 和 CO_2 的排放量分列世界第一和第二位。八是，石油进口量猛增。全国能源消费量的持续剧增，导致石油消费量和进口量快速攀升，我国的石油对外依存度已超过50%。这意味着我国石油的“半壁江山”依赖进口，必须引起高度重视。

与世界化石能源资源消费的前景相似，我国的主要化石能源也有消耗殆尽、枯竭之日。据国务院2003年发表的《中国的矿产资源政策》白皮书表明，我国是世界能源资源相对贫乏的国家，而且能源消费结构极不合理。2004年，探明的全国石油储量仅占世界的1.4%，储采比只有13.4年；天然气储量只占世界的1.2%；煤炭储量只占12.6%，储采比只有59年，而世界则拥有164年。至于按照人均能源资源数量就更少了：石油仅为世界平均值的17.1%，天然气仅为13.2%，煤炭则高一些，约为42.5%。至今，中国能源供应量低于能源消费量的趋势有增无减，造成能源供应紧缺。据中国工程院重大咨询项目《中国可再生能源发展战略研究项目》的研究结果，从2020—2050年全国中长期能源需求将分别达到：2020年为35亿吨标准煤；2030年为42亿吨标准煤；2050年为50亿吨标准煤。同期，中国常规能源的供需缺口将分别达到18%、20%和30%。

严峻的情势，特别是20世纪70年代爆发的世界石油危机，使人类猛然惊醒，不得不开始反思和纠正自身不科学地利用能源的行为。在深刻反思贪婪性消耗能源行为而觉醒的基础上，及时把节约能源、发展新能源、保障能源安全和可持续发展置于经济社会发展的战略地位，建立健全起符合本国实际需要的能源安全保障体系。时代发出了强烈的呼唤：能源生产和消费量巨大的我国，开拓清洁能源，合理利用能源，千方百计减少“碳排放”、乃至“零排放”，振兴“低碳经济”，已成为势在必行、刻不容缓的重大战略举措。

所谓“低碳经济”，是21世纪之初提出的新概念。如今，发展低碳经济，已成为全球普遍的、具有共识性的选择。我国也必须迎着世界向低碳经济转型的潮流，选择“解除碳锁定”的战略决策，积极发展低碳技术，寻求“解锁”之道。当然，由“高碳”向“低碳”转变是一个既紧迫、又漫长的过程，而且必然深度涉及生产方式和生活方式的转变，涉及经济增长的技术路线。我国作为世界最大的发展中国家，探索低碳经济发展的道路，比之已经实现工业化的发达国家而言，更加复杂和艰难。这是因为：一方面，鉴于世界工业化的发展历史，我国作为后发国家，只能接受“共同而有区别”的原则，对于“历史排放”决不能向西方发达国家的不合理要求让步，需要更宽松的国际环境。另一方面，我国受制于本国经济发展相对落后、科技水平较低和研发能力薄弱，必须探索一条适宜于后发国家发展低碳经济和新型工业化道路。

如前述，我国的终极目标无疑是，要逐步实现碳排放低增长、零增长、乃至于负增长，完成由“高碳”向“低碳”的过渡。然而，由各种客观条件决定，我国只能逐步地探求“碳解锁”之道，不断降低单位能源消费量的碳排放量，即降低碳强度。与此相适应，选择适用本国的、包括碳捕捉、碳封存、碳蓄积等多种技术方式；特别是采取化石能源替代、利用“低碳能源”和“无碳能源”等技术途径，以达到控制和降低二氧化碳的排放量和排放速度，最终实现在经济持续增长的同时，碳排放显著下降的目标。

与根本转变经济发展方式并行，人们的消费方式也必须革新和改变。经济学意义的消费，包括生产消费和生活消费。要双管齐下，扭转人们的高碳消费倾向和碳偏好，摒弃挥霍无度的高消费行为，提倡科学理智、健康文明的消费风尚，以有效减少化石能源消费量，告别奢华的“高碳生活”，迎接质朴的“低碳生存”。广义而言，低碳生存是一种理智、健康、持续的生存方式。它体现出先进文明的能源消费价值观，并依据“低碳程度”采取低碳消费方式，主要包括：“恒温消费”，即消费过程中温室气体排放量最低；“节约消费”，即消费主体对资源和能源的消耗量最经济；“安全消费”，即消费结果对消费主体和生存环境的损害最小；“可持续消费”，即有利于社会经济可持续发展；“新产品消费”，即更多选择低能耗、低排放、低污染的低碳产品。总之，全社会都要履行推动“高碳消费方式”向“低碳消费方式”转化的共同职责。

二、振兴低碳经济需要发展生物质燃料

发展低碳经济，逐步减少、直至摆脱已历经几百年对化石能源的依赖，积极开拓绿色能源，即大力发展生物质能源——自然界的第四大能源。所谓生物

质能源（biomass energy），是指以生物质为来源的各种形式的可再生能源。生物质是由生物体所产生的有机物质，包括植物、动物及其排泄物、垃圾与有机废水等。迄今，国内外采用不同技术手段、利用不同生物质材料、加工生产出不同形态的生物质能源，其战略性产品是生物燃料，主要包括生物燃料乙醇、生物柴油和沼气等。如今，生物燃料日益受到广泛的、高度的重视，几乎聚焦了世界的目光，成为发展低碳经济需要的新能源。目前，世界上生物燃料主要包括三大类：第一类是液体生物燃料，包括利用淀粉类、糖类和纤维类生物材料生产的玉米燃料乙醇、木薯燃料乙醇和纤维素燃料乙醇，以及利用动物和植物油脂生产的生物柴油等。第二类是气体生物燃料，包括沼气、生物质汽化、生物质制氢等。像利用秸秆、粪便和工业废水转化生成的沼气。第三类是固体生物燃料，主要包括成型燃料、“热电联产”与直接燃烧等。像把生物质固化为成型燃料，利用生物质材料燃烧转化生成电能，或利用生物质汽化生成燃气燃烧发电等。开发和发展生物质燃料具有多种优越性：

一是，生物质燃料是一种“清洁能源”。利用包括生物燃料乙醇、生物柴油和沼气等在内的生物燃料，都可明显减少碳排放，减轻污染，有利于保护生态环境。有关资料表明，使用生物燃料乙醇的车辆，对环境的污染程度仅为使用石油汽车的三分之一。科技人员曾对几种燃料乙醇的主要技术经济指标进行对比，结果表明：利用纤维素乙醇减少的温室气体排放量高达91%。生物燃料被称为低排放、低污染的“清洁能源”当之无愧。

二是，生物质燃料是一种“再生能源”。生物质能资源极为丰富。据世界能源组织统计，生物质能目前占世界能源消耗量的10%～15%。地球上以各种形式存在的生物质能的年净生长量约为目前世界能源总产量的10倍上下。各种生物燃料，与一次性化石能源不同，都是可再生的生物燃料资源，可以再生再利用。

三是，生物质燃料是一种“替代能源”。利用燃料乙醇或生物柴油可以替代石油等化石能源，改善和优化能源消费结构。有专家预计，生物燃料将是最重要的替代石油能源的产品。开发利用生物燃料，既可以把目前仍大量弃之为垃圾的作物秸秆、农业副产品资源化，又可以大幅度减轻生态环境恶化的压力。尤其是，种植灌木树林生物产量大，产生的热值高。例如，7年生沙棘林，每公顷干柴产量在13～21.67吨之间，可产生热值5 693.9～41 622.1千焦，相当于标准煤2.13～15.54吨。

四是，发展生物质燃料将开拓“能源农业”。发展生物燃料的原料，几乎全部来源于农业农村，为开辟“不与人争粮、不与粮争地”的原料资源，国内外都在积极开发利用第二代生物燃料乙醇、即纤维素燃料乙醇。发展这一新兴产业，必将为农业农村开辟发展的新领域：一方面，可以充分利用农作物秸秆和大量农业加工副产品；另一方面，还可以大规模开发利用“边际土地”，种植林木或能源植物，从而获得用之不竭的、生产生物燃料乙醇的原料资源。如是，采取上述两种措施，将必然充分开发和扩大农业的能源属性，加强农业的“能源新功能”。

五是，发展生物质燃料将广辟农村能源。迄今，在我国广大农村一对矛盾长期存在而没有得到解决：一方面，农村大量作物秸秆和牲畜粪便等资源被普遍抛弃浪费；另一方面，农村能源严重短缺，利用方式不合理。采用生物能源技术，把大量秸秆等有机物在厌氧环境中，通过微生物发酵产生出一种具有多种用途的沼气。从2003年以来，我国设专项资金支持发展农村沼气，取得了显著成就。目前，全国沼气用户已达3 000多万户，而且每年还在以400多万户的速度增加；生活污水净化沼气池已发展到14.4万处。全国沼气年总产量达到104亿多立方米，成为世界上以生物质为原料生产利用沼气最多的国家。这对减少农村碳排放、增加优质有机肥料、解决农村能源做出了重要贡献。

六是，发展生物质燃料将成为振兴“三农”的新引擎。开发和发展生物质燃料，重要途径就是大规模开发“边际性土地”。与此相应，需要建立生物能源原料基地，搜集和运输分散的各种生物质原料，以及兴办多项服务业。这必将为繁荣农村经济、扩大农民就业、增加农民收入开辟新领域。据估算，为收集、运输和供应加工厂的生物质原料，必然促进运输业、服务业、储藏业、农产品加工业等行业的发展，全国至少需要增加千万以上的劳力，既扩大就业，又开发利用广袤的“边际土地”，绿化荒地，美化山川。

总而言之，发展生物燃料产业等于建设“绿色油田”。它可促进持续发展可再生清洁能源，逐步改善能源结构，替代化石能源，减少温室气体排放，点燃新的经济增长点，促进经济增长由“高碳”向“低碳”过渡，逐步转变人类当前面临的能源危机为生机。

三、我国拥有开发和发展生物燃料的雄厚潜力

我国生物燃料的研制和加工起步较晚。然而，生物燃料乙醇深加工业在资源开发、技术提升、生产规模、产品销售等方面都初战告捷。从“十五”开始，我国先后建成5个生物燃料乙醇定点生产企业。2005年，全国燃料乙醇总产量达到102万吨；2006年，增长到160万吨；2007年再增到189万吨，居世界第三位。我国对生物燃料乙醇试点定点厂实行“四定”政策：一是“定点生产”；二是“定向流通”；三是“定区使用”；四是“定额补贴”。到2006年，国家对5个定点厂的定额补贴统一为1 373元/吨，同时免征5%的消费

税。其发展状况如表 2。

表 2　我国燃料乙醇定点生产企业及生产能力

公司名称	股权情况	生产能力（万吨）			原　料
		2005	2006	2007	
黑龙江华润酒精	中粮 100％	10	35	—	以玉米为主
吉林燃料乙醇	中国石油 55％，吉林粮食集团 25％，中粮 20％	30	40	—	以玉米为主
河南天冠燃料乙醇	中国石油 60％，中国石化 20％，河南建业 20％	30	50	—	最初以小麦为主，现以木薯、甘薯为主
安徽丰原生化	中粮 20.74％控股	32	44	—	以玉米为主
广西中粮	中粮 100％	—	—	20	以木薯为主
合　计		102	169	189	

资料来源：笔者根据相关资料制作。

（一）我国拥有丰富的资源

放开视野，我国拥有丰富的生产生物燃料的原料：不仅品种多，而且数量大。从我国国情出发，可以适量利用玉米和薯类生产燃料乙醇，但以大批粮食作为原料生产生物燃料乙醇之路是走不通的。目前，世界上生物燃料乙醇的一个重要发展新趋势是，大力开发纤维素燃料乙醇，也称为第二代生物燃料乙醇。我国必须及时把握新趋势，大力自主创新，占领科技制高点，开拓纤维素生物燃料乙醇的广阔前景。

在我国，纤维素生物质原料是最普遍、最丰富、最廉价的生物材料，主要包括两大类：第一类是农作物秸秆和农产品加工副产品。据估算，中国的农作物秸秆和农业加工副产品的年总产量就高达 7.8 亿多吨（折合标准煤 3.883 亿吨）。其中玉米秸秆 33 182 万吨（约占总量的 42.4％）、小麦秸秆 15 362 万吨（19.7％）和稻草秸秆 11 955.3 万吨（15.3％）是“三大秸秆”，占全国农作物秸秆总量的 77.4％以上。

第二类是灌木林和能源作物资源。大量文献资料和研究报告表明，我国是一个灌木能源林资源很丰富的国家。其标志是：①树种繁多。全国大约有 6 000多个灌木林树种，其中，可作为生物质能源原料利用的超过 1 000 种。②面积广阔。全国灌木林地总面积高达 4 529.68 万公顷，占全国林地总面积的16.02%以上。近年来，我国每年营造灌木林面积在60多万公顷。目前，灌木林面积超过50万亩的县就有163个。③总生物产量巨大。目前全国每年可生产的总生物量大体超过2.02亿吨。④发展空间广大。全国拥有4 600万公顷的宜林地和1 100万公顷荒沙与荒地。若将这些土地资源的一半种植灌木林，既可使全国森林覆盖率提高0.5个百分点，又可使全国每年新增木质纤维素原料5亿吨以上。⑤综合利用潜力雄厚。包括采伐后留下的枝丫、梢头、被砸伤树木及遗弃材等，估算总量有7.6亿多吨。这些数据说明，灌木林业将会成为一个我国生物燃料的原料基础。

（二）我国拥有雄厚的资源潜力

在我国的国土资源中，广袤的“边际性土地”尚处在沉睡状态，充分开发利用将为发展生物燃料乙醇产业打下牢固的原料基础。所谓“边际性土地”，是指条件较差、不适于种植粮食的土地。中国“边际性土地”可划分为三类：第一类是可利用但尚未利用的宜林宜农荒地。中国现拥有2.45亿公顷，其中条件较好和可以利用的土地8 874万公顷，宜林土地5 704万公顷，可开垦宜农土地734万公顷。第二类是现有林地中的木本油料林、灌木林和薪炭林。其总面积高达5 176万公顷，依次为343万公顷、4 530万公顷和303万公顷。第三类是在现有耕地中，约有5 027万公顷不适宜种植粮食作物的低产农田，其中有2 000万公顷低产田可以用作能源作物生产基地。以上3类“边际性土地”的总面积达到13 653万公顷。

利用条件恶劣的“边际性土地”种植适应性好、抗逆性强、具有较高生物量、适宜作为生产生物燃料乙醇原料的能源作物，是符合我国国情的生物质能源的发展道路。这不仅标志着生物燃料生产由“以粮为主”向“非粮为主”的转变，成为中国生物燃料产业的战略走向；而且为中国由“高碳经济”向“低碳经济”转变开拓出一条具有深远意义的新路径。

四、对发展我国生物燃料的对策建议

能源足，经济兴，国力盛。站在保障国家能源安全和发展低碳经济的战略高度，为充分满足国民经济高速、持续发展对新型能源日益增长的需求，我国必须大力加快发展生物质能源。

（一）高屋建瓴制定战略规划，确立我国生物燃料科学发展的方略

面对方兴未艾的“低碳经济”时代，我国必须高瞻远瞩、高屋建瓴。尽快制定出全国生物燃料的发展规划，确立生物质燃料科学发展的基本方略。包

括：发展生物质燃料的战略地位和战略思路；战略思路和基本原则；战略方向和战略重点；战略目标和重点领域。其中，特别需要确立振兴生物质燃料的战略地位，创新发展理念和发展思路，迎头赶上“低碳经济”的潮流。在发展生物质能源的过程中，我国要大力开拓和发展以纤维素为原料的“第二代生物燃料乙醇”，做到“五坚持”：一是坚持为“三农”谋利的战略原则，工农结为一体，振兴生物燃料，点燃农村新经济增长点；二是坚持确保国家粮食安全的基本方针，在坚持“不与人争粮，不与粮争地”的政策下，适量利用薯类等粮食作物发展生物燃料；三是坚持可持续发展的道路，推进“低碳经济革命”，致力资源循环利用，有效保护生态环境；四是坚持统筹兼顾、因地制宜的策略，多元开发，突出重点，务求实效；五是坚持自主创新，包括创新生物燃料发展理念、发展方式、流通方式，给发展生物能源产业注入现代文明。要以现代生物科技为武器，把取之不尽的生物材料无害化、资源化，转化为各种生物能源产品。

（二）狠抓关键，加强科技支撑，研发生产生物能源的关键技术

振兴我国生物燃料产业，技术的成熟性和经济性是至关重要的关键因素。目前开发纤维素燃料乙醇，既存在技术上的难题，也遇到经济性、即产品的成本效益障碍。解决这两大难题的关键在于狠抓科技攻关，通过自主创新，占领科技制高点，解决“瓶颈”难题：一是尽快研究制取出高效纤维素酶菌株；二是尽快研制出能够同时高效代谢戊糖和已糖的发酵菌株；三是尽快研制出提高纤维素乙醇成熟醪酒度的技术，以及研制出处理而纤维素乙醇废液的污水处理问题等。为此，国家应该成立“国家生物能源经济技术研发中心”，以加强组织研究发展生物燃料的战略性、前瞻性和全局性课题。同时设立“生物能源专项科研经费”，加大国家财政对生物燃料产业的先期投入，支持、引导与保障关键技术装备的研发。

（三）深化改革，勇于探索，建立健全市场运作体系

振兴生物燃料是一项新兴的产业经济，从一开始就需要深化改革和强化创新，探索生物质资源优化配置的手段，建立健全适应生物燃料运行的新体制和新机制，及完善的市场体系。当前，必须抓好以下环节：一是，以市场为导向发展生物燃料产业。生物燃料产品的研发、生产和基地建立，都要以市场实际需求为出发点和归宿点。二是，建立健全生物燃料市场体系。需要建立包括生物燃料原料市场、生物燃料产品市场、销售市场、技术市场，以及生物燃料服务市场等。三是，建立健全生物燃料的价格体系。包括转变生物燃料产品价格

形成机制，逐步建立价格体系，国内和国外价格接轨，建立和实行保护价格，即建立必要的生产者价格和消费者价格。

（四）探索和创新生物燃料产业化经营新形式

一定意义而言，生物燃料产业是“农业能源功能属性”的发现和开发。要把发展生物燃料产业的过程当作振兴“三农”的事业，将可能探索出一条“以工补农，以城带乡”的解决“三农”问题的新途径和产业化经营新形式：首先是建立新体制和新机制，实行“产供销”一体化；其次是培育和壮大具有强大实力、带动生物燃料产业发展的龙头企业；再次是实行新经营方式，与农民开展“订单生产”。生物能源企业要彻底转变传统运营方式，与农民开展“订单生产”。与生物燃料产业化经营相适应，建立生物燃料原料产销专业合作社，提高农民的组织化程度，大兴农村现代社会化、专业化服务业。通过建立健全新型农村合作制和兴办社会化服务，解决生物燃料生产集中性与原料分散性的矛盾，完备生物燃料发展的环境条件。

（五）加大公共财政扶持力度，创造良好的政策环境

发展生物燃料，既是我国一项刚起步的新兴产业经济，又是一项涉及“三农”、改善生态环境的战略之举。鉴于目前我国生物燃料原料基础薄弱、生产成本较高、销售市场不畅、技术标准不全等问题，所以从新产业起步到产业成长、形成、乃至发展的整个过程，加大国家公共财政扶持力度和税收优惠政策都是必要的。特别是要对原料生产、企业加工、科技研发、市场流通等环节给以扶持和补贴。当前，应该采取如下扶持补贴措施：一是对利用“边际土地”种植能源林木提供专项资金补贴和融资优惠；二是对建立生物能源原料供应基地提供资金扶持，建立“加工、基地、市场”相统一的机制；三是对农作物秸秆、农产品加工副产品收集利用提供奖励；四是对地沟油、有机垃圾等废弃物收集利用提供奖励。五是对推广农村沼气继续提供资金扶持。六是实行优惠税收政策措施。例如，对经营生物能源产品的经销商给予一定财税优惠；对于进口国内发展生物燃料产业需要的关键技术设备的进口关税可适当降低。最后，要强调提出的是，国家对生产生物燃料的新技术、新设备、新产品研发，以及生物燃料专业合作社建立原料基地和开展专业化服务等，都应提供财税优惠政策，实行财政扶持和税收优惠政策。

（六）完善生物燃料法律法规，强化其健康持续发展的保障

迄今，我国已经初步形成了能源法律法规的基本框架。然而，中国生物燃

料法律法规还较薄弱，急需要健全完善生物燃料法律法规的保障体系。首先，要健全完善生物能源法律法规的指导思想；其次，要健全完善生物燃料法律法规的基本原则；再次，要健全完善生物燃料法律法规的主要框架。要根据我国生物燃料产业经济发展中产生的新情况、新问题和新需要，制定专门的《生物燃料法》，其主要框架包括：振兴生物燃料产业经济的战略地位和主旨；生物燃料原料资源的开发利用与保护；各类生物燃料产品的生产加工与企业；各类生物燃料成品的市场销售与服务；各种生物燃料产品的消费与节约；生物燃料产业的财政扶持与优惠措施；生物燃料产业的可持续发展与"三农"；生物燃料产业的国际合作与贸易等。与制定国家统一的专门的《生物燃料法》相配套，各地可以根据情况制定地方性生物燃料法律法规、条例和制度。

迄今，人类已进入"后石油时代"。整个世界面临着能源、环境、粮食等交织在一起的、相互制约的、影响人类命运的严峻挑战。我国应该从本国国情和实际需要出发，制定发展低碳经济的"路线图"，包括普遍"节能减排"；降低经济的单位能耗；开发推广替代化石能源的生物燃料，逐步以低碳能源替代高碳能源。实施这些举措，将开辟我国建设资源节约型、环境友好型产业结构的低碳经济发展的必由之路，开拓"低碳经济"的广阔未来。

原刊于《国家行政学院学报》，2010年第3期
发表时有所删减。

消费模式篇

杂 感

悲愤食品造假事件

悠悠浮云遮眼飞，
阵阵歪风阴沟吹。
可叹身无回天力，
忧心误国宵难寐。

2009 年 8 月
于北京粮科大厦

我国现阶段应实行什么样的消费政策

消费是社会经济生活中一个广阔而复杂的领域。消费问题处理是否恰当，关系到生产建设的发展，人民生活水平的提高，社会的安定和改革的成败。我国现阶段应实行适度消费政策，即既摒弃“高消费”政策，又革除“抑制消费”的做法。要实行在劳动生产率提高、国家财政收入稳步增长、积累基金和消费基金比例合理的条件下，逐步提高消费水平、合理改善消费结构的消费政策。这一政策是符合马克思主义原理和我国国情的。

这一政策正确处理了生产和消费的辩证关系，符合社会生产的基本目的。马克思主义关于社会再生产的原理说明，生产、分配、交换和消费是一个有机结合、相互依存的完整过程。一定的生产决定一定的消费，然而，在一定条件下，消费也决定生产。因为消费是社会生产正常运转的方向和目的，又是社会生产发展的前提和动力。通过消费，实现劳动力的再生产，为社会生产的继续运转创造出最基本的条件；通过消费，在满足人们原有需求的同时，又产生新的需要，从而推动社会两大部类生产同步、协调增长；通过消费，为开拓市场、扩大流通规模和速度创造出前提；通过消费，还使社会生产的总过程得到检验，看其各个阶段是否运转正常，社会经济效益是否优良。可见，消费在社会再生产中具有重要的地位和作用，是不可削弱或缺少的。正如马克思所说：“没有生产，就没有消费，但是，没有消费，也就没有生产，因为如果这样，生产就没有目的。”①

既然生产和消费之间是一个互相作用的辩证过程，所以那种“重生产，轻消费”或“先生产，后消费”的忽视消费和轻视消费的观念是错误的。片面抑制消费将导致不良的结果：社会生产失去动力，消费资料、生产资料的生产以至第三产业的发展都要受到抑制，对人民生活和生产建设都不利。因此，片面抑制消费的政策理应坚决摒弃。

但是，摒弃抑制消费的政策绝不意味着可以无限制地扩大消费，实行高消费政策。我们鼓励消费，决不是鼓动浪费，而是提倡健康的、合理的消费。这是因为，一定的消费水平要与一定的收入水平相适应。现阶段，我国的劳动生

① 《马克思恩格斯选集》第2卷，第94页。

产率还大大低于那些高收入、高消费的资本主义国家，所以不具备实行高消费的条件。众所周知，国民收入最终分配为积累基金和消费基金，消费基金又分个人消费基金和社会消费基金。消费基金自然全部用于消费；积累基金中也有一部分形成后续的消费，称为非生产性积累。这样，消费基金和积累基金中的非生产性积累最终都成为国民收入中的实际消费部分。在国民收入一定的条件下，用于实际消费的部分制约着生产建设资金的数额。因此，必须恰当处理二者的关系。在我国经济成长的创业时期，如果片面鼓励"能挣会花"，实行高消费政策，那么消费基金就会剧烈膨胀，挤占生产建设资金，必将导致国民经济的发展丧失后劲，并造成国民收入的超分配。这就势必影响社会生产发展的规模和速度，到头来还不得不压缩消费基金，使超前的消费被迫倒退下来。这里，还未论及高消费导致的资源浪费。

正确的做法应该是，在国民收入分配中，量入为出，统筹兼顾，综合平衡，正确处理局部和全局、目前和长远、生活和生产、城市和农村等各个方面的关系。其中，特别要摆正改革、建设和生活三者间的关系。从这一原则出发，必须有计划、有控制地增长消费基金，使积累基金和消费基金之间、消费基金和国民收入及劳动生产率之间保持适当的比例，使经济改革、生产建设和生活改善相互协调、同步进行。

这是量力而行、按消费规律正确引导消费的政策。消费水平的提高，带有一定的规律性：首先是满足生存资料的需要，即维持人们的温饱；在生存资料得到满足的基础上，再谋求享受资料和发展资料。提高消费水平应该按照这一客观规律，选择合理的消费结构。所谓消费结构，是指人们在一定条件下耗用的实物与服务的比例。实物包括衣、食、住、行、用和文教、服务等。合理的消费结构体现在消费数量适当和质量合格上，而且实现二者的统一。

目前，我国就总体而言基本上解决了温饱问题，开始向"小康型"生活转变。适应这种转变，提高物质生活的步子不能迈得过快、过大，要适中、适时、适度，使广大民众的生活包括衣、食、住、用和劳务消费全面均衡增长。我国人口众多，相对来说，耕地和高质量草地比较少。在现阶段，以至今后我国人民的食物构成还只能以粮食和其他植物性食品为主，逐步增加肉、蛋、奶等动物性食品的消费。也就是说，我国居民应该采取以植物性食物为主、膳食结构多样化的食物消费模式。我国营养学家从人体生理需要和本国特点出发，提出了以谷物食品为基础，合理增加肉、禽、蛋、奶等动物性食品，并辅之以果蔬、豆类、食油、食糖的食物构成方案。经专家论证，这个方案是比较理想的。我们没有必要照搬西方的食物构成。我国人民的衣着构成还应以棉织品和化纤混纺织物为主，随着畜牧业的发展，逐步增加纯毛制品和皮革制品的消费。我国电力供应紧张的状况，在短期内不可能改变，因此，要发展节能的家用电器。对于交通工具，我国决不可能也不应该像美国那样发展成“按在汽车轮子上的国家”。居住条件的改善，也应是逐步的，居民住房以适用、耐用、方便为主，其建筑面积和标准不宜过大、过高，追求什么“豪宅”。

综上所述，我国现阶段应实行与生产发展相协调、节约资源、有利环保、逐步适当提高消费的政策，即“适度消费”政策。这一政策既摒弃了忽视消费、抑制消费的形而上学的“低消费”观；又排除了不顾国情、片面追求“高消费”的错误倾向；既保证人民生活逐步提高，又有利于经济改革、节约资源、生产建设和生活改善的协调进行，互相促进。因此，这是我国现阶段应该实行的正确的消费政策。

原刊于《红旗》杂志，1989年第12期

本文发表后，引起广泛反响，有多家文摘报刊转载。

本书荣获中国商业社会科学优秀研究成果二等奖

研究消费结构和食物结构的重要意义*

——关于我国居民食物消费研究之一

消费，无处不在，无人不需，无时不有；消费，是社会物质生产和人类自身生产等两种生产的必要前提。如空气和水对于人，消费对任何社会经济生活都不可须臾或缺。

消费结构，是研究消费经济科学的关键内容之一。所谓消费结构，是人们在一定条件下消费包括衣、食、住、行、用和文教、服务等各种消费和服务的比例构成；就价值形态而言，是人们在消费过程中各种消费支出费用的比例构成。消费结构的合理性存在于人们耗用消费资料和服务的量与质的统一性中。

食物结构，是消费结构的重要组成内容。所谓食物结构，是人们在消费过程中耗用的各种食物的比例；就价值形态而言，是人们消费各种食物支出费用的比例。食物结构的科学性存在于食物营养学和人体生理学的适宜结合，存在于人体消费的各种食物的主要营养素的平衡性中。

马克思主义经济学认为，生产、分配、交换和消费是构成社会再生产过程有机统一体的四个环节，互相依存，相互制约。位于再生产过程两极的生产和消费，前者发展的规模、广度和深度，决定后者水平的高度和结构的合理化程度；后者发展的个性化、多样化和合理化，引导产业结构的合理与协调，加快产品最终实现价值达到生产之目的，促进国民经济的良性循环。可以说，消费是社会经济发展的推动器和拉动力。

社会主义社会条件下的生活消费，实质上就是满足人民群众日益增长的物质文化生活的需求问题，是促进人的全面发展所必须的条件。社会消费一般分为两种：一是生产性消费，即“生产直接也是消费”；二是生活性消费，即“消费直接也是生产”。没有第一种消费，社会再生产活动就难以为继；没有第二种消费，人类本身的再生产能力就将丧失。因此，一国的消费结构和食物结构，在其社会经济发展中占有重要战略地位，深入加以研究具有重要理论和实

---

* 本组文章（研究之一至四）原刊于《中外消费结构和食物结构》一书，中国商业出版社，1990年。本文的作者还有叶方恬、蒋闻芳。

践意义。

首先，它有利于开拓发展社会主义消费经济理论。通过生产与消费关系和社会主义生产目的的研究，正确认识消费经济的重要地位、意义和一般规律，特别是通过深入研究和正确认识消费结构、食物结构转变的一般规律和我国的特殊规律，从而立足国情并借鉴国外经验，建立具有中国特色的消费战略、消费模式和食物结构，丰富和发展社会主义消费经济科学。

其次，它有利于实现我国消费结构和食物结构的合理化。通过消费主体和消费客体的研究，正确认识它们在现实生活中的多样性、多层性和多变性的特点，从而自觉引导消费结构和食物结构向个性化、多样化和合理化发展。以优化的消费结构和食物结构为出发点和归宿点，进一步有效促进国民经济结构和生产结构的合理调整，有效促进资源的合理配置和合理开发使用，有效提高国民体质强健的程度。

第三，它有利于为制定社会经济发展规划和食物发展战略提供科学依据。通过国情和消费转变规律的研究，预测人口、国民收入、积累和消费比例、价格变化及消费基金的增长，从而清醒估计广大民众消费水平所能达到的高度，及消费结构和食物结构转变所能达到的程度。这就为我国中长期食物发展战略研究，为国家社会经济发展规划的制定，为2000年和2020年的长远规划，以及为我国制定食物发展纲要等提供理论和实践的依据，当然也为近期的消费提供对策。

第四，它有利于科学指导宏观消费和微观消费。通过科学消费经济理论的指导和引导，以及通过正确消费政策的引导，避免盲目性消费，杜绝有害性消费，减少浪费性消费，转变突击性消费，并促进宏观消费决策的正确和合理。如是，有利于促进社会总供给与总需求的平衡，做到生产结构、分配结构、交换结构、消费结构的衔接与协调，实现社会再生产的良性循环。在微观消费领域，家庭仍然是我国的基本消费单位。科学引导家庭消费，对广大劳动者讲究消费经济效益，量入为出安排好生活，合理消费，勤俭节约，避免浪费。这样，有利于节约资源和保护环境。

第五，它有利于提高社会主义精神文明。通过划清科学消费与愚昧腐朽性消费的根本区别，摒弃非理性消费行为和奢侈的消费方式，提倡健康的消费行为和文明的消费方式。从而，使消费活动不仅能够增强消费者的体质，而且还能增进其文明风貌，焕发劳动者的积极性和创造性，有利于人民幸福，国家富强，民族昌盛。

制约我国消费结构转变的因素

——关于我国居民食物消费研究之二

消费结构是一个多层次、多角度的经济范畴。学者们一般将消费结构划分为消费主体结构和消费客体结构。前者是指各种不同类型的消费者或消费者群体之间的消费活动构成的关系；后者是指作为消费活动对象的各种消费品和劳务之间的比例关系。社会消费主体结构复杂而多变；可以细分为集体消费和个体消费；城镇居民消费和农村居民消费；脑力劳动者消费和体力劳动者消费；以及其他的消费群体。社会消费客体结构又分为生存资料、享受资料和发展资料；物质生活消费和精神生活消费；商品性消费和自给性消费等。在两种消费结构中，消费客体结构起决定作用，消费主体结构发挥制约作用。

一、消费结构受五大因素影响

考察消费结构转变的规律，都具有明显的从低到高的阶段性：低级阶段——食品消费支出占第一位，恩格尔系数高；中级阶段——用品消费、特别是耐用消费品上升到重要地位，恩格尔系数下降；高级阶段——精神文化生活消费比重增长，物质生活消费比重缩小，恩格尔系数进一步下降。由于消费主体和消费客体的复杂性、多样性及消费水平提高的阶段性，因而消费结构的发展变化必然受到多种因素的影响。

1. 国民经济产业结构。产业结构和消费结构密切相关。前者决定后者，后者以其诱导力反作用于前者。人们的实物消费资料主要由轻工业和农业等一、二产业部门提供；劳务消费则由第三产业部门提供。三个产业之间的结构，农轻重之间的结构和农林牧副渔之间的结构等，都决定消费数量、品种的丰满程度，进而决定消费结构的优化程度。尤其是国民经济各产业部门的生产力水平，是影响消费结构的最基本的、最一般的因素。它的提高意味着资源开发程度的提高和居民消费品的丰富。

2. 收入和物价水平。人均国民收入和物价水平是影响消费的两个重要因素。人均国民收入和物价变动水平决定居民有支付能力的购买力的高低：前者的作用表现为直接的；后者的作用表现为间接的。它们不仅决定消费水平，决定人们物质文化生活消费的资料所达到的程度，而且影响消费结构。居民收入的提高，使理想的消费成为现实的消费，促使居民生活消费内涵加深，外延拓宽；也使消费品的品种翻新，耐用品增加；还使消费品的数量增多，质量提高。所有这些因素，必然会使居民消费的生存资料的比重减少，享受资料和发展资料的消费比重增加。价格的变动间接影响居民实际收入的增减，进而制约消费需求的变化，加快或放慢消费结构改善的进程。

3. 总人口及人口构成。人口总量的增减直接影响消费水平和消费结构。在社会生产总量和国民收入总量一定的条件下，人口总量与人均国民收入成反比；前者愈大，后者愈小；消费水平愈低，消费结构转变愈慢。除总量外，人口构成对消费结构影响更是多方面的。人口的自然构成，诸如性别、年龄等，促使消费需求纷呈，诱导消费结构趋向多样化；人口的社会构成，诸如民族、阶层、职业等影响消费构呈多层性；人口的地区构成，诸如城市和农村、沿海和内地、农区和牧区等影响消费结构呈地区性特征。

4. 消费品的流通和供应结构。交换处于生产和消费的中介，是实现消费需求的必由途径。流通规模扩大，供应结构适应居民需求变化，人们对消费品的满足程度就会得到提高，对消费品的选择性也会增大。商流、物流、信息流规模的扩大和结构的改善，必然促进消费的发展。我国在 1978 年社会商业（包括管理、经营、饮食服务业、仓储运输业等）机构仅为 131 万个，商业从业人员 777.4 万。到 1987 年，社会商业机构和人员分别增长 1 260 万个和 3 495.3万人。随着流通规模扩大、网点布局增多、经营方式改进、服务质量提高，必然能大大方便购买者，加快消费的实现，提高消费的质量，促进消费结构的转变和优化。

5. 消费心理和消费习惯。消费心理是指消费者在消费过程中所产生的心理活动和思维方式。消费者大体经历感知、兴趣、欲望、评价、决断、购买等心理活动过程。消费心理的变化，反映消费者的愿望、要求和爱好。它直接影响消费品消费的数量、品种、时间、地点等，从而制约消费结构的变化。在一定的社会物质生活条件下，人们称之为消费习惯。不同国别、不同民族、不同地区的消费习惯千差万别，其中有的消费习惯是好的，应当发扬光大，有的是坏的，应当加以改善。移风易俗，培养良好消费习惯和消费心理、消费心态，是创造促进消费结构合理化的社会心理因素。

6. 科技新技术新成果。科学技术的创新是推动消费的动力。它既开拓生产的广度和深度，也创造新市场和新消费。发挥科技进步的威力，可有效增产消费资料的数量和质量，降低消费品的成本和损耗，丰富市场的供应和销售，提高资源的利用率。所有这些会刺激消费者的兴趣，开辟新的消费领域，成为改善消费结构的有效因素，而且是动力不竭的最活跃的一个因素。

概括而言，作为社会再生产有机构成的重要一环的消费，兼有自然过程和社会过程两个方面。因此，它必然受到上述种种自然的、社会的和科技的因素的制约和影响。其中生产关系性质和生产力水平是影响消费结构的最基本的因素。此外，人口和资源状况直接作用于消费结构。研究和掌握各种制约消费结构的因素以及消费结构的变化规律，进而掌握规律，运用规律，以便合理地指导消费，有效地提高消费结构的科学性，避免盲目性。

食物结构是消费结构的有机组成部分。制约消费结构转变的种种因素，对食物结构的转变同样具有影响作用。但是，制约食物结构转变的因素中还有特殊因素，如粮食和动物食品的供应能力，人均粮食消费量和动物食品消费量的互补关系，人均收入与食物结构改善的关系等。

我国居民消费结构、食物结构的变化及未来改善方向

——关于我国居民食物消费研究之三

新中国成立 40 年，广大人民群众摆脱了饥寒交迫的生活，基本上初步解决了温饱问题。总的看，建国以来我国居民消费的转变大体可以分为三个阶段，每个阶段消费变化的状况存在颇大差异。

一、我国消费发展变化的三个阶段

第一阶段是显著改善时期。我国在“一五”计划的 5 年间，农轻重产业比例和积累消费比例都比较协调，居民消费有明显提高。这期间，社会劳动生产率增长速度达 6.3%，工农业总产值年平均递增 10.9%，国民收入年平均增长 8.9%，而居民消费水平增长速度为 4.2%，居民消费水平占人均国民收入的 70%以上。然而，在这一阶段，全国居民生活总体上仍处在温饱线以下，虽然人均食物消费量有所增加。从 1953—1957 年，全国人均粮食生活消费量由 197 千克增长到 203 千克，肉类、水产品和禽蛋等消费总量由 11.66 千克增加到 13.99 千克。总特点是，居民消费在各方面协调关系下有所提高。

第二阶段是消费受抑时期。从 1958—1978 年的 20 年间，受占支配地位的重积累、轻消费和重生产、轻生活的“左”的思想影响，劳动生产率提高缓慢，居民消费受到抑制。这时期选择优先发展重工业为代价，积累规模远远超过国民经济承受能力，同时资源配置也向重工业倾斜，消费资料生产发展缓慢，居民消费被隔离在工业化之外。长达 20 年中，全国工业生产总值平均增长 8%，国民收入平均递增 5.6%，而居民消费水平平均增长速度仅为 1.5%，居民消费水平占人均国民收入的比重长时期维持在 60%以下的低水平上，甚至到“三五”时期下降到 49.4%左右。这期间，居民食物消费水平仍在温饱线以下。从 1958—1978 年，全国人均每年粮食生活消费量由 198.23 千克下降到 195.46 千克，食油消费量由 2.36 千克下降到 1.60 千克，水产品由 3.93 千克下降到 3.5 千克，只有猪、牛、羊肉和禽蛋四项合计人均每年消费量增加 3.7 千克。居民消费停滞不前，主食和副食消费量下降。

第三阶段是全面提高时期。从 1979 年党的十一届三中全会后到 1987 年，

改革开放促进了国民经济的迅速发展。这期间，工农业总产值年平均增长10.9%，国民收入年平均递增9%（其中农民纯收入年平均递增12.1%），居民消费水平年平均增长7.9%，消费水平占人均国民收入的比重提高到60%以上。尤其值得注意的是，农民家庭人均商品性支出比重增加，自给性消费支出比重下降。1987年与1978年比较，商品性消费支出比重增长24.8%。其中，食品的上升幅度更大。全国居民消费结构开始改善，消费质量明显提高。1987年，全国人均消费原粮（其中大部分是细粮）达到385千克，动物性食品达到28千克，恩格尔系数由原来的60%～70%下降到50%～60%，全国大部分居民的生活水平提高到温饱线以上，同时居民住房条件也得到显著改善。改革开放10年来，农村居民新增住房面积62亿平方米，相当于改革前30年增加住房面积总和的2倍以上；农民人均住房面积达到19.4平方米，其中85%是砖木结构，36%是楼房。此外，还有1.6亿农村人口用上了电。

纵观我国消费发展变化的三个阶段，可以得出规律性的结论：生产和消费是辩证统一的经济活动，前者是后者的基础，后者是前者的动力。如果割裂生产和消费的辩证关系，长期压低和抑制居民消费，必然会产生不良影响。从科学消费观念而言，破除形而上学的片面抑制消费和盲目刺激高消费的观点，是生产和消费相辅相成提高的先导。改革开放以来居民消费结构和食物结构朝着良好方向转变的势头应继续保持下去。

二、我国消费结构和食物结构的主要问题

在肯定全国居民消费由温饱向小康型转变的时候，也毋庸讳言，居民消费结构和食物结构还处于明显扭曲状态，消费经济理论还呈现落后水平，社会集团消费“控而不制”，更趋向恶性膨胀。

问题之一：消费膨胀，求大于供。近年来，固定资产投资和消费基金“双失控”，两个轮子齐转动，驱使通货膨胀加剧。令人触目惊心的是，社会集团消费急剧膨胀。在1980年以前，全国公款年消费总额不超过200亿元；1984年，超过了400亿元；1987年猛增到553亿元；1988年，再增到655亿元。以上仅是公开渠道提供的数字。据报道，如果加“隐性集团消费”和职工福利补贴，估计公款消费总额不低于1 000亿元。其情其景，触目惊心，真有坐食山空的危险。许多社会集团讲排场，摆阔气，大吃大喝，挥霍浪费，奢侈成风，对消费膨胀推波助澜。一方面消费膨胀，一方面供给不足，导致供求断裂，特别是粮食、肉类、食糖和食用植物油供应紧张，市场压力巨大。

问题之二：消费领域狭窄，消费结构扭曲。由于长期“左”的思想和陈旧的消费观念的影响，我国消费结构呈现扭曲状况：大锅饭造成的消费平均化，

以及消费领域狭窄造成的畸形化，还明显可见。在居民消费结构中，食品消费支出比重有所下降：城镇居民从1984年的15.53%降低到1987年的13.69%，农民家庭由10.4%下降到8.6%；城镇居民家庭非商品支出费用，如房租支出占消费总支出的比重更小，从1981年到1987年，居民住房支出的比重从1.39%下降到0.87%。由于消费领域狭窄，居民的消费支出缺少分流，因而使肉、蛋、奶等动物蛋白食品消费增长速度超过了生产提高的速度。这种畸形化的消费结构，不仅阻碍国民经济的良性循环，而且影响居民的消费质量。

对消费状况的分析表明，我国居民的消费水平，目前处在由温饱型向小康型转变的消费阶段。从80年代以来，多数城乡居民、特别是城镇居民的消费逐步接近满足温饱需求的临界度，食物消费支出占消费总支出的比重有所下降，但居民消费结构仍不合理。1987年，城镇居民食物消费支出占生活消费支出总额的比重仍高达53.47%，而农民家庭的食物消费支出的比重更高达55.2%，恩格尔系数仍然居高不下。这意味着我国城乡居民消费支出的一半以上集中于食品，而衣、住、用、行及劳务等多种领域的消费还占不到一半。这表明，改善我国消费结构使之合理化，具有极大的重要性和必要性。

问题之三：食物结构单一，蛋白质含量不足。食物结构必须建立在符合人体生理需要的科学的基础上。热量、蛋白质、脂肪和维生素等基本营养素平衡的科学食物结构，是增强人的体质和脑力的必要营养源泉。受多种因素制约，我国居民的食物结构虽有改善，但单一化或畸形化的状况仍未根本改观。问题主要在于居民膳食中蛋白质含量不足，特别是动物蛋白质含量缺少。1985年，我国居民人均消费粮食（原粮）282千克，肉食品（猪牛羊、禽肉、水产）21.75千克，禽蛋5千克，植物油5.13千克，食糖5.65千克，牛奶2.2千克。这组数据表明，动物性食品所占比重相对较少。从上述膳食中，人们摄取的蛋白质总量仅56.01克，其中植物蛋白质49.8克，动物蛋白质6.19克，分别占蛋白质总量的88.9%和11.05%；摄取的脂肪总量为51.86克，其中植物脂肪26.21克，动物脂肪25.65克，分别占摄取脂肪总量的比重为50.54%和49.46%；摄取的总热量9 919千焦，其中从植物性食品中摄取热量8 836千焦，从动物性食品中摄取热量1 082千焦，分别占摄取总量数的89.0%和10.9%。1987年，全国居民平均每人每天摄取热量10 901千焦，蛋白质和脂肪分别为73克和67.95克，其中，从动物性食品中摄取的热量、蛋白质和脂肪依次为1 150千焦、8.47克和26.24克。动物蛋白质占摄取蛋白质总量的比重仅占11.6%。可见，我国居民摄取的热量已经够了，但动物蛋白质不足。在未来改善食物结构中，必须增加动物蛋白质的比重。

问题之四：消费理论落后，科学引导不力。西方经济科学大体在第二次世界大战后已逐步形成当代消费经济学。我国消费经济理论作为一门经济学还处于创始阶段。整个消费经济理论，包括消费结构、消费行为、消费引导，以及食物结构、食物营养、食物发展战略等的消费理论和实践的研究还起步不久。普遍缺乏营养学的基本知识和合理消费的知识，误认为有钱会花就会消费；也有的盲目效法西方“实行以肉蛋奶为主的食物结构”，脱离了国情和食物营养学及人体生理学的需求。还有的盲目摇摆，时而主张吃素即植物性食物为主的结构；时而又主张吃荤即动物性食物为主的食物结构。所有这些似是而非的主张，都是由于缺乏科学的消费理论和食物结构理论所致。为了科学地指导我国消费结构和食物结构的改善，必须深入、系统、全面地发展我国科学社会主义消费经济理论。

三、改善我国消费结构的方向

找出了我国消费结构和食物结构中现存的问题，就明确了改善的方向，即：逐步建立和实现我国合理化消费结构和科学化食物结构。消费结构合理化是个具体的、发展的、相对的概念：有中国的合理化，有外国的合理化；有现实的合理化，有未来的合理化；有城市的合理化，有农村的合理化，等等。因此，在研究消费结构的改善方向时，要准确把握我国消费结构合理化的内涵，以发展生产为基础，以建立合理消费结构为途径，以科学消费为原则，以实现合理转变为目标。

合理化、科学化的消费结构和食物结构，具有一定的客观标准，而标准是相对的和变化的，因而它具有相对性和动态性。每个国家和民族各有特点，因而消费结构和食物结构也各有特殊性。为逐步转变我国单一化、雷同化和畸形化的消费结构和食物结构为多层化、多样化和个性化，满足人们的物质和精神的各种需求，应从以下五个方面入手：

第一，生活转向小康型，降低食物消费支出比重。从发展上看，我国居民对食物消费的绝对量还会增长，但食物支出的相对金额，即食物消费支出占消费总支出的比重将会不断下降。在食物消费中，将会以适量谷物为基础、逐步增加动物性食品的消费量，特别是提高居民动物蛋白质的摄取量，提高食物结构的质量。大体可以设想，把人均食物消费支出占消费总支出的比重由1986年55%下降到2000年的48%～45%，居民生活达到小康化水平。

第二，发展替代纤维织物，增加衣着消费比重。改革10年，我国居民的衣着构成已显著改善，可以说达到“丰衣”的程度。改革后的1983年，我国取消了实行30多年的布票制。从1978—1987年，全国棉纱产量、化纤产量、布产量分别由238.2万吨、28.46万吨和110.3亿米提高到432万吨、116万吨和167亿米，依次增长1.81倍、4.08倍和1.51倍以上。尤其服装工业发生了引人注目的变化和突破，使中国人的衣着风貌显著改观。在未来，由于我国受棉花和皮毛资源的较大制约，居民的未来衣着构成方向是：更多增加替代纤维织物面料；同时把纯毛织物、特别是毛料、皮毛、丝织料放在次要地位。大体设想，到20世纪末，居民的衣着消费支出比重由1985年的11.4%增加到13%以上。

第三，改善住房条件，提高住房消费支出比重。安居方能乐业，改善我国居民住房条件是一项长期的重大任务。人口众多的我国，将长期需要大量住房，单靠国家是很难满足居民需求的。因此，必须采取多种形式发展住房建筑业，建造适用、耐久新住房，改建旧住房，同时积极推进城镇居民住宅商品化改革，发展合作制住宅和供大学生廉价租住的公寓等。居民住房消费支出的比重应有较多增长，设想将由1985年的8.2%提高到2000年的11%～12%。

第四，丰富技术商品，显著提高用品消费比重。后发达工业国家对于技术商品的消费具有越过传统产品阶段、进入高档次产品阶段的特点，如电视机要彩色的，电冰箱要双门的，空调机要节能的，音响要立体声的，等等。这些都是合乎理性的消费行为和消费选择。其道理有三：①随着科技的进步和工业生产现代化水平的提高，耐用消费品生产成本下降；②多功能的新颖耐用消费品比单功能的传统产品具有更大的吸引力；③居民家庭在做出重大消费投资决策时必然要考虑到目前和未来多年的消费效益。

第五，发展第三产业，扩大劳务消费支出比重。随着居民消费水平的提高，必然要求提高消费质量。发展第三产业，像饮食业、服务业、修理业、交通运输业、医疗保健业、文化娱乐业等都是居民的必要消费需求，将会得到长足发展。预计到2000年，居民劳务消费支出的比重将由1985年的4.3%增长到7%以上。

我国中长期应采取的食物政策与措施

——关于我国居民食物消费研究之四

没有远虑，必有近忧。没有长期战略，必有短期行为。许久以来，解决中国食物问题缺乏的正是远虑和战略。

中国面临着严峻的任务，即到20世纪末必须满足可能达到12.9亿、甚至更多人口的、堪称为世界最大消费人群的食物需求的问题。这是一项涉及生产和消费、分配和销售、农业和工业、城市和乡村、现实和未来的复杂工程。解决这个问题，不是单一途径、单一政策或单一措施所能奏效的，必须采取正确的食物战略、食物政策和食物措施。这就是“综合食物战略”。即采取多条途径，多种形式，多项政策、科技和投入措施，综合开发和利用多种食物资源，最大限度地满足人们的多种食物需求，建立起消费梯度适宜、消费层次适当、具有中国特色的食物消费模式。

一、把正确引导和调节食物消费作为国策

1. 选择“食物适度消费”政策。总结建国后长时期内重生产、轻消费的历史教训，汲取国外发达国家刺激高消费导致的多种弊端，有三种食物消费政策可供人们比较和选择：节制消费政策，刺激消费政策，适度消费政策。从我国的国情出发，我们应该，也只能选择第三种、即“食物适度消费”政策。这是唯一正确的选择。

所谓节制消费政策，就是较长期的抑制和控制食物消费的主张和政策。西方古典政治经济学家在资本主义上升时期为积累资本而主张节制消费欲望。这种消费政策，相对适应于劳动生产率不高、需要大批建设资金、总供给不足的社会经济状况，具有借鉴作用。但是，这种消费政策，没有把生产和消费作为辩证的、相辅相成的统一体加以考察，因而在认识上有形而上学的片面性，在实践中往往导致消费滞后的负面结果：重积累，轻消费，造成供给和需求严重失衡，消费越来越萎缩，既挫伤群众的积极性，又使经济发展丧失动力。这应力戒和避免。

所谓刺激消费政策，也可称高消费，即刺激和扩大消费、提高有效需求的主张和政策。在第二次世界大战之后，被西方经济学家奉为圭臬的高消费政

策，是由凯恩斯提出、并由他的门徒加以发展的。随着资本主义经济的发展，出现生产过剩和买方市场，周期性地爆发经济危机。于是“节制消费”观受到挑战，凯恩斯的高消费理论应运而生。他认为，资本主义的危机来源于“有效需求不足”，人们应该改变“节俭是美德”的传统观念，实行高消费政策，以调节国民经济的运行。这种高消费理论，虽然对战后资本主义国家扩大就业、繁荣经济不失为一副刺激剂。然而，长时期实行高消费，高工资、高福利的一部分转入产品成本，从而提高了生产成本，削弱了出口商品的竞争能力。高消费刺激的另一消极结果是，导致社会财富和自然资源的严重浪费，加剧了能源短缺、环境污染和生态失衡的社会经济问题。这种高消费政策，对于广大发展中国家更不可取。与抑制消费相反，高消费则会产生重消费，轻积累；重当前，轻长远，最终导致消费超前，供给结构和需求结构失衡，直至引发通货膨胀。脱离发展中国家国情的高消费，决不应成为我国的食物消费政策。

所谓适度消费政策，就是随着劳动生产率的提高和国民收入的增长，适度提高人民消费。这是以生产为消费的基础、又以消费为生产的动力、把二者辩证统一起来的消费政策。它是在国家宏观引导和调节下，以客观可能为依据，动态地、适度满足人民日益增长的物质文化生活需要的消费政策。这种消费政策，适度是关键：国民消费需求总量与供给总量大体平衡；消费结构与生产结构大体适应；消费水平的提高与国民收入增长的速度大体相当。实行这种消费政策，有利于生产力发展水平的提高，有利于社会主义物质文明和精神文明的协调发展，有利于人民物质文化生活的不断改善。

实行食物适度消费政策，既摒弃了弊多利少的、被主要资本主义国家奉为圭臬的高消费理论；又排除了形而上学的、节制消费的消费观；既反对贫富悬殊的、被过度拉大消费差距的做法，又否定普遍一律的均等化消费措施；既注意人们提高消费水平的热望，又虑及我国生产力水平和资源拥有条件。从而，把转变食物结构的理想性、现实性和可行性统一起来，借以实现食物结构的科学化。

2. 建立食物质量安全的保障政策体系。食物消费关系广大消费者权益，尤其关系消费者生命健康，所以确保质量和安全至关重要，必须建立和健全食物质量安全保障政策体系。即：构建标准健全、制度完善、体系完备、监管到位的食物质量安全保障体系。充分发挥标准化、信息化引领作用，健全各类食物标准，稳步推进原料标准化基地建设。加大对食物源头污染综合治理，全面推行环境监管、过程控制、市场准入、风险监测、质量追溯、诚信管理、安全预警的全程质量监管。增强诚信经营意识，推进食物生产、加工、经营企业诚信建设，开展诚信经营创建活动。加强食物安全信息共享与公共管理体系建设，健全快速反应机制，增强应急处置能力，重视食物安全事故舆论引导和善后处理工作，最大限度地减少食品安全事故造成的社会影响和损失。

3. 制定配套的引导和调节消费的政策。消费，既涉及生产、流通和分配，又关系国家、集体和个人，任何单项政策都很难对其产生全面有效的引导作用。必须通过制定配套的消费政策，把我国改革的深化和经济的发展、把计划经济与市场调节、把宏观消费同微观消费协调结合起来。所谓消费政策配套，是指通过经济的、行政的、法律的、科技的、产业的各项政策相互配合，对消费发挥引导、调节和控制作用。

第一，正确的引导政策。正确引导食物消费的政策主要体现在以下方面：使消费对国情具有适应性；对劳动生产率和国民收入的增长具有可行性；对人体健康具有科学性；对社会生活方式具有文明性。我国是处在社会主义初级阶段的发展中国家，人口多，农民众，耕地少，家底薄。1986 年，人均城乡居民收入仅 910 元，属于世界最低收入国家之一。与此相对照，全国居民生活消费支出高达 799 元。其中，食物消费支出费用达 419 元，占生活支出费用的比重为 52%以上。这就是说，我国居民生活消费的恩格尔系数比西方要高 30%以上。还不可忽视的是，全国还有约 10%的人口生活处在温饱线以下，急需扶贫治穷，改善处境脱贫致富。

上述国情和国力，既是我国制定消费政策的出发点，又是我国引导消费的适应点。从我国城乡居民生活由温饱型向小康型转变的实情出发，我国应该选择的适度消费政策，要把居民的食物结构引导向以谷物为基础，逐步适量增加动物性食品，并辅之以果蔬、豆类和薯类的食物结构；要把消费结构合理引导向食物、衣着、住房、用品和劳务等居民需要的消费领域；要把居民消费行为引导向健康、高尚、文明。

第二，合理的调节政策。合理调节消费的政策基本上有两点：一是保持总供给和总需求大体平衡的政策；二是确定积累和消费适宜比例的政策。近几年，全国范围出现“两个膨胀”：消费需求和投资需求膨胀，大大超过社会总供给。鉴于此，一方面要采取节流的政策；另一方面要采取大力开源的政策。积极增加有效供给，不仅增加供给总量，而且改善供应结构，增加消费者急需的粮、肉、蛋、奶、油、糖和水产品等。通过开源与节流双管齐下的对策，实现社会总供给与总需求的大体平衡。同样，在消费萎缩或薄弱条件下，相应必须提高国民收入、扩大消费资金。在人口众多的中国，扩大内需潜力巨大。

为了有效调节消费，需要采用计划经济和市场调节相结合的机制。在计划机制主导作用下，要更加完善发挥市场调节作用，逐步改变对城市消费者福利性的食物补贴。长期以来，我国粮、肉、油、蔬菜等食品采取低价销售加补贴的政策。在非常时期（如战时）、食物匮乏的条件下，采取统制经济有其必要性和有利性。而在和平建设时期，特别是人们温饱问题解决后，食品低价销售加补贴的政策成为变相的刺激城市居民食品消费的福利制度，成为食品严重浪费、国家财政负担沉重的根源。1978—1986年，国家财政每年粮油肉鱼禽蛋等食品的补贴额由45.82亿元增长到217.66亿元，增长了4.75倍。因此，必须稳步、逐步、但又是以坚定的步子改革供应的福利补贴政策，通过理顺粮油等主、副食品价格，使之发挥刺激食物生产、引导食物消费、调节食物供求的作用。特别是要通过价格杠杆调节资源短缺、需求旺盛的产品的供求，使食品供求结构、消费地区结构和消费时间和消费群体等大体协调平衡。在实行这一改革后，通过实行社会政策，对城镇低收入居民提供合理生活补助。

第三，公正的分配政策。不公正的收入分配是消费膨胀的一个祸根。收入分配不公正，一方面表现在平均主义大锅饭还广泛存在，另一方面表现在少数人非法谋取大量不义之财。大体而言，人们的收入有显性、半显性和隐性之分：工资收入和一般奖金为显性；变相奖金和滥发实物为半显性；各种非法收入（如偷税漏税和贪污受贿等）为隐性。近年来隐性收入暴增，少数人腰缠万贯，穷奢极欲。还有的企业采取短期行为，把生产基金转为消费基金，使消费膨胀火上加油。近几年，国家财政收入在国民收入中的比重不断降低，而个人收入的比重不断在提高。尤其是中央财政收入还低于地方财政收入，形成国家财力分散，致使中央宏观调控不力。从1979—1988年，国家财政收入占国民收入的比重由31.9％下降为21.3％；同期，个人收入的比重则由49.9％上升到66.0％。前者确实偏低，后者确实偏高了。

解决收入分配不公问题，在于保证国家财政收入在国民收入中保持一定的比重。专家认为，一般以28％～30％较好，尤其要提高中央财政收入在整个国家财政收入中的比重，以便使国家有足够的财力进行宏观调控和应对突发大事件。为此，要通过税收政策和法律手段，扩大征税面，开征新税，调整税率；严格税法，防偷堵漏，实行审计；惩治腐败者，打击走私，扫除贪污；控制奖金，减少补贴额等。解决了收入分配不公问题，就提供了良性消费的一个前提条件。

第四，严格的控制政策。在社会主义公有制条件下，至今，我国还缺乏维护公共利益的有力机制，往往发生侵吞国家或集体财富的问题，造成浪费性消费。1987年，社会集团消费金额高达553亿元，占当年财政收入的24％。如果加上隐性集团的款额，社会集团消费金额估计超过1 000亿元，占财政收入的比重不下一半。集团消费的一大特点是公款吃喝，加剧了食品特别是酒类、动物性食品和海鲜品的消费，甚至造成某些食品的供求紧张。为此必须建立有持久效力的控制社会集团消费的机制：机关和社会团体的经费不能挪用为生活消费；企业的其他收入也不准挪用和转化为生活消费。必须通过硬性的行政手段、法律手段和严格的规章制度，把社会集团消费额占国民收入的比重控制在4%～5%左右，并使集团消费实现制度化、廉洁化。

二、把广辟食源、加大食物生产与供给作为战略措施

丰富的食物是转变食物结构的基础，必须加强食物生产与供给，加大对食物生产、加工、流通领域扶持力度。从我国自然资源种类多、分布广、潜力大的特点和转变食物结构的需要出发，应把抓紧粮豆、广辟食源作为战略措施，大力组织实施。

1. 振兴粮豆大产业，促进生产现代化。粮食是基础性食料，大豆是质优价廉的蛋白质资源，对国计民生具有战略意义。可设想作为两项大产业加以振兴。其途径是提高粮豆生产社会化、专业化、商品化和现代化水平。主要措施是：调整粮食和大豆价格，提高粮豆生产的比较收益，激励生产者积极性；继续建设现代化粮豆商品生产基地，各类基地都要走以集约的农民家庭经营为基础，以专业化的合作服务为条件的发展道路；综合开发全国基础好、增产潜力大的优势农业区域，配置新农业生产能力；在基本稳定粮豆种植面积的条件下，增加投入，主攻单产，提高土地产出率；发展粮豆加工系列产品，像各种大豆制品、大豆蛋白食品等，进行综合开发利用；发展粮豆产供销经营服务体系。假若到2000年，全国粮食和大豆总产量分别达到5亿吨和2 250万吨以上，那么就可能基本满足全国居民的需求量。

2. 广辟食物资源，充分合理挖掘农业潜力。放眼全国国土，唤醒沉睡资源，开拓渔牧副业生产，对解决中国的食物问题同样具有战略意义。现在要切实采取政策的、科技的和投入的措施，向农业的广度和深度进军。例如：逐年开垦5亿多亩的宜农荒地；合理改造利用10亿亩宜牧草地和0.9亿亩宜渔淡水面积；开发约13亿亩的宜林荒山；围垦宜殖沿海滩涂1.1亿亩。如果在近、中期内部分地把全国总量超过30亿亩以上的荒地、荒山、荒坡和荒水等“五荒”资源部分地开发利用起来，建设一批新型农、林、渔、果、木本粮油、中药材等现代化商品生产基地，将会形成巨大的、新的农业生产能力，贡献出大量肉、鱼、蛋、奶、粮、油、果、菜和丰富的水产品。这既解决了多种经营与粮食作物争地的矛盾，又提供了大量的动物蛋白食品。只要转变观念，广辟食物资源对改善居民食物结构具有突破性的战略作用。

三、把协调供求结构作为必要条件

供应结构不适应需求结构，就会导致产销脱节，消费受阻。协调供求结构的根本在于从科学食物结构出发，调整产业结构，特别是农业和轻工业结构。在农业领域，因地制宜调整种植业结构，在稳定粮食和大豆种植面积的条件下，全面发展种植业；同时大力发展现代畜牧业、渔业和园艺业，增产消费需求量巨大的动物食品、水产品和新鲜果蔬产品。在轻工业领域，继续发展现代食品工业、饲料工业、饮料工业等，以适应居民家庭生活社会化趋势和畜牧业发展的需要。在食品工业领域，还要大力研制和增加花色品种，增产营养强化、有益健康、方便消费者的各种产品。为充分开发利用各种资源，必须大力发展综合利用资源的农副产品精加工技术，发展粮油、大豆、畜产品和水产品的深加工，增加新产品的科技附加价值。在饮料酒方面，要通过价格杠杆调节，促进干白型、干红型果酒和具有民族特色的滋补饮料酒的生产，缩减耗粮多、损健康、伤民风各种杂牌白酒的生产，降低白酒在饮料供给中的比重。对于各种农产品和食品加工，必须切实提高质量，使居民买之顺心，食之放心。总而言之，做到供求结构协调，就创造出了产销衔接、消费发展的必要条件。

协调食物的地区和人群供求结构，是我国中长期食物政策与措施的重要内容。针对我国目前食物供给与营养中存在的重点区域问题——贫困地区、农村地区、流动人群集中地区；及重点人群问题——儿童青少年、老年人和孕产妇与婴幼儿人群，要采取必要措施，有效加以解决。主要包括：①对贫困地区，采取扶持与开发相结合的方式，提高食物供应和居民食物摄入水平；②对广大农村地区，要加强农村社会经济发展，提高农村居民食物获取能力，优化食物结构；③对流动人群，要改善务工人员、在外就餐人员的膳食结构，倡导合理膳食模式；④增加供给适应弱势人群特殊营养需要各类食物。

四、把开发新技术新工艺作为广阔途径

依靠科学进步，特别是农业、牧业、渔业、园艺业及食品工业、饲料工业等领域的科学技术的进步，是解决12亿人口膳食消费问题的根本途径。

1. 加强食物与营养科技创新，提高食物安全率。民以食为本，食以安为先。针对食物、营养、健康领域的重大需求，加强食物与营养科技投入，对食物与营养的重点领域和关键环节的研究。加强对新资源食物开发和食物安全风险分析技术的研究。加强食物安全监测预警技术研究，促进食物安全信息监测预警系统的建立。深入研究食物、营养与健康关系，及时修订居民膳食营养素参考摄入量标准。

2. 开发新技术，增加资源产出率。在耕地、水面、草原等自然资源相对短缺的我国，通过开发新技术，提高其产出率，具有重大意义。开发治旱涝、治盐碱、改良地壤的生物工程技术，把占全国耕地面积69.3%的中低产田改造成为稳产高产田，每年可增产粮食数百亿千克；开发遗传工程，繁育推广杂交水稻、杂交玉米、高产小麦等优良品种，以及推广良种畜禽，每年可增产大量谷物和动物性产品；开发草山、草坡、草原，种植高蛋白牧草，振兴现代化草业，发展牛、羊、免、鹅等多种草食动物饲养业，少耗粮，多产肉和奶；开发各种精养高产技术，充分有效利用淡水面，提高鱼、虾、贝类养殖动物产量。实施这些科技措施，有效向生产的深度、广度进军，必然会有限的国土资源产出更丰硕的产品，为民生造福。

3. 靠科技进步，提高资源利用率。依靠科技进步改变我国农、副产品加工落后面貌，提高粮油、畜牧、渔业等资源的利用率，等于不种田、不养殖的增产。例如，提高粮食科技水平，大大减低加工损耗，提高出品率；发展配合饲料工业，改进科学配方，改变用原粮饲喂畜禽的原始方法，提高饲料粮转化率；提高油脂化学技术水平，推广油脂浸出技术，开发油料蛋白资源，提高出油率；发展科学饲养技术，减少肉料比，缩短饲养期，提高出栏率；提高畜禽及动物加工副产品综合利用技术，增产肉食新品种，加工骨血粉，制作蛋白饲料，研制生物制品，精细加工皮毛，提高实用效率。发挥科技进步的神奇力量，可以使许多资源变一用为多用，变低价值为高价值，不仅可创造大量生活资料，满足市场供应，而且可创造巨大社会财富。

4. 用科技新成果，降低资源损失率。我国许多农副产品得而复失的问题很严重，几乎遍及加工、储藏、运输等各个环节。以我国短缺的粮食资源为例，它在收获后的损失率（由于虫、霉、鼠、加工、运输等因素）高达10%～18%，若以15%计，全国每年有3 000万吨粮食得而复失。如果建立起收获后生产系统，推广先进烘干、储藏、加工技术，减少的损失等于增产数百亿千克的粮谷。再以水果为例，全国平均损失率在15%～20%，若以15%计，年损失量达200万吨以上。如果推广科学储藏和运输技术，就可以减少数十亿千克的损失。此外，像食糖储存过程中的溶化，肉类储藏中的鼠害，蔬菜储藏和运输中的腐烂，东北高水分玉米的霉变，食品的污染变质，薯类资源的浪费等，各种食品资源的损失都很惊人。如果切实推广应用食品储藏、“冷链”物流、加工和利用的新技术，可以大大减少损失，等于不种田的增产，可收到几倍、甚至十几倍的效益。

五、把加强组织领导作为重要保障

食物供给和消费，是关系多部门、多地区、多领域、多层次的系统工程，必须加强统一组织领导，加强法律法规体系建设。从实际状况和需要出发，由农业、工商、科技、财政、卫生等分工负责抓好食物生产、供给、质量安全等各项工作。其中，要切实建立和健全食物与营养相关法律法规体系，依法规范食物生产经营活动，针对食物与营养重点突出问题，开展专项治理整顿，营造安全、诚信、公平的市场环境。创新食物与营养执法监督机制，落实责任追究制，提高行政监管效能。弘扬勤俭节约的传统美德，加强节约食物的制度建设，立法禁止食物浪费。

中外消费结构对比提供的有益启示

一、我国的消费水平在发展中国家已居前列

消费水平，是居民消费资料耗量和质量的标志，是一国经济发展水平的综合反映。一定的消费水平以一定的人均国民生产总值和人均国民收入为基础。当今世界上，经济发展程度参差不齐，国家的消费水平大体可分为三类；约占世界30%的高收入经济发达国家进入富裕型的高消费；占世界34%的中收入经济中等发达国家达到小康型的中消费；占世界36%的低收入发展中国家还处在不足温饱的低消费水平。目前，我国人均国民生产总值属于低收入穷国。我国居民的消费在世界上达到何种水平呢？客观比较是最好的分析。这里，采用实物耗量法对我国和其他发展中国家的消费水平作一比较。

先看人们赖以生存的基本生活资料的消费水平。1979—1981年，世界发展中国家人均消费粮食213千克，其中饲料用粮43.2千克。预计到1990年将增长到232千克，其中饲料用粮增为43.2千克。大体同期的1980年，我国人均年消费粮食达到330.5千克，其中饲料用粮39.2千克。1986年，我国人均消费粮食已达391千克，其中饲料用粮达69.8千克。显然，我国现在的人均粮食消费水平已远超过发展中国家预计1990年达到的人均消费量还高159千克。

再看在食物链中属高级食品的肉类消费量的比较。同样，我国也高于发展中国家的平均水平。1980年，发展中国家人均四种肉（猪、牛、羊、禽）的年消费量为12.6千克，预计1990年将增长到13.9千克。与发展中国家相对照，在1980年，我国四种肉人均年消费量为12.8千克，1986年增长到17.5千克，比发展中国家预计到1990年的人均消费量还高3.6千克。

衡量居民营养水平的主要指标是人体对热量，蛋白质和脂肪等营养素的摄取量。与前述主要食物消费量相对应，我国居民的营养水平已全面超过发展中国家的平均水平。1979—1981年，世界发展中国家居民人均摄取主要营养素数量如下：热量9 823千焦，蛋白质57.5克，脂肪40.6克。同期，亚洲人均摄取热量、蛋白质和脂肪量依次是：9 764千焦，57.5克，38.7克。大体同期的1982年，我国人均摄取热量达10 387千焦，蛋白质66.8克，脂肪49.3克。上述比较表明，我国居民的营养水平已高于亚洲和世界发展中国家的平均水平。

衡量衣着消费水平，通常采用人均纤维消费量的指标法。1980年，发展中国家人均年消费各种纤维3.42千克，其中棉花2.10千克；预计1990年各种纤维人均年消费量将增长到3.83千克，其中棉花2.22千克。与上述数据相对照，1980年，我国人均各种纤维年消费量达到3.48千克，其中棉花2.63千克。1986年，我国人均各种纤维年消费量增长到10.58千克，其中棉花3.61千克。中国人的衣着达到“丰衣”程度，已为国外所公认。

如果把我国与同样是人口众多的农业大国印度进行比较，我国居民主要农产品消费量中，除油脂低于印度外，其他各项都显著高于印度。按照联合国粮农组织1985年计算的结果，印度人1984年从食物中摄取的热能只满足人体需要量的92%，而中国人同年从食物中摄取的热能已满足人体需要量的109%。

除衣食这些基本生活资料外，我国在人均住房面积、就业率、文化教育、百人拥有耐用消费品数量等方面，在发展中国家都居于前列。客观比较证明，改革9年，我国居民消费水平显著提高，已全面超过世界发展中国家的平均消费水平。

二、转变消费观念　拓宽消费领域　优化消费结构

科学的消费观念，是合理消费的前导。优化的消费结构是优化产业结构的客观依据，而优化的产业结构又为改善消费结构提供物质前提。二者不断适应、不断优化的过程，成为国民经济良性循环的推动力。

从二次世界大战以来的几十年间，国外经济发达国家像西欧、北美诸国，随着人均国民生产总值和人均国民收入的提高，消费结构朝着多样化和个性化方向转变，表现出如下主要特点：①恩格尔系数显著下降，食物消费支出比重缩小到次要地位。西欧、北美诸国食物支出占总支出的比重，目前一般降低到20%以下。②纤维替代量增大，衣着消费比重降低。许多经济发达国家受棉花资源约束，大量采用替代纤维，减少棉花消费量。预计到1990年将再下降3.7个百分点。近30年来，西欧、北美等经济发达国家衣着消费比重的降低幅度一般在30%～40%。③新建改建住房，实施室内现代化，房租消费支出比重增大，上升幅度大体在8%～10%。④发展小汽车和旅游业，促进交通、旅游支出比重提高，增长幅度在38%到2.5倍以上。小汽车消费的扩大，使轿车工业成为许多国家的一大产业。⑤劳务消费支出比重上升，其幅度在50%～140%。国外消费领域宽阔，个人消费部分更具有灵活性、选择性、多层性，有利于把消费基金均衡引向多种消费领域。

国外消费结构的转变有其相对合理性和必然性。与经济发达国家消费结构对比，可以明显看出我国消费结构的严重失衡。平均主义大锅饭导致消费结构

雷同，消费结构狭窄造成消费结构畸形，“福利式”分配制度和农产品低价销售诱发消费结构平均化。这种扭曲的消费结构把居民的消费需求压缩到单一的食品方面，使增长的购买力集中于食物消费，以致食物需求刚性扩张，造成农产品供应的重压，同时又严重束缚居民急需的住房、文教、劳务等消费领域的扩大，给国民经济的运行造成困难。

国外消费结构的转变一般分为三个阶段：首先是满足基本消费需求；接着是提高消费质量；再进一步是优化消费结构。人均国民生产总值和人均国民收入的提高是消费结构转变的物质条件。我国要以社会主义初级阶段生产力水平为前提，转变消费观念，拓宽消费领域，优化消费结构：①逐步降低食物消费支出比重。我国大多数居民温饱已不成问题。从发展上看，城乡居民的主要食物消费的绝对量还会适量增长，但相对数额，即食物消费支出占总支出的比重将下降，大体设想从1986年的55%降低到2000年的45%以下。②稳定或略增衣着消费支出比重。我国受棉花和皮毛资源限制，居民未来的衣着应以合成纤维和混纺纤维面料为主，把纯棉和其他贵重面料放在次要地位。③扩大住房消费支出比重。为使居民安居乐业，有必要继续改善住房条件。随着农村居民自建新房增多和城镇住宅商品化的推行，住房消费支出比重将上升。④提高日用品消费支出比重。我国消费发展的一个必然趋势是，高档耐用消费品和品种新颖的日用工业品，文教、健美用品将越来越多地进入城乡居民家庭，能源消耗量也将有增无减。鉴于我国能源紧张，提倡节能家用电器，对高耗能的家用空调设备加以改进或限制。⑤兴办第三产业，发展劳务消费。许多服务领域还是未开发的新领域，大有发展潜力。发展劳务对提高居民消费质量和方便、舒适程度不可缺少。如果把我国的消费结构合理地引导向前述各个领域，就能提高其优化程度，拉动国民经济实现良性循环。

三、采取切合我国国情的科学食物结构

食物结构是消费结构的重要组成部分。世界各国由于经济发达程度、自然地理环境、民族生活习惯，文化历史传统不同，食物结构千差万别。但如笔者在一篇专文中所阐述的，基本上可以分为两类：“一类是以粮食和其他植物性食品为主，以动物性食品为辅；另一类是以肉蛋奶等动物性食品为主，以粮食和其他植物食品为辅。这两类食物结构比较：前者具有食物链短、节约资源、成本低廉、无副作用等优点，缺点是动物蛋白质不足；后者的优点是蛋白质含量丰富且质量高，缺点是食物链延长，资源耗费多，具有副作用。”原因在于，主要动物食品都是粮食及其副产品通过动物的“有机工厂”转化而来的。为生产动物性食品就必然大大增加饲料粮的消耗量。1979—1981年3年平均，世

界经济发达国家人均年消费口粮175.5千克，然而饲料粮却高达408.5千克。这意味着，为满足肉食品消耗了相当于口粮的2.3倍的粮食。食物结构的改变迫使一些国家粮食供求形势陷入困境而不能自拔。苏联在50年代人均产粮500千克时是粮食净出口大国，随着居民消费的动物性食品猛增，如今人均产粮750千克上下却成为世界粮食进口大国。不可忽视的是，过量消费动物性食品，副作用严重，诱发心血管病、肥胖症等，成为危害人体健康的大患。因此，西方营养学家都在研究改善食物结构，减少动物性食品的消耗量，增加植物性食品的消耗量。

客观地比较两种食物结构，可以使人们清醒地看到，二者各有长短和优劣，不可简单加以肯定和否定。正确的态度应该是取其所长，补其所短。鉴于此，我国居民的食物结构应立足本国资源，并以科学原则和正确消费政策加以引导和调节；以平衡充足的营养素满足不同年龄、性别、职业、民族的人体生理需要，保证其体质强健、精力充沛、延年益寿。我们一方面应该发扬《黄帝内经》中阐述的“五谷为养，五果为助，五畜为益，五菜为充”的食物结构的传统，另方面要吸取西方食物结构的优点，适量增加动物蛋白质和维生素等营养要素，从而制定切合中国国情的科学食物结构。换句话说，我国应该推行以植物性食物为主、膳食结构多样化的食物消费模式。

中国的一个基本国情是人多、地少、底子薄，粮食等食品生产的主要文章做在人均不过一亩半的耕地上，以及人均数量不算多的草原和水域上。根据各方面专家论证，到2000年，全国总人口将达到12.5亿，而粮食总产量最高限度（达到最高限度难度很大）只能达到5.2亿吨，人均416千克，扣除种子、损耗、储备等项之外，人均不足400千克。但只要加以科学安排，足以保证居民达到小康生活水平，居民的营养水平可以完全达到、甚至超过我国营养专家所建议的营养标准。

食物结构是关系人民体质强弱、民族繁荣昌盛、国家经济兴衰的大事，在一定条件下，是经济发展的拉动力量。在我们这样一个人口众多、经济落后的国家，正确引导和调节消费，采取切合国情的科学食物结构，应成为一项基本国策。

原刊于《人民日报》，1988年7月25日

学术交流篇

小重山

岁末蓦回首

清秋凉夜蓦回首。
别母上远路，泪眼忧。
从此浪迹天涯游。
行复行，江河万里流。

岁月染白头。
跋涉不罢休，志未酬。
踏遍青山仍抖擞。
山外山，峻岭竞奇秀。

2010年11月中旬
于北京三路居

对商品粮食生产发展趋势和流通体制改革的探讨（节选）

——在河南省粮食经济研究会成立大会上的主题发言

（1986年8月，郑州）

一、我国商品粮生产面临着发展与徘徊两种抉择

正确了解客观形势是进行改革决策的前提。从去年以来，各地对农业是基础、粮食是基础的基础有了新的认识。今年以来，粮食市价上涨，对粮农产生了刺激作用。因此，今年粮食种植面积和粮食总产量开始有所回升。1986年，全国粮食种植面积达到16.55亿亩，比1985年的16.32亿亩增加了2 300万亩。夏粮和早稻大约增产500万吨。如果秋季无大灾害，预计今年粮食总产量有保证达到3.9亿吨，可望达到3.95亿吨或更高一点。

在我国粮食生产开始出现回升的时候，人们务必保持清醒，现在种种现象仍令人担心：如果不采取大措施，我国的粮食生产仍有可能出现徘徊局面。也就是说，我国的粮食生产目前面对着发展还是徘徊的两种前景。

粮食稳定增产的动力源泉在广大种粮农民，但目前粮农生产积极性不高，粮食主产区种粮积极性更低落。加之投入减少，要达到全国粮食生产在“七五”计划期间的4.25亿～4.5亿吨的目标，是很艰巨的。这是在现有较高水平上向新的台阶攀登，需要有新的条件和新的投入，需要提高粮农积极性和改善农业生产条件，增强其后劲，粮食的稳定增产和达到预计目标才有保证。然而，我国现行的粮食经济政策已不适应变化后的农业生产和市场情况。这种不适应性主要表现在两个方面：

第一方面，粮食收购价偏低。由此导致产生了以下结果，粮农生产粮食越多，经济收益降低越多；主产区、县、乡抓粮食生产越多，财政补贴越多；粮食部门经营粮食越多，经济亏损越多。由上述“三个越多”导致产生了“三不高”：粮农生产积极性不高；主产区县、乡抓粮食、管粮食的积极性不高；粮食部门经营积极性不高。大量的调查材料表明，农民种粮食成本明显提高，而粮食计划收购价格水平三年未变（1984—1986年），使种粮实际收益大幅度下降。河南省1982年平价尿素每吨为450元，到1985年增涨到567元；1981

年农药每吨为660元，1985年上涨到3 385元。种粮成本的大幅增长使农民实际收益下降。该省小麦高产的襄城县，从1983—1985年，每亩小麦纯收益由96元减少到63元，下降幅度达34.4%。浙江省13个县、市的调查表明，1984年与1978年相比，每百斤粮食成本提高了49%。福建省5种粮食平均每亩纯收益，1985年比1984年减少了12.6元，下降31.9%。

第二方面，农民种粮的比较效益最低。种粮不如种经济作物，更远远不如搞工副业。这里的一个重要原因是农副产品内部的比价不合理。江苏省物价局1985年的农本调查说明，粮价在各种农副产品中处于“锅底”地位。有关几种农副产品每亩纯收益分别为：粮食55.71元，油料64.59元，麻类231.94元，干鲜果684.12元，干鲜菜323.47元。每亩粮食的纯收益分别比上述农副产品低15.9%、316.3%、1128%、480.5%。句容县农民编顺口溜说，“唐宋元明清，自古到如今，没见过一担谷不如一担青（指蔬菜）”。尤为甚者，与粮农收益最低相对照，而负担却最重，层层摊派多压在粮农头上。由于种粮效益最低，粮农自然要转向效益高的产业，把粮田改种经济作物、挖鱼塘等。有的名义上承包土地，实际上从事工副业，使土地撂荒，还有的把粮食生产变为“副业”，不求高产，只求产点口粮即如愿以偿。这种种现象表明，粮食主产区和广大种粮农民种粮兴趣不是在增强，而是在减弱，粮食生产在逐渐失去雄厚的力量源泉。

从客观农业生产条件考察，近几年全国农业生产条件不仅未得到改善，而且还趋向恶化。农业投资占总投资额的比重逐年下降：“五五”期间，农业投资（包括林业、水利和气象）占国家投资总额的比重为10.6%，“六五”期间下降到6%左右。农业投资减少，势必引起农业生产条件恶化：①灌溉面积减少。从50年代到70年代末以前，全国大抓水利建设，平均每年增加水浇地面积1 500万亩。近几年灌溉面积非但没增加，每年还减少700万亩。②水利工程失修。大中小水库中相当部分成为“病库”，有的地区的水库竟有70%是“病库”。加之农村缺油少电，常常出现旱不能浇、涝不能排的困难。③农业机械设备陈旧。农村原来的机械设备都已陈旧，因缺乏资金而不能及时更新，消耗大，事故多，效益低。④农业环境污染加重。有的地方把农村当作“垃圾坑”，把污染工业从城市迁往农村，乡镇工业又大多不采取治理侵害的措施，“三废”时时在污染农业生产环境。⑤耕地面积锐减。各地乱占、滥占耕地现象很普遍，每年减少耕地在1 000万亩以上，而且都是肥田沃土，有的省一年减少一个中等县的耕地面积。吉林省在解放初人均占有耕地8亩，现在只剩下4亩。辽宁省在前30年平均每年净减耕地40万亩，1985年减少耕地更增加到56万多亩。

中国有个成语叫“居安思危”。在我国农业和粮食生产取得巨大成就的今天，一定要清醒地看到农业发展中的潜在危机。如果不在经济政策和改善农业生产条件方面采取一些大措施和改革，粮食生产很可能出现徘徊局面，那么，“七五”计划中粮食产量的指标也可能会落空。从粮食大省河南省的粮食生产情况看，徘徊的趋势更不容忽视。1983年全省粮食总产量达到2 905.5万吨，1984年为2 893.5万吨，1985年为2 711.5万吨，1986年预计为2 775.0万吨，但遭遇到严重干旱，看来难于达到预计数，粮食总产量还可能降低。

粮食总产量下降就意味着商品粮供应数量减少。面对目前商品粮食生产发展和徘徊的两种抉择，毫无疑问应该争取前一种前途，大力避免后者。

二、对改革我国粮食流通体制的理论构思

为防止和打破粮食徘徊，确保持续增长，从而使我国“七五”计划中规定的粮食增产指标（4.25万～4.5万吨）不落空。当今之计，必须双管齐下，抓紧生产，搞活流通。这两个环节，环环相扣，相互制约，相互促进。下面，对粮食流通体制改革试谈一个基本构思。

按照马克思主义再生产的原理，生产、分配、交换和消费四个环节是相互依存、相互制约、辩证统一的。正如恩格斯所说，生产和流通是相对独立的两种社会职能。生产是基础，生产决定流通；但流通也反作用于生产，在一定条件下流通甚至决定生产。广阔的市场和顺畅的流通，是促进粮食商品生产发展的一个基本条件。重生产、轻流通，认为抓好生产一切问题都解决了的观点是片面的，也是违背客观规律的。当然重视流通，并不意味着走回头路，复辟粮食统购统销，而是要以改革精神，勇于创新，探索和创造具有中国特色的粮食流通新体制。从1985年以来，我国取消了对整个农业生产，当然也包括粮食生产在内的指令性计划，取消了粮食统购制度，代之以合同定购制；调整了粮食收购价格，取消了基数计价法，实行比例计价法，国家合同定购以外的粮食允许多渠道流通。应该说，这些改革对搞活粮食流通发挥了积极作用。然而，基本在50年代形成、供给制色彩浓厚的粮食流通体制，还未从根本上突破，仍很不适应粮食商品生产发展和粮食商品流通扩大的需要，甚至可以说仍制约着粮食专业化、商品化生产的发展。因此，逐步和稳步改革粮食流通体制，具有极大的重要性和必要性。

（一）实行双轨制

从发展有计划商品经济的总前提出发，我国粮食商品流通最终要转向价值规律的轨道，粮食由产品真正变为商品，实行等价交换。这是一个长远的基本

目标。

然而，粮食是关系国计民生的重要战略物资，又是一种不可替代的低盈利的特殊商品，涉及千家万户。因此，在通向最终目标时要步骤稳妥，举措得当，以尽量减弱、乃至避免风险。笔者以为，粮食大体要经过由产品——半商品——完全商品化的转变过程。

为此，在粮食实现完全商品化、按照价值规律进行流通以前，需要一个过渡期，即实行“双轨制”：平价粮供应是一条轨道，议价粮经营又是一条轨道。它们各自在划定的轨道上运转，完成赋予的社会职能。随着农业粮食生产的发展和市场环境的改善，变“双轨制”为“单轨制”。这里，试对“双轨制”转变为“单轨制”的基本思考简介如下：

1.“有保有放”。所谓“保”，指保现有吃商品粮人口的口粮，供应平价粮；所谓“放”，指满足商品粮人口口粮以外的粮食需求，基本上都放开，像饮食行业、饲料业、酿造业等都改为供应议价粮。保证基本口粮供应，有利于人心稳定和社会安定，创造出一个良好的改革环境。与此同时，口粮以外的粮食需求基本放开，可以通过议购议销的渠道得到满足，从而，又有利于搞活粮食商品流通，也有利于逐步实现粮食商品的价值。

2.“压平扩议”。所谓“压平”，就是逐步压缩粮食平价销售；所谓“扩议”，就是相应扩大粮食议价经营。多年来，全国粮食平价销售实行大包大揽，统购的多，统销的更多，直到现在平价粮销售仍然包得太多。由于粮食价格“倒挂”，致使“大包大揽”的办法使国家背上了沉重的“包袱”，带来许多弊端：统购多，严重挫伤农民积极性；统销多，增加国家财政补贴。平价粮销售若不压缩，那么，该放的放不了，该扩的扩不了，流通渠道也不可能增多，市场调节也不会得到扩大。与上述的“有保有放”相一致，现在基本上可以把口粮以外的平价销售压缩下来，改为议价供应。至于口粮，第一步保城乡统销、定销人口的口粮；第二步则只保城镇居民的口粮，其他都扩大为议价供应。这样，就大大有利于克服平价粮销售包得过多的弊端。

3.“由双变单”。随着粮食生产的发展和国家财力的增强，逐步压缩粮食平价销售，扩大议价粮供应，直至把平价粮销售全部改为议价粮供应。这就是说，平价粮和议价粮向两个方向运动：前者逐步减少，直至消失；后者相应扩大，直至最终全部转变为议价粮单条轨道。通过这样一个转变过程，稳步实现“由双变单”，不会引起大“震动”和大风险。至于由“双轨”转变为“单轨”，究竟需要多长时间？这要依据粮食生产发展、国家财力增强、民众收入增长和生活水平的提高状况，以及各项配套改革的进展等客观条件而定。

（二）完善合同制

取消粮食统购，代之以合同定购，是我国粮食收购制度的一项重大改革。现在需要根据粮食生产和市场的变化，对粮食合同定购制度加以完善。

1. 定购数量。按照量出为入的原则，确定粮食合同定购的数量。依上述压缩平价粮供应，扩大议价粮的进展状况，即主要依照平价粮销售量的大小确定粮食合同定购量。从今后几年内的实际情况看，在“七五”期间，全国粮食合同定购量宜保持在 6 000 万～6 500 万吨的总水平，不增加也不减少。当然，在必要时不排除对少数合同定购数量过大的省进行局部调整。

稳定粮食合同定购量 6 000 万～6 500 万吨，稍大于目前的统销数量，是客观条件决定的。首先，我国的粮食统销在近期内还不能完全取消，平价粮供应还有缺口；其次，有的地方减少粮食合同定购量就等于减少粮食产量，应加以避免；第三，逐年减少合同定购数量，会给农民造成错觉，以为国家不需要那么多粮食了，同样需要加以避免；第四，调整合同定购任务，手续浩繁，工作量巨大，不易采取；第五，对缺粮的老、少、边、山、穷地区，可以不实行合同定购，而代之以自由购销，让其充分休养生息。平价粮供应出现的缺口，可以根据国际粮食市场和国内实际情况，以及社会经济效益而选择采取议转平、动用库存或进口粮食等途径加以解决。粮食合同定购量稳定不变，并不意味着议价粮数量固定不增加。实际上，由于平价供应粮不增加，所以每年增产的商品粮都进入议价渠道，等于扩大了议价粮经营量。

2. 定购价格。为解决粮食合同定购价格低的问题，有两条途径可供选择：一条是用平价生产资料奖售和兑换，使农民从中得到一些补偿；另一条是调高粮食合同定购价格。事实表明，前一条途径弊多利小，难以奏效；后一条途径利大弊小，能奏大效。但是，选择后者要切实避免农资价格更大幅度上涨，抵消了粮价上涨给农民带来的利益。

先说前一条途径。实际上，农民从平价物资奖售和兑换中得到的补偿很有限，对粮农吸引力微不足道。再说第二条途径。粮食“倒三七”比例价已经实行三年了，粮食生产成本和市场状况已经发生很大变化，粮食合同定购价格需要适当调高。根据目前的实际情况，明年可先把粮食定购价格从现在的“倒三七”比例价水平调高到原超购加价的水平。据粗算，这样调价后，中央财政需要增加支出近 30 亿元。但应该看到，1985 年粮食的财政补贴因降低收购量而减少支出达 37 亿元，其中，中央财政减少 28 亿元。这表明，调价新增的开支还少于 1985 年减少的补贴额，根本不会增加财政负担。

3. 不同对策。要因地制宜对不同类型的地区采取不同的对策。从目前实际情况出发，应该三管齐下增加种粮农民的经济收益，主要包括：提高粮食定购价格；少量局部调整合同定购数量；适当增加农资供应。对全国大体可划分三类地区：第一类地区，即对商品粮集中产区，特别是新商品粮地区，粮食合同定购数量不减少，也不增加，把定购价格提高到超购价或更高的水平。第二类地区。即对于沿海经济发达的商品粮集中产区，既不调整价格，又不减少合同定购数量。这些地区要走“以工建农”的道路，即利用乡镇工业的力量，改善农业生产条件，发展农业规模经营和集约经营，使之既有高度发达的乡镇工业，又有现代化的农业。第三类地区，即对缺粮的“老、少、边、山、穷”地区，原则上不实行粮食合同定购。对其中有条件发展粮食生产的地区，可以把现在的粮食运输费用包给当地，用来提高粮食收购价格，刺激贫困地区粮食生产的发展。

（三）改革平价制

所谓改革平价制，就是改革多年来的过于高度集中的平价粮管理体制，即统销粮管理体制。现在就总体和实质而言，在平价粮管理体制中依然是全国在吃大锅饭。各地和各行各业都想把产业结构调整，种植业布局的调整建立在向中央要平价粮的基础上，即吃“中央大锅饭”。所以，这二年全国粮食平价粮销售增长的速度很快。与粮食销售加快增加相反，粮食生产却在加快萎缩。这里的重要原因之一就在于，吃中央的平价粮比自己产粮省事又省钱。

因此，打破全国性“大锅饭”，是改革平价粮管理体制的关键。彻底打破“大锅饭”，其具体措施是：分散决策，风险自担；核定补贴数额，实行市、县粮食包干；钱随粮走，节余归己，超支自负。具体实施办法是：核定各市、县粮食购、销、调、存的指标，然后按核定的指标把金额补贴承包给市、县。在核定补贴额时，要根据实际费用加微利的水平进行补贴，而不能采取加重地方负担的缺额补贴办法。同时，中央财政也不再继续把粮食企业的经营利润用来抵亏。粮食企业照章纳税，税后留利全部归企业，留利部分也不算作补贴额。在实行承包后，市、县的主要职责是：一要负责当地的粮食供求平衡；二要负责保证完成粮食调出指标。在实行承包措施以后，允许各地自主决定，采取适用于本地区的政策措施。如根据本地实际情况决定是自产粮还是外购粮，购什么粮和向何处购粮，如何压缩平价粮销售，以及如何保持本地区粮食总量供求平衡等。

这样改革后，可以克服包购包销中的一系列问题，产生如下积极作用：一是打破全国性“大锅饭”，调动起地方抓粮食、管粮食的积极性，使权利、责任和义务结合起来；二是某些沿海地区可以先走一步，有可能循序进行，逐步理顺粮价；三是各地可以从实际出发合理调整农村产业结构。如果某些地区用调整农村产业结构增加的收入，从外地购买本地所需要的粮食，买粮比自己产粮更合算，就可采取更大的步骤调整本地农村产业结构。反之，还必须注重抓好本地的粮食生产。这样，有利于全国粮食生产稳定增长与搞活粮食商品流通。这里特别提醒，粮食主销区也应当保持起码的粮食自给率。

（四）扩大议价制

基于前述“压平扩议”，最终使粮食商品实现真正商品交换的构想，在粮食流通中要扩大议价经营，即扩大粮食市场调节。在目前粮食合同定购数量基本稳定、平价粮供应只保口粮的前提下。今后，增加销售的商品粮只有靠议价渠道供应。因此，粮食议购议销已不是合同定购和统销的补充渠道，而是越来越成为保证社会粮食供给的一条重要渠道。扩大粮食商品议价经营，是粮食流通改革的基本方向。今后，粮食商业部门要统管社会商品粮食流通，即包括平价粮、议价粮和集市贸易粮等三大部分。当然，其管理方法各不相同，对于需求日益增大的议价粮供应，粮源要保证，价格可放活。也就是说保粮源，放价格。这实质上是沿着粮食商品化的方向，稳步推进粮食市场化经营。

现在，由于多种原因，开展粮食议购议销困难重重，还必须为其创造税收、信贷、运输车皮等条件。为扩大粮食议价经营，要建立粮食议价经营企业。在粮食部门政企分开后成立的县粮食公司可以办成自主经营、自负盈亏的经济实体。粮食公司一方面同农户订立议价购粮合同，另一方面同消费单位和销区订立供粮合同。通过合同把产、供、销关系稳定起来。这样，议价粮的货源和销售市场就有了保证。同时，随着粮食批发市场的逐步成长，粮食议购议销的经营也会不断扩大，出现一个崭新的局面。

（五）健全价格机制

我国粮食价格虽然几经调整，但价格管理体制和价格体系中的问题还是很明显。粮食价格管理体制僵化，粮食价格体系不健全，不合理的表现有五：一是粮食价格偏低，既不反映价值，又不反映供求关系；二是粮食与其他农副产品的比价不合理，粮价在各种农副产品价格中处于“锅底”地位；三是粮食价格倒挂，收购价低于统销价；四是没有差价或差价很小，没有地区差价、季节差价和等级差价；五是粮食议购议销价格管得死，管得多，很不灵活。事实充分说明，粮食价格问题是关系粮食生产发展与徘徊，粮食流通灵活与呆滞的关键问题。现在，逐步健全价格机制，实现科学化管理，建立合理化价格体系，势在必行。这里试提出以下几点粗浅设想：

1. 联合“协商定价”。改革高度集中的价格管理体制，是健全粮食价格机制的首要条件。借鉴国外农产品价格科学管理的经验，设立由生产者、经营者、消费者的代表共同组成的联合价格协商机制，制定科学的农产品价格体系，并综合生产成本、流通费用、税金和合理利润率等因素，确定各种粮食的收购价格和保护价格。

2. 实行“调放结合”。在粮食继续实行统销和国家财力不足的条件下，粮食生产者价格一下子完全做到等价交换还不太可能，粮食合同定购还得带有任务的性质。因而价格一下子全部放开既不可能，消费者也无力承受。鉴于此，粮食价格改革宜实行“调放结合”的方针：一方面，在“七五”期间逐步适当调高合同定购价格，使之逐渐接近于市场价格；另一方面，放开议价收购价格和市场收购价格，拉开差价，随行就市，自由浮动。

3. 因时因地适调。调整粮食价格，需要采取适调的办法。所谓粮食价格“适调”，就是以适宜的调价幅度，在适宜的时间和适宜的地区，对适宜品种的粮食进行价格调整。按照这个原则，今后粮食价格宜于小调、常调，不宜大调、普调。就是说，宜于分别在粮食主产区调，不宜在29个省、市、自治区普遍调。就是在粮食主产区，宜于对合同定购中的某个或几个大品种调价，不宜对全部品种普遍调。例如，对黄河流域的小麦和长江流域的稻谷等。事实上除大谷物品种以外的许多粮食品种的价格已放开随行就市，不需要调价了。从有利于发展粮食商品化、优质化和专业化生产出发，必须逐步做到价格机制健全化，要逐步做到因时因地因情“适调”。

4. 购销价同步调。对生产者的收购价格和对经营者的流通价格要同步解决，以避免给粮食商品流通越来越造成新的障碍。调整粮价，不仅要解决收购价格偏低问题，而且要同时解决流通价格不顺问题，对粮食统销价格可以适时常调、微调，拉开质量差价、等级差价。还要注意不使消费者、特别是低收入居民生活水平降低，对低收入者应给以适当补贴。总之，应该兼顾生产者、经营者和消费者三方的利益。

5. 变“暗补”为“明补”。在传统的供给制色彩浓厚的粮食流通体制下，粮食作为商品的属性被弱化，甚至被抹杀。在相关政策中，都暗暗把粮食作为价外补贴以支持相关的事业，以实现既定的政治、社会和经济目标。应该承认，这种补法也发挥了一定作用。但是暴露出弊病多端，使粮食价格愈来愈不顺，流通愈来愈不畅。更值得注意的是，受“补贴”而发展的新产业基础脆弱，常受“釜底抽薪”风险的威胁。例如，饲养业的发展就是一个突出问题。饲料工业所耗用的粮食是平价粮。因而，饲养业的利润中一部分是靠粮食的“价外补贴”、实质上是粮食经营部门的亏损而取得的。如此发展起来的饲养业，基础是相当脆弱的。畜牧业与种植业需要相辅相成地向前发展，但是，不能建立在不牢固的、牺牲粮食商品经营利益的“低价粮”的基础上。总之，把“暗补”改为“明补”的方向应当坚持下去，直到把粮食价格逐步理顺。

（六）加强调节机制

在幅员辽阔广大，自然条件复杂的我国，年度与年度间粮食丰歉、余缺的波动不可避免，地区和品种间的不平衡将长期存在，局部地区卖粮难、买粮难的现象也还会出现。因此，加强粮食宏观调节机制是极为重要和必要的。关于粮食调节机制中，从大的方面看包括企业调节行为和政府调节行为，这是两种不同的调节行为。

1. 政府调节行为。政府的调节分为三类：第一类是实物调节，即建立粮食储备；第二类是价值调节（如粮食价格）；第三类是金融调节（如粮食信贷、税收等）。这里主要阐述建立国家粮食储备，分为两种：一种是粮食战略储备，只在遭遇特大灾害，战备需要等非常条件下才允许动用；另一种是粮食调节储备（先姑且这样称），即通过有效吞吐平抑粮价，对粮食生产和粮食流通进行宏观调节。政府的调节行为需要以国家财政作后盾，并且不以盈利为目的，当然不是不讲经济核算。

2. 企业调节行为。其主要手段之一是建立粮食周转储备，这对企业来说是必要的。但是，企业周转储备的数量和期限，是按照提高企业经济效益的原则确定的。它不可能也不应该承担只有作为政府行为的吞吐调节。

3. 建立国家粮食储备调节机构。如前述，要求粮食企业承担粮食的宏观调节是不可能，也不应该的。特别是在粮食平价管理体制和议价经营体制改革后，企业就更无义务承担作为政府行为的吞吐调节、平抑市场的责任。这需要建立国家粮食储备调节机构来承担。例如，建立国家粮食储备调节局。国家粮食储备调节机构的性质是，以公共财政为后盾的政府行为的宏观调节。它通过吞吐调节，平抑粮价，既发挥保护生产者和消费者利益的作用，又可以缩小与防止市场调节的风险。当某些地区粮食市价低于保护价格时，国家粮食储备调节局就在这个地区按保护价格收购粮食，直到市场价格浮动超过保护价格，并把收购的粮食在适当的地方储藏起来（称为“吞”进），当某些地区粮食市价上涨过高，影响到消费者利益时，国家粮食储备调节局就在该地区抛售粮食（称为“吐”出），直到市价稳定下来。

（七）创造财政环境

在一个人口占世界 1/4、耕地仅占世界 1/7 的大国，要取得粮食流通体制改革的成功，需要创造物质的、精神的条件。其中，很重要一个条件就是财政环境。在粮食生产、流通、分配等再生产的诸环节上，都需要有财政作坚强后盾。国家有必要从国民经济发展的战略高度，对粮食改革，创造一定的财政环境。

1. "压平节支"款不收回。按照前述"压平扩议"的设想，压缩粮食平价销售后节省的补贴款，应用来支持粮食流通体制的改革。现在经核定的口粮以外的平价粮补贴款可以承包给县、市（相当于县级），一定年限内不变，中央财政不予收回，到期后取消补贴款。承包期限内，平价粮改为议价粮而节省的补贴款，节约归已，即由该市、县政府掌握，合理使用。例如，用节约的款补贴给消费者或补贴给用粮单位，抑或用于改善粮食设施，或用于建立粮食安全基金，均由市、县政府决定，并报所在省、直辖市、自治区主管部门批准。

2. 企业盈利不抵亏。现在，粮食系统中有五个行业，即粮油工业、饲料工业、粮食食品业、粮食议价商业和储运业等都是盈利的。但是，除粮食工业企业实行利改税外，其他盈利企业的利润都抵粮食政策性亏损了，总额约有60多亿元。这样，严重挫伤了粮食经营部门的积极性。同时在某些情况下政策性亏损也掩盖了经营性亏损，不利于改善粮食企业的经营管理，也造成粮食部门同财政部门的矛盾，成为粮食流通体制改革的一大障碍。鉴于此，国家的政策性补贴和企业的经营性盈亏，不应混在一起，应该区分开来。今后，所有粮食企业的盈利应实行利改税，按照有关规定照章纳税，即交纳所得税，税后留利完全由企业支配，不再抵亏，使企业成为自我发展、自我改造、自我调节的富有生机的经济细胞。

3. 支持建立储备基金。建立国家粮食储备，事关全局，意义重大，但没有财政作后盾就会落空。因此，建立国家粮食储备是有必要性的。按目前需要的1 000万～1 500万吨储备粮食作为调节的"铺底粮"指标，约需资金40亿～50亿元。为了完成我国农产品中涉及范围最广、难度最大、意义最深的粮食流通体制改革，国家花费一些财力是值得的。

三、刷新意识，树立商品和商品经济观念

要取得粮食流通体制改革的成功，需要创造必要的基本条件，除前述的条件外，还有一个很重要的条件，就是思想条件。改革粮食流通体制，是由旧体制向新体制的一场深刻变革。与此相适应，人们必须刷新意识，转变传统观念，树立改革思想。转变传统观念，对河南这样一个内陆省来说，更有特别重要的意义。必须破除传统观念，树立粮食是特殊商品的新观念。

1. 由小生产者自然经济的传统观念，转变为有计划商品经济的观念；

2. 由供给制的传统观念逐步转变为商品交换、等价交换的观念；

3. 由单纯经商、不注重社会效益的传统观念，转变为经营加服务、提供最佳服务，同时注重社会效益的观念；

4. 由单纯购销、不注重经济效益的传统观念，转变为综合经营、同时注重经济效益的观念；

5. 由封闭式独家经营的传统观念，转变为开放式、多家竞争、并积极参加竞争和参与市场调节的观念；

6. 由计划购销平衡的小平衡的传统观念，转变为社会供给与总需求平衡的社会大平衡的观念；

7. 由商流、物流合一的传统观念，转变为商流与物流分离、相对独立的观念；

8. 由单纯人治（行政管理）的传统管理观念，转变为经济、法律、行政三种手段并用的现代管理观念；

9. 由单纯重视业务的传统观念，转变为重视经济理论研究的观念；

10. 由政企合一的传统观念，转变为政企分开、企业独立、自主经营的观念。

综上所述，与发展有计划的商品经济相适应，广大粮食职工在改革开放的大潮中，迫切需要树立和加强 10 个观念：①商品观念；②市场观念；③价值观念；④等价交换观念；⑤竞争观念；⑥质量观念；⑦信息观念；⑧消费观念；⑨服务观念；⑩效益观念。

四、对河南粮食流通改革的两点具体建议

（一）下功夫发展粮油精加工业

发展粮食商品经济，决不能只建立在提供粮食原料的基础上。像河南这样一个农业大省，如何发挥农业优势是一个重要战略问题，应该很好研究。我认为，大力发展包括粮油在内的农副产品加工业，特别是深加工业，是振兴河南农业、农村经济的一项战略对策。农副产品加工是农副业生产的继续，具有重大意义：一是通过加工增值，使生产者收入增加，使社会经济效益提高；二是通过加工把农副产品原料变成多种商品，有利于运输，也有利于储藏，还有利于丰富市场和满足广大消费者的需求；三是通过发展农产品加工业，可以吸收一批农村剩余劳力转向新的产业，从而促进农村产业结构合理调整；四是通过农产品的深加工，可以充分开发利用其资源；五是还不可忽视的是，大量农产品加工的副产品，都是优质配合饲料的原料，是发展畜牧业的物质基础。例

如，河南省现在每年销售出省的小麦达250万吨，经加工可获得麸皮大约有50万吨，可用来饲养生猪200万头。从河南省粮油的总体情况而言，加工还很落后：①设备陈旧，技术水平低，大体处在五六十年代的水平；②粗加工多，精加工少，产品品种单调，不适应食品工业发展的需要；③高档产品的产量很小。近年来新发展的精粉、上白粉质量不稳定，出品率不高，产量也很低；④调出小麦，调进面粉，甚至从外省、市买挂面、方便面。河南省农产品加工如此落后，很不利于增强农业发展的后劲，不利于搞活粮食商品流通，不利于振兴农村经济。因此，河南要把发展农产品加工业作为振兴农业、农村经济的战略措施。

（二）建立小麦贸易中心，即粮食批发市场

重生产，轻流通是一种片面的观念。在商品经济条件下，市场流通具有更重要的地位和作用，一定要大力抓好流通。为此，我建议：河南省要尽快建立郑州小麦贸易中心，提供一个交易场所，有了市场就会开辟粮食的销路。河南省具有建立这样一个贸易中心的良好条件。

1. 河南是我国重要的小麦生产基地。河南省是我国良好的小麦带。全省小麦总产量占粮食总产量的55%以上，小麦产量和商品量都占全国的25%多。另外，全省玉米、大豆、薯干、花生等作物的总产量也很大，商品量在全国也占有重要位置。

2. 河南小麦品质优良。据商业部粮食储运局最近对我国5个小麦主要调出省（河南、湖北、四川、江苏、安徽）和世界上5个小麦主要出口国（美国、澳大利亚、加拿大、法国、阿根廷）的小麦质量进行检测，其结果是：在蛋白质含量方面，国内5省平均为12.6%；国外5国进口小麦为10.29%；河南小麦为13.53%。在湿面筋含量方面，国内5省平均为22.92%；国外5国进口小麦为22.69%；河南小麦为25.37%。在出粉率方面，国内5省平均为83.5%，国外5国进口小麦为83.7%；河南小麦为84.45%。这些品质指标充分表明，河南小麦的质量是优等上乘的。

3. 河南区位适中，郑州四通八达。被称为中州的河南，是东、西部的接合部，是京广和陇海二大动脉的交接点。从郑州发车可以直达全国各省、市、自治区的首府。铁路货运量大，运费较低，是搞活流通的一个良好条件。

以上所述，郑州具有建立小麦贸易中心、即批发市场的基本条件。建立小麦贸易中心，重点经营小麦交易，但同时也兼营大宗粮食品种，除经营原粮外，也要大力开展粮食制成品经营。只要生产出质量标准化、包装规格化、产品系列化的粮食及制品，就会吸引四方顾主，打开广大销路。到那时，不需要

走出郑州，就会客商云集，货销天下。

这个贸易中心以现货交易为主，同时探索期货交易形式。实行开放式、多功能，甚至可以采取股份制，以解决资金困难。可以摆上样品，看样品协商，签订合同。样品上写明产地、品质、特点，逐步创造出名牌产品，建立起郑州小麦贸易中心的信誉和威望，使之成为名符其实的贸易中心，就像美国芝加哥谷物交易所一样，闻名于全国和全世界。

当然，建立一个名符其实的贸易中心，还是有许多困难的。但看准了一项有前途的事业，就要下决心逐步创造条件，促其最终实现。到那时，就会为搞活中原、乃至中国粮食流通发挥重大作用，甚至对发展全国现代粮食市场体系都会产生积极意义。

原刊于《河南粮食经济》，1986 年第 1 期

本文提出的建议受到时任河南省委书记杨析综的重视，并作出明确批示，不久建立起郑州小麦贸易中心。在本发言中，还提出建立长春玉米贸易中心的建议。因篇幅限制，这里略去。

中国农业和粮食如何应对“入世”(节选)

——在西北地区粮食经济论坛上的主题发言

(2002年5月，太原)

“青山遮不住，毕竟东流去”。

历经15年、大小数百场唇枪舌剑的谈判，冲破重重难关，克服层层障碍，我国从2001年12月11日始，正式成为世界贸易组织的成员。全世界、不管是东方和西方都认为：中国“入世”树起了一座丰碑。

一、中国“入市”，挑战几重

“入世”后，我国农业和粮食面临国内市场进一步放开，“国门”进一步打开的新形势。这意味着，我国粮食等农产品竞争与合作将在更大的广度、深度和高度上展开，剧烈的竞争必然带来严峻的挑战。

1. “入世”后市场竞争的重大变化。加入WTO后，我国粮食等农产品市场竞争必然发生重大的、实质性变化：一是国内市场将趋向国际化，国际市场将伸向国内化，市场竞争将由国内的、局部的竞争，转变为国际的、全方位的竞争；二是市场竞争，将主要由产品实力的竞争，转向包括生产能力、营销能力和创新能力在内的综合实力的竞争；三是市场的竞争将由价格、广告等传统的方式竞争，转向创新物业形态、增加产品科技含量、提高其附加值的竞争；四是市场竞争将由直接争夺销售市场，转向培育、开拓、创造新的销售市场的竞争；五是市场竞争将由产品数量为主，转向质量、品牌的竞争；六是市场竞争将由主要依靠企业的效率和实力，转向政府转变职能、提高行政效率和管理能力的竞争。不言而喻，农产品市场竞争的加剧，必将给我国农业和粮食带来严峻的挑战。当然，我们既不能夸大“入世”对中国农业和粮食的冲击，也不可低估将带来的严峻挑战。

2. 我国对执行WTO《农业协定》的承诺。概括起来，我国对执行WTO《农业协定》作出如下承诺：一是承诺国内支持限定在“黄箱”政策补贴范围内，即有关特定产品和非特定产品综合支持量的“微量容许”水平，分别为相应年份农业产值的8.5%，即同意把《农业协定》6.2款的投资补贴和投入品补贴计算到 6.4 款“微量容许”补贴中；二是承诺不再使用任何农产品出口补贴，包括价格补贴、实物补贴，以及对出口品加工、仓储、运输等补贴；三是承诺解决解除美国部分地区小麦、柑橘和肉类进口的禁令，这是卫生和动植物检疫方面的让步；四是承诺不寻求采用特殊保障措施保护国内市场；五是承诺实施反倾销和反补贴、保障措施等协定；六是承诺对粮食等 10 多种农产品实行市场准入，其中，对水果、肉类、葡萄酒和奶类制品削减关税，由目前的 21%降低到 2004 年的 17%。而对主要粮食品种和棉花等实行关税配额。

下面，着重对主要产品做出的承诺做些简要介绍。关于中国对农产品市场准入可分为两方面：一方面，对大豆、大麦、肉类（牛肉、猪肉、禽肉）及柑橘等实行单一关税管理、即普通管理。其中，大豆的现行税率为 3%，今后继续保持 3%。大麦的现行税率也是 3%，承诺关税约束在 3%以内。另一方面，对小麦、玉米、大米、植物油（大豆油、棕榈油、菜子油）、食糖、羊毛、毛条和棉花等产品实行关税配额管理。所谓关税配额管理，是指在配额内实行低关税，在配额外实行高关税。“入世”后，我国对小麦、玉米、大米、植物油、棉花、食糖等 8 种主要农产品的关税配额做出了承诺。

3. “入世”对农业和粮食可能带来的冲击。

（1）面对“短、高、低”的竞争形势。所谓“短高低”，是指在 3 年的“短暂”过渡期内，关税配额“增量高”，而关税率相对下降到“低位”。现在，人们担心的是，“入世”后将会对中国农业和粮食带来严重的冲击。客观而言，从长期看，“入世”对农业和粮食利大于弊，但近期挑战是严重的，对生产、就业和市场销售会带来压力，特别是对粮食的流量、流向、价格和流通体制可能产生影响。从上述“短、高、低”的特点中，又可以进一步分析出：一方面，价格低、质量较高的粮食等主要农产品的输入到国内，对市场的压力将加大；另一方面，价格高、质量较低的国产粮食等主要农产品的输出量难于扩大，反过来对国内市场将会增加了压力，使其可能陷入“两头受压”的困境。

（2）弱势对强势的竞争。从全国看，自 20 世纪 90 年代中期以来，我国粮食等主要农产品供过于求，市场价格长期低迷，但生产成本一直升高，平均每年以 10%以上的速度递增。其中小麦、玉米、大豆、豆油等产品价位大体高于国际市场 30%～50%。这些产品在国际市场上已失去价格竞争优势。从供求关系分析，正是这些出现阶段性剩余的粮食品种，国有粮库储存的粮食依然超量，现在储存量仍多达 2 亿多吨，销售难度仍未完全减缓。在这种国内粮食市场压力沉重的形势下，又增加了国际市场竞争的压力，自然加剧了挑战。尤其是，我国农业和粮食生产规模小、成本高、劳动生产率低，而遭遇到的却是规模大、成本低、劳动生产率高的竞争对手。由于我们是以弱势对强势的竞争，所以“入世”后在近期的冲击是严重的，必须切实防范和应对。

(3) 对粮食等农产品的冲击可以控制。现在，很多人担心和忧虑，我国加入WTO，将会遭遇“灾难性后果”，并产生恐惧心理。我以为，我国“入世”对粮食的冲击是可以控制的。总体而言，“入世”对我国粮食安全不可能构成失控的、实质性危害。首先，“入世”后，我国在过渡期对小麦、大米和玉米等主要粮食品种仍然实行关税配额管理，配额内进口实行低关税，配额外进口实行高关税。这就是说，可能进入我国国内市场的粮食总量最多也就是关税配额的允许量。按照我国的承诺，即使关税配额量全部实现进口，其总量也只占我国粮食常年总产量和消费量的4%～5%。老实说，这一比重不可能对我国粮食安全构成多么严重的威胁。其次，近年来，我国对粮食布局结构、种植品种结构、经营组织形式等，都以市场为导向、以增强竞争力为核心、以增加农民收入和保护粮食生产能力为目标，进行了重大转变。这些为我国“入世”后趋利避害，控制这样那样的冲击都做出了一定准备。从国际粮食市场主要谷物的供给状况分析，也难于对中国粮食安全造成根本性危害。大体看，目前国际粮食市场的谷物总贸易量2亿多吨，其中，小麦1.1亿多吨、粗粮1.3亿多吨、稻米0.2亿吨。这些谷物出口到世界数十个国家和地区，根本不可能全部出口到中国。至于一定数量优质谷物输出到中国，正符合国内需要，利多弊少。从上述国内与国外两方面状况分析可知，我国“入市”后，国际粮食等农产品对国内市场将会产生一定冲击，然而是可控的。

二、面对挑战，怎样应对

加入世界贸易组织的利弊，最根本的取决于加入时和加入后能否严肃维护国家经济主权和根本经济利益，能否利用广阔的国际市场，以与时俱进的创新精神，抓住机遇，积极应对，兴利除害，化险为夷。从实际出发，我国农业和粮食需要采取如下重大应对措施。

第一，优化资源配置，加快结构调整，发展比较优势产品。从市场需求出发，加大结构调整力度，实现农业和粮食资源优化配置，发展比较优势产品。这是指不同地区、不同行业间生产要素的优化组合。采取这一措施，将开辟我国改善粮食等农产品质量、提高经济效益和生态效益、增加农民收入、促进产业升级的战略途径。通过狠抓结构战略调整的主线，将会加强我国农业和粮食应对“入世”的活力、动力、实力与竞争力。

有一种看法认为，我国资源密集型粮食等农产品缺乏比较优势，是无竞争力的。这种看法是不全面的。应当看到，我国许多劳动密集型产品还是具有比较优势的，像肉类、水产、特色果蔬、多种杂粮等。从这种实际情况出发，要

以国际大市场为导向，加大结构调整力度和广度。对粮食、棉花、油料等农产品，要以立足国内市场为主，下大力降低成本，提高质量；对果蔬、肉类、水产、花卉等产品，要以国际市场为主，优化品质质量，增强竞争力，扩大在国际市场上的份额；对农业和粮食产业的调整方针，要转上可持续发展道路，切实保护生产能力和不断改善农业和农村生态环境；对结构调整的内容，要以包括农工商、产供销、小城镇在内的农村经济的综合发展为途径，切实提高农民收入。从这种战略思路出发，要抓紧实施三个层次、即地区布局结构、生产品种结构和农林牧渔等行业结构的战略调整。在推进农业和粮食布局合理化的进程中，还要调整、优化粮食等农产品品种结构，调整主导产品和“名特优稀”产品之间的比例。通过动态调整农业和粮食结构，实现种植区域化，布局合理化，管理专业化，产品优质化和多样化，最终达到农业粮食产业升级和市场竞争力显著增强的目标。

第二，调整补贴方式，直接补贴农民，强农兴粮富民。农业和粮食补贴是世界上农业、粮食支持体系中应用最普遍、最有效的政策工具，是政府通过公共财政手段支持和保护本国的农业和粮食产业的有效措施。在 WTO 的框架下，有“绿箱”政策补贴和“黄箱”政策补贴。所谓“绿箱”政策补贴是指政府财政扶持，主要涉及农业和粮食科技、水利灌溉、交通道路、生态环保、病虫害防治、自然灾害救助、农业服务和流通等基础设施进行投资，会产生改善粮食等农产品生产、经营环境条件的正面效果，对产出结构、市场贸易价格和市场竞争等不会产生扭曲作用。所谓“黄箱”政策补贴是指对产品提供价格、出口和其他形式补贴，会产生可能的竞争扭曲的负面效应。世贸组织支持“绿箱”政策补贴，而反对和限制“黄箱”政策补贴。按照世贸组织的农业和粮食补贴规则，在“绿箱”政策补贴上，我国目前在 12 项扶持内容中仅用了 6 种，补贴总额约为 168 亿元/年，仍有很大空间，今后要用足。对于“黄箱”政策补贴，世界贸易组织作出如下规定：对发达国家的限额只能为相当于农业总产值的 5%，而对我国放宽到 8.5%，但低于一般发展中国家 10%的限额。我国迄今的“黄箱”政策补贴额每年约为 2 200 亿元，与 8.5%的限额还差 1 004 亿元之多，还有很大的补贴空间。我国在充分利用这一权利的同时，更要从根本上调整和用好补贴，转向对粮食等优质主要农产品的保护价及相关的仓储建设补贴，转向国家扶持和发展的重大生产经营项目的补贴，转向扩大支持农业生产贴息贷款范围的补贴，以及转向农业粮食的科学研究、提供新品种、新技术的补贴等。

适应“入世”的需要，必须调整我国对农业和粮食的补贴方式，其根本方向就是改革我国传统的以价格支持政策扶持农业和粮食产业的方式，从调整国民收入分配入手，增加国家财政对农业和粮食的投资份额，采用“绿箱”政策，改善农业和粮食产销的环境条件。这样做，一方面对农产品市场无干扰作用，不影响农产品自由贸易；另一方面又能改善生产、流通的基础条件；还可减少农民的投入，这实际上是支持农民增收。从这种改革农业和粮食补贴的思路出发，可采取对粮食主产区农民直接补贴的方式。其办法是：①对主产区农民实行与交售粮食数量和质量挂钩的直接补贴，以鼓励农民增产优质专用商品粮；②对国家批准的退耕还林、还牧、还草与面积挂钩实行直接补贴；③具体补贴标准可由相关部门研究确定，但原则是要保证农民收入合理提高；④发放补贴的业务工作由国有粮食部门承担。

第三，深化流通改革，规范市场秩序，开拓国际市场。“入世”使我国在更大广度和深度上，取得参与经济全球化的重要契机。在这样的大背景下，农业和粮食同其他各个行业一样，面临的一个大转变是：由过去的“改革推动开放”转变为在一定意义上的“开放促进改革”。对外开放将发生“七个转向”：由迄今局部的部分领域开放，转向全方位开放；由以往的不稳定开放，转向WTO框架下的稳定开放；由过去的单方面开放，转向与WTO成员之间的相互双向开放；由产品贸易型开放，转向以市场机制配置资源型开放；由越俎代庖式开放，转向政府调控的各类企业的自主开放；由政策性开放，转向法律框架下的开放；由主观过分强调国情的开放，转向客观依照国际惯例的开放。适应对外开放的转向，我国农产品、特别是粮食、棉花等主要农产品必须进一步深化改革，加快市场化进程；健全法制建设，规范市场环境秩序；开拓国际市场，促进两个市场、两种资源的更紧密结合。

第四，与时俱进，勇于创新，拓展思路。通俗地说，创新就是以与时俱进的精神革故鼎新、弃旧图新。在我国粮食发展的新阶段，其创新是包括未来发展道路、流通体制、经营机制、调节手段、企业制度，以及农业和粮食科技的全面探索创新。惟有创新，才能不断加强应对“入世”挑战的能力。这里，着重强调三点：一是，创新发展道路，实现发展综合化、可持续化。面对“入世”的挑战，我国需要创新综合发展战略，开拓富有生命力的发展新路，主要包括：夯实农业和粮食基础地位之路，作为不可动摇的指针；拓宽综合发展之路，开辟新的经济增长点，扩大农民就业和增收的门路；开拓可持续发展之路，改善和优化生态环境；发展特色农业、粮食经济之路，大力增产名、特、优粮食品种及其制品；在整体推进食品业的基础上，要优先发展乳类产业、大豆产业和食品加工业，提高农业和粮食的科技含量。二是，创新粮食安全观，实现安全保障体系化。目前，我国需要建立和健全“六个体系”，即：确保粮食生产能力持续、稳定增长的粮食生产体系；粮食贸易供应体系；粮食宏观调控体系；粮食预警报体系；粮食社会保障体系；粮食法律、法规体系。三是，实施创新科技行动，大兴精深加工。迎接“入世”对农业和粮食产业的挑战，归根结底是科技创新能力和产品质量的竞争。因此，必须加强对农业和粮食业的科技支持，积极开展《农业科技发展纲要》中确定的10项科技行动，即，作物改良科技行动、优质高效畜牧水产科技行动、农产品加工科技行动、节水农业科技行动、农业生态环境建设科技行动、防沙治沙科技行动、农业高技术研究与产业化科技行动、农业区域发展科技行动、农业科技能力建设和人才培养科技行动等。列入10项行动中的农产品加工科技行动，对于提高粮食等农产品科技附加值、增强市场竞争力具有现实和深远意义。

第五，狠抓标准体系，提高产品质量，增强竞争能力。“入世”后，我国粮食等主要农产品能否越来越升级、增效和提高竞争力，重要关键在于提高质量。为此，要抓好“四个环节”：一要抓好农产品标准体系建设。特别要适应“入世”后的需要，参照国际质量安全标准，制定我国主要农产品（包括种植业、畜牧业、水产业等）生产、加工、流通的安全质量标准体系，像“菜篮子”食品、“米袋子”食品等都需要制定和健全科学标准。二要抓好质量检测体系和动植物检疫体系建设。从食品原料到生产资料等，都要进行严格检测，特别是要加强对化肥、农药、饲料等对农产品有毒残留量进行严格检测，减少农产品污染。三要抓好绿色产品生产、销售、供给体系建设。即增产无污染、无公害农产品生产基地、“三流”（商流、物流和信息流）体系，及现代营销网络的建设。四要抓好全民农产品质量安全意识。要大力加强包括政府官员、企业领导，特别是广大生产者、经营者和消费者的质量安全意识，使全体国民都成为产品质量安全的守护神。

第六，健全法律法规，利用世贸规则，保护正当权益。面对“入世”后的激烈竞争，我国企业要学会和善于利用WTO的规则、协议及解决贸易争端的机制等，合理合法保护自己的正当权益，保护农业和粮食的安全。要通过平等参与国际经贸规则制定权，保护合法权益；利用对发展中国家留出的较长过渡期，保护合法权益；利用“入世”过程中的灵活、变通承诺，保护合法权益；利用对发展中国家的优惠措施，保护合法权益；利用反倾销和反补贴手段，保护合法权益等。我国的企业，包括农业和粮食企业一定要克服怕麻烦、逆来顺受的心理，勇敢举起世贸组织通用的武器，保护自己的正当权益。

这里特别强调我国必须利用市场和技术手段保护自己。另外，适应“入世”后的新形势，我国粮食等主要农产品的法规、产品质量标准都需要与世贸组织的规则和国际标准接轨。按照世贸组织规则，各成员有权反对国外倾销。世界粮食大国美国是最大的经济发达国家，生产规模大，粮食等大宗农产品成本低。而我国是最大的发展中国家，粮食等主要农产品需求量大，生产成本高，所以最可能成为美国等农产品出口大国的倾销对象。鉴于此，我国迫切需要制定《农产品反倾销法》。其基本内容包括：确定粮食等主要农产品倾销成立的条件；规定反倾销诉讼程序；提出征收反倾销税的规定。这样就可以有效地把我国农业和粮食产业的安全置于法制轨道。

第七，转变政府职能，加强宏观调控，提高行政效率。我国的农业和粮食产业在“入世”后将更快走向市场化、企业化、全球化，政府的职能必须全面转变。但是，决不可陷入两个误区：一个是从当“婆婆”管得过多、走向当“甩手掌柜”撒手不管，从一个极端走向另一个极端；另一个是认为行政职能部门无用了，或者说是无用武之地、无所作为了。人们必须澄清认识、走出误区。在中国，农业是基础，粮食是基础的基础的“双基础”观是不可动摇的。农业是国民经济的“绿色心脏”，粮食是治国兴邦之“宝中宝”。因此，振兴农业和粮食产业，掌握粮食等主要农产品的主动权和保持控制力是相关行政部门的重要职能。在我国“入世”后，农业和粮食行政部门的职能和职责不是削弱，而是更加重大和必要了。当然，各级行政机关必须精简机构，全面转变职能，彻底政企分开，提高行政效率，成为“廉洁、勤政、务实、高效”的政府，着力抓好全局性、战略性、根本性、宏观政策性大事。

中国是世界上农史最悠久、农民最庞大、农村最广阔的农业大国和粮食大国。“入世”后，我国农产品市场将更加开放，国门将更加敞开。这既体现了中国的自信，又为自己开辟了广阔的活动舞台，为融入世界经济主流和扩大经济全球化提供了新契机。只要我国掌握好自己农业和粮食的主权和主动，并善于利用两种资源、两个市场，扬长避短，发挥优势，那么，中国的农业和粮食产业一定能够利用WTO的重要平台，迎接挑战，渡过难关，冲破压力，孕育生机，焕发活力，迎来一个更有国际竞争力的新世纪。

原刊于《调研世界》，2002年第8期
公开发表时有所删减。

实施科技集成创新
持续提升粮食产业（节选）

——在广西粮食科技讲座上的主题发言

（2007年4月，南宁）

一、以科技集成创新为本，持续振兴和提升粮食产业

如前所述，科技创新能力是科技发展的决定性因素，是国家综合竞争力的核心，是强国富民的重要基础，还是维护国家安全的重要保障。“国以民为本，民以食为天，食以安为先”。持续振兴和提升粮食产业，既是“治国兴邦”、“足食强兵”的战略要举，也是保障国家经济安全、甚至国家安全的战略要事。为此，大力实施粮食科技集成创新（以下简称“粮食科技创新”）是不可替代的战略途径。

1. 对“粮食科技创新”的认识。首先谈谈，何谓粮食产业？它是包括粮食生产、流通、供给、消费和粮食科技及其服务等各个产业链条在内的构成国民经济的重要行业和部门。那么，何谓粮食科技集成创新？它是指把现有关键实用粮食技术组合与配合起来、通过专业化服务使之发挥促进社会经济与科技发展的作用。一定意义而言，农业科技创新和粮食科技集成创新是相互紧密融合的，或者说，粮食科技创新就是农业科技创新、特别是种植业科技创新的重要组成部分。然而，粮食科技创新还有自身的内容，即粮食流通科技创新。它包括粮食收购、储存、运输、加工、销售、消费，粮食资源开发利用及其相应服务等各个环节的科技创新。粮食产前和产中的科技创新，主要应是农业部门的任务；粮食产后的科技创新主要应是粮食流通部门的任务。迄今，后者还是一个薄弱环节，极需要大力地、有效地加强。

“粮食科技创新”或者说是粮食流通科技集成创新的指导思想应是：以“五个统筹”为基本内容的科学发展观为指导，以落实“科教兴国”和“可持续发展”为战略，以建立和健全适应市场经济要求的粮食安全体系为宗旨，以突破粮食流通领域基础性、宏观性、前瞻性、关键性和战略性科学技术课题为重点，以改善粮食及其加工品质量、降低粮食物流和加工成本为关键，以企业增效、农民增收为中心，以加速实现粮食行业现代化为总目标。

粮食流通科技集成创新的基本原则应是：依据国家社会经济科技发展规划和国民经济发展的需要，从粮食流通行业的实际特点出发，做到以下“九个结合”：粮食经济发展与粮食科技集成创新相结合；科技原始创新和集成创新及科技引进消化吸收创新相结合；跟踪国内外粮食科技发展前沿与本行业发展的实际需要相结合；基础理论创新与实用科技创新相结合；新技术、新产品、新工艺研发和推广普及转化为生产力相结合；单项技术产品的研发创新和产业共性技术产品的研发创新相结合；专业科研机构、院校的科技创新骨干力量和企业的科技创新社会力量相结合；增加公共财政对粮食科技投入和多渠道多元化资金投入相结合；国内研发创新和国际科技交流相结合。

2.“粮食科技创新”的主要内容。粮食流通科技集成创新，包括原始创新、集成创新和在引进消化吸收基础上的再创新。从粮食部门的实际情况出发，要更多在引进消化吸收创新的基础上，进一步实施自主集成创新和原始创新。概括起来，现阶段我国粮食科技自主集成创新的内容应该主要包括：粮食现代流通集成创新；粮食现代仓储集成创新；粮食现代物流（储运）集成创新；粮食现代加工集成创新；粮食质量标准及现代检测技术集成创新；粮食现代信息技术及管理集成创新等。这里，着重阐述跨行业、跨学科的基础性和关键性的科技集成创新。

其一，农业粮食资源观创新。千万年来，在生产力低下和科学技术落后的历史条件下，人类形成的以衣食为中心的传统农业粮食资源观根深蒂固，形成这种资源观有其客观原因，也有其必要性和正确性。但是，这种资源观存在狭窄性、片面性和单一性，越来越不适应新时代的需要。因为农业粮食资源的多种价值属性，诸如农业粮食资源的能源、化工、医药、建材等多种属性都被忽视和抛弃了。迄今，这种传统农业粮食资源观在经济发达国家已经转变，但是在广大发展中国家还影响深广。以我国为例，受传统狭义资源观的束缚，农业粮食资源中大量有价值的成分都被排斥在“资源”之外，导致其开发利用模式存在单一性、浪费性和低效性。例如，全国每年总量高达7亿多吨的农作物秸秆和总量超过2.6亿吨的各种农产品的加工副产品，都未完全真正作为资源充分开发利用，造成严重浪费。

创新资源观，原来被忽视的资源就会涌现在人们的面前；原来被当作垃圾抛弃的废物就会变成宝贵的资源，加工生产出丰富的新产品，主要包括：一是，开发生产清洁能源。现代科技点燃起再生能源希望之光，开发出多种新能源。包括生物质能源和电能，前者像生物燃料乙醇、生物质柴油、秸秆汽化燃料及沼气等；后者如利用稻壳、秸秆等生物材料发电。二是，开发生产丰富多彩的优质食品。例如，生产优质山茶油、米糠油、玉米胚芽油、棉籽油等。三是，开发生产化工产品。像生产多种淀粉、油漆涂料、表面活性剂等。四是，开发生产保健医药。例如制作米糠营养素、维生素 E 等。五是，开发生产优质纤维产品。像新研制的大豆蛋白纤维、棉籽纤维等。六是，开发生产建筑和包装材料。像利用甘蔗渣、棉秆等加工生产纤维板、刨花板、绿色饭盒等。七是，开发生产饲料产品。像各种饼粕、糠麸、糖渣、酒糟等，都可以制造成优质配合饲料。八是，开发生产农资产品。像利用甘蔗渣和作物秸秆生产防止土壤污染的全解农用地膜等。九是，开发生产文化用品。例如利用多种农业粮食加工副产品生产纸张等。树立广义农业粮食资源观，是农业粮食科技的一项基本的、基础的集成创新，以此为契机，就会使过去的废弃物无害化、资源化，开创农业粮食资源利用新模式及其持续发展的新途径。

其二，农业粮食发展观创新。传统的农业粮食发展观单纯强调数量扩张，而忽视质量提高，或者说在其增长中偏重于“快”，而忽视了“好”。在贯彻落实科学发展观的今天，实施现代粮食发展观势在必行。所谓现代粮食发展观，是以新体制为前提，以新资源观为基础，以新机制为配置资源的基础手段，以现代科学技术装备为支撑，以发展新型工业化为途径，采用“循环经济模式”的持续发展战略。其实质在于变“高投入、高消耗、高污染，低产出、低效益”为“低投入、低消耗、低污染，高产出、高效益”，或者说要根本转变粮食经济发展方式，做到“又好又快”、有质量有效益的增长。

创新农业粮食资源观，要有针对性地主动开展“四破四立”：破除资源无限、开发耗用无度的传统资源观，树立资源有限、开发耗用适度的科学资源观；破除随意掠夺、损害自然环境的理念，树立人与自然和谐共荣、保护自然环境的理念；破除见物不见人、单纯追求数量扩张的非可持续发展道路，树立以人为本、全面协调可持续发展道路；破除挥霍浪费、污染环境的消费风气，树立文明节约、改善环境的绿色消费风气。总之，要破除粮食经济、社会和环境“三维分裂”的增长方式，树立“三维整合”的现代粮食经济发展方式。通过这些实质性的革故鼎新，就会促使粮食行业走上循环经济发展模式。采取农业粮食资源循环利用模式，包括“大、中、小”三个不同、而又有序衔接的层面：一是农业粮食企业小循环。即粮食等各类主要农产品加工和经营企业在本范围内，按照清洁生产和资源循环利用的要求，创新生产技术和工艺流程，减少废弃物排放，直至力求达到零排放。这种企业内部的物质和能量的交换即称之为“小循环”。二是区域层面的中循环。像工业园区、经济开发区等加工区，要改变过去按产业分类的布局的做法，按照生态产业链的内在要求，把彼此相关的产业链组合一起，有利于企业和产业间的废弃物和能量交换实现农业粮食资源的循环利用。这种区域内企业间的物质和能量的交换即称之为中循环。三是社会层面的大循环。即全社会、全方位的农业粮食领域都按照循环经济的要求，创新各类企业的体制和经营机制，促进粮食等大宗农产品加工生产清洁化，消费绿色化，资源利用循环化，生态环境优美化，并逐步建立起节约型社会。这种物质和能量在全社会的交换即称之为大循环。

其三，农业粮食产业集群创新。近年来，产业集群作为一种新型产业组织形式受到关注和重视。产业集群是一种地区特色经济，其竞争优势关键在于低成本和创新能力。由于相关产业大量集聚，形成集群效应，从而导致交易成本大幅度下降。这种集群效应或集群经济，就是“集聚经济＋专业化经济＋产业关联经济”的有机整体。或者换句话说，产业集群是指相同或相近加工产业链的集聚和连接。客观而言，目前我国达到成熟阶段的完善的产业集群的数量还很少。有的地方在产业集聚的基础上形成了类似产业集群的现象，如浙江的“块状经济”，或广东的“专业镇”等。这种具有产业集群经济某些特征的产业集聚现象，处于“集群经济”发展的初级阶段，至今尚缺乏较强的科技自主创新能力和市场竞争能力，因而，也被称为“准集群”经济。

作为传统加工产业密集的农产品粮食领域，应该不失时机的与建设新农村和小城镇相结合，引进和创新产业集群的形式。具体应该抓好“六创新”：一是大力进行产业布局创新。即在调整加工业结构和在发展新型农产品粮食加工业时，把相关生产要素和生产集聚在专业镇或专业乡，形成较大的产业规模。二是勇于进行体制创新。各类农产品粮食加工企业要通过改组、改制和改造，采用股份制或股份合作制企业形式。三是积极进行制度创新。各个产业环节都要切实健全和完善现代企业制度、市场制度及相互合作与协作制度等。四是协同进行科技自主创新。一般进入“产业集群”的都是中小型农业粮食企业，应该探索专业化分工和“产学研”相结合的、相互协同的、独特式科技自主创新模式。五是彻底进行机制创新。进入产业集群的各个企业都必须彻底转换和采用新机制，切实加大市场机制配置资源的广度与深度，其中特别要充分发挥价格机制、竞争机制、风险机制的作用。六是集成进行品牌创新。在产业集群内不断涌现和集聚的名优品牌产品，必将形成一种宝贵的公共资源，产生出提升整个“产业集群”的巨大无形价值。全面的、切实的抓好以上布局、体制、机制、制度、科技和品牌等“六项创新”，农业粮食产业集群就会与新农村和小城镇建设相辅相成地顺利进行，共同兴旺发展起来。

其四，主食品工业化生产方式创新。由传统社会向现代社会转型，一个必然趋势就是：主食品生产方式趋向工业化，企业组织经营形式趋向产业化，膳食消费方式趋向现代化。所谓主食品工业化生产是指，在发扬我国传统主食优秀文化的基础上，采用现代科学营养原理和先进技术装备，进行规模化生产，提供标准化、方便化、安全化、营养化的主食品。这些主食品在食用前，只需要进行简单处理即可食用，其风味、口感在原有基础上还有所改善。所谓企业组织经营形式产业化是指，充分运用市场机制优化配置资源，实现粮食“产供销”一体化，从企业制度上保证“为生产者谋利，为消费者造福”，为主食品加工业开拓持续发展的广阔新路。所谓消费方式现代化是指，由主食品生产方式工业化带来消费者膳食方式日趋现代化，即借助现代冷冻保鲜、烘烤器具、加热器皿，实现膳食消费成品化、安全化、方便化、快餐化、节约化和家务劳动社会化。这一转变具有普遍的社会生活现代化的特征意义。

发展主食品工业化生产方式具有多种优越性：可实现批量化生产，促进主食品加工规模化；可按照科学配方加工主食品，实现其营养化；可按照规格加工快餐主食品，适应人们生活节奏的快速化；可提高主食品的储藏性，实现运输储存的保鲜化；可循环开发利用粮食等食物资源，实现其节约化。发展主食品工业化生产方式必然会促进居民膳食消费逐步现代化，改善人们的消费方式，提高人们的生活质量；还将有力开辟粮食等主要农产品精深加工、农民增收和建设新农村的有效途径。

当前，适应农业粮食经济增长方式的“根本转变”，我国主食工业化生产也必须进行自主集成创新：一是实施主食生产经营体制和机制创新；二是实施主食生产方式和技术创新。具体说，主要包括以下领域：一是主食方便面科技自主集成创新；二是大众食品挂面和米粉科技自主集成创新；三是冷冻调制主食品科技自主集成创新；四是主食面包、馒头、糕点科技自主集成创新。通过上述科技自主集成创新，必将有效提高主食品工业化生产规模化、标准化、配方化、规格化和资源节约化水平；也必将有力促进民众膳食方式趋向现代化，促进居民膳食结构合理化、多样化；膳食质量安全化、营养化；膳食规格标准化、包装化；膳食方式文明化、科学化；膳食资源利用节约化、循环化。

二、实施粮食科技集成创新的必要政策措施

在不同国家、不同地区和不同社会经济条件下，形成和采用的科技自主集成创新模式及制度也各不相同。作为我国发展不平衡的东中西三个地区，实施粮食科技自主集成创新的政策措施当然也应该各有不同。但是，就理念、组织和政策而言应该是统一的；就体制、机制和法制而论，也应该是共同的。例如，积极培育多元化科技自主集成创新体制；尽快建立多渠道资金筹措机制；全面完善科技自主集成创新服务网络；勇于创立强化科技自主集成创新的动力源泉；锐意改革优化公共资源配置制度；通过转变观念提高对科技自主集成创新的认识等。这些方面都应该也必须实行统一的政策措施。

第一，培育粮食多元化科技集成创新主体，促进形成新体制。随着经济科技体制改革的深化和知识产权制度的逐步建立健全，粮食专业科研机构和院校的科研队伍也经历了实质性的改革，各种科技企业和民间组织（专业协会、技术协会等）不断发展壮大，技术市场体系逐步成长。这些因素，都为粮食科技自主集成创新主体多元化，即由单一国有科研机构主导型转向以专业科研力量为骨干的多元化科技自主创新模式提供了客观条件。这种新模式的内涵包括：以素质较高、条件较优的专业科研机构和院校的粮食科技队伍为科技集成创新的骨干力量；以数量多、分布广的相关企业及其他社会力量为科技集成创新的重要力量；大量专业协会、科技协会等民间组织为科技集成创新与推广的辅助力量。以上各种力量优势互补，协同攻关，合作实施科技集成创新行动，形成多部门、多领域、多形式的粮食协作科技集成创新的新模式。

第二，建立粮食多渠道科技集成创新资金投入，促进形成新机制。与粮食科技集成创新主体多元化相适应，其多渠道资金投入机制应运而生，相伴而兴。首先，中央和各级公共财政必须对事关全局性、关键性和战略性的粮食科技创新，特别是涉及国家粮食安全和社会全局利益的科技集成创新逐步增加资金投入，这是不可替代的，即资金来源应该列入公共财政预算，并形成制度化。其次，各类相关经营性大中型企业应该对事关本身技术进步的科技集成创新逐步增加资金投入，这是必不可少的。其资金来源可从销售总额中提取一定比例的科技集成创新经费。再次，各种民间组织广泛开展有偿专业化服务，一方面政府对其提供扶持，另方面收取一定服务费用。例如，政府对于粮食产业化经营龙头企业提供信贷优惠和资金扶持措施等，以补助粮食科技集成创新的经费。最后，各类企业要开辟信贷和融资的渠道，建立多渠道的科技集成创新投入新机制。

第三，完善粮食社会化科技集成创新服务，促进形成新体系。粮食科技成果推广和中介服务体系，在科技集成创新中占据极重要的地位和作用。在粮食科技集成创新中，人们日益重视人力资源开发、用户参与、民间组织建设和服务体系能力成长等。这实质上意味着，粮食科技集成创新服务开始从“自上而下”线性技术成果转移型向用户参与的双向互动的技术成果转移型变迁。目前世界各国科技集成创新成果推广的模式各有不同，诸如行政型、教育型、项目型、企业型和自主型等。从我国的实际条件和需要出发，我国应该积极完善社会化科技集成创新服务体系。例如，发展以专业科技部门主导型先进科技成果产业化推广普及方式；采用以相关企业为主力的实用科技成果推广普及方式；采用以合作制形式为主干的、促使科技集成创新成果进入农户的推广普及方式，采用以全面实施公关项目为主旨的科技成果推广普及方式等。此外，要注

重发挥相关行业协会、学会及其他学术组织开展技术交流、成果推广等专业化服务的作用。

第四，营造促进粮食科技集成创新的宽松条件，促进形成新环境。宽松的环境是实施科技集成创新的必不可少的条件，主要包括政策环境、制度环境、文化环境、服务环境和法律环境等。就实质而言，粮食科技集成创新的新环境包括：多元化创新主体的培育和成长，多渠道资金投入机制的健全和完善，技术成果推广体系的建立和扩展，主体内部制度创新与行为的协调，信贷和融资渠道的拓展，以及知识产权保护和技术成果转移等法律法规的健全等。如果缺失这些环境条件，粮食科技集成创新就成空话。汲取国外经验，我国目前特别需要创造有利于粮食科技集成创新的政策环境和文化环境，包括对科技人员的激励政策、对科技集成创新的扶持政策、对科技集成创新的投入政策、对知识产权的保护政策，以及促进技术市场发育和创新成果产业化的政策。在专业科研机构，必须进一步深化科技体制改革，健全和完善开放、流动、竞争和协作的科技集成创新的自由权和自主权。在科研机构内部，通过改革管理体制和运行机制，特别是通过人事制度改革，实行“能上能下、能进能出、能高能低”和“定岗、定责、定酬”等“三定”，激发广大科技人员的积极性与主动性。如是，粮食领域就会开辟出粮食科技集成创新的动力源泉。

第五，培育和树立促进粮食科技集成创新的高尚道德，促进形成新价值观。开展粮食科技集成创新，不单纯是技术问题，而且具有丰富的价值内涵。广大粮食科技工作者必须更新观念，端正认识，树立先进的世界观和价值观，满腔热忱地、全身心地追求崇高的新发现、新发明、新理论、新方法和新突破。总之，在推进粮食科技集成创新的过程中，广大创新主体要把追求客观真理、追求真正的新发现和新发明，当作最高的和永恒的使命，并且发扬理论结合实际、求真务实、严谨治学、锐意进取的优良学风，以保障粮食科技集成创新生机勃勃、持续健康地推进。

江淮大地再涌热潮（节选）

——在安徽省现代农业座谈会上的发言

（2006年10月，合肥）

岁末的江淮大地，依然勃勃生机。皖南山岭满眼树碧，皖北平原遍地麦绿。走访江淮，壮美山河，地阔天高，涌动着以创新现代农业制度和科技集成创新为动力提高粮食综合生产能力的热潮。

一、与时俱进，锐意创新“现代农业制度”

28年前，安徽省小岗村创立“大包干”，以农户家庭承包为基础的“统分结合，双层经营”的农业生产经营制度。28年来，我国已初步建立了市场经济制度，农村经济不断迈向市场化、工业化、城镇化、原有的“统分结合，双层经营”的农业生产经营制度也应与时俱进，实事求是地进行健全和完善。

发展现代农业和实现农业现代化，农业制度创新是根本，科技自主创新是关键。近年来，安徽省率先从理论探讨起步，把农业现代化的内涵由狭义扩展到广义，由单一功能扩展为多元功能，由单一目标扩展到多重目标。提出农业现代化应包括六个方面的内容：“农业基础设施现代化，农业科学技术现代化，农业经营管理现代化，农业经济结构现代化，农民生活消费现代化和农业资源环境现代化。”从这些观点出发，安徽省以理论探索和创新为先导，以落实和创新实践为目标，构建起现代农业制度的基本框架。

首先，探索完善土地承包经营制。土地制度是农业的根本制度，也是关系农民就业、生存和发展的根基。实行“统分结合，双层经营”是我国农业生产经营制度的基石。但是，在坚持其总体框架与合理内涵的前提下，需要赋予新内涵。在现代农业制度下，“统”和“分”不应是原来的“统”和“分”，而是新的“统”和“分”，即把原来由村集体经营管理方式转变农民合作经济方式；把“家家包地、户户种田”的做法转变为土地使用权流转和扩大规模经营。安徽省在坚持土地集体所有的基本制度的前提下，实行“大稳定，小调整”，采取了完善转移土地使用权的措施，包括建立土地使用权流转机制、出让机制、土地流转和出让的形式、时限及其收回等。例如，促进外出打工农户转移土地使用权，培育和发展一批粮食专业种植大户，扩大粮食生产经营规模。

其次，推进农业企业股份制改造。企业化是建立现代企业制度的基本组织经营形式。它也是现代农业发展的必然趋势和必由途径。迄今，“公司＋农户”的各类龙头企业是农村的主要企业形式。安徽省在构建现代农业制度中深化农业企业改制，促进农业企业转制为股份制或股份合作制，积极发展具有中国特色的“公司＋合作社＋农户”的产业化的组织经营形式。遵循这条路径，安徽省采取两项重要新措施：一项是指导和帮助有条件的农民专业合作社向公司参股，使其合理分享工商利润，以便保证农民增产增收；另一项是改变政府扶持对象，由重点扶持龙头企业转向更多地扶持农民专业合作经济组织，以增强其为农民服务的经济实力和促进农民增加收入。

再次，发展农民专业合作制。农村合作制经济是不改变农户财产权的前提下，提高组织化程度、实现专业化和规模化生产经营的宽广道路。农村合作制是整合农村资源、提高农民组织化程度、降低交易费用的有效机制。但是，发展现代农村合作制，既需要遵循其一般形式特点，又必须符合本国的需要，关键在于要使农民得到实益。安徽省把农村专业合作经济组织作为农业生产经营的一项基本制度并给予大力扶持，在全省建立和健全多种类、多形式的农民专业合作社（包括稻米产业协会、花生产业协会、水果产业协会、养殖协会、无公害产业协会、蔬菜专业技术协会等20多种），并在全国首家创立“安徽省农村合作经济联合社”。各类合作社组织采取无偿、低偿方式，对农民提供以下服务：一是开展多种形式的技术服务；二是采购和供应生产生活资料；三是收购与推销农民生产的产品；四是开办农民需要的贸、工、储、运等经济实体；五是传递各种市场与技术信息；六是帮助和组织农民进入大市场。

第四，构建农村现代流通制。农业和农村现代化，离不开农村流通现代化。建设和创新现代农业制度，需要把农村流通置于先导行业的地位切实加强。安徽省围绕建设大市场、联结大网络、搞活大流通的目标，积极探索农村现代流通之路。其主要特点是：以农户经营为基础；产业链条“产、加、销”相结合；企业和农户形成合理利益分配机制。安徽省南陵县稻米产业协会由当地稻米生产大户、加工销售企业、科研推广单位依法登记、自愿组织起来的合作经济组织，拥有会员300多个。该协会创新“会员＋企业＋农户”管理经营模式；拓展稻米“生产、加工、销售一体化”路子；采用“协会组织、专业服务、农民实施、会员企业收购”的运行机制。这种新型粮食生产经营形式，有效促进了无公害和绿色水稻的标准化生产，并有力加强了农户与大市场的连接，还打造出“南陵大米”的知名品牌。

第五，建立现代农民培训和转移就业制度。现代农业是建立在采用现代科学技术和现代工业装备基础上的产业。与此相适应，培训、造就现代农民队伍是发展现代农业的基础。在培训农民方面，安徽省采取多种灵活有效的形式和措施：一是大力发展农业教育，建立和加强包括职业教育在内的比较完善的农业大中专教育体系；二是以培育新型农民为重点，加强农民继续教育。与此同时，安徽省积极健全农村劳动力转移就业制度。其要点包括：一是强化农民转移培训机制，增加“阳光工程”投入，大量培训技能型新劳力，为城市工业化输送现代产业大军。二是完善劳动力市场，优化劳力资源配置。通过打破地区封锁与保护壁垒，取消对农村劳力进城就业的不合理限制，促进农村劳动力在城乡、地区间合理流动。可以预见，随着新型农民教育培训制度和农村劳力转移制度的健全与创新，必将有效促进安徽省现代农业的发展。

二、制度建设启迪丰赡，宝贵经验弥足可鉴

在创新现代农业制度和大力实施“小麦高产攻关活动”中，安徽有建树和突破，提供了有益启示：

其一，创新基本制度，是发展现代农业和提高粮食综合生产能力的根本。安徽省在巩固“统分结合、双层经营”的农业生产经营基本制度的前提下，勇于完善农户土地承包经营制，促进土地使用权合理流转；推进农业企业改制，发展农企股份制或股份合作制；普遍建立农村专业合作制，提高农民组织化程度；加强农村市场经济制，构建农村现代流通体系；建立现代农民培训和转移就业制，造就高素质农业粮食产业队伍。

其二，农业科技入户，是发展现代农业和提高粮食综合生产能力的关键。安徽省以专业化服务为抓手，把优良品种、精确播种、测土配方和病虫防治等“四项适用技术”相互配套，推广普及，进村进户，显著提高农业和粮食生产现代化水平。全省小麦良种覆盖率高达96.8%；全面实行小麦精确播种技术；全省测土配方施肥率提高到35.1%，有的市高达80%；作物病虫害综防率达到68.3%，有的市高达90%以上。科技集成创新，提高了土地产出率和产品优质率，节约了物化劳动与活劳动，增强了现代农业粮食产业的持续发展力和竞争力。

其三，创新社会化服务，是发展现代农业和提高粮食综合生产能力的条件。从现代服务观出发，安徽省大力提高和创新农村服务的现代化，出现“五扩大趋势”：由消费性服务向生产性服务扩大；由商品性服务向要素性服务扩大；由购销性服务向加工性服务扩大；由物质性服务向精神性服务扩大；由官办性服务向自主性服务扩大。同时，在农村建立社会化经营服务实体。如今，安徽省以专业农业科技为主导的农民合作社服务网络覆盖乡村。广大生产者的

服务需求均可从社会化与专业化服务体系得到满足，降低了生产成本和费用，提高了生产效率和效益。

其四，创新实施方法，是发展现代农业和提高粮食综合生产能力的手段。针对农业粮食产业和农民最讲现实的特点，安徽省把典型示范、直觉感受和宣传引导统一并用，做到新技术、新品种与新方法不推自广。他们采用最直接、最容易为农民接受的办法、即下工夫培育和狠抓小麦高产攻关“大县”、“大片”和“大户”等“三大”典型。2006年，全省培育和创新10个小麦高产攻关示范大县，2 047个示范大片，以及数万个示范大户。这些典型广泛分布在小麦主产区，周边农民凭直觉看得见，学得到，用得上。有的小麦生产大县，还广泛开展“十佳种植大户”评选活动，并分阶段、分层次地召开不同形式的现场观摩会，收到以点带面、激励鼓舞、整体推动小麦高产攻关活动的作用。

其五，创新组织领导，是发展现代农业和提高粮食生产能力的保障。安徽省积极转变政府职能，推进政府组织管理、运行机制、公共服务创新，政府由传统的公共行政管理模式转变为公共服务模式。省政府建立小麦高产攻关专家组，各级市、县成立小麦高产攻关领导小组，党政主要领导人组长。省级各相关部门相互协同，密切合作，奋力攻关。省农委把建设现代农业制度和小麦高产攻关作为“重中之重”，加强调研和创新，加强指导和服务，举办现场观摩，推广关键技术，推进现代农业制度建设，推动小麦高产攻关活动。省财政厅提供公共财政资金5 300多万元，支持全省“小麦高产攻关活动”。此外，各相关部门、院校与社团组织都积极参与，争做贡献，形成了强大的合力，加强了发展现代农业和提高粮食综合生产能力的坚实保障。

“田原处处满春色，热潮滚滚是江淮”。在开创“大包干”改革措施28年后，探索创新现代农业制度和科技攻关、提高粮食综合生产能力的春潮，又在江淮大地滚涌波涛。

我国为何需要采取适度“贵粟”政策

——兼谈我的粮食“价格观”

粮食价格政策，既是国家宏观调控粮食供求平衡的有力和灵敏的杠杆；又是国家合理调节生产者与消费者利益关系的直接和有效的工具；还是健全与完善市场经济的重要和必要的机制。在迄今的流通经济学中，价格机制被视为市场机制的核心机制。

从2006年9月以来，我国部分地区小麦、玉米及制品价格上扬。综合分析，国内这次市场粮价上涨，主要是由于市场环境的变化及多种市场因素诱发而生的，主要包括：粮食生产成本持续上升是基础因素；国际粮食市场价格快速上扬是拉动因素；工业转化粮食消费总量猛增是刺激因素；国家对粮食市场调控、拍卖较迟是政策因素；粮食外贸企业为履行出口合同竞相抢购是导火线；部分地区严重干旱造成社会紧张情绪是心理因素。全面评析这些因素使人感到，近期粮价上涨确系市场客观环境变化使然。我们应该客观深入认识市场粮价上涨的成因、特点、效应，并由此及彼探索其规律，思考其良策。

自改革开放以来，我在粮食经济政策研究中，一直关注粮食价格的形成、变迁和改革。也曾多次提出拙见：我国应该实行适度“贵粟”政策，即适度“高粮价”政策。这一观点，引起了一些批评，有的措词还颇为严厉。然而，我仍然坚持这一粮食“价格观”。它对于更好运用价格杠杆调控粮食产销、供求与保持市场价格基本稳定具有重要现实和长远意义。

由这次粮价上涨联想到我国以往历次粮价上升的历史，使人得出一个规律性概念。即：每次粮食价格上涨，都刺激农民生产积极性高涨，带来粮食总产量的突破。早在建国初期，1957年，粮食统购价格提高到6.73元/50千克，比1952年提高11.4%。由此产生的一个巨大效果是，5年间粮食总产量增长311.3亿千克。三年自然灾害之后，1961年再次提高粮食统购价格，涨幅达到25.3%，对于灾后恢复粮食生产发挥了决定性促进作用。改革开放的初期，1979年又一次提高粮食统购价格，增幅为20%，同时超购加价幅度由原来的30%提高到50%，并对统购粮食奖售工业品。采取这一举措，有力激发多年受挫的农民生产积极性，谱写出粮食生产的新篇章。1980年，全国粮食总产量比1975年增长360.4亿千克，比1970年增长806亿千克。此后，全国粮食生产持续高速增长，1984 年，粮食总产量突破 4 000 亿千克大关，猛增到 4 123.1亿千克。进入到 20 世纪 90 年代初，粮改遭遇到困难。1993 年，出台不久的粮食“双价并轨”措施很快夭折了，而且引发了粮食价格的突然飙升。针对这种情况，1994 年，国家大幅度提高四种粮食定购价格，平均比上年提高 44.4%。两年后，1996 年粮食定购价格在 1994 年提高的基础上又提高 40%。两次大幅度提升粮食价格，刺激广大农民迸发出空前的生产积极性，致使全国粮食总产量连续攀上新台阶，1995 年达到 4 666.2 亿千克；1996 年突破 5 000 亿千克大关，达到 5 045.4 亿千克；1997 年仍然保持在 4 946.7 亿千克的高水平上；1998 年和 1999 年都在 5 000 亿千克以上，依次达到 5 123 亿千克和 5 083.9 亿千克。由于粮食连续大幅度增长，因而国家储备充足，综合国力增强，胜利渡过亚洲金融风暴。

回顾历史，面对现实，启示丰赡，再次使人确认：在中国必须实行适度“贵粟”政策？所谓“贵粟”，即实行适度高粮价政策。笔者如今更加确信：这是加强农业基础之举，也是振兴粮食产业之道，还是富裕农民之策，更是弥补农业粮食资源稀缺之需。从国民收入再分配的角度看，这一政策可说是“工业反哺农业，城市支援农村”的一种形式。

从一般价格理论和分析我国粮食价格形成的因素可知：生产成本是决定粮价的基础；供求关系是形成粮价的条件；交易费用是制定粮价的内容；预期利润是构成粮价的因由；政策变革是调控粮价的手段。受这五种因素决定，我国实行适度“贵粟”政策具有必要性和必然性。

其一，我国人均资源稀少，振兴农业粮业需要以适度“高粮价”弥补。我国农业资源的基本特点是：人均拥有耕地、灌溉水源和能源数量少。这些资源不可替代，而且呈缩减趋势，日益成为制约粮食生产和供给的关键因素。以耕地为例，我国的耕地面积只占世界耕地总面积的 9%，而人口却占世界总人口的 22% 以上，人均耕地不足 1.43 亩，不到世界人均耕地数量 3.35 亩的 42.7%；更低于欧美主要国家的人均耕地。作为农业和粮食生产命脉的水资源也严重缺乏。目前我国人均水资源量只有 2 076 立方米，仅为世界人均量的 24%，远低于世界水资源丰富国家。还不容忽视的是，我国耕地和水资源还有另一个特点：稀少与浪费同在，贫乏和污染并存，土壤肥力劣化。这更进一步加重了土地与水资源的短缺和供求矛盾。粮食价格应该与资源的特点相适应。对利用稀缺自然资源生产出的产品，实行适度“高粮价”理所当然。

其二，粮食供求紧平衡，提高其产能需要以适度“高粮价”拉动。从居民口粮、饲料用粮、工业耗粮等方面预测，我国粮食总需求量不断扩大，供求处于紧平衡状态。据预测，到 2010 年，全国总人口将达到 13 亿以上，居民口粮呈刚性增长；随着大量农业人口转向非农产业和城市化的快速推进，商品粮食的需求量也必然剧增；随着现代畜牧业的发展，饲料粮的需求量增长更多；随着粮食深加工业的猛进，工业转化消费粮食的总量也将快速增长。综合以上各主要因素进行预测，到2010年，全国粮食总需求量将突破5亿吨大关。与粮食需求总量增长相对照，我国耕地资源与水资源的约束性加大，致使中长期粮食供求关系仍呈“紧平衡”态势。对市场供求偏紧的基本生存与生活必需品，实行适度“高粮价”政策是正确选择。

其三，解决“三农”问题的历史使命，需要以适度“高粮价”支撑。迄今，虽然我国农业和农民的状况已显著改变，但是，农业粮食“双基础”依然薄弱，农村依然贫穷，大多数农民生活也只是达到初步小康水平。特别是在城乡二元经济结构环境条件下，城乡差距和地区差距拉大，农民收入增长困难，“三农”问题依然普遍突出。例如，“产粮大县，财政穷县”的状况至今仍未根本改观。解决“三农”问题，要以科学发展观为指针，统筹城乡协调发展。其中，关键是不断合理增加农民收入。目前在我国，农民增收的一条主要途径还是依赖出售农产品。鉴于此，国家要善于充分利用价格杠杆促进农民增收，在价格政策制定中贯彻落实“多予、少取、放活”的方针，特别是要在“多予”上下功夫，坚持“工业反哺农业、城市支持农村”的方针，有效缩小工农产品剪刀差。为此，通过适度提高粮食价格，促进农民收入增加，相应会产生重大的社会、经济意义：一是有效缩小工农业产品剪刀差，转变农业粮食的不公正、不平等地位；二是有效增加农民收入，逐步促进他们走向富裕之路；三是有效强化农业基础，推进新农村和小康社会建设。

其四，古先贤哲人的价格观，提供了实行适度“高粮价”政策的借鉴。翻阅浩瀚的中国历史，真知灼见的粮食价格思想和策略给人提供了宝贵借鉴。许多理财家高度重视研究粮食价格之学问，掌握粮食价格变化之规律，运用粮食价格之妙术，阐述粮食价格之理论。今天，拾其瑰宝、取其精华，不失为明鉴。管仲关于粮价升降的“高下之策”的价格策论；范蠡的粮食平粜法；李悝的粮食平籴法；贾谊“积储谷物”、“统制铸币，稳定物价”的价格思想；晁错“重谷”、“贵粟”的价格观；桑弘羊的“平准、均输”之术；刘晏“丰则贵籴，歉则贱粜”的运筹价格之策；王安石推行“定市易法”、“均输法”与“青苗法”的改革之举；严复“凡价皆供求相剂之例之所为”、即供求决定价格的论点等等，一系列深邃的粮食价格思想和运用价格杠杆之术，深含着变“谷贱”为“粟贵”的思谋。观之上古，验之当世。我国实行适度“高粮价”政策，古为今用使然。

当然，实行适度高粮价政策是一项关系国内与国外多个领域、多个方面的

复杂而重大的决策，需要进行深入研究，制定周密方案。这里，着重强调以下要点：一是健全和完善粮食价格体系。包括市场价格，目标价格，国家干预价格，粮食保护价格，适用于进口粮食的“门槛价格”等。二是建立和完善粮食补贴制度。包括对种粮农民挂钩的直接补贴，对城市居民“低保”人员适当提高生活补助标准等。三是加强和规范粮食宏观调控。要以国有粮食企业为调控载体，稳步扩大粮食有效需求，使粮食需求量与适度高粮价相适应。四是开辟和扩大农民增收的渠道。要清醒意识到，虽然提升粮食价格还有一定空间，然而，仅仅依靠提高粮价已不足以促使农民的收入与城市居民收入保持合理的比例。何况，由于粮价是百价之基，如果粮价过度提高，势必诱发市场物价波动。鉴于上述理由，需要采取粮食价格之外的措施，促进农民增收。例如，加大公共财政对粮食转移支付的力度，提高财政对粮食扶持的幅度，通过多种形式增加对农民补贴的强度，以及健全和完善粮食补贴形式。

高屋建瓴体察我国农业资源的稀缺及其不可再生性，农业生产成本的上涨及其持续性，粮食需求的增长及其刚性，解决“三农”问题的必要性及其紧迫性，古代粮食思想的“经世致用”价值及其借鉴性等，使人对实行适度“贵粟”政策、即适度高粮价政策的认识更加分明和深化。在当今市场经济条件下，我国实行高粮价之策，确系强农、兴粮、富民与建设农村全面小康社会与和谐社会的上策。

本文是作者在一次研讨会上的发言，收录时作了删改。

调查研究篇

□□□□□□□□□□□□□□□□□

甘　　泉

获大奖感怀

半月弯，繁星寒。
孤灯斗室天地宽，
笔端连广原。

文丝丝，情绵绵。
采撷花蜜广袤田，
新作源甘泉。

1998 年 8 月 16 日
于北京百万庄斗室

河南省粮食“两代一换”效果显著

河南是我国粮食主产省，全年总产量 3 300 万吨，其中 2 000 多万吨留在农民手中，农民人均留粮 300 千克。为了帮助农民解决好粮食的储存、加工问题，1993 年以来，河南省粮食系统在全省广泛开展了粮食“两代一换”工作。

所谓“两代一换”，就是利用国家粮食部门的仓储、加工、技术条件和服务网点，为农民代储粮（油）、代加工粮（油），进行品种兑换。开展这项工作的时间虽然不长，但发展快、范围广、数量大、效果好。1993 年以来，全省 118 个市（县）的粮食局都开展了“两代一换”工作，累计为农民代储粮油 644.0 万吨（其中粮食为 478.0 万吨）；代加工粮油品种兑换 467 万吨。

河南省粮食系统开展“两代一换”工作，深受广大农民欢迎，受到国内贸易部和国家粮食储备局、河南省委和省政府的充分肯定。实际效果表明，“两代一换”具有利国利民利业的多种好处。

一是有利于节约粮食资源。据调查，农民分散储粮损失率至少在 6%，开展粮食部门代农民储粮可减少损耗 5 个百分点，代农民加工可减少粮食损耗 1.33 个百分点。通过开展“两代一换”工作，全省 3 年来至少节粮 31.3 万吨，若以亩产 400 千克计，相当于 78 万亩耕地一年的总产量。这是不种地的增产，是“无形粮田”。

二是有利于增加农民收入。据计算，500 千克粮食农民自储 3 年，至少需要支出 20 元，而粮食部门代农民储粮只一次性收费 8 元。农民还省去了晾晒粮食所耗费的劳动日和存粮所需要的仓房。据估算，3 年来河南开展“两代一换”工作，至少使农民节支增收 8.65 亿元，平均每个农户每年节支增收 135 元。

三是有利于农民储粮备荒。开展“两代一换”，加速了粮食三级储备体系的形成，发挥了以丰补歉、储粮备荒的作用。如洛阳市，1994、1995 年连续遭灾减产，全市因灾缺粮人口达 213 万人，缺粮总数量达 11.5 万吨，救灾度荒任务很重。由于农民有存粮，受灾农民先吃自存粮，或者互借互助，减少了国家救济粮的使用量，去冬今春实际只安排救灾粮 3.95 万吨，灾民生产与生活始终稳定，没有出现逃荒现象。

四是有利于发展农村加工业。为方便农民兑换粮食制品（如挂面、馒头、糕点、面粉等），河南省近几年兴建和改造小型面粉厂近 2 500 座，广泛分布在农村乡镇，辐射功能在 10～15 公里的范围内，不仅方便，而且成本低，很受农民欢迎。农村粮食和粮食制品加工业的发展，促进了农民生活方式的转变，提高了农民家庭生活的社会化水平。

五是有利于基层粮食企业改革。开展“两代一换”业务使基层粮食企业找到了新的经济增长点。通过开展综合性服务，提高了综合效益，使大量“无活干、没饭吃”的基层粮食企业增强了活力。迄今，河南省的市（县）以下独立核算粮食企业中已有 2 430 多个开展了“两代一换”业务，占应开展这项工作企业总数的 86%，从业人数 4 万多人，占粮管所职工的 1/3 以上，大量职工走上为农民服务的第一线，粮管所也开始从过去的单一从事收购、保管功能，转变为集收购、储存、加工、兑换，甚至养殖业等功能为一身的综合服务机构。综合服务改善了粮食部门与农民的单纯买卖关系，有利于国家粮食部门掌握粮源和发挥主渠道作用。

原刊于国务院研究室《送阅件》第 38 号，1996 年 6 月 24 日

本文在《送阅件》刊出后，受到国务院领导重视，有两位副总理作出批示。

粮食经济增长的新路子与新方法（节选）

——山东昌邑市粮食内涵式增长的调查与启示

长期以来，“产粮大县，财政穷县”，缺乏内在动力的状况，得不到根本性解决。为促进农业和粮食持续稳定增长、农民增产增收、实现小康的需要，特别是为了加强粮食和农业可持续性发展的后劲，解决上述问题越来越迫切。为了探寻解决上述问题的新路，笔者先后两次奔走昌邑大地，进工厂、下农村、访基层，获得了翔实的资料，体察到粮食行业转变经济增长方式的基本途径和巨大效益。

昌邑转变粮经增长方式提供的启示

山东省昌邑市探索转变粮经增长方式，开粮油社会化服务先河，拓“产加销一条龙”经营形式，创产业化发展新路，提供多种启示。

启示一：采取集约，内涵增长方式，开拓粮食可持续发展的新路子。粮食和农业是弱质产业、风险产业和公益产业，增加投入和在适当条件下适调主要农产品价格是必要的。然而，还需要另辟蹊径。昌邑市粮食部门的经验提供了重要启示：粮食和农业变粗放、外延式为集约、内涵式增长方式，是粮食可持续发展的新路子。以市场需求为导向，以现代化科技为支撑，以规模化加工企业为“龙头”，以系列化服务为纽带，以综合化效益为中心，挖掘发展粮食和农业的巨大潜力，走高产、优质、低耗、高效之路。据计算，在昌邑市1995年农民人均2 352元的纯收入中，粮食收入占1 100元。

启示二：发展贸工农一体化，是粮经增长的更高层次的组织经营形式。粮食和农业涉及到要素、环境、加工业及扩大再生产的各个环节，应该运用系统论进行指导，实行粮食等主要农产品“产供销”一体化经营形式是必然趋势。它一般分为两种类型：一种是管理体制型；另一种是经营方式型。目前在我国，贸工农一体化更多的是经营方面的一体化。粮食行业探索贸工农一体化，是在市场经济条件下适应生产力发展要求的新的经营形式和产业组织形式。它有利于促进生产，改善经营，减少环节，降低成本，搞活流通，减少补贴；更有利于优化资源配置，扩大规模经营，促进粮食和农业生产与经营的专业化、社会化和现代化。昌邑市粮食行业的经验表明，探索贸工农一体化新形式，需要抓好以下环节：以市场需求为导向，以现代科技为支撑，以本地优势产业为主导，以具有带动作用和辐射功能的骨干企业为“龙头”，以围绕主导产业建设现代农业商品基地，以适当形式把各个环节有机联合或结合起来，就形成了具有旺盛生命力的新的组织经营形式。

启示三：注重科技进步，是转变粮食经济增长方式的基本条件。现代科技与它在粮食行业的普遍应用，是促进和确保粮食经济，高效、持续、稳定增长的决定性因素。运用现代科技，可以收到以下效应：一是综合化开源，提高粮油、食物、饲料等各种资源的利用率；二是大幅度节流，降低各种资源的损耗率；三是改进加工，提高米、面，油、食品、饲料等各种产品的加工成品率；四是创造名品和优品，加大产品的优质率；五是开发新品和特品，增大资源增值率。借鉴昌邑的经验，粮食部门加大科技投入，引用先进技术，采用先进成果，提高职工素质、培养大批合格专业人才，把科教兴粮战略落到实处，粮食经济增长就会转变到低消耗、高效益的路子上。

启示四：跳出粮食抓粮食，开创“大服务”是粮经增长效益的新途径。转变思想观念，改变单纯粮食购销观点，拓展社会化和综合化服务，可以加快粮食经济增长方式的转变。国有粮食部门可借鉴昌邑市的经验，跳出粮食抓粮食。一是积极投入农业开发，以多种形式参与建设现代农业和商品粮基地，发展“贸工农”，“技工贸”一体化；二是根本转变单纯购销观点，把粮食“本业”的“小内涵”转变为“大内涵”，把粮油“小服务”转变为“大服务”。例如，粮食部门为农民提供粮食优良化品种、机械化加工、科学化储藏、综合化利用等专业化服务。这样，一方面国有粮食部门既能促进农兴粮丰，五谷丰登，有利于掌握粮源，寓效益于服务中；另一方面又可以节约农民大量用工、劳动时间和粮油资源，稳定增加农民收入。

为解决好对兴农富民、社会稳定具有特殊意义的粮食问题，为开辟农民种粮也能致富、粮食产业持续、稳定发展的新路，粮食行业必须尽快完成由粗放、外延到集约、内涵式增长的根本转变。正因此，昌邑市粮食部门的经验具有创新性，值得重视和效法。

原刊于《求是》杂志，1995年第11期
本调研报告较长，这里只节选第三部分。

关于豫鄂皖三省粮食生产和流通状况的调查及判断（节选）

河南、湖北、安徽三省是我国重要的粮食主产区。这一地区粮食生产和市场形势如何，对全国的粮食供求平衡具有重大影响。最近，在中央政策研究室副主任郑新立的带领下，我们先后对三省粮食生产和流通进行了调研，在此基础上形成了对当前粮食形势的几个判断，并对稳定粮食生产和完善粮改措施提出几点建议。

一、积极推进和扩大粮食订单生产，引导粮食生产和粮食结构调整

近年来，河南、湖北和安徽各地，通过组织产销订货会、签订产销合同、培育龙头企业和专业性合作经济组织等形式，大力发展订单农业，取得了良好的经济社会效益。湖北省襄阳县商品粮的70％已按订单生产，有效解决了卖粮难的问题。实践证明，订单农业作为实现产销衔接、以销定产的新的市场组织形式，具有广阔的发展前景。有关部门应全面总结研究各地在这方面的成功经验，尽快出台相关的配套政策，以推动并鼓励国家粮食储备企业、国有粮食购销企业、各类用粮企业以及各种所有制的粮食加工经营企业，在年初同农民签订粮食订购合同，并相应提供良种等服务，把农业粮食生产逐步引导到按需生产的轨道上来。

二、尽快建立健全中央储备粮垂直管理体系，完善国家对粮食的宏观调控机制

国家利用财政资金完成建设2 500万吨仓容的中央储备粮库后，又增建1 000万吨仓容的中央储备粮库。这是我国粮食史上的壮举。现在必须加快建立健全中央储备粮管理体系，以便为有效发挥吞吐、调控作用打下仓储基础。新建立的中国储备粮管理总公司应定位为“特殊的市场主体”，主要职能是承担中央储备粮的储存、保管任务，搞好宏观吞吐和调控，以及保护农民利益和确保国家粮食安全。在目前粮食供过于求，市场粮价低迷的形势下，可适当多购、多储一些粮食，以调节和减轻市场压力。适应我国加入WTO后的需要，

必须完善国家对粮食的宏观调控机制。例如，应该改革独家经营粮食进出口粮食的外贸体制，逐步扩大具备资质的、大型粮食企业的粮食进出口自主权。具体设想是，由国家计委、国家粮食局制定粮食进出口政策和计划，由符合条件的大型粮食企业自主经营粮食进出口。这些大型企业既可以是粮食外贸企业，也可以是粮食内贸企业，还可以是农业产业化大型“龙头”企业。国家专储粮的吞吐调节一般可采取两种方式进行：一是在粮食供求平衡和供小于求的情况下，以政府采购的形式，在具有较好条件的粮食批发市场公开竞价拍卖，这样就可以真正发挥国家调控市场的作用。二是在供大于求的情况下，可采取由中央储备粮直属库直接入市或委托收购的形式，按保护价收购农民余粮，切实保护农民利益和生产积极性。

三、调整和理顺粮食主产区和销区的关系，保护产区农民的利益，实现粮食产销协调

正确处理粮食产区和销区、特别是粮食主产区和主销区的关系，是实现粮食供求平衡，确保国家粮食安全的重要举措。传统计划经济时期，通过工农产品的不等价交换，粮食主产区为国家和销区做出了重大的贡献。现在发展市场经济，就必须要改变主产区产粮越多、补贴越多、吃亏越多的状况。不仅如此，随着国力的增强，国家要逐步增加对粮食主产区的扶持和保护：一是要增加对粮食主产区基础设施的投资，改善主产区的生产与生活条件。二是在合理安排中央粮食储备库布局时，要向主产区倾斜。对收购量大的粮所（站），要通过提供贴息贷款，适当建设一批基层粮食收纳库，或者改造一批老粮库。在粮食供过于求情况下，国家应通过行政措施，督促销区从产区购粮，以减轻产区的库存和资金压力。三是调整专储粮指标分配。适当把销区的专储粮指标调到主产区，以减少主产区周转粮储藏费用的沉重负担，同时减轻国有粮食企业目前顺价销售的压力。四是调整粮食风险基金分配。适当向粮食主产区倾斜，并调整中央与地方的配套比例，加大中央配比，减低地方配比，对少数确因财力不济的粮食主产省，建议新增风险基金全额由中央负担。

四、减轻国有粮食企业负担，加快国有粮食企业改革，增强其活力与竞争力

国有粮食购销企业改革是粮改的重要环节，必须下决心继续大力推进。国有粮食企业改革要采取如下措施：突破难点，政企分开；战略重组，整体搞活；调整结构，产权改革；转换机制，优胜劣汰；有进有退，抓大放小；技术革新，集约增长。除此之外，国有粮食企业还要充分发挥自身优势，积极参与

农业产业化经营，争当“龙头”，对定购粮、储备粮和商品周转粮实行订单生产，实现以销定产、产销协调，与农民结成利益共同体。通过这些改革，从整体上增强国有粮食企业的市场竞争力。

五、继续健全粮食市场体系，更多发挥市场调节作用

创建具有中国特色的、宏观调控下市场经济型粮食流通新体制是粮改的最终目标。在保持国家对粮食收购、储备、进出口等的必要控制力前提下，应更多发挥市场调节作用。当前要重点健全县级以上粮食批发市场，在完善粮食市场“硬件”建设的同时，还要注重加强“软件”建设，完善包括信息、交易和法规等在内的各种市场服务。同时，要积极开发利用两种资源、两个市场，可审时度势实行玉米“北出南进”的政策措施。此外，还要继续试验和总结粮食期货交易市场的经验，探索为粮食生产者和经营者套期保值、规避风险的新市场途径。

原刊于中央政策研究室、国务院研究室共同主办的
《学习研究参考》，2001年第1期

本文是作者和吴永顺博士（现任职国家粮食局办公室副主任）等陪同中央政策研究室原副主任郑新立（现任全国政协经济委员会副主任、中国国际经济交流中心常务副理事长），先后赴河南、湖北和安徽等三个粮食主产省进行调查研究后写的一份调研报告。郑主任曾就这次调研的结果写一份报告，呈国务院主要领导，受到高度重视。

粮食主产区是确保粮食安全的“重中之重”（节选）

——对吉林、河南两个粮食主产省的调研与思考

2009年岁末，笔者随农业部原常务副部长万宝瑞先后赴吉林和河南两省就粮食等食物产业的生产、流通、消费发展状况，及其发展经验、问题和对策进行了深入调研。笔者在两省的调研考察中，深受感动、感奋和感悟。所感动的是，两省在全球金融危机和严重旱灾的冲击下，精神坚强，斗志昂扬，抵御危机，战胜大灾，真心实意抓粮兴粮，确保持续增长，夺取了粮食“六连增”。所感奋的是，两省即使在工业化、城市化进程中即使失去很多发展机遇，但是仍然坚持把“三农”、特别是粮食等食物产业置于“重中之重”的地位，在财力较弱的条件下，负重前行，尽力拨出巨资支持“三农”，在困难中谋增长，在调整中求提升，谱写出粮食等食物产业的新篇章。所感悟的是，目前我国以粮食为重点的食物安全，“喜中有忧”，隐伏风险，依然存在多种必须破解的“瓶颈”问题。在新的历史条件下，必须警钟长鸣，决不可掉以轻心，要继续把加强以粮食为重点食物安全，视为关系民生和国民经济发展全局的“至重至要”的大事，进一步抓紧抓好。

一、吉林、河南两省粮食等食物产业发展的基本经验

大量的第一手资料表明：吉林、河南两省的粮食等食物产业取得突出业绩，前者成为我国玉米商品量最大的供应省，后者成为小麦商品量最大的供应省，此外，还是全国重要的畜产品、水果和蔬菜的生产基地。两省的基本经验有以下几点：

（一）着眼大局，承担责任，坚守正确的发展理论和措施

只有具备理论的彻底性，才有实践的坚定性。吉林、河南两省之所以能够坚定信心、知难而上，冲破席卷全球的金融危机的险关，战胜严重自然灾害的困难，促进工农和城乡相互协调、稳定发展，打破建国以来粮食发展周期，取得连续6年的增产，一个根本原因在于他们着眼大局，承担公共责任，坚守科学的发展观。概括起来就是“五个一”：①一个理论观点，粮食等食物是保障

民众健康生活、生存与发展的必需品，具有准公共产品属性，因而必须不断固本强基，夯实其基础。②一项正确决策，立足省情，发挥优势，抓紧粮食等食物产业，决不以牺牲农业和食物产业为代价推进工业化、城镇化，或片面追求GDP的扩张。③一组集成创新措施，依靠科技集成创新，促进转变现代粮食等食物产业的发展方式，提高土地产出率和产品优质率，提升粮食等食物产业综合生产能力，不断扩大内涵式增长因素。④一套支持保障机制，加大公共财政支持力度和奖励措施，财政支农资金总量不断增加，比例也逐步提高，以加强粮食等食物产业持续发展的长效机制。⑤一条基本道路，推进粮食等食物产业集约化、规模化和产业化。与此相适应，配置粮食等多种食物优势产业带、产业区和产业园，开拓现代农业和食物产业的广阔前景。

（二）结合省情，发挥优势，把粮食等食物产业视为战略重点

吉林、河南两省从各自省情出发，充分发挥“黄金玉米带”（吉林）和“优质小麦带”（河南）及农区发展畜牧业的巨大优势，全面落实以人为本的科学发展观，做到“三个始终”：始终把粮食等食物产业置于重要战略地位；始终把确保粮食等食物安全当成重要政治经济责任；始终把农业、粮食等食物产业视作“重中之重”的战略任务。在实际行动中，两省坚持不断增强以粮食为重点的国家食物安全的责任感、使命感，在激荡的全球金融危机和频发的严重自然灾害面前，始终不动摇、不怕难、不放松，更不以牺牲农业为代价去发展工业化、城镇化和市场化，而是以工业化理念发展现代农业和粮食等食物产业经济，促使粮食等多种食物产业的优势变得更具优势。

（三）加大资金投入，不断提高粮食等食物的综合生产能力

吉林、河南两省从客观经济规律出发，不断强化农业和粮食的“双基础”地位，加大对粮食等食物产业的投入，着力建设优势产业区，大力改造中低产田，加强农田水利建设，改善农业基础设施，建设粮食优势产区，持续提高粮食等食物产业综合生产能力。除了中央惠农政策提供的扶持资金之外，两省在财力孱弱的条件下，省级财政仍不断加大对农业和食物产业的支持。从2007年到2009年，吉林省省级财政用于支持“三农”的总投入分别达到196.8亿元、262.6亿元和220.7亿元。此外，从2003年到2008年的6年间，吉林省对5项重大技术推广补贴资金累计总额达到2.1亿元。

河南省财力更显孱弱，人均只有1 000元上下，但是省级财政用于“三农”的总投入不断增加：2004年为197亿元，2005年为263亿元，2006年为332.4亿元，2007年增长到435.6亿元。2008年，河南省仅为战胜50年不遇

的春旱和排除秋涝共投入资金16亿元以上。两省加大投入，有力支持了优势产业区的建设。近年来，吉林省发展玉米、水稻优势产业区、杂粮优势产业区和高油大豆优势产业区取得显著进展。河南省建设优势、优质专用小麦生产基地，以及优质稻生产基地和高蛋白大豆生产基地也结出硕果。特别是河南选定26个具有条件的县，建设成为“田成方、林成网、渠相通、路相连、旱能浇、涝能排、稳产高产、旱涝保收”的高标准农田，对于确保全省粮食持续稳产高产发挥了骨干作用。

（四）勇于创新，加强科技支撑，不断提升产业化水平

吉林、河南两省坚持创新，加强科技支撑，不断提升产业化经营水平，不断开拓粮食等食物产业发展的宽广道路。他们的基本做法是：依托农产品、畜产品资源优势，打造具有新体制、新机制的龙头企业，实行“产供销”一体化经营；建立各种生产基地，扩大种植和畜牧规模化生产；发展农民专业合作组织，提高他们的组织化程度；加强“五统一”社会化服务，提高粮食等食物产业集约化水平；不断推广新技术、采用新品种，提升粮食等食物产业科学化水准。迄今，吉林省各类粮食加工企业达500多家，玉米加工能力高达100多亿千克，年实际加工量达到80亿千克。由于深度综合开发利用了玉米资源，所以大幅度提高了玉米的科技附加值。

历届河南省委、省政府重视农产品加工业，把包括粮食在内的农产品加工作为全省的支柱产业之一。多年来，全省致力于把“大粮仓”变成“大厨房”。迄今，各类农业产业化企业达到5 724个，其中国家级龙头企业39家，省级龙头企业327家，销售收入超亿元的企业达421家，位居全国前列。特别是，河南主食工业化生产取得不凡的业绩，成为我国速冻主食品最大的生产基地，产量占全国的60%以上，涌现一批中外驰名的品牌产品。全国速冻食品行业有5个“中国品牌”，其中河南占3个。目前国内市场每销售10个汤圆，其中就有6个来自河南；每销售10个饺子，其中就有5个来自郑州。粮食的主食品的工业化生产方式的发展，有力地促进了粮食等食物产业的升级。

二、对我国粮食等食物产销的对策建议

自进入新世纪以来，我国粮食生产的一个鲜明特点是愈来愈向主产区集中。如今，全国13个粮食主产区的粮食产量占全国总量的74%以上，而消费量约占全国的62%。在13个粮食主产区中，能够提供较大数量商品粮的省份只有五六个，而主销区的粮食缺口逐年扩大。因此，粮食主产区的粮食等食物产业的生产状况，对我国的整个粮食安全愈来愈具有举足轻重的作用。特别是

面对后金融危机、气候变化、国际市场，以及国外大粮商的涌入等诸多不确定的因素，保障我国粮食主产区粮食等食物产业持续、稳定发展，具有更大决定性的战略意义。为实现粮食主产区的可持续发展，确保国家以粮食为重点的食物安全，要有针对性地采取重大举措。

（一）制定新的《国家食物发展纲要》

此前，我国已经制定和实施了两个《国家食物发展纲要》。现在，粮食等食物产业的生产、供给和消费等发生了重大变化，应该在总结实施前两部纲要经验的基础上，制定一部新《国家食物发展纲要》。在新纲要中，全面分析和客观评估我国粮食等食物的产销形势，包括主要成就、基本经验和存在问题等。在此基础上确立粮食等食物产业继续发展的战略地位、发展思路、发展重点，以及发展目标、重大任务、区域规划和政策措施等；指导全国粮食等食物生产持续发展、供给充分有效和消费科学合理，提高全民营养健康水平。与此同时，各地也应该相应制定粮食等食物产业区域发展规划，进一步明确其发展战略，加强政府宏观调控措施。

（二）提升粮食等食物产业现代化水平

实现“四个现代化”是我国发展的根本道路。包括粮食等食物产业在内的农业现代化，在“四个现代化”中居首位。所以，要把建设粮食等食物产业的现代化置于重要战略地位。要以现代发展理念引领粮食等食物产业体系的建设，加快发展方式和资源配置方式的根本转变，逐步实现种植区域化、生产规模化、产品标准化、管理信息化、经营产业化，提高土地产出率、资源利用率、产业效率和效益，不断提高其现代化水平。特别是要加快构建现代农业粮食生产体系，推动现代粮食产业、现代畜牧业和特色农作物产业稳定持续发展。例如，我国是杂粮生产大国，可以说是一大特色产业。再如，吉林建议，国家尽快把梅花鹿从野生动物保护名录中划出，纳入畜禽养殖业范畴，允许人工养殖的梅花鹿副产品进入食品加工，支持振兴梅花鹿特色产业。

（三）加强粮食等食物产业的基础设施建设

通过加强以“水、土”为中心的农业基础设施建设，克服粮食等食物产业面临的多种资源制约因素，特别是水土资源的制约，是必不可少的战略举措。其基本点包括：坚持严格的耕地保护制度和耕地节约制度，坚守18亿亩耕地和16.5亿亩基本农田的“红线”不可逾越；大力改造中低产田，实行“田、水、电、路、林”综合治理，改善土地质量，提高土地肥沃度；继续大兴农田水利建设，完善节水灌溉系统，大兴小型水利灌溉工程，加强抵御旱灾的能力；建设"田成方、林成网、旱能浇、涝能排"的高产稳产田；继续推进生态建设，切实抓好生态脆弱地区退耕还林还草措施并巩固其成果，以及天然林保护的重点生态工程。此外，还要积极改造草原，治理和保护江河湖海，加强粮食等食物产业发展的基础。

（四）实施重大战略工程项目建设

国务院决定实施全国新增500亿千克商品粮食生产能力，是关系国家粮食等食物安全的重大战略工程项目。东北地区和黄淮海等粮食主产区负有更大的责任，各地应该认真组织实施国家的重大规划项目。根据不同区域特点，创新粮食等食物重大建设项目的思路，包括夯实基础要素、强化支撑要素、优化促进要素和健全保障要素等。以新思路统筹实施骨干工程建设，包括骨干水利建设、农田基本建设、科技创新能力提升、良种繁育和技术推广体系健全、农业生态环境保护体系、市场流通和物流网络建设、防灾减灾体系建设等重大工程项目，进一步加强粮食等食物产业的长效机制。

（五）进一步健全和完善市场体系

要进一步整合和完善粮食等食物市场体系，提升市场功能，特别要发展农村现代流通业。首先，要建立和推广以城乡一体、集中采购、统一配送农产品、农业生产资料和消费品的连锁经营网络和业态。其次，在健全市场结构中，要积极培育新型市场主体，发展农村经纪人队伍。第三，要以现货市场为主体，期货市场为辅助，发挥其发现价格、规避风险、引导生产的作用。第四，与粮食等食物流通趋势相适应，要积极发展现代物流体系和"冷链"物流网络，进一步完善全国鲜活农产品"绿色通道"。第五，在加强市场硬件建设的同时，还要切实加强软件建设，建立和健全市场法律法规体系，依法加强粮食等农产品的安全监管，以及统一制定和严格实施化肥、农药和食品添加剂的标准，实现食品市场秩序规范化。

（六）加强宏观调控，确保粮食等食物产业健康发展

宏观调控是现代市场经济题中应有之义。对于受资源、市场约束性强的粮食等食物产业，完全依赖市场调节是不可能保持其稳定、持续、健康发展的，必须运用宏观调控机制，要妥善地把"看不见的手"和"看得见的手"结合起来。其主要手段包括健全储备制度、制定产业政策、善于利用进出口、探索反周期补贴等。特别是要利用价格杠杆，完善小麦、早籼稻等大宗粮食的最低收

购价政策，以及在必要时对玉米、大豆等实行“临时收储”措施等。对主产区大宗粮食品种实行“托市收购”、并对托市收购的政策性粮食实行公开竞价拍卖销售，是一项有效的宏观调控新举措，应当继续健全完善，坚持实行下去。另外，要稳步、合理提高粮食等主要食物的价格水平，不断稳步持续提高农民的收入，以增强其发展商品粮生产的积极性。

（七）扩大财政扶持规模，完善“奖补”政策

加大对“三农”、特别是对粮食产业的财政扶持规模，是增加农民收入、提高主产区和农民生产积极性的行之有效的必要措施。要继续贯彻落实“多予少取放活”与“工业反哺农业”、“城市支持农村”的方针，进一步健全“四补贴”政策。对财政扶持和奖励要加大力度、完善方式、扩大范围、提高标准。“奖补”政策要向粮食主产区倾斜。同时，要继续坚持中央财政对产粮大县的奖励政策，并调整、完善奖励办法，与粮食产量、外调数量直接挂钩，逐步改变“粮食大县、财政穷县”的状况，实现“粮食增产、农民增收、财政增加”相协调。除继续坚持行之有效的惠农扶持措施之外，这里提出两项建议：一是国家建立生产补偿安全基金，按照主产区粮食调出的数量加大其扶持力度；二是借鉴保护母猪的做法，建立基础母牛补贴的保护政策，支持其规模化养殖，提升基础母牛生产能力，大型牛乳和乳制品企业要切实为农服务，建立基地，推进肉牛产业健康发展。此外，渔业应该享受与种植业、畜牧业同样的补贴政策，与中低产田改造一样，加快鱼池改造，以促进渔业持续增长。

（八）加强粮食等食物产业的科技支撑

加强科研创新和科技支撑，是加强粮食等食物产业核心竞争力的关键措施。首先，大力提高科研创新能力，加强粮食等食物产业关键性新技术、新品种的研究。当前要大力开展科技集成创新，把节水灌溉、测土配方施肥、机械精确播种和科技管理等先进节本增效技术“捆绑”起来，广泛普及，送科技进村、进户。其次，要健全和加强农技推广体系。从创新体制和机制入手，建立和完善区域性、县级和乡级农技推广网络，提高农技公共服务能力。再次，大力加强农作物和畜禽良种繁育体系。要根据不同区域的生态特点，统一建设规模化、标准化、专业化良种繁育基地，并建立推广网络，广泛开展粮食高产创建活动和农业科技入农户行动，提高新品种、新技术的普及率。最后，积极发展绿色粮食等食物产业，即加强无公害、绿色农产品生产。积极提倡实施农家肥和秸秆还田等有机质肥料，同时把畜禽排泄物资源化处理，对开展污染治理科技攻关和技术推广，国家应该提供财政支持。

（九）提升粮食等食物加工水平

粮食等农牧产品加工业是农业的延续，是提高农产品资源综合利用率和附加值的必由途径。从切实提高食物质量和确保食物安全出发，目前我国农产品加工业要抓好以下环节：一是围绕现代粮食食品加工业的需要，建立优质专用原料生产基地；二是培育和壮大龙头企业，发挥其带动和辐射作用；三是转变产品结构和发展方式，走新型工业化道路；四是多元化融资，多渠道增加对食品加工业的投入，鼓励多层次、多形式、多成分共同发展的食品工业；五是积极创新和发展主食工业化方式生产。同时，要不断提升肉食品、奶制品和果蔬加工业技术水平，运用新技术，开发新产品，创造新品牌。在新的社会经济的环境条件下，发展粮食等食物加工“产供销”一体化的产业化经营，必须采取合理的利益分配机制，使生产者取得合理的利润，使消费者享受到放心的食品。

（十）科学引导食物生产和消费

在我国粮食等食物迈入产销基本平衡的新阶段后，保持生产结构和食物消费结构平衡，是促进其良性循环的必要条件。要以现代营养学原理为指导，引导公众树立科学消费观，采取以植物性食物为主、动物性食物为辅的多元化膳食结构，采用科学饮食方式，提高全民族营养健康水平。特别是要关注和改善农村地区、贫困地区、老年人、妇女和儿童等重点地区、重点人群、弱势群体的食物消费与营养健康水平。与此相适应，要不断调整和优化粮食等食物生产结构。其主要措施包括：扩大优质专用谷物品种生产，缩减劣质或一般品种的种植；大力发展草食动物和水产品养殖业，促进民众改善偏重于猪肉的肉食品消费结构；注重发展主食工业化生产，扩大其生产和消费规模；积极倡导科学膳食结构和“低碳生活”方式，普遍节约粮食和食物。

原刊于《中国粮食经济》，2010 年第 5 期

关于河南省粮食核心产区建设的调查与思考（节选）

——从河南省打造“中原大粮仓”说开去

河南省在全国最早提出和探索粮食核心产区建设新战略工程（以下简称“新战略工程”）具有新意，是田野上有希望的事业。去秋和今春，笔者多次走访中原大地，在商丘、周口、驻马店等市，以及滑县、许昌和西平县进行调查和学习，得到了丰富的第一手材料。广大农民和基层干部称赞道：实施这项“战略工程”是惠及民生的“民心工程”，造福后代的“德政工程”，促进农民增收的“富民工程”。

一、田野归来的探讨：指导思想和原则，必要标准和布局

实施“新战略工程”，关系国家、集体和农户等多方利益，涉及目前和长远的农业粮食产业的发展。实施这一战略工程，必须明确指导思想，确立基本原则，制订主要标准和进行合理布局。

（一）实施“新战略工程”的指导思想

从新的历史高度出发，实施“新战略工程”的指导思想包括：在全面落实以人为本、统筹协调的科学发展观的前提下，以继续解放思想、转变发展观念、深化改革开放为动力；以保障供给，服务经济社会又好又快发展为大局；以优化资源配置，实现粮食增长、农民增收、企业增效、农村社会经济全面推进为目标；以革新粮食生产能力建设投入机制、集中资金等要素资源，选择重点地区建设可持续性粮食核心产区为关键；以调整优化农业粮食结构，提升产业化经营水平，完善社会化专业化服务体系为途径，不断提高粮食商品率和粮食综合生产能力，加强国家粮食安全的坚实基础。

（二）实施“新战略工程”的基本原则

实施“新战略工程”必须坚持以下基本原则：

1. 坚持宏观目标、发挥规模比较效益原则。实施“新战略工程”，其首要目标是增加粮食供应、保障国家粮食供求基本平衡。坚持这一宏观目标是基本

原则，同时注重发挥资源优势原则，满足市场需求原则，调整结构原则，规模与效益优势原则。

2. 坚持深化改革、发展市场经济的基本方向。要通过培育和发展要素市场，充分发挥市场机制配置资源的基础作用，同时注重把加强宏观调控与运用市场经济机制结合起来，真正促使资源优势转化为经济优势。

3. 坚持彻底转型、保护生态环境的战略道路。要大兴循环农业，贯彻"3R"原则，推进节地、节水、节肥等先进耕作措施，改善农业和农村生态环境，实现"环境友好型"农业粮食的可持续发展。

4. 坚持扬长避短、发挥比较优势的客观规律。要从不同地区的不同自然条件、生产条件和生产力水平出发，突出重点、因地制宜合理确定粮食核心产区项目任务和筛选确定开发重点。

5. 坚持资源整合、形成协同作战的推动方式。要把各个方面的财力、人力和物力等资源有效整合起来，把国家、地方和社会等各方面投入结合起来，形成建设粮食核心产区的强大合力。

6. 坚持自主创新、市场运作的开发建设机制。建设粮食核心产区要实现又好又快的科学发展，关键是通过自主创新转变发展方式。包括勇于开创科学管理体制和制度，勇于进行科技创新和建立有效运行的新机制。要把发挥政府在自主创新中的主导作用和激发企业及全社会的创新积极性相互结合，形成推进粮食核心产区建设的新动力与新活力。

7. 坚持政府主导、分类指导、突出重点、逐步推进。要充分发挥政府的行政资源优势，加强宏观引导、全面规划、组织协调的作用；在操作上要推进相关职能部门相互配合；突出重点，集中连片，规模开发；分类指导，巩固高产区，开发主产区，改造低产区，促使建设工程有序推进。

（三）实施"新战略工程"的必要标准

实施粮食核心建设工程，涉及多个领域，不同领域有不同的标准。例如，有中低产田改造建设标准，有基本农田建设标准，中型灌区节水配套改造建设标准等。这里，着重提出实施"新战略工程"的一般性标准。

1. 建设永久性、高标准基本农田。即全面改善农业生态环境条件，强固粮食生产持续稳定增长的基础。要以水土为中心，实施生态、技术和工程措施。主要包括：实施土地开发、整理和改造工程，连片开发和改造中低产田，增强土壤肥力，提高土地产出率；实施农田水利基本建设工程，确保旱涝保收、稳产高产、提高水源利用率；实施标准农田建设工程，综合治理林、路、渠网，实现田成方、路相通、林成网、渠相连、旱能灌、涝能排的高产稳产的

可永续利用的商品粮生产基地。

2. 提升产业化、高效益经营水平。即优化资源配置和创新经营方式，提升经营效率和效益。要重点扶持体制新、机制新、实力强、带动能力强、产供销一体化的龙头企业；广泛发展订单生产，引导农民以市场需求为导向增产商品粮食；实施优质粮食产业工程，大力增产优质专用粮食，全面提高粮食质量；积极发展粮食深加工业，通过发展循环经济充分开发粮食资源；积极打造品牌，创出一批具有国内、国际竞争力的名品名牌；通过农业产业化经营，促使粮食增产、农民增收、企业增效，开拓种粮也能致富的道路。

3. 加强创新性、适用性先进科技支撑。即积极推进自主创新，不断提高粮食增产中的科技贡献率。要以"种、肥、技"为重点，采取必要措施：运用现代生物技术培育和推广优良品种，优质专用粮食作物品种覆盖率要逐步提高到90%～100%；运用现代土壤化学知识开展测土配方施肥，其覆盖面积要逐步扩大到90%～100%；运用现代农业技术装备提高机械化水平，机耕、机播和机收等作业的机械化水平要达到90%～100%；建立健全农业技术服务网络，专业科技人员入村服务率要扩大到90%～100%。

4. 开创持续性、高效能循环农业。即全面转变发展方式，走"环境友好型"可持续性发展道路。要以更新观念为出发点，科学开发利用各种农业粮食资源，建设良性循环系统和生态系统，包括积极发展生态养殖、生态农业和生态林业；采用"3R"原则，对农业资源进行减量化、再生化、循环化开发利用；结合新农村建设，充分转化秸秆开发生态能源，如秸秆过腹还田、生物气化，以及推进"一池三改"的沼气化。通过以上措施，有效促进节能减排，大幅度降低生产成本，提高农业综合效益。

5. 培育现代高素质农业粮食产业大军。即采取多种灵活、实用、示范的方式培训农民，造就现代高素质农业粮食产业大军。要通过多种方式培训，大力提高农民科技素质。除生产者之外，还要大力发展农业职业教育，为农村培养留得住、用得上的各类专业人才。培养出掌握先进农业粮食科技的现代农民和大批专业人才，就为粮食核心产区科技兴粮、增产节本、提高效益打下重要基础。

二、面向田野的建议：以人为本，立足创新，加快发展

从严格的意义上说，我国实施"新战略工程"还处在初创阶段。为进一步又好又快推进粮食核心产区建设，需要在以人为本的科学发展观统领下，进行思想新解放，实践新探索，行动新开拓，加快新发展。

第一，坚持以人为本，民主开发，充分发挥广大农民群众的主体作用。在

科学发展观统领下实施粮食核心产区建设工程，从实质上说，就是把为农民群众利益作为实施“新战略工程”的出发点和落脚点；把依靠广大农民的智慧和力量作为实施“新战略工程”的根本方法；把探索民主开发和科学开发作为实施“新战略工程”的制度建设。为“激活主体”，要解决好“四权”问题，即尊重农民的知情权；保障农民的选举权；维护农民的参与权；发挥农民的监督权。遵循上述理念，要真正把农民群众积极性引导好、保护好、发挥好，让农民群众唱主角、得实惠，充分发挥其主体作用。

第二，坚持政府主导，加强财政支持，发挥公共财政投入主渠道作用。为进一步扩大和提高农业综合开发粮食核心产区建设的水平，并充分发挥其作用，必须创新资金投入机制：一是“打造平台，整合使用”。即以实施“新战略工程”为平台，统筹整合使用各项支农资金，形成合力，集中使用，提高资金利用效益，催生新的生产力。二是探索多元化融资渠道，吸引外资和社会力量，进行市场化、企业化操作，形成国家、集体、群众及社会等多元化的良性循环投融资机制。三是发挥政府主导、公共财政投入的主渠道作用，加大对农业公共性投资项目的支持，提高农业粮食综合生产能力，增强对国家级、省级具有较大经济实力的龙头企业的扶持力度。

第三，采取“三项措施”，把建设粮食核心产区作为“重中之重”。迄今，我国的粮食核心产区建设的规模还不算大，建设的进度也不算快。针对目前的实际需要，应该采取三大措施：一是扩大项目范围。在具有增产商品粮优势的地区，特别是国家级大商品粮基地，要积极扩大建设粮食核心产区的规模。二是提高补贴标准。鉴于近年来物资、材料价格不断上涨，因此国家公共财政对建设粮食核心产区每亩的补贴标准需要适当提高，以确保高标准地建设稳产高产农田。三是调整公共财政投资和地方配套资金与农民筹资投劳的比例。要坚持以政策引导群众，以民主管理工程项目，并采取以奖代补的办法，引导群众投工投劳全程参与，实行工程建设内容、农民投工数量、工程建设标准与投资额度“四公开”，把粮食核心产区建设推向更高、更广的水平。

第四，坚持形式和机制创新，切实解决好工程的养护和巩固问题。在粮食核心产区建设过程中竣工的各种设施，包括农田灌溉设施、农田道路和防护林网等，在使用一定期限后必然会老化或损坏，必须进行维修和养护，巩固建设粮食核心产区的成果。这是必须预先考虑到的重要问题。可设想，通过探索和发展农村专业合作制的途径，巩固粮食核心产区建设的成果，通过农民自己的专业合作社作为粮食核心产区建设的承担者、使用者和维护者。此外，在工程设施管护上可探索拍卖、承包及租赁等形式，明晰所有权与经营权，明确产权主体、受益主体、管护主体，采用“谁所有、谁受益、谁管护”的原则，走上

"以工程养工程"的良性循环道路，有效解决粮食核心产区建设工程的维修、养护和巩固问题。

第五，坚持科技支撑，转变"粮食核心产区"的发展方式。又好又快推进粮食核心建设的必要途径在于，依靠科技进步转变发展方式。目前，必须紧紧抓好三个环节：其一，以科学发展观为指引，走可持续发展的道路，做到"六坚持、六结合"：坚持科学规划与规范运作相结合，着力打造农业粮食示范带动型工程；坚持改善生产条件与增加产能相结合，着力打造农业粮食丰产型工程；坚持调优结构与农业产业化相结合，着力打造农业粮食规模增值型工程；坚持科技推广与培育农民相结合，着力打造农业粮食科技增效型工程；坚持把资源开发利用与资源保护节约相结合，着力打造农业粮食循环利用工程；坚持政府引导与农民群众积极性相结合，着力打造农业粮食持续发展型工程。其二，大力推广农业粮食先进技术，主要包括：优质高产技术、节本增效技术、安全生产技术、生态安全技术。其三，改革和健全先进技术和科技成果推广体系，提高科技对粮食增产的贡献率。通过抓好以上环节，实现农业粮食的内涵式、集约型、可持续发展。

第六，坚持全程管理，确保质量效益，完善综合化服务体系。根据河南等省的经验，为高标准、高质量实施粮食核心产区建设工程，必须强化全程管理，真正做到"四好"和把好"六关"。所谓做到"四好"是：项目选择好，工程建设好，资金使用好，效益发挥好。所谓把好"六关"是：做好前期准备工作，把好立项关；绘制好开发蓝图，把好设计关；建设优质工程，把好施工关；实行县级自验、市级复验，把好验收关；探索运用市场机制开辟工程长效运行机制，把好管护关；实行"专账核算、专人管理、专款专用"的严格财会制度，把好资金管理关。

原刊于《农业展望》，2009 年第 2、3 期

原调研报告较长，本文只是第二、第三部分的缩减。

培育农村经纪人队伍
创新粮食服务体系

——对中储粮商丘直属库培育粮食经纪人的调查与思考

伴随不断深化的粮改，我国粮食流通领域不断发生新情况、新变化。当前，必须把整合和完善城乡粮食市场供应服务体系作为健全与完善粮改的一项重要内容，其中要抓好“四个环节”：一是整合和完善城乡粮食市场体系；二是建立健全城乡一体化粮食连锁营销网络；三是发展各类专业粮食服务社（即粮食专业合作社），提高农民组织化程度；四是积极配置农村粮食经纪制度和培育粮食经纪人，创新粮食专业化、社会化服务体系。最近，笔者对中储粮商丘直属库等地培育粮食经纪人的做法和经验进行了调研和思考，深感培育和发展农村粮食经纪人队伍是一项制度建设。

一、农产品经纪制度和农村经纪人队伍

一定的商品流通体制和体系需要一定相适应的市场制度和市场主体。作为特殊商品的粮食，也需要配置新型市场制度和培育新型市场主体。早在2004年中央1号文件中就明确指出：要积极培育和发展农村经纪人队伍。这里，涉及两个概念：一是，一种新型市场制度，即农产品经纪制度；二是，一个新型市场主体，即农产品（包括粮食）经纪人队伍。在市场制度层面上，要积极配置粮食经纪制度。在市场主体层面上，要积极培育和发展农村粮食经纪人队伍，创新粮食服务体系。经济学上的“经纪”是指筹划、经营、管理（如企业）等。而经纪人有两层含义：一层是指为买卖或合作双方撮合、提供服务并从中取得佣金者；另一层是指在交易所代他人进行买卖而取得佣金者。本文阐述的对象是前者，即指从事粮食收购和销售、衔接粮食生产者和经营者、以劳动从中取得一定劳务费的从事粮食经纪活动的农民及社团等。配置粮食经纪制度和培育农村经纪人队伍，二者相辅相成，相得益彰。

粮食经纪制度和农村粮食经纪人队伍是农业粮食产业发展到一定高度、社会分工愈益精细的必然产物。他们是指在农业、农村经济活动中，以实现农产品流通对接为目的，通过经纪代理等形式，为广大农民提供中介服务的自然人、法人以及相关经济组织等。当由传统的、自然经济的农业粮食生产转变为

现代商品农业粮食生产，需要有提供优质服务的市场中介。在市场经济发育成熟的国家和地区，社会中介组织不仅数量大，而且类型多。主要包括半官方性质的社会中介机构；行业自律组织，包括各种行业协会、商会等；公证性中介机构；服务性中介机构；经纪业务中介机构等。本文所说的粮食经纪制度和农村粮食经纪人队伍就属于后一种类型的市场中介。它承担着粮食生产者、经营者、加工者及消费者之间连接的桥梁和纽带，发挥着信息传递、粮食购销、专业服务等多种作用。在我国，农村粮食经纪人队伍还是一个“朝阳职业”，必将随着客观条件的变化而发育成长起来。

近年来，我国农村经纪人队伍有一定发展。据统计，迄今全国约有农村经纪户达 38 万户，经纪执业人员约有 60 多万人，经纪业务量达到 1 707 亿多元。此外，还有大量季节性、临时性、难以统计的农村经纪人。总体上看，由于种种客观条件的限制，我国粮食经纪制度这种新型市场制度和农村粮食经纪人队伍这种新型市场主体，发育缓慢，成长艰难。

二、培育农村经纪人队伍的客观必要性

时代进入到 21 世纪初，配置粮食经纪制度和培育农村经纪人队伍的必要性突现出来。随着国有粮食企业转制变迁和减员增效改革的深化，企业结构和职工结构发生了巨大变化。2005 年与 1998 年相比，国有粮企总数减少 2.54 万个；其中，粮食购销企业总数减少 1.27 万个，分别下降 47.7%和 41.8%。与此同时，国有粮食企业职工总数减少 217.1 万人，其中，国有粮食购销企业职工总数减少 120.3 万人，分别下降 66%和 62%。如今，每个基层粮食购销企业职工人数有限，少则七八个人，多则十几个人，只能应付日常管理，无力开展收购，更谈不上进村登门、深购远销了。这是一方面困难。从粮食生产者方面看，数以千万计的农村青壮年劳力外出打工，家中留守的妇女和老幼无力把粮食送到粮管所（站）交售，这是另一方面困难。这“两难”发出了一个信号，即我国的一级粮食市场上，粮食基层企业与生产者之间发生了“断裂”。弥合这一“断裂”是健全和完善粮食现代流通体系中需要尽快解决的新问题。

信号就是指引，需要就是动力。时代呼唤加快创建粮食经纪制度和加快培育、发展农村粮食经纪人队伍。2006 年小麦和早稻主产区夏购任务繁重，时间紧迫，极需要大批新型市场主体。在这种条件下，农村经纪人积极性空前，纷纷走上广阔的购粮前沿。真的是“突如一夜春风来，千树万树梨花开”。大批农村经纪人，活跃在广大农村粮食收购市场上，成为夏粮收购的主角，发挥了“救场”的作用。据各地了解，小麦主产区农村粮食经纪人收购的小麦占总

收购量的比重在60%以上，高者超过80%。

显而易见，培育和发展农村粮食经纪人队伍是农民进入流通领域的一种新形式。它是深化粮食流通体制改革和完善粮食经营机制的需要，是有效促进农业粮食生产和市场需求衔接的需要，也是推动农村经济结构调整和增加农民收入的需要。总之，培育和发展农村粮食经纪人队伍是客观必须。

三、农村粮食经纪人队伍的特点和效应

迄今，我国农村粮食经纪人主要由以下三部分构成：一是农村粮食专业合作社（小麦协会、粮油服务社等）开展粮食购销。他们实际上也是农民，不过是自我组织起来、开展自我服务的农民。像河南延津“金粒小麦协会”，有稳定的形式，无偿向农民提供“五统一”服务，即统一标准，统一收购，统一供应良种，统一供应化肥，统一技术指导。二是农村有小本买卖经验的农民，进行粮食收购。他们不再从事农业生产，但是仍在乡村从事粮食和其他农产品购销。三是粮食企业下岗职工。他们具有粮食业务知识和技能，从事粮食经纪职业驾轻就熟，发挥良好作用。粮食经纪人在收购季节经营粮食，机动又灵活，像一支支“购粮小分队”，活跃在四邻八乡。总体考察，农村粮食经纪人队伍的活动具有以下主要特点和效应。

一是，形成新型中介，弥合市场“断裂”。农村粮食经纪人以自己的经纪活动促使农户与粮食企业的对接。他们一头连接广大农户，一头连接粮食企业；从农户收购粮食，直接把粮食交售到粮食企业仓库或加工厂，促使二者“无缝化衔接起来”。他们以辛勤劳动为双方服务，成为联系生产者、经营者和加工者的中介和纽带，弥合了一级粮食市场的“断裂”。

二是，形成“购粮小组”，走千村串万户。农村粮食经纪人一般都备有小型机动车辆，每车跟随1～2人，一般是家属或亲属，形成一个“购粮小组”。他们熟悉环境道路，了解卖粮农户，开车进村，服务上门；一手交钱，一手交粮，甚至帮助农民扛粮装车，农民省心又省力。

三是，粮食收购效率高，市场流通成本小。农村粮食经纪人早出晚归，当天收购的粮食，当天径直交售到粮库。一个粮食经纪人，出动一天可购粮二三千斤或四五千斤不等。由于他们直购直销，缩短了粮食流通链条，因而收到了加快流通运转，减少流通损耗、降低流通成本的效果。

四是，农民进入流通，市场活力显增。农村粮食经纪人本身是农民，虽离土却不离乡，对农村粮食生产、销售和市场了如指掌。尤其是他们走千村万里路，串千家万户门，购千斤万斤粮，为一级粮食市场增添了巨大活力与生机。正如在豫东农村呈现的景象：农村粮食经纪人驾着机动车，拉着一天的收获，

哼着舒心的小调，奔驰在乡间的小道，显现出生机与逍遥。

五是，扩大就业门路，促进农民增收。农村一级粮食市场收购的“大门”向农民开放，为他们转向非农行业、走上新的就业岗位、增加现金收入开辟了新门路。1个农村粮食经纪户，按每天收购粮食四五千斤、全年收购20万～25万千克计，年收入10 000元上下，平均每人增收现金4 000～5 000元，超过务农的收入。

六是，成为购粮主力，作用不可代替。国有粮食购销企业在农村粮食收购的“主角”作用减弱之后，大量涌现的农村粮食经纪人代之而起成为购粮主力。河南省强筋小麦基地延津县，农村粮食经纪人收购的小麦量要占到总收购量的90%上下。大量数据说明，我国农村粮食经纪人队伍已经成为一级粮食市场上的主力。

四、培育农村经纪人队伍的必要措施

我国目前的粮食经纪制度还处在萌芽状态，农村粮食经纪人队伍也处在初生阶段，农村粮食服务体系也很薄弱。如果分析现有的环境条件，对配置这一新制度还存在明显的不足和问题：一是这支队伍是自发涌现出来的，还不成熟；素质较低，欠缺粮食业务和粮食质量标准知识。二是目前农村粮食经纪人“单打一”收购较为普遍，个体多，联合少，多种服务少。三是农村粮食经纪人组织化程度较低，“临时性、季节性”较大，尚未形成稳定的市场力量。四是对农村粮食经纪人宣传力度不够，社会地位低。在社会上对他们还抱有歧视性看法，甚至还抱有偏见，称他们是“投机倒把”、“坑蒙诈骗”的“粮贩子”。五是环境条件差。在一些地方，存在对农村粮食经纪人乱收费、乱罚款、乱扣车、乱收税现象。此外，农村经纪人交售粮食的基层企业条件差，不具备临时休息场所，更不用说钱款结算的方便条件了。从创新粮食经纪制度、培育农村粮食经纪人队伍和创新粮食服务体系出发，需要采取以下必要措施：

1. 纠正偏见，冠以“正名”。正确的社会舆论与媒体宣传是配置粮食经纪制度和培育、发展农村粮食经纪人队伍的先导。要以正确的理论和舆论纠正传统偏见，变歧视为尊重；变“否定”为“肯定”；变“限制”为“扶持”。通过社会舆论和人们观念的转变，创造建立粮食经纪制度和发展农村粮食经纪人队伍的良好环境氛围；全社会都要积极肯定、帮助他们，促进其正常地成为一种制度和一个社会职业，即粮食经纪制度和农村粮食经纪人队伍。

2. 加强培训，提高素质。各地粮食购销企业应该采取短小、灵活、讲实效的形式，开展农村粮食经纪人培训，像办讲座，办培训班，办粮食经纪人学校等，通俗易懂地向他们讲解国家粮食政策和有关法规；讲解对农民优质服务和诚信购销的商德；传授实用新粮收购技能和粮食检测技能等。通过专业讲解、座谈交流、实际操作、以会代训等实用的内容和形式，提高农村粮食经纪人的成熟度和诚信经商的文明度。这样，提高他们的素质，使其有能力发挥粮食生产者、经营者与加工者之间的桥梁和纽带作用。近年来中储粮商丘直属库采取多种简便、有效的形式，积极培育农村粮食经纪人队伍，认真开办农村粮食经纪人学校，有组织地引导发展这支新型队伍，在自己的周围建立了较稳固的粮食收购供应主体，并且不断巩固和扩大与他们的合作关系，收到良好效果。

3. 制定规章，加强规范。必要的法规和章程，是配置粮食经纪制度和培育农村粮食经纪人队伍的保证。要坚持贯彻落实《粮食流通管理条例》。主张以法律、条例和规章进行规范，决非是要规定多少“硬件”要求，限制农村粮食经纪人队伍的扩大，相反是以法规形式规定粮食经纪这种市场中介的性质和宗旨；规定它与国家、粮企之间的关系，既防止政府和企业控制，又防止农村粮食经纪人的行为脱离国家的引导；规定它的自律义务和正确行为，防止其经济越轨，诚信缺失等。总之，制定粮食经纪规章的主旨在于保护当事人的合法权益，在于保障和促进其健康发展，以更好地发挥作用。

4. 建立协会，自我服务。建立群众性、自律性的粮食经纪人协会，是配置粮食经纪制度和培育、发展农村粮食经纪人队伍的一个好形式。经验证明，在保持农村粮食经纪人独立经营的基础上，以协会、即农民合作组织的形式提高其组织化程度十分适宜。粮食经纪协会完全“自办、自管”，即自我服务。但是，这种协会可以挂靠在粮食购销企业，二者应建立起相互合作、相互支持的关系。粮食购销企业应对粮食经纪协会进行业务指导，并对其帮助和服务。例如，对开办农村粮食经纪人学校、培训班提供必要的活动场所，帮助提高他们的素质。如前所述，新乡市延津县在全国率先建立的“金粒小麦协会”，对农民开展多种粮食经纪服务活动，在指导理念、组织形式、服务内容及良好效果等都提供了成功经验。

5. 政策扶持，创建制度。在我国，粮食经纪制度和农村粮食经纪人是粮食服务体系的创新。目前，需要在政策、舆论、法规等方面给予支持，使其在社会上有荣誉，在经济上有效益。首先，要确定其重要地位。在国家政策措施中，要把配置粮食经纪制度和培育农村经纪人队伍置于健全和完善粮食服务体系的高度加以重视，促其尽快发展。其次，要建立其制度。即建立农村粮食经纪活动的引导、扶持、规范制度；农村粮食经纪人行业协会制度；农村粮食经纪人培训考核制度；国有粮食企业与农村粮食经纪人的稳定合作制度等。再次，要提高其荣誉。即树立尊重农村粮食经纪人就是尊重广大农民；培育农村粮食经纪人队伍就是培育农村市场主体；扶持农村粮食经纪人就是扶持“三农”的思想。最后，要采取促使其发展的切实措施，扩大农村粮食经纪人队伍的发展空间。对农村粮食经纪人免费发放“粮食收购许可证”，不允许刁难和收费；从财政相关教育、培训资金中列出专项资金作为培训农村经纪人（包括粮食经纪人）的必要经费；对农村粮食经纪人开放“绿色通道”，不允许“设卡”乱收费、乱罚款和乱扣车；农村粮食经纪人购买经营粮食所必需的小型机动车辆应给予补贴，为他们多购粮创造必要的运输条件；对农村粮食经纪人免税，他们一般本小利薄，以汗水换回不多的辛苦钱，全免其税金理所应当。

通过配置粮食经纪制度和培育农村粮食经纪人队伍，健全和完善粮食服务体系，决不是权宜之计。把农村粮食经纪人队伍看作是农村粮食市场上自己的必要合作者，要尊重他们，帮助他们，为他们提供良好服务。一些地方的经验表明，通过培育和发展农村粮食经纪人队伍创新粮食服务体系，为国有粮食企业深化改革、减员增效创造了一个好条件。广而言之，全社会都要从新思维、新理念出发，培植农村粮食经纪人队伍发育、成长的深厚土壤，使我国的粮食经纪制度尽快建立、发展起来，使我国农村粮食经纪人队伍迅速成熟、壮大起来，使我国粮食服务体系日臻健全、完善起来。

原刊于《中国粮食经济》，2007 年第 9 期

三晋大地：放心粮油工程花烂漫

——山西省实施“放心粮油工程”调查纪实

初夏，六年后重访三晋，青山蓝天飘白云，满目锦绣景色新。尤其养眼又养心的是，实行“五统一”的放心粮油工程，如山花烂漫开遍城镇和农村。

山西省放心粮油工程起步不算早，但是后来居上，发展速度之快、规模之大、范围之广却属少见。山西省粮食局把实施“放心粮油工程”，视为落实科学发展观和再造粮食流通体系的重大举措。他们采取“政府扶持，市场运作；统一规划，合理布局；企业主体，注重效益；整合资源，节约建设”的运作方式，发扬“围绕人，为了人，服务人”的基本宗旨，出现争先发展和创新发展的局面。截至2009年6月，山西省粮食系统已投入运营的区域性放心粮油配送中心75个。其中，市级占11个，县级占64个。全省已经建成放心粮油经销连锁店8 371个，从业人员7 863名，其中国有粮食职工再就业人员1 996人，扩大社会就业岗位4 017个。全省共销售放心粮油5.64亿千克，实现销售总额16亿元，盈利2 000多万元，显现了利国、利民、利企的多重效应。

如今，放心粮油工程在三晋大地山花遍开，覆盖了全省827个乡、9 336个行政村和1 051个城市社区，总计达全省1/3的人口。这全靠以人为本的科学发展观阳光的普照。山西省把“放心粮油工程”作为“民生工程”和“民心工程”，紧紧抓好“五个环节”。

一是，科学规划，绘好蓝图。山西省粮食局从全局出发，制定了全省《放心粮油工程建设规划》（2008—2010年），要求用3年时间在全省11个市建设14个区域性放心粮油配送中心，在119个县（市、区）建设133个县级配送中心，在城市社区和和农村建设放心粮油连锁经营门店。各市（地）根据省级规划分别制定了本地的放心粮油工程规划目标和原则。这样，形成了从省到县的放心粮油工程的发展规划体系，对全省规范工程建设和监管提供了重要指导和依据。从现在实施的情况看，完成上述规划是完全有把握的。

二是，深化改革，创新模式。山西省粮食局以深化改革为动力，整合存量资产和社会资源，因地制宜，开拓进取，探索和创新实施放心粮油工程的多种模式：一是产业延伸型，即把推进放心粮油工程和发展粮食产业化经营相结合；二是股份合作型，即把国有资产和民营企业的资金等优势要素结合起来；

三是拓展服务和运营结合起来；四是五位一体发展型，即以粮食储备仓库为中心、以面粉加工企业为龙头、以粮油应急中心为窗口、以粮油质检中心为质量保证、以放心粮油配送为网络的“五位一体”的模式。

三是，科技支撑，再造体系。按照山西省粮食局的要求，建设放心粮油工程必须采用先进的粮油加工技术设备、检测仪器，以及防伪条码等。通过科技支撑的威力，建成“网上经销、特色加工、物流配送、市场监管、网络运行、连锁经营”的放心粮油运行网络。这意味着再造出现代粮食流通新体系——国有粮食企业更精干、主渠道作用更加强，普遍推广现代流通业态形式，提高粮油加工质量，以及严防假冒伪劣食品，使民众买着“放心”，吃着“安心”。

四是，市场运作，强化监管。山西省粮食局坚持以市场为导向，按照“投资主体多元化、产权重组股份化、市场运作多样化”的思路，勇于创新体制和经营机制，充分发挥市场机制配置资源的基础作用。一方面，他们通过市场运作，解决好企业和农民，以及基地的合约关系；另一方面，他们通过市场运作，改革产权结构和创新运行机制，把“放心粮油工程”主体培育成市场经营主体。同时，粮食行政部门协同相关部门建立联合执法制度，加大市场监管力度，成为市场监管的主体。通过发挥“两个主体”的作用，把“放心粮油工程”真正建设成为规范运作的“民心工程”。

五是，政府扶持，广融资金。实施放心粮油工程，必须有各级政府的大力扶持和相关职能部门的协同配合。山西省财政对实施“放心粮油工程”大力提供了资金支持，从2008—2010年的3年间，每年从财政预算中安排2 000万元；同时，有些市、县政府对当地建设“放心粮油工程”也提供了资金支持。省级财政提供的资金主要用于支持市、县两级配送中心建设，并采取以奖代补的择优代补方式。在省财政大力支持的同时，省粮食部门更注重广辟融资渠道，既盘活存量，又用好增量。迄今，市县两级盘活存量资产折合投资8 200多万元，占总投资的39%；多种形式广泛吸纳社会资金4 608万元，占总投资的22%；争取银行贷款3 570多万元，占总投资的17%。多渠道和多形式筹措资金，为实施放心粮油工程提供了有力的资金保障。

原刊于《中国粮食经济》，2009年第8期

老库谱新传　旗帜更鲜艳

——河北省柏乡粮库老典型建新业的启示

早有愿望到冀南柏乡粮食储备库考察学习，金秋十月，我终于如愿以偿。踏进粮库大门，呈现在眼前的是一派如画的风景：垂柳依依，芳草菌茵；碧池粼粼，游鱼成阵；更有排排库房，洁白齐整，谷物充盈。果真名不虚传，这就是高高飘扬在华北大平原上的光辉旗帜——河北省柏乡粮食储备库。

这面旗帜，历经40年，老库新传，谱写新篇。40年前，柏乡粮库只有6名职工，占地4亩，固定资产78万元，仓容不足50万千克，是河北省最小的粮站。短短四十寒暑，名不见经传的柏乡“微型粮库”，跃升为全国县（市）级最大的国家粮食储备库。如今，老典型生机盎然，新经验更堪盛赞。

夯实根基，创业强企。这是柏乡粮库科学发展的光曦。柏乡粮人始终铭记：保管好粮食，是粮企之根基，责任重于泰山。他们以艰苦奋斗起家，靠改革创业发展，忠于职守为国保粮。短短40年，柏乡粮库拥有职工增加到165名，增长了27.5倍；占地扩大到700亩，增长了175倍；仓容猛扩到40 000万千克，增长了800倍；固定资产达到20 000万元，增长了256倍。如今的柏乡粮库，年经营量高达65 000万千克，年创利税1 000多万元，依次增长325倍和950倍。截至2008年，柏乡粮库连续10年人均经营量、人均创利和单位经营费用在全国同行业名列第一位。名不见经传的冀南乡镇小库，跃升为一个现代化企业集团，成为全国县（市）级最大的国家粮食储备库。

依靠科技，铸造辉煌。这是柏乡粮库科学保粮的光芒。如果说，柏乡粮人过去靠“宁流千滴汗，保鲜每粒粮”的精神，尽职尽责保好国粮，连续32年高标准保持“四无”粮库的光荣称号，那么改革开放以来，他们科学保粮，铸造辉煌。为了把握科学保粮的规律，尚金锁主任连续6年、2 190个日日夜夜，坚持观察记录，积累了包括大气的温度、湿度、风速和雨情；不同类型粮仓的仓温、粮温、仓湿、粮湿；不同季节虫、霉、鼠、雀的危害等第一手资料，数据达60 000多个。在此基础上编绘出一套《粮食保管一年早知道示意图》，完成了一项开创性研究成果。迄今，柏乡粮库开展安全保粮储藏试验研究共取得15项成果，其中，有2项填补国内空白，有4项填补省内空白。先进的科学保粮成果已全部得到推广使用，取得良好经济生态效益。像“高水分玉米自然降水技术”，比热通风方式降低费用60%，比烘干方式降低费用70%，有效提高了粮食仓储现代化水平。

诚信为怀，誉满四海。这是柏乡粮库以诚兴粮的光彩。柏乡粮人把诚信经营奉为做人之道和兴粮之要。四十年来，他们重合同守信用，决不言而无信；尊重客户不糊弄，明明白白做生意；注重质量优产品，杜绝假冒伪劣；看重人格讲规矩，堂堂正正做粮人。一次，柏乡粮库与四川一家客户谈妥一桩数量高达1 500吨的生意。合同刚刚签订，广州一位客户到柏乡要求购买2 000吨玉米，出价比四川客户每斤高6分钱，同量玉米可以多赚9万元。当时库存玉米已经不多，有人主张推迟履行前一项合同，把库存玉米“改售”给广州客户。尚金锁主任坚决否定推迟履行合同的提议，准时给四川发了货，同时又帮助广州客户从别处购买到玉米，做到两全其美。他们虽然少盈利9万元，但是却得到广大客户的信任，给他们送来了“经商如做人”的锦旗，两省有70多家客户慕名与柏乡粮食集团建立了稳定的商务关系。

管理规范，活力倍添。这是柏乡粮库“老库新传”的夺目光焰。柏乡粮库在市场经济时代，更加注重管理规范化、人性化和实效化。他们把管理视为对职工核心价值观的培养教育，以及制度的健全创新，把计划经济时代约束职工行为型的管理制度，转变为激发职工积极性、创造性的人性化管理方法。其主要特点体现在“三激励”上：一是情感激励。对职工政治上关心，生活上帮助，业务上培养，给他们创造充分发展的优良条件，大大增强了企业的凝聚力和向心力。二是目标激励。把单位时间的经营目标量化，层层分解到每个经营单位和每个职工，实行分岗定员、责任到人、以绩效定奖罚，责权利三统一，促使全企业形成想干事、肯干事、干好事、争先创优、多做贡献的浓厚氛围。三是行为激励。在董事长尚金锁以身作则、廉洁奉公、率先垂范行为的带领下，大长了行为激励风气，做到“一先二不三在前”，即：要求职工做到的，领导者首先要做到；不争名利，不搞特殊；脏活累活干在前，艰苦任务抢在前，执行制度走在前。“三激励”激发出企业的强大动力与活力，促其年年更上一层楼。

原刊于《粮油市场报》，2009年10月

振兴民族大豆产业的希望

——黑龙江省“昆丰大豆专业合作社”调查纪实

车子在辽阔的松嫩平原上飞驰，窗外天高云飘，土地广袤富饶，碧绿的大豆如海一样望不到边，直延伸到天地交接的一线。好一个大豆王国，无愧是大豆故乡！

我不禁为壮丽的景象感到自豪和陶醉。然而，很快又被淡淡阴影所迷蒙。近年来，我国民族大豆产业面临着严峻困难和困境。人们在思考：具有五千年大豆文明史的大豆产业难道就此衰落下去？振兴之路在何方？

带着这个问题我们来到了黑龙江克山县。该县最大的支柱产业就是大豆。全县耕地总面积300万亩，其中，大豆占200余万亩，其他土豆、玉米、水稻、小麦等农作物面积接近100万亩。全县粮食总产量45万多吨，其中，大豆占28万吨，其比例高达一半以上。所以，如何在“洋大豆”的激烈竞争下振兴大豆产业？对克山县的经济与民生是至关重要的大事。

我们先后和县粮食局、大豆产业协会和大豆专业合作社等方面的人士进行了深入座谈。我首先请昆丰大豆专业合作社理事长刘洪彦，谈谈他是怎样想到建立大豆专业合作社的。这位质朴、善良且显得腼腆的青年30多岁，他怀着满腔感情说：我是一个农民的儿子，深深热爱我的家乡和父老乡亲。我家里也种植大豆，现在“豆贱伤农”。我就想怎样能为乡亲们助一臂之力。我愿和乡亲们拧成一股绳，齐心协力在我们克山这片肥沃富饶的黑土地上种植世界上仅有的非转基因大豆，建设一个现代绿色大豆生产基地，打造一个国际品牌。我们在2007年的时候，成立一家集化肥、种子供应和大豆收购、储存、加工、销售于一体的股份制民营企业，叫庆丰集团公司。它拥有一个浸出油厂和2条榨油生产线，年加工大豆能力10万多吨，仓储能力5万吨，年收购大豆15万吨。我们就依托这个集团企业，组织成立了克山县“昆丰大豆专业合作社”。我们办社只有一个心眼，为农民服务好，也创造我们大豆产业辉煌的明天！

我又问：“你们成立大豆专业合作社采取了哪些办法？”他回答说：我们的办法简便易行，主要有四点：第一点是，凡克山县诚实守信、勤劳肯干、品德端正、种植大豆面积50亩以上的农民都可申请加入社；第二点是，对有较大困难、种植大豆面积不足50亩的农民，也可由村级分社主任推荐照顾入社；

第三点是，在克山县成立大豆专业合作社总社，行政村设分社，自然村设联系点，申请入社的农民可以直接到村级分社领取填写申请书和入社合同，上报总社批准后即成为社员；第四点是，依据《合作社章程》建立理事会和监事会，设理事7人，其中1人任理事长；第五点是，在理事会下设立综合部、业务部、科技服务部、网络信息部和监察部。我们的大豆合作社现在已经基本上建立了完整的入社手续、经营管理制度和《昆丰大豆专业合作社章程》。眼下，我们已在全县15个乡（镇）、122个行政村、666个自然村建立了机构，入社农民3万户（社员10万人），占全县农户总数的40%，形成了网络。现在，我自己对办社的理念越来越明确，办社的志趣越来越浓厚。

小刘接着说：我们大豆合作社坚持以下几条：第一条是“坚持自愿”。就是坚持农民“入社自愿、退社自由”；第二条是“坚持服务”。就是坚持为农民提供产前、产中、产后的直接服务；第三条是“坚持革新”。就是改变旧形式为“产供销”一体化经营的新形式；第四条是“坚持订单生产”。就是与社员签订大豆订单。我作为曾经对国内外农村合作制进行过学习研究的合作制鼓吹者，深感他们抓住了办专业合作社的要义，包括办社的性质、原则、宗旨、形式等。

这时我又问：合作社成立以来都为农民提供了哪些服务？小刘很郑重地回答：我们合作社已经形成比较固定的“十个统一”的经营服务模式：统一科技服务，统一供应农资，统一播种栽培，统一交纳保险，统一结算标准，统一购销价格，统一配送运输，统一进行加工，统一兑现惠农政策，统一各项管理制度。我听后感到很高兴，但又不满足，要求他进一步介绍一下具体内容。

小刘说：至今，我们为农民办了“十件好事”：一是无息垫资。合作社每年春季以订单农业和“无息垫资”的形式，向社员提供化肥、良种等农资，对于垫付的资金，到秋后交售豆子时无息结算；二是无偿保险。合作社为农民每亩地无偿交纳6元农业保险费；三是无风险代储代销。社员可自愿委托合作社代储代销大豆，大豆存储费用、储备保险费，以及减量损失等全部由合作社承担；四是无息借款。在社员代储代销的大豆还未售出而又需要资金时，合作社可以提供适当数额的“无息借款”，以解其不时之需，待大豆售出后一并结算；五是无条件优先享受国家支农政策。合作社无条件为社员集体办理享受国家惠农措施的事项。如购买农机具等；六是无偿培训。合作社聘请专家和专业技术人员免费对农民进行培训，包括科技知识、文化学习，测土配方施肥与耕作技术培训等；七是无息扶持优秀社员。合作社对入社一年以上、诚实守信、经营能力强的社员，提供无息扶持生产资金，其子女可以优先到集团公司企业就业；八是无偿享受4斤豆油待遇。社员向合作社每交售1吨大豆，免费享受4

斤豆油。合作社的目标是，逐步实现社员吃豆油不花钱；九是无条件收购等外大豆。在国家实行临时存储收购大豆措施后，国有粮食企业只收购一级、二级大豆。合作社无条件全部收购农民手中的等外品，然后经过整理派上不同用途；十是无偿享受互助基金。合作社出资成立社员互助基金会，当社员遭遇到困难或子女上学时，互助会可以无偿给予扶持和帮助。在倾听大豆合作社为农民做的一件件好事、带来的一条条好处中，我发现在他们对农民做的好事中，都含有一个“无”字，即对农民无条件地提供全面服务与支持；只对农民奉献，不向农民索取，难怪广大农民积极入社、支持把昆丰大豆专业合作社办大办好。

就是这样，这个充满生命力的大豆合作社在为农服务中成长壮大，又在成长壮大中加强为农服务，创造出不凡的业绩。2008 年，合作社为农民垫付资金、供应放心化肥 3.5 万吨，占全县化肥总销售量的 70%；建立良种繁育基地 5 万亩，供应优良种子 1 000 多吨，占全县种子总销售量的 10%。同年，合作社收购大豆 15 万吨，占全县总收购量的 30%；大豆加工量达到 10 万吨，占全县大豆加工总量的 26%，同比增长 1 倍。此外，合作社大豆油脂企业还投资 500 万元，扩大大豆仓储能力和工艺技术革新，待完成后大豆年加工能力将提高到 30 万吨。目前，昆丰大豆专业合作社各项销售总额达到 5.2 亿元，同比增加 2 倍；企业各项盈利 2 000 多万元，比上年增加 1 倍；上缴相关部门各项税费 600 多万元，比上年增加 3 倍；使农民增收 3 300 万元以上，经济和社会效益十分可观。

更令人鼓舞的是，小刘给我们描绘了有信心变为现实的大豆合作社发展蓝图：截至 2009 年末，昆丰大豆专业合作社的社员网络将 100%覆盖全县；入社农户达到 3.5 万户，占农户总数的比例提高到 45%；供应化肥增加到 4 万吨、优良种子 5 000 吨；收购大豆 30 万吨；大豆加工能力扩大到 30 万吨；大豆优良品种繁殖基地扩大到 6 万亩，生产良种 8 000 吨；实现销售总收入 10 亿元，比上年翻一番；保证社员人均增收 200 元，并对社员采取更多、更实惠的优惠措施，把大豆合作社建成社员、职工和农民相互和谐和睦、互助互利的大家庭，使大豆产业发展的道路越走越宽广。

耳听为虚，眼见为实。在大豆合作社主任艾伟光、经理刘新国的陪同下，笔者实地考察了河南乡任发村大豆合作社分社和大豆良种繁育基地。面对一望无际、碧绿如茵的大豆的海洋，分社主任王保军介绍说：我们河南乡共建立大豆良种基地 13 000 亩，其中任发村建立 4 000 亩。每年都由合作社提供优良原种，由基地农户进行繁育，田间实行统一管理，良种豆子专收专存，由合作社垫付供应给社员。社长指着两块对比田讲解说：你看，路南这一片是优良品种，路北那一片是一般品种，在同样条件下两块地的苗情差别有多大？预计今年良种田比一般品种田单产要高出30%。我放眼望去，路南的大豆枝繁叶茂，路北的大豆长势较弱。我问道：农民使用你们繁育的良种，单产能提高多少？艾伟光主任肯定地回答：单产普遍提高20%以上。

我们一行缓缓地边谈边走，不觉来到杨柳高耸的田头。凉爽的夏风习习，吹进人的心头，空中的白云轻轻飘游，喜好凉爽的大豆仿佛在频频拍手点头，多美的田园风光。此时此地，置身于大豆故乡的一个研究者，仿佛真切看到，在广袤的松嫩黑土地上正冉冉升起一颗璀璨的明星——克山县昆丰大豆专业合作社。透过她，我看到了振兴民族大豆产业的希望！

原刊于《黑龙江粮食》，2010年第2期

他山之石篇

心　焦

近来全球粮价飙涨

粮价飙涨逐浪高，
饥民待哺哀声嗷。
枕上辗转心里焦，
安能平准息海啸？

2008 年 4 月 30 日
于北京三路居

欧共体的粮食宏观调控政策

迄今，欧洲共同体对粮食干预的宏观调控措施大体可分二个阶段：在欧洲共同体创立的初期，粮食还不能自给。那时，对粮食干预措施的方向在于提高粮食供给能力。其主要促进措施包括：提升粮食价格，刺激粮食增产；同时鼓励粮食进口，以保障本区域内粮食供求平衡。从20世纪80年代以后，欧共体对粮食干预的方向转变为解决粮食过剩的“慢性危机”问题。面对粮食过剩日益严重、大大加重的农业预算、财政不堪负担的形势，促使欧洲共同体对粮食干预措施的目标转向消除粮食过剩。由此出发，欧洲共同体广泛采取了粮食干预措施、即宏观调控政策。主要包括以下九项：

1. 确定粮食最高保障数量。所谓最高保障数量，是指保障提供粮食保护价格的最高限量。按照《农业稳定法》，目前欧洲共同体确定的粮食最高保障量为1.6亿吨/年。确定这一最高“保障门槛”时，考虑的主要因素包括：满足共同体各成员国各种需求的粮食的充分自给；年提供可使用的粮食的代用品1 860万吨；年净出口粮食2 000万吨。在最高保障数量内，欧洲共同体提供保护价格，超过最高保障数量外的粮食，非但不提供保障价格，而且粮食生产者必须交纳“共负税”。

所谓生产者共负税，是粮食生产者的总产量超过最高保障数量时，超量部分按比例交纳生产税。这实质上是限制粮食过度增加的干预措施。所谓生产者共负税，最早于1977年9月16日开始在牛奶业中实行。从1986/1987年度开始，对粮食生产者也实行这种措施。交纳生产者共负税的办法是：在每个粮食年度开始时，粮食生产者需要预交临时性共负生产税，到粮食年度结束之后进行核算。如果粮食最高保障量未被超过，或者超过量低于3%，那么，生产者预交的共负税金全部或按比例退还给本人。此外，欧洲共同体为保护粮农小生产者的利益，对于种植面积不超过5公顷、出售粮食量不超过25吨的小粮食种植企业，免除共负生产税。应该说，采取生产者共负税措施，是对大、中型农业企业的一种限制或调控措施。

2. 实行粮食等主要农产品干预价格政策。所谓粮食等主要农产品干预价格政策，是指对生产者采取的支持性粮食购进措施时使用的价格。采取干预价格的目的在于，通过干预措施有效阻止农业生产者价格的猛降，以保持农业粮食生产稳定。

欧洲共同体对粮食、食糖、烟草、牛奶和奶制品、牛羊肉、食油等主要农产品，都规定了不同的干预价格。各种干预价格每年确定一次，决定权属于欧洲共同体部长理事会。按照欧洲共同体粮食市场组织的规定，从1982/1983经济年度以来，对软小麦、黑麦、大麦、玉米，以及大米实行统一的干预价格。从1988/1989年度开始，分布于欧洲共同体成员国的粮食等主要农产品干预机构负有义务，从头年10月到次年5月以干预价格收购生产者提供的全部粮食。但是，这些粮食必须具备以下条件：数量不超过已定的粮食最高保障量；质量符合规定标准；必须是欧洲共同体成员国自产的。对于偏离粮食质量标准者，要相应扣除金额或交纳补偿费。

在欧洲共同体的主要成员国，都设有执行欧共体粮食等农产品干预政策的干预机构。在原联邦德国，粮食和其他主要农牧产品的干预机构就是联邦农业市场管理局。干预机构的主要任务是：以欧洲共同体部长理事会确定的干预价格购进粮食牛奶、奶酪、肉类、食糖等相关农产品，在一定条件下按照欧共体的决定出售干预仓库的粮食及其他产品，以招标形式选择仓储企业，对相关企业提供补贴；颁发粮食进口和出口许可证，以及搜集、利用和传递信息等。联邦农业市场管理局的地址设在法兰克福，在柏林、汉堡、曼海姆、米尔海姆/鲁尔和慕尼黑设有分支机构。

3. 实行粮食月加价政策。所谓粮食月加价政策，实际上是对农民储藏粮食、豆类和油料等农产品的仓储费用的补偿。采取这项政策的目标在于，通过对农民粮食种植企业储藏的粮食按月加价，以避免收获季节粮食过于集中上市而影响粮食市价，从而最大可能地保障粮食均衡上市，以避免对市场造成过大压力。欧洲共同体粮食月加价政策的具体实施办法是：对于各成员国自产的粮食（含小麦、黑麦和大麦等三大品种），从头年的11月到次年的5月（含5月）的7个月时间内，粮食生产者和商业企业对粮食多储存1个月，相应按月加价。从1988/1989粮食经济年度开始，对上述3种粮食的月加价额统一规定为1.5埃居/吨，对油菜子的月加价统一规定为3.18埃居/吨。对豌豆、蚕豆是从头年9月到次年4月（含4月）的8个月的时间内，提供的月加价额为1.8埃居/吨。在欧洲共同体，粮食储藏的实际费用要高于粮食月加价额。这就是说，月加价额不能完全满足粮食储藏的实际费用。因此，粮食生产者和商业企业要求欧共体提高粮食月加价标准。

4. 实行粮食等主要农产品"门槛价格"政策。所谓"门槛价格"，是欧洲共同体的粮食市场组织和其他多数农产品市场组织实行的对外贸易调节措施。"门槛价格"是欧洲共同体粮食和其他主要农产品对外贸易条例的核心。实行

"门槛价格"，也是欧洲共同体对粮食和其他主要农产品实行贸易保护主义的关键措施。其目的是限制第三国粮食和其他农产品的输入，保障欧洲共同体自产粮食等主要农产品的优惠权。也就是说，从第三国进口粮食等农产品的销售价格不损害欧洲共同体市场的价格水平。所谓第三国，是指欧洲共同体成员国以外的世界其他各个国家。

欧洲共同体首先对软小麦、黑麦、大麦、玉米和大米等粮食品种确定了"门槛价格"，接着对食糖、奶制品和橄榄油也确定了"门槛价格"。粮食等主要农产品"门槛价格"是由牌价推导出来的，一般确定到这样的高度，即：使从第三国进口的粮食等主要农产品，在欧洲共同体市场上必须以不低于牌价的价格供应，从而维持欧共体粮食和整个农产品市场的稳定。在推导和确定"门槛价格"时，要扣除进口农产品从欧洲共同体边界（一般是从鹿特丹港口开始）到德国杜伊斯堡的运费和中转费用。

5. 课征粮食进口"撇油差价"关税。欧洲共同体多个农产品市场组织都规定：对进口的粮食等相关主要农产品课征进口"撇油差价"关税。它的含义是，如果世界市场上粮食等农产品价格水平低于欧洲共同体的价格水平，那么第三国要向欧洲共同体出口粮食或其他农产品，要课以"撇油差价"关税。其税额相当于世界市场价格和欧洲共同体市场价格水平之间的差额。"撇油差价"关税的高度由欧洲共同体委员会确定。

同确定粮食等农产品"门槛价格"一样，课征进口"撇油差价"关税的目的在于保护欧洲共同体的粮食等农产品市场，维持其稳定和价格水平。这是欧洲共同体实行农产品贸易保护主义的另一重要手段。对于"撇油差价"关税，一般由欧洲共同体委员会一次确定出 15 天的税额水平，相当于鹿特丹到岸价格和"门槛价格"之间的差额。所有征收的"撇油差价"关税的款项，归属欧洲共同体财政收入。

根据上述原则，当本地区粮食供求关系紧张时，如果世界市场粮食价格低于欧洲共同体粮食市场价格水平，那么向第三国出口粮食时，同样征收粮食出口"撇油差价"关税。相反，当本地区粮食供求出现压力时，如果世界市场粮食价格高于欧洲共同体粮食市场价格，那么在向第三国出口时，欧洲共同体向粮食出口者提供补贴，其补贴额相当于二者的差价。采取这种措施的目的是：一则限制粮食进口；二则增加欧洲共同体粮食竞争能力，鼓励粮食出口。

6. 实行粮食进口、出口许可证制度。欧洲共同体粮食对外贸易的基础是采取进口和出口许可证制度。各成员国的粮食常设机构被授权，根据不限量申请或根据产地授予粮食进口或出口许可证。粮食进口、出口许可证，不管由任何成员国签发，对整个欧洲共同体都有效力。对粮食进口许可证和出口许可证，赋予如下义务和权利：进口或出口许可证规定在一定期限内的粮食进、出口数量。在实际贸易活动中，允许超过许可证规定粮食数量的5%，也允许低于规定粮食数量的7%。如果粮食进口许可证和出口许可证遗失或部分遗失，在出示必要证据材料条件下，可以签发粮食代进口、粮食代出口许可证。在某些情况下，粮食进口、出口许可证的有效期可以有所变化，但一般都需要遵守规定的期限：①粮食进口许可证的有效期为：全部基本粮种为45天；面粉和糠麸60天；其他粮食加工制品5个月；大米3个月。②粮食出口许可证的有效期为：对全部基本粮种45天；面粉和粗粒60天；其他粮食加工品5个月；大米3个月；杜拉姆硬质小麦糠麸7个月。

7. 限制饲料进口量。早从1967年开始，欧洲共同体就把精饲料包括进粮食市场管理条例中，精饲料主要指粮食加工副产品小麦麸皮和直接与粮食进行竞争的粮食代用品木薯等。后来，粮食市场管理条例管理的饲料范围进一步扩大。从1982年8月1日生效，下述各种饲料产品都置于粮食市场管理条例范围：①木薯，木薯片和木薯颗粒，以及甘薯；②玉米糠麸，淀粉最高含量35%；③大米糠，淀粉最高含量35%；④小麦糠麸，淀粉最高含量28%以上；⑤其他粮食糠麸，淀粉最高含量28%以上等。

按照欧洲共同体粮食市场管理条例，对精饲料进口量实行限制，特别是限制从非关税贸易总协定成员的进口数量，像中国和越南等国。从1987年开始，对从中国的饲料进口量限定为35万吨木薯，60万吨甘薯；对从越南的饲料进口量限定为3万吨木薯。

8. 实行粮食“变性”补贴措施。这是一种有趣的补贴农法。为了消减粮食过剩、减轻干预库存的压力，欧洲共同体鼓励把粮食用作饲料。其促进办法是实行“变性”补贴。这是一种强制性措施。它是指把粮食染上无毒的颜色或加上大蒜的味道，改变其物理性状，然后用于配合饲料的原料，对其提供补贴。其目的是防止这些粮食又流入食品市场。

9. 对粮食直接限产和减产。为解决粮食过剩问题，欧洲共同体采取了在短期和中期有效的休耕措施。在1988年2月12日，欧洲共同体政府首脑峰会通过了一项农业市场整顿和改革草案的决议。各成员国有义务实施耕地休闲或粗放经营，以及转产等规定。所谓休闲就是对土地实行休耕；所谓粗放经营是指在一定年份内种植牧草不再种粮；所谓转产是把粮田转种经济作物或其他作物。然而，农业企业参加休耕计划是自愿的。农田休耕的主要方式包括：连续休耕，总期限是5年；合理休闲，每年转换耕地进行休闲，造林绿化，扩大森林面积，退耕还林；退耕还牧，农田转变为林地和绿地；耕地转向非农用途，用于自然保护和风景保护。为了不降低农民的收入，各成员国对于休耕面积可以提供休耕补贴。

这里，需要进一步说明的是，欧洲共同体拥有丰富的耕地资源。像法国，人均耕地 4.62 亩，德国人均耕地 2.15 亩。所以，欧共体有条件实行休耕措施。至于人口众多、耕地稀缺的国家，则需要从自身国情出发进行决策。

上述 9 项措施说明，欧洲共同体对粮食等主要农产品的干预是强有力的。如果加以评析，欧共体的宏观调控措施具有以下特点：现阶段，欧共体实行干预政策的主要目标在于，解决粮食过剩和保护欧洲共同体粮食市场的稳定；欧共体针对不同时期、不同情况，采取不同的干预政策：从性质划分，有积极性干预和消极性干预之分；从内容考察，又有限制生产的干预和扩大消费的干预之别；从贸易范围看，还有扩大出口的干预和限制进口的干预之异。欧洲共同体加强宏观调控的措施，主要不是通过行政手段，而主要是通过法律手段和经济手段而实现的。

原刊于《世界农业》，1994 年第 1 期

粮食在欧共体宏观经济中的地位

粮食作为重要的第一性原料，在各国的种植业、饲养业、食品加工业中，都无例外地发挥着不可替代的基础作用。所不同的是，粮食在不同经济发展水平国家中的用途各异。在经济落后的国家，粮食更多的是直接用作人们的口粮；在经济发达的国家，粮食更多的是用作饲料。尽管农业在欧共体整个经济中占的份额仅百分之几，居民以动物性食品消费为主，然而，全面考察欧洲共同体的种植业、饲养业以及整个国民经济可知，粮食在欧共体各成员国中仍然是国民经济的基础性产业。

欧共体所说的农业，一般相当于我国“大农业”的概念，既包括种植业，又包括饲养业和园艺业等。所谓的农业结构平衡，最主要的内容是指种植业和饲养业等两大行业之间的平衡。目前，欧共体 12 国的种植业和饲养业产品的总产值大体相当，在整个农业总产值中各占一半。在种植业总产值中，粮食总产值为 24.89%，其余份额为蔬菜、水果、植物油料等作物所占据。粮食在欧共体种植业中仍居首位。农产品市场在欧共体市场中一直占有重要地位，而粮食在农产品市场上占据重心位置。这是因为粮食在欧共体市场供求和饲养业中，作为民众生活的口粮、饲养业的饲料和食品工业的原料，依然发挥着不可替代的作用。

以欧共体人均消耗的粮食计，粮食的地位更是不可忽视的。欧共体 12 国人均年消费口粮、饲料粮、工业用粮和其他粮食的数量分别为 111.8 千克、256 千克、32 千克和 22.7 千克。4 项消费的粮食量加起来，人均年消费粮食总量达 422.5 千克。

从 1986—1987 年度到 1988—1989 年度的 3 个粮食年度平均，欧共体 12 国国内消耗的粮食总量年平均为 1.36 亿吨，其中：直接食用成品粮为 3 624.3 万吨，工业用粮 1 034.4 万吨，饲料用粮 8 296.6 万吨，其他方面的粮食消耗量达到 734.5 万吨。这些数据表明，饲养业消耗的粮食量跃居各项粮食消耗量之首，居民消费动物性食品，需要消费更多的饲料粮。

欧共体经济属国际市场依赖型。农产品对外贸易在宏观经济中占有重要地位。特别是欧共体为解决粮食和其他农牧产品的过剩问题，采取多项支持出口的措施，因而粮食在进出口贸易中的意义更显得重要。粮食净出口量在农牧产品净出口量中占首位。欧共体的粮食产销在世界粮食主场上占有重要地位，是世界第二大粮食出口区。

西欧农业经济学家有一种观点，粮食和其他农产品生产的重要贡献之一，是对农用工业的巨大预支付费用。所谓预支付费，是粮食和其他种植业、饲养业在产前或产中购买化肥、农药、植保剂、饲料等农业生产资料所支付的费用。这一巨额费用，为欧共体农用工业赖以自我生存和发展提供了重要前提。舍此，农用工业便成为无根之木和无源之水。欧共体粮食和农业的预支付费用很庞大。1988 年，12 个成员国的预支付总额高达 819.19 亿埃居。此外，粮食和农业生产，以及以粮食为原料的食品工业属劳动集约型行业，可提供大量劳动就业岗位。因此，在失业成为欧共体“社会病”时候，它对于扩大就业、繁荣经济和稳定社会发挥了重要作用。

事实证明，粮食在西方以肉蛋奶为主的食物结构中依然发挥基础作用。诚然，粮食的直接消费量在西方发达国家已降低到最低量。但是，必须清醒意识到：在欧共体各成员国以肉蛋奶为主的食物结构中，粮食消耗的总量却大大高于以植物性食物为主的国家。80 年代欧共体 12 国平均年消费口粮折合小麦约 112 千克、土豆 87 千克。与世界上以植物性食物为主的国家相比，人均消耗的口粮确实低得多。然而，与此相对照的另一面是：欧共体成员国为生产动物蛋白食品所消耗的饲料粮却成倍的增加。1988 年 12 个成员国人均年消费肉类约 92.5 千克，鲜奶 100.8 千克，奶酪 13.3 千克，奶油 5.1 千克。为生产所消费的动物蛋白食品，人均消耗的饲料粮等于口粮的 3 倍以上。如果加上用作饲料的土豆、粮食加工副产品和大豆粕等精饲料，所消耗的饲料还要高得多。这说明，没有第一性粮食作为饲料基础，以动物食品为主的食物结构只能是画饼充饥。

从欧共体成员国食物结构和粮食消费状况可以看出，在人均消费口粮愈少、肉蛋奶等动物蛋白食品消费量愈高的国家和地区中，粮食消费总量不是愈少、而是愈大。欧共体的实例充分说明，在采取以动物蛋白食品为主的食物消费结构的国家和地区，粮食并未失去其基础地位。那种否定粮食基础作用的观点，违背了农业经济的规律和客观实际。

原刊于《人民日报》，1992 年 6 月 22 日

关于德国社会市场经济制度的研究（节选）

一、如何重建陷于崩溃的德国经济

从20世纪50年开始，原联邦德国推行社会市场经济制度，从而打破了“统制经济”的桎梏，在二战后德意志土地的废墟上，创造出世界瞩目的“经济奇迹”。一定的经济制度是以一定的政治、经济思想理论为基础的。一定的经济思想理论又都是为解决或试图解决一定时代的社会经济课题的产物。一般研究者认为，联邦德国的“社会市场经济”，是以弗莱堡学派新自由主义理论为指导的社会经济制度。这一新自由主义理论，则是为重建二次大战中陷于崩溃的国民经济应运而生的。

所谓弗莱堡学派新自由主义理论，是以弗莱堡大学教授瓦·欧根为中心的经济学家们、创立的一种区别于古典自由主义的经济理论体系。它既是适应德国人民摆脱纳粹时期“统制经济”和美国经济控制的强烈愿望，又是适应垄断资本出口自由、竞争自由的要求而在激烈争论中创立的理论体系。

当二次世界大战的炮声沉寂下来的时候，德意志的土地上是满目疮痍。西方记者当时对联邦德国这样描写道：死亡的城市，凋敝的农村，猖獗的黑市，饥饿的人民。农业缺少化肥和农机具，收获量只相当于战前水平的65%～75%；工业原材料严重短缺，劳动生产率大约只有战前的40%～50%；食品极端匮乏，实行严格地配给制，18岁以上的成年人每天膳食配额的热量仅为6 479千焦，实际获得到的配给量只有5 434千焦左右；日用品奇缺，几乎没有库存，每150人可以买到一个洗涤盆；灰市盛行，抢购司空见惯；住房紧张，大城市住宅有2/3被战火焚毁。黑市猖獗。可以说，西部德国经济完全陷入崩溃的深渊。

如何重建陷于崩溃的德国经济？作为占领者的美国极力以自己的经济模式影响德国经济的未来。联邦德国政界、经济界和理论界也展开了激烈的争论。其时，主要形成两派主张：一种是生产资料收回“国有”，经济计划化；另一种是实行社会市场经济，在国家有限度调节和社会政策指导下推行经济市场化。弗莱堡学派坚持后一种主张，并提出“社会市场经济”作为指导理论。所谓弗莱堡学派，是以瓦·欧根教授为中心，其他主要成员还有罗·瓦柏凯、阿·鲁斯托夫、米勒—阿尔玛克、弗·贝姆、弗·路茨等。此外，对“社会市场经济”的实施作出决定性贡献者或集大成者是路·艾哈德。

瓦·欧根（W. Eucken，1891—1950），生于德国中部的历史名城耶拿，1927 年后一直任弗莱堡大学教授，二次大战后曾兼任联邦德国政府经济咨询委员会委员。欧根曾经倾向历史学派，但在他发现这个学派的理论家们面对德国的通货膨胀而一筹莫展时，便转向了经济理论的研究。1984 年以欧根为中心的弗莱堡学派的理论家们，创建了自己的理论阵地：《奥尔多：经济和社会秩序年报》。“奥尔多”是拉丁文，意指有别于现存社会、经济秩序而又与现存秩序有联系的“正确秩序”。从一开始，这个学派的批评锋芒就直逼向纳粹德国时期的“统制经济”，理论上则集中于“社会市场经济”的建树。

二、社会市场经济的概念

“社会市场经济”这一概念，最早是由米勒—阿尔玛克教授提出的。他认为，社会市场经济是将市场的自由原则和社会的平等原则相结合、并以竞争经济为基础、使自由创新同社会发展相结合的统一体制。他写道：“社会市场经济是根据市场经济规律进行的，并以社会（因素）为补充和社会保障为特征的经济制度。”他进一步阐述说：社会市场经济不仅仅是竞争理论，而是一种最广义的综合简明的表述方式，追求“市场、国家和社会集团自下而上领域之间一种完满的协调。因此，它的出发点既很像经济学的社会学，又很像动力学的静力学。”[①] 至于“社会市场经济”中的所谓“社会”的含义，在德国始终存在着争论。有的认为，这个修饰语模糊不清。但是，一般把这儿的“社会”一词理解为表明市场经济的社会机能，同时也强调“社会市场经济”区别于古典自由主义的市场经济；也有理论家认为，“社会市场经济”含有“公正”或“公平”地对待社会一切人之意。

后来，基尔施教授对“社会市场经济”又进一步作了比较完整的阐述：“社会市场经济一方面既不是 19 世纪和 20 世纪前半叶那种不受国家干预的自由资本主义，另方面又不是像第三帝国或苏联模式的通过国家统制的中央管理经济，它是企图走向第三条道路的经济秩序。它将国家法律秩序保护下的经济自由和国家对社会主义的要求加以综合的一种经济政策的概念。”[②] 美国的阿

① 《社会市场经济的社会政策指导思想》，引自《经济政策编年史》，德文版，第 10～11 页。

② 弗·毕尔茨：《社会市场经济制度》，德文版，1974 年，第 37 页。

兰·格·格鲁奇（Allan G. gruchy）作了另外的概括：它是运用社会市场经济的管理，按照竞争的交换经济的方式建立的私人企业经济模式。在这种模式下，经济资源的分配是由供给和环境秩序决定，如果市场力量不能向人们提供社会公认的公平或充足的收入，那么政府可以进行干预。例如，对于竞争地位弱的农业和其他中小企业，政府采取保护措施，通过实行特殊补贴、税收优待、低利贷款等优惠政策，使其能够获得正常的竞争性收入。

三、社会市场经济的基本内容

概括起来，弗莱堡学派关于“社会市场经济”理论的基本内容包括：保护生产资料私有制，是“社会市场经济”制度的前提；与有效竞争相联系的市场和充分发挥市场机制作用，是基本的制度原则和协调原则，是经济自主和社会福利的保证；提倡竞争和保证有效竞争是“社会市场经济”制度的生命，是发挥创造精神、合理配置资源、促进经济发展的动力。为此，社会市场经济理论家们，极力主张建立保障竞争自由、契约自由的正常经济秩序；同时，注意保持经济政策的连续性，使多种经济主体的企业免受政策多变而遭受风险和损失。在实行上述各基本点时，国家实行积极的干预和调节政策。当市场协调失灵或产生不理想的结果时，国家要在不妨害市场机制功能 的条件下进行积极干预和调节。政府通过货币政策、金融政策和对外经济政策对经济进行保护。这与市场经济并不相悖。这一点，是“社会市场经济”与古典的放任自由的市场经济的主要区别。

四、国家的积极干预和调节

关于国家在一定范围内对经济的干预和调节问题，“社会市场经济”的倡导者们主张：当市场上出现非常情况时，由国家采取措施，对重要产品进行定价；保护资源，防止滥用；利用财政税收政策，调节收入分配不合理现象；实行有力监督，防止和排除垄断。至于国家对经济运行的干预方式，欧根认为有两种：一种是“物质监督”，即对原料、粮食、劳动力等直接进行分配，并严格控制经济主体——各类企业和活动；另一种是“价值监督”，即通过货币、信贷、预算、税收、价格政策等去调节社会需求和企业活动。“社会市场经济”的理论家们认为，“物质监督”会压制人们的主观能动精神，一般适用于战时；而实行“价值监督”最为理想。总之，弗莱堡学派新自由主义理论体系，一则，明确反对直接由中央政府决定、控制计划的“统制经济”和“命令经济”；二则，区别于要求放弃国家管理的“非社会”的古典经济学的放任自由主义。这样，弗莱堡新自由主义学派的理论家们为重建彻底摒弃“统制经济”、又不照搬美国自由市场经济模式的德国经济，做了充分的理论准备。需要顺便指出的是，对“社会市场经济”曾经长期存在着争论和不同看法。有的经济学家认为，“社会市场经济”概念是否能概括经济的实际状况，始终是个问题。像劳动市场是由劳资双方垄断，工业和银行业的集中化在加强，继续存在着卡特尔和类似卡特尔的协议，以及财产占有的极端不平衡，经济权力的集中等。尽管存在着各种争论，但“社会市场经济”的巨大成就弥补了这一点。“社会市场经济”最终成为全国各主要政党和社会各界共同承认的经济发展模式。

五、德国社会市场经济的主要实践和作用

德国政府采取了一系列政策、立法措施，实施“社会市场经济”理论，主要包括：改革币制，创造经济发展环境；废除经济统制，实行自由交易；稳定通货，稳定物价；限制垄断，保护竞争；建立社会立法，工人参与决策；加强“总体式”调节；改善各种结构，全面平稳发展；兴建基础，发展科技教育；实行社会政策，扶持社会弱者。

随着一系列重大举措的实施，对德国经济产生了重大促进作用，即：促进国民经济根本转变；促进通货和物价长期稳定；促进德国跻身于世界一流经济大国。

原刊于《德国的农业经济与合作制》，中国商业出版社，1994 年

日本多样化的农村综合服务业

日本农村综合服务的组织机构，是日本全国农业协同组合（简称为“日本农协”）。它正式成立于50年代初期。在经历了40年的风雨沧桑之后，日本农协已成为拥有“两个100％”的全国农民经济组织，即100％的日本农民都参加了农协；100％的日本农村都建立了农协组织。如今农协的成员已不单单是专业农民，还包括商贩和手工业者，且后者的数量正呈上升趋势。日本的农村综合服务几乎覆盖了全国农村的各个领域，发挥了巨大的作用。随着市场竞争的日趋激烈，农协综合服务的功能正在不断的加强，并广泛分布于第一、二、三产业。它已成为促进农业和农村经济发展的综合服务组织，成为广大农业生产者进入市场的中介组织，同时也是农民与政府、与国际组织对话的利益代表者。概括起来，日本农协提供的综合化服务共包括九项事业。

综合服务之一：营农“指导事业”

“指导事业”是日本农协最主要的活动之一。它分别由县农协和全国农协中央会组织实施。基层农协由各个业务课分工专人负责。全国共有专职指导员2万人，平均每个基层农协5人。在日本农协的服务业中，“指导事业”占有重要位置。所谓指导事业包括营农指导、生活指导和农协管理三种。这里着重阐述营农指导。所谓营农指导，是农协对组合成员的生产和销售进行的指导工作，包括经营项目、规模、土壤改良、栽培技术、农药施用、革新技术、引进良种、农产品销售等。例如，从60年代开始，日本农村的耕地分期分批进行改良，所需经费的45％由日本中央政府资助；50％由地方政府资助；5％由农户自己负担。政府提供的资金委托农协负责发放；土壤改良中的矛盾和纠纷，由农协指导员负责调解。

再如，营农指导还对农作物的栽培、管理、肥料和农药施用、家禽饲养等，进行技术指导。农协营农指导的经常性活动是提供市场信息，指导生产和贩卖，对产品坚持实行规格化、包装化、标准化，确保产品质量不断提高和增加农民收入。现在，日本农协营农指导的重点转向发展商品基地，扩大规模经营。凡5户以上农家连片种植同一种农作物，可在农协指导下，各家自营生产，农忙可换工，农机联户购，各家共同用。此外，农协还以三种形式提供扶

持资金：兴建生产设施，租给组合员；购买牲畜，租给农户饲养；建造公共设施，供社会使用，收取适量手续费。

综合服务之二：农产品贩卖业

日本农产品贩卖业以全国农协组织为依托，组织化、规范化、标准化程度很高。农协组织采取委托制形式代农民销售农产品，农协只向委托农民收取相当于销售额的1.5%～2%的手续费，从而与农民结为利益共同体。换言之，农协到市场上出售的商品价格越高，收取的手续费就越多，与农户的利益是一致的。目前，在日本包括畜牧业、果蔬、园艺、奶类在内的主要农产品的贩卖业中，约70%以上由日本农协经营贩卖，只有30%是农户直接销售到超级市场或消费大户，当然各种农协贩卖农产品的比重不同。在日本主要农业区的长野县，农协贩卖的蔬菜、水果、食用菌和花卉占社会销售量的比重，依次达到85%、80%、95%和65%以上。下列数据充分说明，日本农协在全国农产品贩卖中发挥的重大作用。80年代中叶，日本农协贩卖的畜产品（包括牛奶、鸡蛋、成鸡、肉牛、肉猪、活畜等）销售额达14 810亿日元；贩卖大米以外的农产品销售额17 380亿日元；其他农副产品销售额达8 870亿日元。到80年代末，日本农协贩卖大米以外的农产品的总销售额高达27 000亿日元，畜产品14 000亿日元，平均每个农协的销售额分别达到7亿日元和4亿日元。

综合服务之三：农林金融业

日本农协建立有农林中央金库。它是依据有关法律而设置的为农业、渔业、森林合作社组织的全国金融机构。日本农林中央金库的业务包括：从事会员的储蓄信贷工作；调节不同地区的季节之间信贷资金平衡；为农林水产品加工厂及与此相关的生产资料制造厂提供贷款；满足县信贷社的特殊资金404 000亿日元，其中存款占2 000亿日元；贷出金额占127 000亿日元；有价证券110 000亿日元；受委托代付资金2 000亿日元；其他占165 000亿日元。

综合服务之四：合作信贷业

日本农协信贷既是它从事的主要事业之一，又是其生存、发展和对广大农户实行农产品委托制的财力的一个主要来源。日本农协合作信贷业，以接受会员存款，并向会员贷款为基础，各种存款用于促进会员经济发展的各项事业。农协会员把出售农产品的收入作为现金存入基层农协，除用作周转资金外，其余资金存入县信用联合会。县信联社利用这笔款向资金不足的基层农协和县联合会贷款，剩余部分存入农林中央金库。农协信贷业存款利息高于一般银行0.1%，贷款利息低于其他银行0.1%。从60年代以来，日农协信贷业发展迅猛。早在1960年，农协信贷业的存款额、贷款额已分别高达7 930亿日元和3 550亿日元。到80年代中，农协信贷业的存款额和贷款额依次增为387 360亿日元和117 350亿日元。到1989年底，日农协信贷业的存款额、贷款额又分别增长到480 000亿日元和120 000亿日元。在存款额中，定期存款占81.25%。在贷款额中，长期贷款额占75%。同年，平均每个基层农协的存款额和贷款额分别达到129亿日元和34亿日元。

综合服务之五：多种保险业

日本农协的保险联合会是全国拥有会员最多、保险金额最大的保险组织。保险有多种多样，并分为长期和短期。长期保险包括生命、儿童、住宅保险业务；短期保险包括火灾、建筑物、汽车、运输、交通事故、伤害等保险业务。作为保险业的附设机构还办了疗养院，对因事故受伤和病员提供疗养机会，以使他们早日康复。据1985年统计，日本农协保险联合会拥有长期保险2 914.5万多件，金额达2 120 350亿日元；短期保险2 705.3万多件，金额达2 120亿日元。特别值得提出的是，日本农协对农业保险建立一套严密的组织系统，即由基层农协保险联合和全国保险联合会组成。农业保险是强制性的，凡水稻、小麦、大麦和桑树种植者都有义务参加保险。稻农通常交纳相当于正常年景收益的10%的保险费。日本政府对农业保险提供大力扶持，以赔偿费等形式给予大量补贴，从1975年到1986年初补贴额高达2 054.92亿日元。日本的农业保险系统为最大限度地抵御农业风险创造了保障条件。

综合服务之六：生产与生活资料购销业

在竞争激烈的日本市场上，日本农协通过“联购分销”、即联合采购后分供给农协会员，以减少他们的支出。日本农协主要采取预约订购，农协汇总所需要数量后与县经济联签订合同，县经济联再按品种规格向全农或工业厂订货，然后供应会员。

购销的生产资料包括化肥、农药、饲料、农机、石油、运输器械、保温和包装材料等。至于生活资料供应，主要采取店铺供应、预约供应和展销供应。日本农协拥有近9 000个店铺，使用统一商标，由县经济联统一供货。预约供应主要是电器等高价商品。农协销售的生活资料主要有大米、食品、燃料、日用品、保健品和其他杂货。1985年，日本农协购销的生产资料与生活资料总额达到52 280亿日元，其中前者为33 730亿日元，占64.6%；后者为18 550

亿日元，占35.4%。到1989年，日本农协采购供应产资料总额达到30 000亿日元，平均每个农协8亿日元；采购供应生活资料50 000亿日元，平均每个农协达13亿日元。

综合服务之七：公共利用事业

所谓公共利用事业，是日本农协发展农产品公共利用设施和协作企业等二个部分。前者主要指基层农协适应农户生产与生活需要建立的加工、储藏、培育中心设施，如大米加工中心、选果场、茶叶加工厂、面条加工厂、蔬菜育苗中心、幼蚕饲养场、肉牛肥育中心等。到20世纪80年代末，日本农协共拥有公共利用设施42 970座，其中主要设施包括：精米设施2 482座，水果蔬菜售货设施6 821座，水果挑选、贮藏、冷藏、加工设施5 026座，水果市场137个，茶叶利用设施473座，畜禽产品集货、加工、冷藏设施7 080多座，饲料设施2 174座，农业机械设施9 360多座，加油站5 564个。所谓协作企业，是由各级农协向有关企业投资的企业。中央和县一级的协作企业主要是生产肥料、农药和运输、仓储业务等。目前，日本这类协作企业有153家，其中全农投资170多亿日元，占协作企业总数的41.3%。日本农协企业都具有独立核算、自负盈亏、以合同为纽带连结产销的特点。

综合服务之八：农村生活指导服务业

日本农协提供服务的一个重要方面是对农民进行生活指导，包括家计指导，宣传卫生知识，开展文体活动等。每个基层农协有专职生活指导员1～2人，通过农协妇女部开展生活指导工作。其主要责任包括：指导农民家计管理；传播生理卫生知识；开展文体活动；宣传商品知识。农协进行生活指导的方式有二种：一是通过出版书籍刊物开展工作；二是举办培训班。为了组织农家主妇安排好家庭生活，并为制定农家经营计划提供依据，农协每年印发家计调查簿，了解农家生产与生活状况。此外，农协还定期举办烹调技术和医药卫生知识讲座。全国农协的厚生农协在全日本建立了117座医院，除了为农民治病外，还对组合员进行体检，开展疾病预防工作。为活跃农村文化生活，农协还组织文化体育活动，甚至为农民婚丧嫁娶提供服务。总之，凡是农民生活需要的，农协都提供服务和指导。

综合服务之九：情报信息业

日本农协经营贩卖的大米和其他主要农副产品，占全国总量的80%以上，发挥出举足轻重的作用，主要依靠两个条件：一是建立了遍布全国的销售网；

二是建立了灵敏、快速、高效的情报信息。首先是利用农林水产省的信息系统。它专门调查蔬菜、水果的面积、收获量、贮存量、上市量等。政府的信息随时反馈给农协，以通过农协指导农户的生产和销售活动。其次是农村的信息系统。许多农协配备了电子计算机，并形成全国网络。基层农协把农户的生产、销售、需求等各种信息传递给县和中央联合会信息系统，主要是传播推广农业经济信息，向生产者、经营者有偿提供具体信息。最后是经济新闻信息系统。日本《农业新闻》是农协机关报。它在全国各地设有记者站。该杂志以市场情报为主要内容，提供国内外市场行情和批发市场成交信息。全国农民可以从当日刊物上了解到果蔬市场行情与趋势。

原刊于《经济日报》，1994年5月7日

疯牛病告诉我们什么

一个幽灵在欧洲大地上游荡

1986年，英国确诊首例疯牛病。到2000年10月，在法国等多个欧盟成员国相继发现疯牛病。这种牛瘟疫渡过英吉利海峡，蔓延到欧洲大陆，舆论为之大哗，惊恐笼罩欧洲。

岁末年初，疯牛病更加“疯狂”。世界各国决定停止进口欧洲产的牛肉；美国和加拿大甚至禁止进口吃欧洲饲料饲养的巴西牛肉制品；联合国粮农组织担心疯牛病危害扩大到世界其他地区；德国两位部长因此引咎下台，欧盟首脑在尼斯峰会上紧急决定，采取了多项应对对策。

欧洲人对食品安全产生忧虑不是无端的。从1986年英国发现首例疯牛病至今，此种牛瘟疫一直呈蔓延之势，先后在比利时、荷兰、法国、西班牙、意大利等13个欧洲国家确诊出疯牛病。仅在2000年，英国发现疯牛病1 277例，法国112例，葡萄牙114例。进入2001年以后，疯牛病又在多个欧盟成员国蔓延。就连自信本国牛绝对安全的德国，于2001年1月初也确诊出疯牛病，发现了14头病牛。15年来，在全欧盟发现病牛18万多头，已屠宰320万头病牛和与病牛同栏饲养的牛。为遏止和整治这场灾难，欧盟已经和将要花费数十亿欧元的资金，经济损失惨重。

欧盟各成员国为疯牛病付出的代价是多方面的。首先，欧盟地区牛肉消费市场遭到重创。截至2000年11月中旬，欧盟的活牛价格平均下降了17%，牛肉销售量减少了27%；法国的牛肉消费量下降了40%；德国两个最大的肉类批发中心的牛肉销量下降了80%以上。意大利年牛肉消费量150万吨，其中70万吨需从国外进口。在2000年，意大利全国牛肉销售下降了50%～70%，3万家肉食店营业额下降了3 000亿里拉。其他欧盟成员国牛肉市场也遭到空前重大损失。

其次，欧盟的肉骨粉加工业遭到重击。本来，欧盟原15个成员国的肉骨粉年加工量为300万吨，每年可为欧盟带来15亿欧元（约折合12.9亿美元）的收益。现在各成员国都规定禁止使用掺入肉骨粉的配合饲料，自然就丧失掉这笔可观的收益。更严重的是，欧盟成员国还要为焚烧销毁动物下脚料花费30亿欧元（约折合25.8亿美元）。

第三，实施欧盟整治疯牛病新决议费用十分昂贵。预计，欧盟需要耗费30亿欧元，用于收购、销毁30个月牛龄以上的肉牛和奶牛，以及检测和普查现存栏的700万头30个月牛龄以上的肉牛和奶牛。欧盟财政部长2月12日又决定，追加2001年欧盟农业预算9.7亿欧元。这笔资金将主要用于对30个月以上的牛进行疯牛病检测和补贴受损失的养牛农民。

第四，严重影响了欧盟牛饲养业发展。欧盟的牛肉已失去消费者的信任，并引起市场萧条，严重打击了本地区的牛饲养业。更麻烦的是，英国和法国的牛饲养者与疯牛病导致的“新克雅病”的死者家属已向政府索赔，矛盾将进一步发展，很可能诱发社会的不稳定。

从经济角度预计，欧盟今后一方面需斥巨资销毁病牛和涉嫌病牛，另一方面又要耗费重金进口大豆、大豆粕和其他植物饲料，而肉骨粉加工业停产后工人面临失业的威胁。更严峻的是，据欧洲医学专家预测，在未来10～40年间，在英国有可能出现13万多例的“新克雅病”患者，加上其他欧盟成员国的患者，其深重危害不亚于15世纪肆虐欧洲的“黑死病”。所以，人称疯牛病和“新克雅病”是21世纪欧洲的“黑死病”，是令人惊心和忧心的“世纪悲剧”。

世纪悲剧催人警醒，食品安全迫在眉睫

“世纪悲剧”令人惊，发人忧，催人醒。去年以来，欧盟及各成员国朝野，多管齐下，把遏止与整治疯牛病问题摆到欧盟最高会议的议事日程上。2000年12月7日，欧盟首脑在法国尼斯举行的峰会上，对食物安全问题做出了两项决议：一是欧盟成员国在6个月内必须全面停止使用动物肉骨粉充作饲料；二是必须收购和销毁所有出生30个月牛龄以上、未经疯牛病检测的牛肉及制品。为实施这两项决议将给欧盟造成20多亿欧元（约合17.2亿美元）的经济损失。2001年2月7日，欧洲联盟再次决定实行3项防止疯牛病传播的紧急措施：禁止出售一岁以上肉牛的带骨肉；禁止出售其他反刍动物（绵羊、山羊及鹿等）的带骨肉；以及凡供人畜用的反刍动物油脂必须经过高压高温加工。预计这些措施，将于当年3月底前全面开始实施。

来自德国的最新消息说，政府为遏制疯牛病，于2001年1月初采取了严格的7项措施：一是严禁在配合饲料中混入肉骨粉；二是提倡适合动物特点的、自然化的饲养方式；三是对存栏牛进行彻底检查；四是对销售的牛肉及制品进行检验，合格者方可上市；五是对销售的牛肉及制品实行标签制，必须注明生产厂家、地址、日期等；六是严格海关检疫，禁止进口可能引起疯牛病的物品；七是建立信息安全保障体系。另外，德国新任农业部长主张，德国将必

须把接受疯牛病检查的牛龄降低到 24 个月。德国政府决定：如果发现一头病牛，就必需屠宰和销毁全部同栏牛。该决定在今年 1 月 16 日立即生效。当天，在巴伐利亚州一家农场 72 头牛全部被宰杀处理。

在忙于消除疯牛病灾难的同时，欧洲政界、经济界、科技界也开始总结惨痛的教训。概括各种反思和批评，问题出于以下几点：过于盲目乐观，对食品安全失去警惕，导致酿成一场灾难；缺乏国际法规，导致疯牛病越过国界，无阻拦地蔓延；缺乏预警意识，防治措施迟缓；成员国麻痹大意，欧盟委员会严厉批评各国政府漫不经心，防范不力，致使疯牛病从英国蔓延到欧洲大陆；片面追求快产、高产，现行畜牧生产方式必须改进。科技界在对“欧洲畜牧业模式”反思的基础上，提出了这样的主张，即：在畜牧业中要采取适应畜禽特点的、自然化的生产方式。这意味着，在发扬“工厂化饲养”模式之长、之利的同时，要力避其短、其害，以科学态度汲取教训，确保畜牧业健康持续地发展，生产出具有高安全性的畜产品。

警钟长鸣，群策群力，御疯牛病于国门之外

发生在欧洲的疯牛病，也为我国食物安全提供了启示，也敲响了警钟。

欧洲发生了疯牛病事件后，欧盟和各成员国迅速、果断采取措施，以保障人的健康和人的生存为至高的原则，严厉和严格整治牛饲养业和牛肉市场。这是值得借鉴的。

从 1998 年起，我国在青岛动检所成立了疯牛病研究机构。2000 年又开始进行疯牛病的风险评估。目前有关报告已经完成，迄今我国没有发现疯牛病案例。尽管如此，我们应该且必须从欧洲疯牛病事件中吸取教训，采取有力措施，加强对动物饲养业的防范，确保我国动物食物安全。

当今，现代的交通和联络工具、频繁的交流和交易，使人类犹如生活在一个地球村里，疯牛病传入其他各大洲并非是不可能的。世界卫生组织食品公共卫生安全处一位博士处长便担心地说：“由于下脚料肉骨粉与活牛的国际贸易很频繁，所以我们担心世界各地都已受到了疯牛病的威胁。”事实上，欧洲其他国家，以及加拿大、阿根廷和阿曼也发现了零星的疯牛病。美国在今年 1 月颁布法令：禁止在欧洲生活的人献血。最近含有欧洲牛肉的麻巴糖（Mamba）也从商场货架上取了下来。

鉴于上述，我国不应掉以轻心，必须采取严格防范措施。这里，提出如下意见：第一，严把“国门关”。要加强进出口动植物检疫，杜绝一切可能的病源传入国内。当前，要严禁从发生疯牛病的国家进口活牛、牛胚胎、肉骨粉、牛肉及其产品，包括含牛肉的香肠、奶粉、牛肉罐头等。总之，要严拒疫病于

国门之外。第二，加强监督关。对国内的饲养业，特别是牛饲养业，必须加强监督，包括对配合饲料及其各种配混合原料、饲料添加剂和用动物下脚料加工的饲料粉等，都必须严加监督。这里，有必要广而言之，还必须对全国整体食品安全都必须加强严格监督和监管，像饲料中的“瘦肉精”，面粉中的“增白剂”，蔬菜中的农药残留超量等，都必须严加检测和检验。对于不合格的食品，严禁进入市场或退出市场。

第三，健全责任制。要坚持和落实“米袋子省长负责制”、“菜篮子市长负责制”。要明确粮食和“菜篮子”食品的质量安全，属于其重要内容。如果出现重大食品安全事件，要问责于相关领导。从企业层面上，企业主要领导要对本企业的产品的质量安全负第一责任，不合格者不准出厂。与建立和健全责任制相适应，必须建立产品追溯制度，一旦发生严重食品事件，供追查责任使用。

第四，加强预警机制。一旦发现异常，迅速采取销毁措施。总之，要强调指出的是，从欧洲疯牛病敲响的警钟声里，国人要惊醒，要触类旁通，高度重视和不断提升我国食品安全水平。

原刊于《经济日报》，2001年2月25日

国外生物燃料发展的新趋势

在全球兴起的绿色经济和低碳经济的浪潮中，燃料乙醇、生物柴油等生物燃料应运而兴。它一经问世，便以清洁、廉价、再生、环保、可持续而集聚了世界的目光。目前，国外生物燃料呈现方兴未艾、孕育突破的新趋势。

其一，把生物燃料由第一代向第二代推进。迄今，生物燃料已经历两代产品；以粮食（包括小麦、玉米、薯类等）为原料生产的生产燃料乙醇，被称为第一代生物燃料；而以纤维素为原料生产的生物燃料乙醇，被称为第二代生物燃料。欧美、尤其美国以巨量玉米生产燃料乙醇，对世界粮食安全造成了消极影响，受到许多发展中国家和国际组织的非难与反对。为了确保粮食安全和避免大幅度剥夺传统产业的发展空间，国外大力发展第二代生物燃料，并积极开辟新的原料纤维素资源，包括农作物秸秆及农产品加工副产物，灌木林和能源植物等。第二代纤维素燃料乙醇与第一代粮食燃料乙醇比较具有更多的优越性：原料普遍、丰富、廉价；更有效减少温室气体排放。据计算，第二代生物燃料能够减少91%的温室气体排放量，同时按照不同的生产方法可达到的高能量输入产出比，最高达36。特别有意义的是，发展第二代生物燃料可以消除“与人争粮、与粮争地”的障碍。

其二，把开拓纤维素燃料上升到国家策略高度。为了有力开拓纤维素燃料乙醇，国外把它置于国家策略的高度。美国政府已经确立了发展纤维素燃料乙醇的长期策略。前总统布什提出，到2010年，美国要使纤维素乙醇具有可与石油竞争的能力。为此，美国能源部将资助建立3个新的生物能源研究中心和6家生物燃料乙醇精炼厂，以加大纤维素乙醇和其他生物燃料的基础研究力度。在此后的5年中，这些研究中心将分别获得政府1.25亿美元的研究资金。美国新一届总统奥巴马在2010年2月宣布，要加快生物燃料的开发，以构建美国清洁能源的基础，创新新型产业和就业岗位，减少美国对别国能源的依赖。按照美国政府的计划，到2022年，美国生物燃料年产量要达到360亿加仑（约折合1 362.6亿升）。其中，纤维素燃料乙醇必须占到210亿加仑（794.85亿升），占生物燃料乙醇总量的58.33%以上。

巴西发展纤维素燃料乙醇的成就是举世公认的。为了减少对他国石油的依赖，巴西在一系列政策法规中，都把发展生物能源置于长期发展战略地位。

1975年，巴西政府利用行政命令启动了生物燃料乙醇发展计划，使巴西发展成为世界上最早和最大的甘蔗燃料乙醇生产国和使用国。盛产甘蔗的巴西，早在30多年前就开始以甘蔗为原料生产燃料乙醇，以替代石油。从甘蔗中提取生物燃料乙醇，从蓖麻、向日葵与废弃油脂中提炼生物柴油，是目前巴西主要的两大类生物燃料。巴西总统卢拉在2008年4月又明确宣布，进一步支持生物能源科技与研发。到2010年，巴西向农业科研领域增加了大约5.65亿美元投资，以增强巴西农业的竞争力，其中仍然把扩大生物燃料乙醇和生物柴油的产销作为战略重点，并保证巴西生物能源机构更有效开展研发。

其三，着力攻克纤维素燃料乙醇的科技难关。目前，关于开发纤维素燃料乙醇存在着一些世界性的科技难题，即缺少高效的生产纤维素酶菌种。由于缺少高效的发酵菌种，使分解木质素难度增大。鉴于此，提高生物燃料乙醇生产效率、提高木质素预处理技术，以及解决纤维素原料收集、预处理、糖化、发酵和蒸馏等各个环节中，存在的制约纤维素乙醇实现大规模工业生产的障碍，成为必须尽快克服的障碍。这是持续加快发展纤维素燃料乙醇的关键。国外许多政府能源部门、专业研究机构和生物能源企业，都集中投入大量人力和物力，以攻克上述关键难题。

以美国、加拿大、瑞典等为代表的发达国家，积极发展纤维素乙醇中间试验，其技术水平已接近产业化，试验规模从20世纪的几升提高到目前的几千吨。其中，进展较快的单位主要有Iogen公司、BGI公司、Arkenol公司等。Iogen公司采用加酸爆破预处理和酶水解工艺，已经在加拿大渥太华建立了日加工小麦秸秆量40吨的生产示范装置，年产乙醇3 000吨左右。该装置目前生产1吨燃料乙醇消耗4.3吨小麦秸秆，成本约523美元/吨，比玉米燃料乙醇生产成本高20%左右。壳牌石油公司已向Iogen公司投资4 600万美元，用于开发年生产能力20万吨的燃料乙醇新型设备。BCI公司采用两段稀酸水解工艺，目前正在美国加州建年产乙醇1.5万～3万吨左右生产能力的示范工厂，其原料是甘蔗压榨副产品甘蔗渣。Arkenol公司采用浓酸水解工艺，以稻谷秸秆为原料，在加利福尼亚州建立了规模为1吨/日的示范工厂。瑞典的Abengoa公司在西班牙建设商业规模的纤维素乙醇示范厂，初始原料为小麦秸秆，年生产能力约757万升。巴西最大的德蒂尼甘蔗燃料乙醇生产集团不久前宣布，他们已掌握从植物纤维素中提取燃料乙醇的技术，从2010年起正式利用纤维素原料生产燃料乙醇，预计此后5年内达到日产5万升纤维素燃料乙醇的生产能力。

其四，把促进生物燃料置于法制轨道。为确保纤维素燃料的快速发展，国外注重加强生物燃料的法律建设。美国2007年颁布了《新能源法案》，该法案规定：①在2022年之前，将符合《新能源法案》（RFS）规定的可再生能源（包括玉米、纤维素燃料乙醇）的产量提高到360亿加仑；②在2022年之前，把生物燃料的效率提高40%，纤维素燃料乙醇必须占到210亿加仑，占总量的58.33%以上。

另外，国外还通过立法，引导和推进生物燃料乙醇的消费。早在20世纪20年代初开始，巴西就不断通过立法，从生产领域、到汽车车型和税收优惠等方面采取了多项法规措施，引导和推进生物燃料乙醇的消费。早在1931年，巴西就提出了推广燃料乙醇的首部法规，以及首个燃料乙醇的生产技术标准，规定民用汽车使用的汽油必须掺入燃料乙醇5%，而政府部门的用车则要求使用生物燃料乙醇的含量为10%的乙醇汽油。1977年，政府规定，各类汽车必须使用至少含生物燃料乙醇20%的混合燃料，并要求机车发动机做出相应调整。此后在1980年，巴西法律规定将生物燃料乙醇比例提高到22%，现在又提高到25%。1999年，巴西政府鼓励20万辆出租车和8万辆政府用车采用100%的生物燃料乙醇作为燃料，并采取对生产和消费生物燃料乙醇给予适当补贴的措施。

其五，多管齐下，促进纤维素燃料的生产和使用。迄今，世界上已有许多国家多管齐下，从生产领域、到汽车车型和税收优惠等方面采取了多项有效措施，促进纤维素燃料的生产和使用。在这些方面，欧美、巴西采取了多项促进措施。例如，巴西为增产纤维素燃料乙醇，政府和私营部门共同投资扩大甘蔗种植面积，政府为农民提供了法定的农业专项低息货款。另外，多元化融资建多家以甘蔗为原料的燃料乙醇加工厂。在汽车车型方面，巴西政府鼓励发展混合燃料汽车，民众购买同时可使用生物燃料和汽油的新型汽车，可以享受减税优惠。早在15年前，在巴西年产的80万辆汽车中，已有3/4以上的车辆使用生物燃料乙醇发动机。目前这种汽车在巴西已经相当普遍，2008年销售的新车中有87%都属于这种车型。在扩大生物燃料消费方面，巴西采取了多项减征或免征税收的措施。从1982年开始，巴西对使用纤维素燃料乙醇的汽车减征5%的工业产品税；对使用纤维素燃料乙醇的残疾人的交通工具和出租车免征工业产品税；部分州政府对使用生物燃料乙醇的汽车减征1%的增值税。另外，巴西还通过补贴、设置配额、统购生物燃料乙醇，以及运用价格和行政干预等多种手段，鼓励使用纤维素乙醇。目前，巴西在大力发展和广泛使用纤维素燃料方面在世界居于领先地位，全国已有一半以上的汽车使用价格便宜的第二代燃料乙醇。

国外生物燃料发展的新趋势，对我国具有很大的借鉴意义。在国家出台的鼓励非粮燃料乙醇产业化政策的推动下，目前国内一些地方和大型生物能源企业也建立了以甜高粱、农作物秸秆等为原料的纤维素燃料乙醇中试装置，有的已取得了阶段性成果，但和国外纤维素燃料乙醇的研发水平相比，还有较大差距。鉴于此，我国应从保障国家能源安全和发展低碳经济的高度，把开拓纤维素生物燃料纳入国家经济社会发展规划，提供必要的财政支持，加强自主创新，加强国际合作，占领第二代生物燃料的制高点，开拓我国纤维素燃料乙醇——“不与人争粮、不与粮争地”的生物燃料产业的广阔发展前景

原刊于《人民日报》(摘要发表)，2010年6月

国外生物柴油的发展状况、优惠政策及趋势（节选）

生物柴油最早诞生于1988年，由德国拜尔公司发明。它目前围绕着几种主要油脂原料的盛产区，已经形成三大生物柴油生产基地，并逐步向世界普及和扩展。生物柴油以其突出的环保性和可再生性，引起了世界发达国家，尤其是资源贫乏国家的高度重视。在人类向低消耗、低排放和低污染的“低碳经济”迈进的时代，人类必将不遗余力开拓和振兴生物柴油产业。

一、国外生产生物柴油的地理分布

迄今，世界上生产生物柴油的原料主要包括菜子油、大豆油、棕榈油、葵花油等植物油脂，以及民用和工业废弃油脂等。2007年，世界用于生产生物柴油的主要植物油的构成包括四大类：菜子油占53%；大豆油占18%；棕榈油占14%；葵花油占8%；其他占7%（图1）。目前，欧盟是世界上开发和利用生物柴油的主要地区。欧盟积极发展生物柴油的主要目的在于：一是为保障本地区的能源安全；二是为保护环境，减少温室气体排放。在欧盟温室气体排放中，约有90%的排放量来自交通运输业。按照《京都议定书》规定，欧盟在2008—2012年间必须减少8%的二氧化碳的排放量，其难度颇大。所以，欧盟把减排的希望寄托在发展生物能源上。

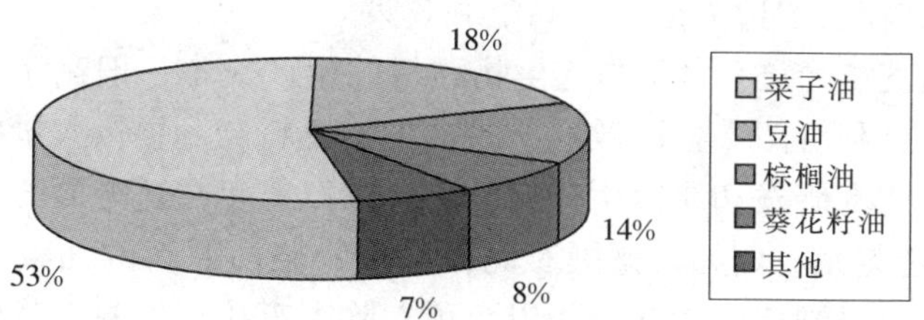

图1　2007年世界生物柴油行业原料构成

美国也是生物柴油主产国。他们主要以菜子油、大豆油、向日葵油等为生产生物柴油的主要原料。此外，世界上其他国家还采用别的原料生产生物柴油，主要包括：①动物脂肪；②其他植物油脂，如棕榈（印度尼西亚、马来西亚）、椰子（菲律宾）、蓖麻（巴西）、麻疯树（泰国）、向日葵（巴西）、棉籽

（印度）；③工程微藻；④废食用油（地沟油等）。

二、国外生物柴油的长足发展

在20世纪70年代世界爆发石油危机之后，国外许多国家都捷足先登制定了生物柴油的研究开发规划。例如，日本的阳光计划，印度的绿色能源工程，美国的能源农场等，都为生物柴油的产业化探索出了新路。在当今世界上，几乎所有经济发达国家，特别是欧盟各成员国都把发展生物柴油置于重要地位。从投资上看，由于欧盟各成员国对生物柴油生产的投资迅速增加，促使其生产能力迅猛扩大：2005年为389万吨；2006年为872万吨；2007年为1 466万吨；2008年猛增到2 470万吨；2010年，欧盟各成员国生物柴油的生产能力将达到3 045万吨。然而，目前欧盟各成员国生物柴油的实际生产量低于生产能力。历年来，欧盟生物柴油实际生产量增长如下：2005年为288万吨；2006年为516万吨；2007年为810万吨；2008年达到1 240万吨。从生物柴油的消费量看，欧盟也是明显增长的：2005年为303万吨；2006年为544万吨；2007年为690万吨；2008年达到1 154万吨。早在4年前，欧盟的生物柴油产量已经占到世界总产量的一半，其中德国是佼佼者。2006年，德国生物柴油的总产量达到200多万吨，并在全国建立了1 500多座生物柴油加油站。为解决生物柴油的高成本问题，德国早在2004年规定：对生物柴油加工企业全额免税；对混用生物柴油和普通菜子油者，按比例减免消费税。

二、国外发展生物柴油的优惠政策

世界上发展生物柴油的国家，在行业规范和政策方面采取了各不相同的、积极促进的措施，以促进生物柴油的生产和消费。可主要概括为补贴措施、税收措施、金融措施、“边境措施”和配额政策等。

一是补贴支持措施。由于当前生物燃料的生产成本一般高于普通燃油，为了保证该产业有利可图，各国政府纷纷向生物燃料产业提供大量补贴。包括补贴加工企业、技术研发和原料生产等。发达国家每年在这方面的支持力度约为130亿～150亿美元。例如，德国农民种植生物柴油原料的油菜子可获得相当数额的补贴，并对制造生物柴油予以免税。除了直接对燃料作物的种植和加工等生产环节进行补贴之外，一些国家还对购买可适用普通燃油和生物燃料的交通工具进行补贴，以期鼓励生物燃料的使用。

二是税收支持措施。税收减免政策也是各国广泛采用的支持措施之一。例如，虽然巴西的生物燃料产业的竞争力很强，但为了推动该产业的进一步发展，巴西政府在税收上给予了一系列优惠政策，如免征生物燃料消费税、降低加工商的收入税等。2006 年，这类免征税款共计 10 多亿美元。德国对每升汽油的矿物油税高达 65.4 欧分，每升柴油的矿物油税为 47 欧分。但对生物动力燃料却免征矿物油税，该优惠措施将持续至 2009 年，以此措施鼓励人们使用生物燃料。

三是金融支持措施。各国还采取非经常补助金、贷款保证、贴息贷款等金融措施，在政策上向生物燃料产业倾斜。2007 年 5 月，美国国会共批准 20 亿美元，以贷款保证金的形式，指定援建其国内的生物炼油项目。加拿大政府于 2007 年初划拨了 1.9 亿美元贷款，支持可再生能源项目建设。

四是鼓励消费措施。许多国家实行鼓励生物燃料的消费政策。例如，欧盟允许各成员国降低对生物燃料的消费税。尤其是德国，率先在欧盟利用减税措施促进生物燃料消费，无需缴纳相对于常规矿物油征收的 47 欧分 / 升。从 2006 年 6 月开始，德国对部分生物燃料实施免税。

五是外贸支持措施。一些国家对进口的生物燃料实施关税、进口配额等限制性措施，以保护国内相关产业。例如，阿根廷等主要出口国对生物燃料的原料农产品，如大豆、油菜子的出口征收出口税（阿根廷对豆油出口征收 32%的出口税），而对生物柴油的出口税率仅有 5%，而且还能享受 2.5%左右的出口退税。这意味着生物柴油的出口税比豆油约低 29.5 个百分点。从而推动国内产业发展，扩大国际市场份额。

六是配额政策措施。为了鼓励生物燃料的普遍应用，许多国家都明确地规定出强制性混合比例，要求出售的燃油中必须掺入一定比例的生物燃料。例如，从 2008 年 1 月 1 日起，巴西政府规定全国所有加油站停止供应普通柴油，所有出售的柴油中均混入 2%的生物柴油。随后，巴西政府又宣布，自 2008 年 7 月 1 日起将柴油中生物柴油的含量从当前的 2%提高到 3%，并将继续加大生物柴油的推广力度，计划在 2013 年将柴油中生物柴油的比例提高至 5%。2006 年 8 月，德国政府批准了一项立法，要求从 2007 年 1 月起，生物燃料必须占到柴油销售的 4.4%，以及汽油销售的 2%。从 2010 年开始，生物燃料在汽油中的添加比例将增至 3%。阿根廷于 2007 年通过一项法令，规定至 2010 年所有在本地销售的汽油和柴油，均必须分别混合 5%的乙醇和生物柴油。此外，2008 年 1 月份，欧盟提出相应的新议案：到 2010 年，要求欧盟国家的燃料消费市场，至少消耗 10%生物柴油。而另一项强制性目标要求，到 2012 年，欧盟国家的生物柴油消费量必须占燃料总消耗量的 6.5%。

七是实行改革措施。欧盟于 2003 年又采取了新的农业改革方案：向种植能源作物的农民提供名为“碳信用”的补贴，其标准为：45 欧分/公顷。到 2005 年，欧盟能源作物的种植面积达到 280 万公顷，约占欧盟耕地总面积的

3%。2007年，欧盟享受“碳信用”补贴的总面积达到200万公顷。

三、国外生物柴油的发展趋势

综合国外主要生物能源生产国家发展生物柴油的历程和经验，包括原料、科技、加工及经济技术政策等可以看出，这项新兴产业愈益明显呈现五大发展趋势：一是发展持续化；二是科技创新化；三是原料多元化；四是扶持长效化；五是保障法律化。

其一，生物柴油作为长期的能源战略重点，发展呈现持续化。与传统柴油相比，生物柴油具有润滑性能好，储存、运输、使用安全，抗爆性好，燃烧充分等优点；既可作为添加剂促进燃烧效果，本身也可作为燃料，适用范围广。近年来，随着国际原油价格的持续攀升和资源的日渐趋紧，石油供给压力空前增大，生物柴油的经济性和环保意义日益显现，大力发展并推广使用生物柴油将是一项长期的能源战略重点。生物柴油产业的主产区——欧盟、美国、巴西等地区，以及马来西亚、印度尼西亚、泰国、阿根廷等，都制定了本国的生物柴油发展规划，并且已经开始商业化生产或者修建生产设施。随着转化技术的改进，用于生物柴油生产的生物质原料种类会越来越多。因此，作物单产高、土地和劳动力成本低的国家将具有巨大的发展生物柴油的潜力。

其二，作为生物柴油产业发展的关键，科技注重创新化。科学技术因素是制约生物柴油发展的核心因素，未来生物柴油的发展方向，即加大对生物质能转化的技术研发力度，完善生物柴油生产的技术标准，从而实现成本降低和质量提升。生产国通过加大科研资金投入，建立专业研究机构，密切开展国际技术交流合作等措施，不断提高技术创新能力，加强核心技术的研发，促进世界生物柴油的快速发展。目前，世界许多国家集中力量主攻的关键课题是围绕发展第二代生物燃料的几个难题：包括高效转化纤维素的酶制剂；生产纤维素燃料乙醇的关键技术设备；以及如何降低成本和提高效率。

其三，作为生物柴油产业的基础，原料转向多元化。当前，世界上生产生物燃油的原料主要是大豆、油菜子等。这需要利用广阔土地面积扩大种植，与粮争地。即使如此，生物柴油仍然受资源数量的限制，原材料压力加大，导致成本上升，企业的利润空间逐步缩小，部分企业发生亏损，甚至破产。因此，走原料多元化之路，是长远之策。一方面，根据本国的实际情况，充分利用和开发各种可能的原料；另一方面，开垦荒山荒地以及盐碱地、沙地、矿山、油田复垦地等“边际性土地”，既改善利用国土资源，又培育和开发各种能源作物，从而降低生产成本，促进生物柴油的全面推广使用。

其四，作为生物柴油产业发展的条件，扶持举措长效化。各国政府不仅通

过出台一系列财政补贴、投资政策、税收优惠、用户补助等经济激励政策，为生物质能产业的发展提供更多的支持，而且通过规划和政府指令，确保生物能源的长期持续发展。例如，美国早在 1999 年 8 月就发布“发展生物基产品和生物能源”的总统令，确定出美国到 2010 年和 2020 年生物基产品和生物能源增长的目标，以及生物能源取代燃料油消费量的指标。巴西启动《生物能源计划》和《全国实施发展燃料乙醇生产计划》，以法律形式强制推行使用生物乙醇的“爱国汽油”。各国通过建立政策落实机制，促使生物燃料长期发展和推广使用。

其五，生物燃料的生产和消费纳入法律轨道，实现保障法律化。迄今，世界各主要生物能源生产国，为促进其生产、销售和使用量，都制定了一系列法律法规。美国政府从 2005 年以来先后颁布了多项法律，包括《能源政策法案》、《能源独立与安全法案》、《可再生燃料标准》等。日本也制定了《新能源利用促进特别措施法》。德国政府在 2007 年 1 月生效的《生物燃料定额法》规定，到 2015 年，全德对生物燃料的消耗量要提高到占能源总消耗量的 8%。通过立法确定了可再生的生物能源的战略地位的不可动摇性；保障了新兴的生物能源产业发展的稳定性；加强了生物能源销售和消费渠道的畅通性。

原刊于《中国油脂》，2010 年第 7 期

旅德农村手记

遥　　念

莱茵河畔随感

几度春秋几番霜，
无数关山无尽嶂。
别离故国云水茫，
旅居异域风雪强。
日行阡陌道通广，
夜思林泉染翰章。
月下莱茵欧风凉，
遥念黄河悠悠长。

2000 年 10 月
于德国波恩

作者语：这组《旅德农村手记》，是散记类文字。作者在德国学习研究、实地考察中，做了大量日记，回国后整理出若干篇短文。其中，多数文章未公开发表。借本书出版之际，把这些文字又修改、编排在一起，并采用《旅德农村手记》的名称。因为这些短文，多是德国农业农村的见闻和感受的写照。相信，这组短文对于我国建设新农村、发展城镇化、健全社会化服务，乃至振兴农村新产业，都不无意义。

覆盖农村的社会化服务网络

——旅德农村手记之一

乘着飒飒秋风，我访问了德国摩塞尔河谷的葡萄酒专业合作社；迎着纷纷冬雪，住进一个德国农村信贷合作社实习，考察了各类农民专业合作社，特别调研了位于巴伐利亚州南部的“南肉”股份公司——德国南方牲畜与屠宰加工专业合作社；当布谷鸟声声啼叫的季节，在马尔堡大学报到，进发展中国家合作社学院学习。大量的亲身经历和耳闻目睹，使我这个来自东方农业大国的学子深深感受到，德国农村合作社体系，构成了覆盖整个农村的社会化服务大网络。

德国是世界上农村信贷和其他各种农业合作社推广度最高的国家之一。德国农村合作社是由基层社、地区联社和中央合作总社等三个层次构成的“宝塔式”结构。近年来，德国农村合作社为适应市场竞争和农村服务的需要，组织结构不断转变，农村合作社数目减少，但规模相应扩大，促使其竞争能力和服务实力显著增强。德国的农村合作社不是严格按照行政区划建制的，而是按照经济区自然形成的布局。因此，跨乡、跨区、跨州的合作社屡见不鲜，甚至还有跨国的农村合作社。德国合作社体系呈“宝塔式”：农村基层合作社约 9 600 多个，占全国合作社总数量的比例高达 98.5%，构成了农村合作社的基础；地区合作社联社约 120 个，占 1.2%，构成了农村合作社的主干；中央合作总社只有 4 个，由这 4 个中央合作总社组成德国合作社联盟（总部设在波恩），是全国农村合作社的首脑。每个基层社又下设若干分社或分站。在基层社的组成结构中，开展信贷、农业生产资料供应和农产品购销等综合服务业务的基层社占 2 520 多个，营业额高达 128.34 亿德国马克；牛奶合作社和奶制品中心 934 个，一般拥有现代化奶制品加工厂，营业额高达 131.45 亿德国马克；水果蔬菜合作社 102 个，营业额为 13.19 亿德国马克；葡萄酒合作社 313 个，营业额为9.73亿德国马克。

德国农村合作社一般是“一身二任”，既开展资金信贷业务，又经营农业生产资料供应。德国信贷合作社具有悠久的历史，迄今联邦德国合作银行在全国十大银行中位居第九，总部设在法兰克福。德国农村合作银行的信贷额，在全国信贷业务中所占的市场份额高达21.4%。其资金服务对象主要是农业、林业、建筑业、食品业和手工业等多个行业。它在这些产业信贷中占的比重都相当高，在农林业占48%；在建筑业、食品业占32%；在手工业占28%以上。在德国中产阶级即农民家庭企业促进发展项目的信贷中，每3个项目中就有1项是农村合作银行提供的。随着各种服务形式的发展和德国农村合作社的转型，它几乎覆盖了农村生产与生活的各个方面。

适应德国农业结构的调整，农村合作社提供服务的形式越来越多样化和完善化，主要包括：第一，以加工、销售为“龙头”，以农民家庭企业为基础，以合同为纽带组成的“产、供、销”一体化服务；第二，集农业资金信贷、农资供应、农产品购销和咨询于一身的综合服务；第三，作为“二传手”推广新技术、新产品和提供咨询的科技服务；第四，由专业合作社提供的电力、农机、烘干等自助型专业服务，像电力合作社、农机合作社（“农机链”）和烘干合作社提供的各种服务；第五，合作社以有利价格从工业大批量采购工业品，以批发价格出售给中小型私人零售商业的“整购分销”服务；第六，建立物流中心为农民开展代理储运服务，甚至为联邦政府和欧洲共同体开展代理储运业务；第七，区域联社和中央联社发挥联合优势，发展国际贸易服务，合作社的农牧产品出口额约占农业总出口额的18%。高度发达的农民专业合作化，提升了农村服务的社会化。发达的社会化专业化服务，全面覆盖了农民生产与生活，促进了农村的现代化。走访德国农村愈广，这一印象愈深。

原刊于《经济日报》，1992年5月24日

“龙头企业”：连结万千农户的纽带

——旅德农村手记之二

我和约·丹柯先生从莱斯巴赫镇出发，沿着绿色的伊萨尔河驱车徐行，一个多小时后，便到了施特劳宾小镇。名为小镇，实为一座美丽的、现代的、安静的宜居农村小城市。绿树掩映下，碧绿的草地上，一座座具有个性化的居民小楼，散布在平坦的道路两旁，学校、超市、邮政局、旅馆、俱乐部、咖啡馆等，现代生活服务设施应有尽有，真是一座富有田园风光的小城镇。

闻名遐迩的德国“南肉”股份有限公司，实际上就是“畜牧屠宰与肉类加工合作社”，就坐落在这座小镇上。壮观的现代化厂房是小镇上最引人注目的建筑，主要包括屠宰车间、分割车间、肉制品加工车间、冷冻库、物流月台，以及销售部等。厂房前面的巨大广场上停放着专用“冷链”车辆，运送冷鲜肉、香肠等各种产品。

“南肉”有限公司完全是自主、自助、自治等“三自”型的农民的合作社，是一家集牲畜屠宰、加工、销售、出口及各种相关服务为“一体化”的大型合作社企业。该合作社企业与农民结合为利益共同体，社员依据自己对企业的贡献，在年终时分享红利。“南肉”通过合同连结着 4 200 个农民家庭社员（家庭企业），每个社员实际上都是具有法人地位的现代化家庭饲养企业。望着那壮观的现代化的建筑，很难想象 1957 年这个合作社初建时，“南肉”仅仅是一个半手工、半机械化的简陋牲畜屠宰厂。

如今，“南肉”有限公司每年要屠宰 10 万头牛、10 万头猪，加工的各种肉制品和牲畜内脏近 9 000 万千克，仅香肠品种就有 80～100 个。这些产品除供内销外，有 45％出口到国外。如此规模的屠宰和肉制品加工企业，却没有存养牲畜的畜栏。原来，这里每天所宰的牲畜都有周密的计划安排，由社员按预约的时间和数量提供到屠宰场，自然也就无需修建畜栏了。这样，避免了因消耗饲料、牲畜掉膘，甚至牲畜疫病死亡等造成的各种损失，大大降低了成本。

该合作社主任（即该股份有限公司的总经理）弗·阿格纳先生介绍，“南肉”虽然以屠宰加工为主业，但向社员提供的优质服务也是多方面的，其中包括提供良种牲畜、防治疫病、供应各种优质饲料、加工屠宰和销售等，形成了对社员的产前、产中和产后的系列化服务。通过合作制提供的完善的农村社会化服务，把千百个农户饲养企业连结为一体，这构成了德国饲养业发展的支柱和动力，很有启迪意义。

如今，像“南肉”这样的农村合作社有各种类型，诸如粮食专业合作社、牛奶和乳制品专业合作社、葡萄酒专业合作社、蔬菜专业合作社、水果专业合作社、园艺专业合作社、牧草专业合作社、啤酒花专业合作社，以及干燥专业合作社等，可以说遍布全国。它们向农民提供各种专业化、系列化服务，大大提高了生产的效率和效益。

以饲养业为例，据统计，从1950—1989年的39年间，德国养牛农民由153.6万人减少到37.1万人，而养牛数量却由1 114.9万头增加到1 456.3万头。同期，养猪农民则由239.4万人减少到30.5万人，而养猪头数却由1 189万头上升到2 216.5万头，平均每个养猪企业的存栏量由5头增加到73头。其原因就是在很大程度上得力于饲养业的社会化、专业化、系列化服务。

在我第一次考察“南肉”股份有限公司后，时隔2个月，江苏省的一个肉类加工考察团也到该企业访问，因为我在当地一家农村合作社实习（综合经营信贷、农资供应和粮食购销），被邀请作为翻译陪同。约·丹柯先生和我一起，又一次访问了“南肉”企业，顺着生产流水线参观了全过程，并与“南肉”股份有限公司进行了长达两个半小时的座谈。江苏的代表们高度赞扬该合作社企业对农民的周到服务、肉制品质量、企业管理，以及工厂的环境卫生。临告别时，代表团团长通过我向弗·阿格纳先生表达感谢，并颇有感触地说：“这次考察，不虚此行。‘南肉’公司与农户联结为一体，农民家庭饲养普遍实现企业化，饲养业服务完全社会化，屠宰和肉制品加工高度现代化，给我们留下深刻印象。”

在归途中，我不断思索“南肉”有限公司对我国的启示和借鉴。至少有三点：一是，通过建立和发展农村合作制，提高农民的组织化程度，并与农民社员形成利益共同体，二者实现一体化；二是，农村合作社必须以服务为宗旨，向农民提供专业化、系列化服务，架起农户与大市场连接的桥梁，实现农村服务的现代化；三是，农村合作社建立现代加工龙头企业，农民社员从中分享合理的工业利润探索新型农村工业化。

原刊于《经济日报》，1992年6月26日

农民合作社把服务送上农家门

——旅德农村手记之三

越过如茵的牧场，驶过广阔的麦田，我来到德奥边境的丁高芬牛奶及奶制品加工合作社访问。社主任克罗内尔博士热情接待了我们。克罗内尔先生毕业于农业大学，获畜牧业博士，很敬业于他的本职工作。

这个合作社是1940年7月由养奶牛的农民自愿组建起来的。那时候，它的职能仅仅是收集鲜奶，没有加工业，现在已经发展成为拥有成套现代化加工设施装备的综合性牛奶加工企业，拥有农民社员600余家。实际上，每个社员是一个奶牛饲养企业。社员与合作社之间通过合同的纽带连结起来，形成牛奶“产、供、销”一体化。在访谈中，我们进行了一次对“产供销”、还是“销产供”概念的讨论。身为博士的克罗内尔先生认为，从生产和流通的直观过程是“产供销”的顺序，但从发展商品经济的角度出发，市场需放在第一位，应以销售为中心和导向，考虑和决定生产者生产什么与供应什么，因此更应强调“销产供”顺序。例如：现在欧洲共同体牛奶严重过剩，供求失去平衡，因而必须从市场销售最大容量出发，对牛奶生产规定“最高保障限额”，就是按照“销产供”顺序考虑的。但是，不管是“产供销，”还是“销产供”，都必须对农民提供专业化、社会化服务，把服务送到每个农业企业。

为了实地考察丁高芬牛奶合作社的专业化、多样化服务，我跟随合作社的收集鲜牛奶的专用车，考察了收集鲜奶和销售奶制品的全过程。这个合作社有5台容量为10吨的收鲜奶专用车，每天各自沿着一定路线把600余农户社员的鲜奶收集到位于丁高芬城的合作社奶制品加工厂。其中对80户年供应鲜奶12万千克以上的大型饲养企业，直接到社员家庭收集鲜奶；对其余的中小型饲养企业则在各村村头的公路边或树林边设立了固定的收集点，奶农只需要用合作社提供的、统一规格、统一编号码的奶桶把鲜奶送到固定的收集点就行了。收奶车的软管的一端安装有自动检测仪和计量仪，鲜奶吸入罐车时便可自动测出牛奶的蛋白质、脂肪、水分和细菌含量。按照测定的数据确定牛奶的等级。每月末，合作社通过合作社银行把奶款寄到各家的银行账号上。这是牛奶专业合作社的初次分配，或者叫第一次分配。

牛奶合作社的第二次分配是在年底结算时完成的。它按照社员对合作社的贡献率进行计算。所谓社员贡献率是指，社员交售给合作社牛奶的数量和质量，一般以股份的数量计算。牛奶合作社按照社章扣除公积金和公益金，其余利润按照股份统一分配。所谓股份，并不是要社员交钱，而是以社员交售的鲜奶数量进行折算的结果。例如，若以 100 千克鲜奶为一股，农户交售 10 000 千克鲜奶，就拥有 100 股。到年终统一结算时，这个农户就可得到 100 股的红利。

像丁高芬牛奶合作社这样，把专业化、多样化服务送到农户的牛奶业与奶制品加工合作社，早已遍及巴伐利亚州和全德国，而且呈现结构不断转变的趋势。以巴伐利亚州为例，牛奶业专业合作社数量减少，规模扩大，适应市场需求的变化，牛奶及其奶制品结构也随之转变。从 1980—1992 年，巴州奶牛专业合作社数量由 686 个减少到 543 个，其中地区社由 95 个减少到 43 个；社员数量由 17.3 万人，下降到 11.4 万人。由于德国和欧盟牛奶产量过剩，所以实行限产调控措施，鲜奶产量由 467.1 万吨下降到 368.3 万吨，奶酪产量由 20.4 万吨增加到 23.1 万吨，黄油产量由 10.1 万吨减少到 3.9 万吨。尽管牛奶及其黄油产量下降，但是由于价格提高，所以巴州奶牛专业合作社的总购销额达到 35 亿德国马克，与上年的经销结果持平。

如今，德国牛奶合作社系统的年营业额高达 272.66 亿德国马克。其中，基层牛奶合作社的年营业额为 182.89 亿德国马克，牛奶与奶制品加工联合社的年营业额为 89.97 亿德国马克。牛奶专业合作社的专业化、社会化服务，大大提高了牛奶业的生产效率和效益，牛群饲养规模由 1950 年的 4.3 头扩大到 16.9 头，奶牛个体产奶量由 2 560 千克提高到 4 853 千克，牛奶自给率近 3 年平均达 112%以上。

考察归来，反复思考，得到的印象是：牛奶合作社对社员的专业化服务可以概括为：提供良种牛到户，疫病防治到户，科技咨询到户，鲜奶收购到户，奶款通过银行支付到户。正像许多农民讲的：现在养奶牛，不需要出家门，合作社把服务送上门。

原刊于《经济日报》，1992 年 6 月 29 日

农村推广科技成果的“二传手”

——旅德农村手记之四

2月的德国南部，时有大雪纷飞，把位于阿尔卑斯山山麓的巴伐利亚州的城镇、乡村、草地、森林都覆盖上厚厚的雪被，真的是一派“银装素裹”，宁静美丽的世界。

然而，在宁静中却又有“活力”。许多涉农的工业公司冒雪下乡，对农民进行科技咨询，并推荐本公司研制开发的新产品。在2月初的一个下午，施皮斯化学有限公司的一个小组，冒雪驱车二百多公里从法兰克福赶到莱斯巴赫小镇，举行内容丰富的农作物保护科学咨询会。他们预先正式邀请30多位农村基层合作社主任和10多位大中型农民家庭企业主出席咨询会。施皮斯化学公司的博士康·里姆先生，借助幻灯片介绍研制的新型化学除草剂、农药和畜厩灭蝇剂的特性、功能、用法和效果等。在讲解中，合作社主任们不时提出这样那样的问题，会场上充满热烈讨论的气氛。

会上，我问带我参加咨询会的迈赛尔（一位基层合作社的副主任）先生：“是否每年都举行这样的活动?”他回答：“在德国，生产农业设备、机械和农资的工业公司，都普遍采用这种形式，经常下乡通过农民合作组织进行有目的的科技咨询活动。每年春耕前，相关工业公司都下乡开展各种科技咨询服务，但大多数都通过我们合作社把他们的新产品、新成果推广给农民。合作社起‘二传手’和‘桥梁’作用，即农民合作社联系工业公司和组织农民社员，举办科技咨询会的形式。所以，许多科研机构和农用工业公司与合作社都建立了稳定的、良好的合作关系。”我听着迈赛尔先生的介绍，抬头看去，一些基层社主任在几张大桌子旁边已开始协商购进农资问题，有的在预先印好的合同上填写购买量、品种和时间等。在咨询会上，施皮斯化学公司还带来多种印刷精美的科技资料，与会者可以选拿，带回去提供给农民。

在德国，农村基层合作社都备有专职咨询员，他们多是毕业于农业院校，具有专业知识的农业科技人员或农产品经营人员。这些专职咨询员经常深入到农村为社员提供企业经营、新技术运用、新产品信息等方面的咨询。在我实习的基层合作社里，有一个咨询员名叫马尔德。马先生农业大学毕业后，担任合作社的专职科技咨询员。他常在周末、晚上或雨天到农民家里进行咨询，因为这时农民有空闲在家里。我多次跟随马先生到农民家里进行访问，有时还捎带为农民送饲料、植保剂、农药、种子等。有一次，暴雨倾盆，狂风大作，洪水淹没了低洼的农田，暴风折断了大片树林的枝干，农民受灾严重。马尔德先生约上我，沿着伊萨尔河驱车10多公里，查看灾情，并不时记录和拍摄照片。他告诉我，要迅速写报告上交政府和农业保险部门，要给农民补偿。他的记录和照片可作为评估灾情程度的依据材料。这是合作社的一项重要责任。

还有一次，马尔德先生带我去他姐姐家访问。他告诉我，这是一个中等专业农民家庭企业。在德国，农业企业分为两类：一类是主业企业，即以农业为主、收入完全来自农业的企业；另一类是副业企业，即以副业为主、收入主要来自副业的企业。在主业企业中，又分为专业企业和兼业企业。前者指，企业主夫妇的职业收入中，有90%以上来自本企业；后者指，企业主夫妇在本企业的劳动时间少于50%，他们的职业收入中有50%的比重来自企业外。马先生姐姐家的企业属于多种经营的专业农业企业，经营耕地规模50公顷，森林30公顷，草地30公顷，饲养奶牛50头，饲养蛋鸡5 000只。按照德国的标准，农业企业划分为4种类型：经营耕地规模在5公顷以下者，定为不入统计的“微型”农业企业；经营耕地规模在5～30公顷的企业为小型企业；经营耕地规模在30～60公顷的企业为中型企业；经营耕地规模在100公顷以上的企业为大型企业。我参观了马先生姐姐家的平坦的耕地、碧绿的牧场、整洁的养鸡场、宽大的牛栏，还进入森林漫步，还参观了专用的会计室。

归路上，我和马先生讨论合作社推广农业科技成果的作用。他说：现在德国大部分农业生产资料都是通过合作社销售给农民的，总价值达到424.5亿德国马克，其中包括饲料、柴油、农机、肥料、植保剂等，仅农业技术商品的销售额就有53.32亿德国马克。可以说，农村合作社是联系广大农民社员和相关工业部门的“纽带”，成为推广新技术、新产品和农业生产资料不可缺少的“二传手”。

原刊于《经济日报》，1992年7月3日

“农机链”：全面农业机械化的新形式

——旅德农村手记之五

位于巴登符腾堡州南部的“王城”，是一座保存完好的历史悠久的小城市。这里的居民无不以历史为自豪。著名的“特南农机链”便坐落在王城以北约5公里左右的地方。什么是：“农机链”？它有哪些作用？和农民的关系如何？带着这些问题，我们一行来到王城访问。

“特南农机链”主任莱斯特先生十分好客，在市政厅热情接待我们一行，赠送每位客人一把漂亮的瑞士小刀。他热情致词：热烈欢迎来自遥远的中国的贵宾！他详细介绍说：“农机链”就是一种农业机械互助合作社。“特南农机链”现有社员150多个，每个社员都是一个农民家庭企业。“农机链”是农民自愿联合、开展农机自助式合作服务的一种形式。“农机链”在过去也称作“农机银行”。农民家庭企业以自有的农业机械参加“农机链”，即农机互助合作社。通过“农机链”工作人员的联络、协调和安排，社员之间互相交换使用不同的农机，实现农机的互助合作。

我问莱斯特先生：“建立‘农机链’有什么好处呢？”他未加思索地讲了很多。归纳起来有以下几点：首先，通过农机的互助合作，可大大减少农户投资。一个农民家庭企业加入“农机链”后，不再需要购买各种农机，只需要购买一种或两种农机与其他农户交换使用，就可满足彼此的需要。由于购买农机少，不仅节省了购买农机的费用，而且还节省了建造存放农机库房的投资。其次，各成员间相互交换使用农机，变“一机多家使用”，提高了农机利用率，缩短了农机闲置的时间。因此，农机能够发挥出更大作用。第三，“农机链”服务多功能，很受农民欢迎。“农机链”除了机耕、机耙、机收之外，还收获、贮存青玉米饲料，以及农作物收割、牧草打捆等，所有大田作业都在互助的范围内，很符合农民的需要。第四，通过互帮互助，为农民排忧解难。如果有哪家农场主患病或有急事，那么，在“农机链”的帮助下仍然可以不误农时和农活。概括地说，“农机链”开展多种多样的服务活动。例如，开展技术培训，传播科技新成果和新产品等。这些好处集中到一点就是，通过农民农机合作、自助服务，促进社员家庭企业减少投资、提高农机使用效率、解决农民的临时性困难等，培育农民互助的精神。

我又问："农户加入'农机链'需要什么条件?"莱斯特先生回答："没有什么条件。只需要相关农户把自己的农机种类、马力大小在'农机链'登记。每个社员只需要按照耕地面积交纳少量手续费，用于'农机链'工作人员的办公开支。每公顷大体交几十马克（作者注：折合计算每亩只有几马克)"。"农机链"职工一般只有二三人，负责组织协调事务。因为"农机链"纯粹是互助、服务性合作组织，没有任何盈利，所以联邦政府和州政府都提供一定资助和支持。"农机链"不会增加农户的负担。

那么，"农机链"成员间互助耕作，交换使用农机，如何公平计价呢?莱斯特先生介绍说：这是一个重要的实际问题。总的看，"农机链"采用的是互助互利、等价交换的原则。一般是按照每个农民社员提供农机的马力大小和作业时间长短计算有偿服务，"农机链"分文不取。用一句话说，"农机链"合作社是充当中介联络站的、农民自助等价服务的形式。德国以发展农机服务的专业合作社形式，促进实现和提高了全面农业机械化水平。

在访问考察王城"农机链"一年后，我带着中华供销合作社代表团，到德国最大的农业州巴伐利亚州首府慕尼黑访问，专程考察了该州"农机链"联合社。巴州"农机链"主任详细介绍了全州的农机合作社的发展概况。这个州的"农机链"在全德占有重要位置。1992年，在全联邦德国"农机链"总数260个，其中巴州占90个，其他10个州占170个，巴州占的比例高达34.62%。同年，全德"农机链"社员总数达190 626个，其中巴州占100 026个，其他10个州90 600个，巴州占的比例高达52.47%以上。同样在1992年，全德"农机链"结算总额8.112亿德国马克，其他10个州占4.201亿德国马克，巴州占的比例达48.21%以上。巴州"农机链"社员数超过10万之众，表明巴州55%的农户都是"农机链"的成员，经营的农田面积占全州的总面积的3/4。从上述事实中，"农业链"在农民家庭企业互助合作中发挥的多种作用可见一斑。

原刊于《经济日报》，1992年7月3日

德国怎样培养一个合格的现代农民

——旅德农村手记之六

走访德奥边境的蓝岛，农村给我留下富饶、优美、环保、安静的印象。其中，访问蓝岛农业学校是最难忘的印象之一。时光已逝去数年，这所培育“绿色希望”——培养合格现代农民的学校，在我脑海清晰依然。

那是一个阳光明媚的春日，艾斯巴赫合作社银行（即相当于农村信用合作社）主任丹柯先生，陪我去访问德国南部的蓝岛农校。车子穿过墨绿的森林，越过葱绿的田园，跨过碧绿的伊萨尔河，来到蓝岛城内一幢壮观的歌特式古建筑前，迎接我们的是农学博士、蓝岛农校校长勒尔柯先生。头发花白，态度谦和的校长先生，带我们参观了教学楼。迈进大楼，我仿佛置身于农业博物馆中，粉白的墙上张贴着各种精致的作物、动物和牧草的彩图；明亮的玻璃柜内陈列着栩栩如生的畜禽标本；墙角处悬挂着用一束一束的干麦穗或干野花，窗前的桌台上，摆放着各种农业科技小册子，任学生选取。最引我瞩目的是德国农民协会印发的两种绿色封面的小册子：《农业，德国的绿色心脏》、《没有农民就没有未来》。浏览这些内容丰富、优美多彩的挂图、标本、书籍，我深深感到老校长和蓝岛农校教职工们的良苦用心。那就是让学生生活、学习在浓厚的农业氛围中，培养他们爱农、学农、务农的感情和志向。

我们拾级而上，逐层参观了种植专业、动物专业、园艺专业和家政专业的教室与教学设施，每个教室的布置都具有各自专业的鲜明特色。引起我极大兴趣的是家政专业的教室与教学设施。在家政实验室，摆满了各种各样的、现代化的炊事器械。学生们不仅学习书本知识，而且还要学会制作各种食品实际操作方法，包括烘焙面包、饼干，制作糕点、糖类，甚至垃圾分类都是学习内容。在参观了学校的教学设施后，我们在勒尔柯校长的办公室落座，边喝咖啡，边谈话。校长先生介绍说：“我们蓝岛农校的办学宗旨很简单，就是培养德国一代接一代的合格的现代农民。当然，其中有少部分进入高等农业专科院校或农业大学深造。”勒尔柯先生说着顺手递给我一本德国农民协会编写的《德国青年农民1000题》。他接着说，一个德国青年农民必须掌握包括在这本书中的各种知识和技能。我很快翻看了书的目录，内容丰富实用，如作物种植，植物保护，种子处理，动物饲养，农药使用，饲料配制，农机维修，市场信息，企业经营，产品销售，以及环境保护等，真可说是一部农业小百科全书。我的耳边响起老校长的一句话：当一个合格的现代农民不是容易的，现代农民是德国绿色的希望。

我陷入了凝思。老校长的续谈打断了我的凝思。他很认真地说：没有严格的训练，不可能培养出一个合格的农民。我们蓝岛农校在学制三年教育课程中，2/5是专业理论课，3/5是各种实习课。实习课不能在自己父母的农业企业实习，必须到其他农户的农业企业实习。在实习期满后，学生要会种田，会饲养，会经营，还要会操作各种农业机械，带着实习企业的主人写的合格证书返校，学生回校后需要进行全面考试。考试通过者，农校给合格者颁发毕业证书，并授予“农民师”称号。只有获得此职称的青年，才称得上一个合格的农民，只有成为合格的农民后，才可能享受政府的优惠待遇，才能得到其他农业企业的合作。

在与学生的交谈中，我了解到老校长和他的同事们的厚望没有落空。在蓝岛农校毕业的学生，100%都取得“农民师”的称号。他们中，少部分升入高等专业农业院校深造，成为高级农业科技人才。其余大部分都留在农村，成为承继父业的新一代农民。老校长充满自豪和欣慰地说：“在我们蓝岛地方，现在许多农民（农业企业主）都是我的学生。我看到他们，仿佛就看到了我们农业的希望。”

正当我们交谈时，四个十五六岁的女孩子端来午饭，有扑鼻香的牛排，有清脆的沙拉，有独特风味的巴伐利亚面条，还有中国风味的酸辣汤。德国姑娘微微含笑说：“这是我们家政班做的饭菜，请中国客人品尝。酸辣汤还是学习中国的。”校长也很风趣地说：“来，尝尝我们未来德国女农民的烹调手艺！”

品尝着学生们做的富有巴伐利亚风味的小面包、窝头状的面条，品味着学生们自制的果汁饮料，想着老校长的充满自豪的介绍，一个天涯旅客的心，不知不觉飞向了遥远东方的祖国，愿故国广袤的田野早日撒满“绿色希望”——现代的、合格的农民的种子，让充满生命源泉的绿色披满黄土高坡、古老山河。

原刊于《中国改革报》，1995年2月7日

“绿色农业”：可持续发展的必由途径

——旅德农村手记之七

我在德国访问和研究的过程中，把很大注意力投入德国农业粮食产业的发展新趋势和绿色农业，并把农业粮食科学技术作为一个重点内容。广泛的耳闻目睹，使笔者深切感受到，德国在振兴农业和农村经济中，高度倾注于一个字“绿”，即大兴“绿色农业”；振兴“绿色能源农业”。如今，一个形象的口号响遍全国：“农业，德国的绿色心脏！”

从德国的实践行动和经验中，可得到深刻的启示，重视科技和生态农业是可持续发展的普遍道路和一种模式。其基本宗旨是实现人与自然、人与人、人与社会和谐共生，全面发展，良性循环，资源节约，环境友好，持续繁荣。其主要内涵是建立可持续的经济发展模式与健康合理的消费模式，其最终目标是增强绿色农业的核心竞争力和可持续发展。

发展农业科技，是德国大兴绿色农业的关键举措。德国联邦政府和各州政府都采取资金补贴措施，支持发展绿色农业的兴起。其中，把发展绿色农业科技视为重中之重。主要包括：在《农村发展计划》中，把公共产品——清洁的空气、水源等置于保护的重点；以补贴形式促进农民生态休耕，以及在秋收后迅速种植冬季作物。德国在发展绿色农业科技中，尤其把培育良种作为重点，包括植物良种和动物良种。在植物遗传育种、动物优良品种培育、动植物检疫以及工业原材料选育等方面，德国科技界都投入了大量经费，开展生物技术研究。实际上，德国各地育种研究所的良种繁育工作，从 20 世纪 80 年代初期就加强了培育优质品种的研究。但是，近年来研究的重点转变了。过去，对育种第一位强调的是高产、稳产，然后才是优质和抗逆性；而现在育种的重点越来越突出优质、抗性强的目标。迄今，德国在小麦、黑麦、燕麦等麦类产品品质以及抗倒伏、抗白粉病、锈病等方面都取得了重大成果，培育出了高营养、高品质的啤酒大麦。

发展生态农业，是德国大兴绿色农业的战略道路。德国把维护农业生态系统的良性循环和坚持可持续发展置于重要战略地位，着力普遍推进。几年前在德国生态农业企业仅有 6 000 家，占各种农业企业总数的 1%。当时，全国进入市场的有机食品和绿色食品品种达 200 多个，每天销售额仅柏林地区就达1 500万德国马克。德国人对生态产品，即无污染的绿色食品愈来愈青睐。为适应德国和欧美市场的需求，德国加大振兴生态农业的步伐。到2002年，德国的生态农业企业已发展到10万家，占农业企业总数的1/6 。如今，生态农业企业几乎遍及全国，并出现一种明显的发展新趋势。即：德国的生态农业企业越来越多的组成生态种植业协会，其会员的共同行动准则是，每个种植单位应把自己看作是其所处生态环境中的有机组成部分，要努力保护好自己生存环境里的生态平衡，积极采取以下耕作技术：施用农家肥增加土壤肥力；采用生物方法防止作物病虫害；本企业要兼业，即兼家畜饲养业，并种植饲料作物或牧草；注重轮作，一块田地不应连续种植一种作物。总之，生态农业企业不使用或尽量减少使用化肥、化学农药和除草剂等化学合成物品，为振兴绿色农业开辟了广阔的途径。

实行促进措施，是德国大兴绿色农业的有力保障。多年来，整个欧盟（当然包括德国）都实行有力的促进农业和农村经济政策。德国联邦政府特别采取了两项支柱性政策措施：一是高度重视农业和农村地区发展；二是向农民提供直接补贴，并且与农业环境保护挂钩。就前一项政策措施而言，联邦政府已与各州政府就《全国2007—2013年农村发展战略》协调一致，达成了整体战略方案。在此期限内，可供德国使用的欧盟资金80.1亿欧元。与促进农村发展的欧盟资金相配合，德国政府促进农业和农村地区发展的财政支持重点是：促进跨企业的一体化措施；促进农业企业的投资；促进对欠发达地区的平衡补贴和对林业、水利和海滨的保护，以及促进改善市场结构。2006年，全国可供促进农业和农村地区发展的资金约10亿欧元。就向农民提供直接补贴而言，德国与欧盟各成员国实行的是共同农业补贴政策。补贴的方式有多种，但欧盟目前倾向于把现行的直接补贴方式进行大调整，分为4部分发放：第一部分是作为农民收入支持的基本补贴；第二部分是对绿色产品的强制性额外补贴；第三部分是对自然条件恶劣地区的额外补偿；第四部分是对特定行业和地区的主动补贴。另外，对小型农业企业加大支持力度，对大型农场设定补贴，以防止大型农业企业获得的补贴数额过多。

德国普遍把农业视为“绿色的心脏”，在农业和农村领域，大作绿色文章，大兴绿色农业，为德国农业和农村带来的新生机，使其成为欧盟具有竞争力的重要农产品生产大国和农产品贸易强国。

村庄“城镇化”　城镇“村庄化”

——旅德农村手记之八

漫游德国的农村和小城镇，犹如欣赏一幅巨大的油画：天空湛蓝，大地碧绿；林荫覆盖，林浪如烟；村容整洁，道路平坦；优美静谧，宜于人居，真的是让人流连忘返。给人留下的总印象是：村庄“城镇化”，城镇“村庄化”。走访各地，看上去德国的大村庄，像小城镇；而德国的小城镇，又像大村庄，依然显示出自然的田园风光。这表明，在德国小城与村庄之间已无多大差别，特别是物质生活条件已无甚两样。只是小城镇规模更大一些，公共服务设施更齐全一些被称为“市场”（Marktplatz）。在访问德国的农户时，我发现每个家庭都有一个大小不等的后院，种花、种菜或种果树。在小城镇有不少家庭，在镇外有一片园地或叫“菜园”，多用来种植蔬菜与花卉等。我的邻居是一位老太太，丈夫在二战中阵亡了。她在镇外有一块 2 分地的园地，不时到园里侍弄花呀、菜呀的。她说，这是她多年的一个爱好。有两次她还请我品尝自己的劳动成果——新鲜蔬菜和自制的果酱。

1987 年岁末，我到位于巴伐利亚州南部的艾斯巴赫（Reisbach）小镇的农村合作社实习。这个环境优美的农村乡镇位于德奥边境，属下巴伐利亚丘陵和多瑙河洼地区。在这个不大的乡镇上，我生活了近 200 个日日夜夜，给我留下的印象是：这是个公共设施齐全的乡镇，但又是个掩映在绿色中的大村庄。她的周围，环绕着墨绿的森林；绿色的伊萨尔河，静静从镇旁流过，岸上绿树如烟；冬去春来，广阔的田野变为辽阔的麦田和园艺，映入眼帘的是无边的“绿”。在晴日，从镇上可清晰眺望到白雪皑皑的阿尔卑斯山。小镇上，生活着 3 000 多个从事各种职业的人，其中有的是在县城和宝马汽车制造厂工作的职工。从生活条件看，公共服务设施齐全。包括：农村中心合作社 1 个，在周围村庄还附设 5 个分社；邮政所 1 个；中学和小学各 1 所；超市 3 个，百货店 2 个；咖啡馆、餐馆等饮食服务店 6 个（其中，有 2 个兼营旅馆）；俱乐部 1 个；面包烘焙厂 2 个；医药诊所 1 个；老年之家和幼儿园各 1 个；苗木花圃 2 个；运动场和游泳池各 1 个；汽车和农机修理厂 1 个；服装厂和啤酒厂各 1 座。耸立在镇中心的是教堂，每当黎明或夜幕降临，教堂悠扬的钟声飘荡全镇，飘向遥远的原野和太空，人们听着悠扬的钟声入睡，听着悠扬的钟声起床，开始一天的劳作与生活。

镇上的农村合作社（名称叫“爱夫艾森银行”）进行综合经营，主要包括三方面：一是农村信贷业务，即为中小型农业企业提供信贷服务；二是农资供应服务，即为农民提供饲料、肥料、种子、农药、植保剂等农业生产资料；三是购销粮食和油料等。在小镇上，我访问过“宝马”汽车厂一位职工的家庭。这位工人是该厂的工会主席。他热情接待我，很关心向我询问中国的改革、汽车工业和工人的生活。我请他介绍“宝马”汽车制造厂的发展。他侃侃而谈，讲了这座厂原是一座军用坦克厂，后改造为民用小轿车制造厂；介绍了他们工会如何维护工人的利益；还说“宝马”的许多汽车小零件都是周围农民家庭制作的，他的父亲就为“宝马”制作小过滤器，还送我一件产品作为纪念。如是，大工业为农民提供了兼业新门路，农民成了大工业的助手。令我难忘的是，这位工会主席还谈了另一件事，即：“宝马”厂每年夏季都委托科研机构，对周围的土壤进行化验，以检验其是否受到污染，保障农产品的质量和安全。对土壤化验的结果要向环境保护部门和农业部门报告。如果土壤受到污染，“宝马”公司要向农民提供赔偿。

在艾斯巴赫镇实习期间，我还作为嘉宾参加了一次乡政府关于修路的研究会议。乡政府是自治性的基层行政机构，只设专职乡长1位，有几位工作人员；另设委员会，委员是来自居住在本乡的各种职业的代表，都是兼职的，由选举而产生。乡政府聘请少量工作人员负责具体事务，包括户口登记、税收、排灌水渠、公共事务，以及文化、体育、道路的基层设施建设等。为建筑一段道路，乡政府召开一次委员会，各界可以旁听。会场上，基督教社会联盟的代表坐右边，社会民主党和绿党的代表坐左边，旁听者坐在后边。乡长全面介绍了这个工程的设计规划，委员们从不同角度提出问题和质疑，乡长逐个问题做答，最后由委员们表决。当多数委员投赞成票后，乡长宣布工程规划通过，全场鼓掌。

我在艾斯巴赫（Reisbach）镇实习、生活了近200天，后来转到马尔堡大学学习。1990年，我又回去旧地重游一次，看望朋友。从那时到现在已经过去13年了，但是，这个“村庄化”乡镇的典型性和特色性，依然清晰存在于脑海。

民众广泛参与的“新村行动”

——旅德农村手记之九

20世纪80年代中期，德国广泛开展“新村行动”（Dorfererneuerung）。为改变和改善农村环境，德国政府支持加强农村基础设施建设，改造和美化农村生产与生活环境。这被称为“新村行动”。各联邦州都掀起建设新村的比赛，争先恐后把自己的家乡打扮成“美丽村庄”。其主要内容包括：开展土地整治、修建道路、发展沼气等生产性建设；建设幼儿园、俱乐部、游泳池等公益设施；以及改善环境卫生，把饲养牛和猪的厩舍迁移到距离村镇较远的边缘地方，以保持村镇整洁和空气清新。

在德国农村考察期间，我走访了不少在“新村行动”中建起的“新村”。在斯图加特效区，我参观过一个“美丽村庄”。这是一个典型的经营农业的村庄，生活着几十户农民。村后，是大片的墨绿森林；村前，是广阔的肥沃田野。在政府的支持下，村内建设了乡村道路。在德国，道路分为四级：一级是联邦级道路；二级是州级道路；三级是县级道路；四级是乡村道路。为改善环境卫生，政府提供补贴，饲养牲畜的农户把厩舍迁移到村外，并建设沼气池，利用牲畜粪便生产生物燃气。在农户的前院内，铺满鹅卵石，既可避免扬尘，又可吸收雨水。在农户的后院，种着各种蔬菜。村内空气新鲜，环境整洁，村容美观。此外还有两点，记忆深刻：一点是，在森林旁边的山丘上，修建一片公共墓地。在祭奠日，村民给逝者送上鲜花或常青苗木寄托思念，整个墓地变成一片花地。另一点是，村内还有城市连锁公司下乡办的超市，村民不出村就可购买到所需要的生活必需品，与城市几无差别。

1989年仲秋，在德国北莱茵—威斯物法伦州靠近德国与荷兰边境，我参观了一个“美丽村庄”。走进这个村庄，犹如进了一个公园般的小城镇，鲜花、芳草、绿树、蓝天、白云自不必说，村上的公共设施令人称羡：学校、超市、邮政所、游泳馆、运动场、俱乐部、咖啡馆、教堂，以及农机具修理厂等，应有尽有，可满足村民们的物质与文化生活的需要。至于交通，全是柏油马路，四通八达。我参观了各种设施，在俱乐部的大厅里，村主任告诉我，村里过圣诞节，以及举办各种欢庆会，都在这大厅里。在参观农户时，我特别注意到，在他们的院子里，如其他地方的农民庄园一样，覆盖的全是鹅卵石，而不是水泥地。主人对我说，用这种方法，既不会扬尘土，又能够吸水分，有利于保护环境。主人还告诉我，他们饲养牛的厩舍搬迁到村外，以改善村内空气。当天晚上，村里在俱乐部前面的小广场上举办庆祝晚会，草地上烤牛肉、啤酒免费自取，村民们喝着啤酒，弹着民族乐器，唱着民族歌曲，跳着民族舞蹈，整个"美丽村庄"都欢腾起来了。说真的，我也忘情地浸入欢乐之中。第二年的1月份，我在报纸上看到在德国一年一度的"柏林绿色周"博览会上，一些联邦州展示出本州建设的"美丽村庄"。

德国按照促进农业和农村发展的《共同法规》（1698/2005号），在促进农村地区发展中，强调三个重点：提高农业和林业的竞争力；改善农村环境和美化农村自然风光；以及改善生活质量和促进地区经济多样化。其中，德国政府把增强具有竞争力、持续性农业、林业、渔业和食品业，作为指导思想。在以农业和农村为特色的地区，除了经济效能、粮食等食物生产和再生原料之外，还有其他许多任务，例如强调塑造和保持具有欧洲特色和文化内涵的农村风光，以及稳定的农村居民结构。为赢得农村地区的新未来，德国采取了更多的新措施，即：既在农业和林业之内，又在农林领域之外提供其增收的选择性，采取特殊的政策措施，以保证农村地区和经济比较薄弱地区的稳定发展。

尤其值得注意的是，德国联邦政府实施了《改善农业结构和海滨保护》的法规，其主要内容包括：一体化农村发展措施；保护水域的措施；各种企业的促进措施；改善市场结构的措施；促进林业的措施，以及平衡补贴、适应市场和环境的农村经营、海滨保护等措施。多年来，德国联邦政府推行《农业环境计划》，德国农业科技界把信息技术、基因和生物工程、食品安全与风险，以及生态环境保护等，视作农业和粮食科技研究与发展国民经济的重中之重。对适应地区环境、保护自然生存空间的农业生产方法，大力采取促进措施，其范围不断扩大。在1998年，德国国内受"促进措施"补助的农田面积约500万公顷，相当于德国1 730万公顷农用土地面积的29%。1998年，补助资金提高到9.26亿德国马克。同年，德国约有41.8万个申请者获得促进措施的补助。德国实施的《农业环境计划》的主要措施包括：农作物种植地区计划；签约自然保护计划，农业保护计划等。具体而言，特别对以下6种农业生产方式加以积极促进：生态农业；农业保护措施；群落生态环境保护和签约自然保护；濒临危险的可食动物物种的保护；耕地、绿地或多年生作物的粗放化种植；耕地转变为粗放化利用的绿地。作为重点，联邦农业食品和消费者保护部特别重视和坚持农业和林业的环境观点，寻求针对实际问题的解决办法；并致力于实现利益的公平平衡。联邦政府的农业政策的目标是增强竞争力；森林政策的目标是，在尽可能大的面积上保持和建设稳定的、混合的、多样化结构和高效率的森林。在农村实行“青年计划”，对回村从事农业活动者提供安家补贴费，以资鼓励。

农业功能的新拓展

——旅德农村手记之十

在不断提升农业现代化、可持续化的进程中，德国农业经历了一个重大突破。即：农业突破传统的功能，拓展向新的领域。大量的调研和资料表明，德国农业已经早已超出了传统的粮食等重要食品、动物饲料及供应农产品贸易的范围，拓展和发展了新功能结构。概括起来，有以下五方面：

一是充分保证食品供应。德国农业的首要使命始终是，为8 000多万德国人及欧盟成员国生产和充分提供多样化、优质化、价格合理的粮食和动植物食品，同时为相关工业提优质原料，当然也为世界市场提供优质出口产品。今天的德国，已成为欧盟最大的农产品生产国，在动物生产方面居欧盟第二位，牛奶产量和养猪数量都居第一位；在植物生产方面居欧盟第四位，粮食单位面积产量居世界前列，粮食自给率达到105%，食糖自给率为107%，猪肉的自给率达97%，牛肉和小牛肉的自给率达124%。在出口方面，德国是农产品对外贸易大国，农产品和食品出口总值已超过450亿欧元，目前仍保持强劲势头。尤其是德国农业机械的出口，连续多年高居“世界出口冠军”的地位。

二是扩大农业功能。如今，德国绿色农业早已超出食物和饲料的生产范围，越来越多地承担起生产可再生原料和生物能源的载体功能。多年来，德国在发展能源中，对能源作物的培育和种植领域的一系列项目都提供支持，把从作物种植到能源转化的整个链条都包括到促进的范围。对于第二代生物燃料、精炼生物燃料乙醇逐步实行税收优惠，在定额内提供的食物燃料的税收，都低于全部矿物油的税收。德国绿色农业作为新能源载体的作用愈来愈重要，不断增产用于生产生物能源的可再生原料，每年提供巨大数量的“清洁能源”——生物柴油。在2005年，德国生物燃料占的液体燃料的市场份额为4%，超过欧盟规定的2%指标。随着2007年1月正式生效的食物燃料定额法，德国的市场份额到2015年将提高到8%。

三是增强农业可持续力。联邦政府确定的农业政策的指导思想是：发展和增强具有竞争性强、持续力强的农业、林业、渔业和粮业。为此，德国各级政府都在市场、基础设施、环境、农业和社会政策等方面，都采取了一系列必要的措施。例如，实施改善农业结构和改进海岸保护的多项措施；实施促进农业投资、改善市场结构、促进林业和渔业措施等，都直接服务于改善和增强企业的可持续发展能力。适应改善和增强农业竞争力的需要，欧盟和德国在各自的范围内简化立法和官僚行政规划，以及欧盟共同农业政策。总之，通过社会化、多样化的服务，促使农业企业的经营实现高度现代化、机械化、市场化、规模化、集约化，大幅度提高了绿色农业生产效率和市场竞争力，使之达到世界先进行列。每一个农业经营者现今可养活 150 人，是 1950 年的 15 倍。

四是促进农业结构优化。德国农业普遍实现企业化，每一个农户就是一个家庭农业企业。德国农业企业结构不断转变，就业和增加附加值也日益成为农业的重要职能。德国企业规模不断扩大，数量逐年减少，社会化服务日益提升，增加新的就业岗位。2006 年，全国有 124 万劳力就业于专业农业企业和兼业农业企业，比上年下降 2.6%。在就业劳力总数中，家庭劳力占 61%，雇佣劳力占 39%。随着农业一体化和社会化服务的发展，创造大量新就业岗位。如果把农业的上游和下游产业包括在内，即把饲料产业、食品加工业、食品流通业，及其相关服务业等统一考虑进去，即从广义农业看，德国整个农业为 490 万人提供就业保障，占全德 3 880 万就业人数的 12.63%。还有一个新现象是，德国农业企业参与绿色行业培训的人数逐年增加。这表明，德国绿色农业创造出越来越多的“绿色就业”岗位。

五是保护和改善生态环境。德国大兴绿色农业的重要使命之一，还包括保护生态环境、保持和美化富有人文特色的农村风光，发展乡村田园旅游业等。由这种理念出发，德国农业不仅要生产出各种产品，而且必须保护土地、林地、水源和名胜古迹等自然资源。全国现有 50%以上、约有 1 900 万公顷的土地为农用地，另有 1/3、约有 1 100 多万公顷的土地为林地。联邦政府制定了一系列法规，保护土地、水、空气、草地和森林等自然资源，还保护了动植物物种的生长地和栖息地，以及品种繁多的农作物品种和动物品种，对保护生物多样性发挥了重要作用。与此同时，现代农业采用新土壤耕作方式，有效减少污染、温室效应或洪涝造成的损害，耗用的化学合成肥料及动物饲养的排放量明显下降。预计到 2020 年，二氧化碳排放量将减少 40%。多年以来，德国化学合成肥料销售量明显下降，有机质肥料用量增加。近年来在农田土壤中的腐殖质增加，土地之下形成了更多新的地下水资源，生态环境明显改善。

振兴“绿色能源农业”

——旅德农村手记之十一

在访问布鲁塞尔欧盟农业部和柏林联邦农业、食品和消费者保护部后，给我留下一个深刻的印象是，欧盟和德国，把发展生物能源置于重要的战略地位，致使“绿色能源农业”兴起。

德国很早起步，研究开发生物能源。早在20世纪90年代初叶，德国政府就号召农民种植再生经济作物，以替代矿藏资源、化工原料等高附加值产品。近年来，德国采取多种措施，促进再生经济作物的种植面积的进一步扩大（像纤维作物大麻等）。德国科技工作者积极利用生物技术，培育能源作物，并推广普及，致使新能源作物从培育、种植到能源转化等整个产业链条都有机结合起来。1998年，德国再生经济作物种植面积达60万公顷以上，是90年代初的5倍，为化工、造纸等工业部门提供了相当大部分原料。德国科学家对甜菜、马铃薯、油菜、玉米等进行定向选育，从中制取乙醇和甲烷，成功地研制出绿色能源。另外还利用生物技术制造“人造蛋白”，从菊芋植物中制取酒精，从羽豆中提取生物碱等，都取得了可喜的成果。迄今，德国采取了多项措施，促进“绿色能源农业”。

一是，对生物能源实行优惠补贴措施。早在2006年12月19日，欧盟农业理事会决定：①继续实行能源作物补贴政策；②把能源作物补贴措施扩大到所有新成员国；③补贴额提高到45欧元/公顷；④把能源作物补贴面积由150万公顷扩大到200万公顷。此外，欧盟和成员国还必须简化原来复杂的补贴实施规则。作为欧盟成员国的德国，当然是大力发展再生原料，以为生物能源工业提供原料。迄今，德国是欧洲最大的生物燃料（主要是生物柴油）生产国，对农村地区新创造的价值和就业岗位做出了重要贡献。德国生产生物柴油的原料主要是菜子油。目前，德国再生植物总面积为204.4万公顷，达到了创纪录的水平。其中，生产生物柴油的专用油菜子种植面积为112万公顷；生产生物燃料乙醇的专用糖和淀粉25万公顷；用于生产生物燃气的植物40万公顷。适应加工的需要，德国已经建立了8个生物柴油生产企业。2006年，德国生物柴油总产量达到200多万吨，并在全国建立1 500个生物柴油加油站，以方便销售。同年，生物柴油占德国再生能源市场的份额高达60%以上。为鼓励液态生物燃料的消费，德国联邦政府从2004年1月起，便对生物柴油实行免税政策，对混用生物柴油也按比例减免消费税。

二是，德国生物能源的贡献。 迄今，德国利用生物技术促进再生原料、即加工生物能源的原料的生产，对德国农村地区创造的价值和保障劳动岗位做出了重要贡献。尤其是对生产新能源、即生物能源的贡献最大。在2005年，德国的一次性能源需求中，可提供的新能源占4.6%，其中，约有2/3的份额为再生生物原料所占有。同年，全德国约有300个研究、发展和示范项目，为不同生产线和市场运用。2006年，德国再生原料作物的种植面积已经扩大到156万公顷。同年，德国为促进再生原料作物的研究、发展和示范项目的科研经费高达5 200万欧元。联邦政府还与著名大企业合作，在萨克森州弗赖具格，建立了生产液态生物燃料的中间试验装置。

三是，德国再生原料生产越来越充满活力。 在目前200多万公顷农地面积上种植的工业和能源作物，发挥了重要作用：一方面，用于工业再加工，可用作建筑材料、隔热材料及其他材料，用于供热、发电与燃料等；另一方面，生产生物柴油、生物燃气与生物燃料乙醇等。在2006年，生物能源在可再生能源中所占的比例最高，达到72%，其后为风能和水能。同年，德国的生物能源销售总额高达81亿欧元，显示出生物能源的重大经济意义。从发展上看，生物燃料满足全德燃料需求总量的份额将快速增长，由2006年的6%提高到2020年的20%，其中主要是以菜子油和大豆油作为原料加工的生物柴油。此外，德国化学工业消耗原料的1/10也是由再生原料作物提供的。预计在不远的将来，这个比例将翻一番。2006年，在可再生原料领域就业职工已达到23万人，未来还会进一步增加。

当然，在德国也产生了一种担心。即：目前德国农地面积的1/6用于可再生原料的生产；到2020年，这一比例将扩大到1/3 。在不断扩大的农用土地面积上种植能源作物，将产生与粮食作物争地的问题。与此相对照，也有一种意见认为，德国拥有广阔的土地资源，有足够的农地、林地和草地供开发利用；随着农业生产效率的提高，单位面积的产出量定会大幅度提高，无需担心粮食和其他食物供应不足问题。所以，可以乐观地认为，德国“绿色能源农业”拥有广阔的未来。

对基因技术采取极审慎的政策

——旅德农村手记之十二

在2006年初春，由联邦内阁通过与科学、经济和许多社会团体，进行了一系列对话；还特别听取了转基因技术反对者的意见。在对话中取得的结果，都吸收进关于转基因技术方法修正方案中。为了强调注重“转基因技术”的安全性，在“基因技术”之前冠以“绿色”二字。这足见德国对开展“基因技术”的审慎态度。

一是，高度注意转基因技术的安全性。转基因生物包括转基因植物、转基因动物、转基因微生物等3类。其中，转基因植物近年来在世界上一些国家发展迅猛。但是在德国，对转基因生物技术的安全性、即风险性的评估十分严格，其主要内容包括以下各点：对于消费者人体健康的负面影响；对于非目标生物的直接或间接影响；不同机体间转基因的表达和同一物种间基因漂逸。所谓基因漂逸，是基因通过一定的媒介在同一物种的群体之间，甚至不同物种之间的移动现象。为了保障转基因技术的安全性，德国采用了一个新名称，叫“绿色基因技术”。

二是，德国转基因技术主要应用于医药和抗病虫害。德国的生物技术首先始于医药，然后经过化学工业发展到食品生产。如今，生物技术对于德国的科学、研究和工业而言，都是必不可少、不可放弃的。目前，德国转基因技术的主要应用领域，是生产医药，以及抗御病虫害等，例如，利用转基因动物生产医药。这成为德国在转基因动物研究方面的主要课题。早在20世纪80年代初叶，德国科学家就着手于基因羊的研究，希望能从羊奶中提取可以治疗血液病的蛋白。另外，德国马普育种研究所的科学家利用人工合成的助长素，使茄子的生长受助长素的定性支配，在冬季种植的茄子也可以达到与夏季茄子相似的品质。这种反季节茄子品种，在意大利试种已取得了成功。目前马普育种研究所与意大利同行合作，继续研究推广实用技术，即适合大田生产的反季节番茄和青椒。此外，德国的生物科学家正通过对植物基因的研究，以求培育出既能适应气温变化、又能获得稳产高产的耐热作物新品种。

特别值得重视的是，德国强调发展“绿色基因技术”。这是因为许多德国人对基因技术的广泛商业应用存在疑虑和担心。鉴于此，德国采取了极审慎的政策。与所有参与基因技术活动者进行业务对话；寻求针对实际问题的解决办法；谋求实现各方面利益的公平平衡。特别是对实际政策措施采取极严格的程序。例如，在2006年8月，德国在长粒米中检验出微量基因变异结果。这种大米在欧盟未允许使用，德国便做出紧急规定，禁止从美国进口这种长粒米以及用这种米加工的食品。

三是，对转基因食品进行严格检测检验。联邦德国对发展“绿色基因技术”持极高的审慎性，还表现在对转基因食品的检测检验十分严格。德国消费者对新型转基因食品普遍存在疑虑，认为有风险、不安全。鉴于此，联邦政府从对消费者的健康进行防范性保护角度出发，完全遵守欧盟制定的《新型食品法规》，从法律上对允许使用转基因技术做出明确规定，并向消费者提供相关信息和进行特别明确的标识。主要包括以下几点：一是相关食品或食品配料对消费者没有任何危险；二是对消费者不会产生任何误导作用；三是与传统食品和食品配料相比较，不会导致营养方面的损害；四是必须确保这些产品对环境不造成任何危害。以上诸条意味着，只有符合上述条件的转基因食品或材料，才允许上市应用；凡不符上述条件的转基因食品或材料，绝对不允许上市应用。

四是，在德国上市的转基因食品极少。迄今，德国政府对转基因食品上市，除了执行欧盟统一制定的《新型食品法规》之外，又采取了本国的法规。迄今，在德国市场上允许出售的所谓新型食品（即转基因食品）极少，仅仅允许出售具有降低胆固醇作用的植物甾醇类。如前所述，德国通过立法对上市食品中含有转基因技术改造有机体成分的，必须加以特别标识。根据德国相应的国家标准，仅仅对以下几种情况可以不加“未采用基因技术”的标识，即：在食品中未含有基因技术改造成分或未利用转基因技术改造而生产的制品；在食品生产过程中，没有采用由转基因技术改造生产或含基因技术改造成分的原料；在动物食品的生产过程中，没有采用任何转基因技术方法制取的饲料、饲料添加剂或药物。除了这三种情况之外，凡转基因食品或用基因技术改造成分的原料的制成品，都必须特别注明“转基因标识”，以让广者消费者知情和选择。

大力保护和美化农村环境

——旅德农村手记之十三

从1958年1月1日成立的欧洲共同体，到1993年11月1日正式诞生的欧盟，一直实行共同农业粮食政策。即：从原来的12个欧共体成员国到现在的27个欧盟成员国的范围内，把发展环境保护与保护生物多样性，当作科学研究框架计划的重要内容。德国以巨大的经费和人力投入实施环境保护科研计划，而且取得了许多成果。

随着欧盟农业功能的扩大和共同农业政策的实施，逐步超越了农业领域而扩大到更广阔的区域性发展。德国按照促进农业和农村发展的《共同法规》，在促进农村地区发展中，针对三个重点：提高农业和林业的竞争力；改善农村环境和美化农村自然风光；以及改善生活质量和促进地区经济多样化。其中，德国政府把增强具有竞争力、持续性农业、林业、渔业和粮业，作为指导思想。在以农业为特色的地区，除了经济效能、粮食等食物生产和再生作物种植之外，还有其他许多功能，诸如保持和发展具有欧洲特色和文化内涵的农村风光，以及稳定的农村居民结构。

早在2006年，德国国会以“严重威胁的衰退和增长的吸引力”为议题开幕，旨在讨论农业和农村地区发展，以赋予其新推动力。会议认为，农业和林业是农村区域经济的支柱，为赢得农村地区的新未来，需要采取更多的新措施，即：既在农业和林业之内，又在农林领域之外提供其增收的选择性，并采取特殊的政策措施，以保证农村地区和经济比较薄弱地区的稳定发展。其中，作为保护农村环境的重要内容德国联邦政府实施了《改善农业结构和海滨保护》，其主要内容包括：促进农村一体化发展的措施；促进水利业发展的措施；促进各种企业发展的措施；改善市场结构和促进林业发展的措施，以及平衡补贴、适应市场和环境的农村经营与海滨保护等。

为保护和美化农村环境，德国联邦政府推行《农业环境计划》，农业科技界把信息技术、基因和生物工程、食品安全与风险，以及生态环境保护等，视作农业和粮食科技研究与发展国民经济的十分重要的位置。对适应地区环境、保护自然生存空间的农业生产方法，大力采取促进措施，其范围不断扩大。在1998年，全国得到促进措施补助的农田面积约500万公顷，相当于德国1 730

万公顷农用土地面积的29%；年提供补助资金由1994年的约9.26亿德国马克，提高到1998年的40.15亿德国马克。同年，德国约有41.8万个申请者获得促进措施的补助。特别是联邦农业、食品和消费者保护部坚持农业和林业的环境观点，致力于与所有者进行业务对话；注重寻求针对实际问题的解决办法；实现利益的公平与平衡。德国联邦政府的农业政策目标是增强农产品的持续竞争力；森林政策的目标是，在尽可能广大的面积上保持和建设稳定的、混合的、多样化的林业结构和高效率的森林，发展大力保护自然生态的林业。

在保护农村环境中，德国特别重视对劣势地区农村的扶持。其措施是通过平衡补贴支持其产业经济发展，主要是支持农业、畜牧业、林业的发展。按照1974年欧洲共同体的划分，德国有占农业总面积21.4%的面积和占总农业人口7.4%的农民，处于支持性补贴地区。德国对劣势地区每个农村农业企业（即农户）为期20年的平均补贴额为2 600德国马克；每公顷土地或每个大牲畜单位最高补贴额可达286德国马克；每个农业企业每年可获得的最高补贴额为12 000德国马克；对不生产商品牛奶的母牛饲养企业，平均补贴最高额为18 000德国马克/每头。在1988年，联邦政府和各州政府共筹资7.4亿德国马克，约为劣势地区24.4万个企业提供平衡补贴。通过对劣势农村地区提供长达20年的平衡补贴，使这些地区的农村环境得到有效改善。笔者曾数次走访德国南部的几个山区农村，看到的景象是：茂密的森林，便利的山间公路，碧绿的牧场，商品丰满的超市，供城里人疗养的乡间旅馆，以及滑雪学校等，其生机和生气不亚于条件优越的平原地区。

把保护生物多样性纳入国家战略

——旅德农村手记之十四

“生物多样性就是农业的生命，生物多样性就是人类的生命”。农林牧渔等各业生产，是以植物、动物和微生物的生物多样性为基础的。反之，农林牧渔等各业对生物多样性的发展产生决定性影响：并在各自领域打下生物多样性结构和多样性生态系统有效应用的基础。

然而，在过去的半个多世纪中，人类活动对生物多样性造成了前所未有的破坏。地球上的物种正在以远远超过自然的速度走向灭绝，这种情况对生态系统、社会经济和人类生活都造成了严重损害。据专家估计，由于人类的活动和日益加剧的气候变化，目前地球上的生物种类正在以相当于正常水平 1 000 倍的速度消失，全世界目前约有 3.4 万种植物和 5 200 多种动物濒临灭绝。德国联邦环境部长诺贝特·勒特根，在联合国“国际生物多样性年”活动在柏林举行的启动仪式上曾警告说：全球每年有 1 300 万公顷森林消失，相当于整个希腊的面积。加勒比海的珊瑚礁有 80%都已被破坏了。单单在德国，三分之一的本地动物物种和四分之一的本地植物物种的生存受到威胁。世界自然保护联盟 2009 年更新的濒危物种“红名单”显示，全球有 1 147 种淡水鱼面临灭绝危险，约占该组织当年所监测的淡水鱼种类的三分之一。此外，世界上 6 000 多种两栖类动物中有三分之一面临灭绝危险。同样，联合国的一项研究显示，保持物种多样性和生态环境健康具有重要的经济社会意义。全球每年因毁林和森林退化导致的损失达 20 000 亿至 45 000 亿美元。反之，如果每年向自然保护区投入 450 亿美元用于改善生态系统，由此带来的收益可高达 50 000 亿美元。为了让人们了解保护生物多样性和重要性，并推动各方迅速采取行动，联合国于 1992 年 6 月 5 日在巴西里约热内卢签署了《生物多样性公约》。德国较早注意保护植物、动物和微生物的生物多样性，很注重保护农林牧渔的基因资源。同时，联邦政府已制定了一个全国生物多样性的全面战略，重点修订了专业领域维护农业生物多样性的战略草案，旨在维护生物多样性或减少生物多样性的损失。《德国农业生物多样性战略》补充进国家战略，并在农业、林业和渔业等领域贯彻实施。作为重要的国家预防措施，德国农业科技界注重保护粮食、食物、农业和林业的基础资源。例如，联邦政府与各州政府合作实施一项粮食、农业和林业的基因资源国家计划。同时，联邦政府还制定一项生物多样性研究计划。通过实施这些计划措施，以贯彻执行德国国会 1999 年 12 月 16 日通过的“关于基因技术、育种和生物多样性的决议”。除国内的研究活动之外，德国还参加了“欧洲农作物基因资源合作项目”。德国与中国也有合作项目。2005 年 12 月 8 日，农业部国际合作司与德国技术合作公司（GTZ）在京签署了“中德农业生物多样性可持续管理项目”执行协议。德国政府为该项目提供了 350 万欧元的技术援助，项目执行期计划为 4 年。该项目拟在湖南和海南两省选择不同农业生物多样性类型地区，以技术合作形式与德国共同开展农业生物多样性保护活动。

2008 年 5 月，第九届农业生物多样性会议在德国举行。在这次会议上，审查了农业生物多样性和森林的生物多样性工作纲领，并处理了在保护区国际网框架内、在海洋保护区的问题。此前，在 2006 年 6 月在西班牙马德里，举行农业生物多样性协约国领导机构第一次会议。其议题是关于粮食和农业植物基因资源，并签订了协议，对实施协议所必须的各种手段做出了决定，对主要粮食作物的基因资源的通行和利益平衡采取了管理措施。德国在国际协约中对于维护和持续利用森林生物多样性承担了义务。

德国拥有约 48 000 多个动物种类和约 24 000 多个高等植物、苔藓、菌菇、地衣和海藻等。自然保护在德国早已被正式确立为国家目标，1994 年写入了《基本法》第 20a 条。德国确立了数千个自然保护区以及 14 个国家公园和 15 个生物保护圈。此外，德国是一些最主要国际自然保护协定的签约国，并参与了近 30 个以自然保护为宗旨的国家间协定和计划。168 个国家的国家元首与政府首脑签署了《生物多样性公约》，承诺在 2010 年前显著降低目前的生物物种损失率。在波恩举行的联合国《生物多样性公约》第九届缔约方会议上，来自联合国《生物多样性公约》190 个缔约方的约 6 000 名代表探讨了维护地球生物多样性的措施。德国总理默克尔在会上宣布，德国将增加保护全球生物多样性的投入。从 2009 年至 2012 年，德国每年将为保护森林和其他生态系统新增 1.25 亿欧元资金。从 2013 年起，德国每年将为保护全球生物多样性投入 5 亿欧元。迄今德国在保护生物多样性上的年投入为 2.1 亿欧元。默克尔还呼吁，保护全球生物多样性是为了保护全人类长期的生存基础，各国必须加大投入。

德国人为何对国产食品很自信

——旅德农村手记之十五

在旅居德国期间，笔者感触很深的一点是：德国人对本国生产的食品很自信，甚至充满自豪。这不是偶然的。这是由于德国政府保障食品安全的目标和原则明确、食品管理机构健全和法律法规健全使然。

走访德国城乡，走进德国市场，所到之处都使人感到，食品品种多，质量优，安全性高，让消费者放心。一个平均规模的德国超市，提供食品的品种都在10 000种以上，较大规模的超市供应食品的品种多达60 000种以上。就笔者在多个城市和农村超市上的所见，仅面包就有百多种，面条就有几十种，各种肉类及制品、牛奶和奶酪，以及水果和蔬菜等应有尽有。德国朋友一次和我交谈时说，面条的故乡是中国。这不禁令我感慨良多。面条这种主食品在它的“故乡”，品种单调、粗糙；而在“客乡”，品种丰富多彩，品质优良，精益求精，做到了极致，而价格依然低廉。怎能不令人感叹！

德国政府和相关企业，对食品生产和经营都严格体现“一切为了人，为了人的健康”的理念。从这种理念出发，德国关于食品安全规定了以下“三保护”目标：保护消费者健康，企业必须提供安全的食品；保护消费者不受欺骗，严格防止欺诈；保护消费者知情权，向消费者提供实事求是的信息。关于食品安全制定了七项适用于全德、全欧的基本原则：食品链原则；企业家责任原则；可追溯原则；独立、科学的风险评估原则；风险评估与风险管理分离原则；预防原则；风险沟通透明化原则。这些基本原则构成了德国食品安全和食品风险防范的基石。

为实现既定目标，德国建立和健全起完善的、有权威的管理机构。笔者在波恩和柏林曾先后多次走访联邦粮食、农林部——现改建为“联邦消费者保护、食品和农业部”。新成立的联邦部具有三大职能：保护广大消费者；保障粮食等各种食物质量安全；推进适合于环境和动物特点的农业生产方式。同时，接受“关于消费者健康保护组织”的建议，联邦消费者保护、食品和农业部在新建的部里设立了“消费者健康保护组织工作组”。该工作组对相关机构进行了调整，设立了两个机构：一个是联邦食品安全风险评估研究所；另一个是联邦消费者保护和食品安全局。随着这两个专业机构的建立和健全，德国的粮食等各种食物的安全保障和消费者权益得到有力的加强。概括地说，全德食品安全的控制中心就是联邦消费者保护、食品和农业部（BMVEL）。由于德国食品法中约有80%～90%都是以欧盟法律法规为依据的，联邦消费者保护、食品和农业部（BMVEL）的一项重要任务是，一头保持与布鲁塞尔的紧密联系，并代表德国的利益；另一头是国内各条战线的工作在这里汇合。特定的食品风险管理的任务，由联邦消费者保护、食品和农业部（BMVEL）委托联邦消费者保护与食品安全局完成。

为实现上述“三保护”的目标，德国建立和不断修改完善了完备的法规体系。德国早在1879年，就制定了第一部《食品法》。从那时以来，联邦政府不断根据科学技术知识的新发展，修订食品生产和销售方面的法律法规，使食品法律法规体系不断完善。迄今，德国关于食品安全的规则、法律和决定多达200多个，其中，基本法律为《食品及日用品法》。该法律对食品卫生标准、食品加工程序等，做了上千条的规定。与保障食物安全相关，德国又制定和实施了一系列规章，如《残留物最高限量管理规定》、《食品与饮用水监测管理条例》、《食品监测实施的一般管理条例》、《新型食品管理制度》、《食品商标条例》、《食品卫生条例》、《食品责任法》、《牲畜传染病法》、《动物繁殖法》等等。例如，在《食品责任法》中明确规定了企业家的责任：每个食品或饲料生产者，抑或是农业经营者、面包师或食糖制造商等，都必须承担食品安全的责任。食品生产商的责任，都是从原料和配料选择开始。以婴儿食品原料为例，进入加工厂时必须检查800种物质后，才能得到分析师的批准加工的通行证。只有当产品达到“一流”水准、并包装完好、加上正确标识离开企业后，生产者的责任才算完成。

在德国建立的多层次的食品质量和食品安全风险防范体系中，监督和检验的重点领域包括：①食品中的残留物；②污染物；③食品照射和食品添加剂、香料及食品补充剂；④食品监督与监测；⑤转基因食品和新型食品；⑥食品卫生；⑦动物传染病；⑧疯牛病；⑨生猪及猪肉质量的保证措施。

为实现既定目标，德国建立了完善的市场制度。主要包括食品包装标识制度、食品追溯制度、市场准入制度，以及食品监督制度等。按照食品标识法规，在包装标识中必须标明：生产者、生产流程、产地和企业、食品成分、生产日期和保值期，以及认证标签等。所谓食品可追溯制度，实际上就是食品信息可追踪系统，也可以说是食品市场各个阶段信息流的连续性的保障体系，必要时可进行历史信息追踪，查明问题原因。以这种方式，使整个生产过程都可以跟踪原料。德国的食品市场准入制度包括两方面内容：一是国外食品进入德国市场；二是国内生产的食品进入市场。前者是指欧盟成员国以外国家的食品进入德国，在欧盟边境上按照有关规定进行检疫检查，在进入德国时还要再一次进行检疫检查，如果发现问题，不能处理的便就地销毁。对于国内生产的食品，又采取三点措施：即对食品生产和加工企业实行许可证制度；对食品出厂实行检验制度；对食品质量安全市场准入认证标志管理制度。为防止和减少农产品的污染，对农药准入审批更为严格。其准入的审批权隶属政府部门，被称为“针孔”原则，是食品质量风险管理的重要工具，对农药准入把好“审批关口”和“三道防线”。农药市场准入的审批机构是联邦消费者保护与食品安全局，并与三个专业评估机构合作：一个是尤里乌斯·屈恩研究所（联邦栽培植物研究所），检验农药的作用及植物承受能力，以及对蜜蜂的潜在影响等；另一个是联邦风险评估研究所，审查农药对人畜健康的潜在影响，并提出最高残留量的建议；第三个是联邦环保局，审查农药对自然生态平衡的潜在影响。在农药进入审批程序之前，还必须经过来自植物保护、健康保护、消费者保护与环境保护专业的专家委员会听证。该委员会不领取报酬。

建造食品质量安全的道道防线

——旅德农村手记之十六

德国历来重视食品质量和安全风险，特别是欧洲疯牛病和二恶英事件惊醒了欧盟，也惊骇了德国。他们对食品质量和安全风险采取了更加严密的防范措施，建立和加强了道道防线。

第一道防线是组建最高管理机构。为加强食品安全和保护消费者权益，2001年初，联邦政府把原联邦德国粮食、农林部改组为联邦消费者保护、食品和农业部（BMVEL）。新组建的部是粮食等主要食物品质质量的最高管理职能部门，对所属的关于食品安全及风险管理，风险评估等相关机构进行了调整。同时，德国成立了独立的联邦风险评估院与联邦消费者保护和食品安全局。这两个权威部门通过有力的管理和通过经济利益的驱使，实现消费者保护和食品安全风险防范政策的持续性；通过政策管理、利益机制和市场机制，促使从事食品生产、加工、流通及相关企业确保自己生产和经营产品质量安全。

第二道防线是成立食品标准权威机构，即德国标准院。其主要职能是制定粮食等食品标准；对非官方组织新制定的质量标准进行审查和检验。德国粮食等食品质量安全标准的形成，主要有三个层次：一是欧盟和国际通行的标准；二是德国官方机构制定的适合国内需要的标准；三是非官方组织、机构、协会自行制定的标准。德国标准院从食物产业链的视角出发制定了以下几类食物标准：食物生产标准；食品加工标准；产品标识标准；食品销售标准。实行共同农业政策的欧盟，对粮食也通过法规形式——《欧盟粮食法规》实行共同干预政策和统一的品质质量标准。笔者在布鲁塞尔访问欧盟农业部时得知，《欧盟粮食法规》主要内容包括欧盟粮食干预数量、价格、质量标准以及粮食结构调整等，对食用粮的质量标准要求更高、更严：包括全部粮食品种在内，“无疵粮粒”的含量必须达到88%以上；对于杜拉姆硬质小麦，规定“破碎粒”的比重不可超过6%；对于面包黑小麦，“斑污粒”的数量限制在3%；虫蛀粒，对于杜拉姆小麦最高限量为4%，对于面包黑小麦最高比例为2.5%。此外，对粮食的烘焙性能标准也有明确的规定。对于烘焙小麦，发芽率要保持85%以上；对于面包小麦，发芽率至少保持在75%。其他对蛋白质、水分含量等都有明确规定。德国采取的粮食质量标准及具体措施，完全执行欧盟的相关法律规定。

第三道防线是建立健全了食品质量和安全风险防范体系。德国对食品风险防范普遍采取三项办法：一是对质量安全贯彻“防重于治”的预防原则。例如，针对消费者对新型转基因食品感到不安全，欧盟制定了《新型食品法》，对新型食品的配料做了严格规定。联邦政府采取了一切必要措施，严格执行这一新法律，包括禁止使用反刍动物的风险材料制作食品、饲料和肥料。二是加强透明的风险信息沟通。即在多种层面上和多个范围内，在行政、经济、科学界对风险的规模及其降低风险的危害措施进行评估。三是以适当方式公开新风险的信息。目前在德国有 4 个组织参与联邦部和联邦局的各级的信息沟通。它们是：①商品测试基金会，该会以科学方法和独立的机构对产品和劳务进行检查，对食品的检验项目是微生物风险和有害物质。它自成立以来，已经对 7.8 万种产品和劳务进行了检查。②联邦消费者中心联盟，该中心联盟由 16 个消费者中心及其他 25 个消费者联盟的总部组织组成。它是消费者的政策利益代表，支持消费者实现自己的权利。③消费者保护、食品和农业信息服务协会，该协会收集与制作关于农业、食品和营养的大量信息资料，并在食品风险沟通中，独立向消费者、专业人士和媒体发表信息。④德国营养协会。该协会关注所有营养领域出现的问题以及确定研究的需要。它通过发表出版物及组织活动，交流新的知识和趋势信息，还研发以科学知识为基础的食谱。

当然，在欧盟和德国也不是没有出现过食品问题，有的甚至是惊动世界的严重事件。但是，德国政府都采取迅速、严厉、坚决的处理措施。世纪之交，在德国发现疯牛病这一突发事件，导致联邦政府 2 位部长引咎下台，同时政府支付大量资金焚烧处理数以百万计的畜禽动物。并以此为教训，联邦政府进一步健全和加强了食品质量和风险防范体系建设。主要包括食品法律法规执法与监督体系；食品质量认证；食品安全与质量体系；食品加工质量安全体系；食品质量安全监测检验体系，以及在食品安全重点领域采取严格的措施。

第四道防线是加强食品安全和风险防范的科研支撑。为加强食品风险的防范，德国政府把相关前沿科研课题置于科技攻坚的重点地位。例如，专业科研机构把应用生物工程育种的着眼点，由增加产量转变为优先培育提高种植业、饲养业质量的优良品种。近年来，德国农业科技界在科研中对农业生产方式进行了深刻的反思。从 20 世纪 60 年代初开始，欧洲共同体创造出“工厂化生产”的所谓“欧洲农业模式”。然而，片面追求最快、最大产出，甚至不惜违反自然规律，忽视食品质量和安全，为欧洲农牧业埋下了隐患，最终爆发了疯牛病。痛定思痛，德国人坚定和加强了建设“生态德国”的决心。德国在科研中有针对性的采取了多项食品风险防范措施，主要包括：严格的技术和信息管理；严禁在配合饲料中混入肉骨粉；提倡适合动物特点的、自然化的饲养方式；对存栏牛进行严格检查和监视；对销售的牛肉及制品进行严格的检验，合格者方可上市；对销售的牛肉及制品实行标签制，必须注明生产厂家、地址、日期，以在必要时进行追溯；运用信息网络技术，建立预警保障体系；加强食品风险评估，具体职能委托联邦风险评估院承担。

第五道防线是把食品质量监督覆盖到整个产业链。即“从田野到餐桌”的食品质量及制造食品的原料进行检验和监督，是德国保障食品质量和防范风险的“千只眼”。其监督体系构成如下：欧盟对 27 个成员国的监督；德国 16 个联邦州负责对 22 个行政区政府的协调、专业监督和培训，并对 429 个县和县级市进行自我监督；联邦消费者保护与食品安全局在全德国范围内的支持、协调、数据分析和通报等。上述官方的食品和饲料监督机构，主要对企业进行检查，抽取样品进行检验。从 2008 年 9 月开始，德国联邦政府和各州在全德实行统一的监督计划和统一标准。迄今，在欧盟内没有一个国家像德国那样，对大量的不同农药活性物质进行检验。其检验的数量猛增，由 2001 年的 28 万份增长到 2006 年的 100 多万份。

除官方监督机构之外，还有构成有效监督基础的企业自己的质量管理系统。主要包括：饲料监督负责对饲料业的原料和产品进行监督；农药监督机构负责对整个农业进行监督；兽医监督机构负责对整个农业和屠宰业进行监督；食品监督机构负责对食品业、手工业、商业和餐饮业进行监督。迄今，各种监督机构每年对大量的、多个品种的单独样品进行检验，以检测对人体有害的物质，包括农药、重金属和其他残留物。与完整的监督体系相对照，覆盖全国的德国消费者协会（也称消费者中心），充分保护广大消费者的权益，对保障食品质量和食品风险防范也发挥重要作用。该协会在各个联邦州设立 250 个消费者咨询站，负责免费向广大消费者对食品和其他商品及服务业的质量、价格等提供咨询。国家为这项工作提供财政支持。此外，在立法机构决定新的保障消费者权益的立法之前，都向各消费者协会进行专业知识咨询。

“德国21世纪的信息社会”的行动计划

——旅德农村手记之十七

世纪之交，我作为客座教授在德国进行访问研究。在3月初的一天，在德国多家大报上发表一条醒目新闻：“全球最大的汉诺威信息与通讯技术博览会（缩写为CeBIT）隆重举行”。时任联邦政府总理的施罗德在参观汉诺威博览会上说：“一切入网络”（Alles ins Netz），并宣布德国要从国外引进高级网络专业人才。可见，当时联邦政府多么重视信息网络技术。

一、“德国21世纪的信息社会”行动计划

早在1999年，联邦政府制定了“德国21世纪的信息社会”的行动计划，简称“D21”。计划的实施重点是推进信息技术的应用，并面向社会提供咨询服务。D21广泛吸收IT企业和IT用户等200多个企业参加。这个计划使全社会认识到信息技术和互联网在各个方面的重要意义。政府与经济界的这种合作增加了政府与企业的交流，可以调动更多的资金促进互联网发展，也使企业更明确认识到应承担的社会责任。

“D21计划”有三个基本目标：一是发展传输速度更高的互联网基础设施；二是实施“全民享有互联网”（Internet for All）项目；三是帮助平时接触不到网络的弱势群体也能够上网。围绕这三个基本目标，行动中又确定了许多具体目标，例如要使所有人都进入互联网，尤其是要让不积极利用互联网的人，如老年人、低收入家庭等。为此，德国政府启动了规模很大的广告活动，同时降低互联网费用，增加了互联网接入的竞争。现在德国是互联网费用最低的国家之一。为解决IT人才短缺问题，吸收国外高级信息技术专业人员进入德国就业并持有绿卡。为解决全民上网的费用负担问题，政府动员企业界提供了相当大量的计算机设施和费用，才终于实现了所有学校都接入互联网和帮助所有人都能够上网的目标。在保证互联网信息安全和增加信息内容方面，经济技术部提供了中小企业应用安全性方面的帮助，帮他们应付病毒和黑客的袭击。另外，联邦政府还在全国建立了24个电子商务中心，提供电子商务咨询服务，促进电子商务发展，中小企业可以到这些中心了解电子商务发展情况；在改善基础设施方面也下了很大的功夫，有线电视普及率很高，有2 000万个用户，

可以进一步改造成为宽带接入网。

"D21计划"有力促进了德国的信息化，特别是德国信息技术应用快速发展。如今，整个信息技术领域在德国仅次于汽车、机械等成为第四大产业，而且增长速度最快。在1998年，德国互联网使用者仅1 400万人，只有15%的学校接入互联网；到2001年，互联网使用者增加到3 000万人，所有学校都实现了互联网接入。移动通讯使用者增加也很快，2001年有6 000万人拥有手机，约占德国总人口的75%。至于电子商务方面，德国在欧盟排名第一，2001年交易额达到200亿德国马克，创造了大量新的就业岗位。德国政府还进一步制定了"2005电子政务"项目，使政府所有服务都在网上提供，实现网上报税、网上申请、在线资助、内容管理等全面的电子政务。

二、德国农业信息化普遍发展

在推行"德国21世纪的信息社会"的行动中，德国的农业信息技术不断推广普及，农业信息网络不断扩大。根据2001年的统计，在德国17万个专业农业企业中有7.5万个农业企业使用了计算机，有5.5万个使用了互联网。通过电子计算机网络，农业新技术、新信息得到快速传递，促使德国农业信息技术在各地进一步普及推广。我在德国访问研究期间，深切感受到农业全面信息化的脚步。在巴伐利亚州蓝岛农校访问和参观时曾听校长介绍，教学内容的重点之一是培养学生掌握和运用农业信息、网络技术的能力，更好的经营自家的农牧业企业。他们毕业后在网上了解农产品市场信息和发布自己企业的产销信息。后来，在一些大中城市我还实地参观了农产品市场信息中心，开展电子商务销售。特别是随着因特网的普及，有关部门在网上开设"虚拟市场"，通过电子信息网络实现商品统一供货和进行各种协作。按照计划，德国将在全国范围内建立有机食品和绿色食品生产基地和供应网，健全农产品生产供应和流通的新体系。

一次，在与霍恩海姆大学一位农村合作经济博士谈论农业信息技术问题时，他说：德国是一个重实际和实用的国家，有大量优秀的工程师，但缺少软件人才，所以现在鼓励引进国外引进高级软件人才。这位博士介绍说：德国现代农业信息网络技术普及很快，包括农村各类合作企业和个体企业，都很快普及了电子计算机网络。

德国现代农业信息技术的推广大体经历了如下阶段：从20世纪50年代中期到70年代中期的20年间，是德国农业广播、电话、电视等通信技术在农村地区普及的初级阶段。70年代中期至80年代中期，是德国电子计算机数据处理、建立数据存储等农业信息化技术明显提升，促使其从初级阶段走向更高的发展阶段。如1976年就使用计算机登记每块地的类型及价值，建立了各地区、村庄、道路的信息系统。再如，德国农村信贷合作社系统全面实现了数据处理、储存、传递的电子计算机化。到80年代中期，建立了全德地区农业经济模型，目前已成为成熟的农业信息处理系统，为有关决策提供服务。

从20世纪80年代中期至90年代末，是德国农业信息技术走向成熟的阶段。在此时期，德国在农业数据库技术建设方面取得了许多成果，主要包括：害虫管理数据库系统，农药残留数据库，作物保护剂数据库和作物保护文献数据库等。进入20世纪90年代，信息技术一直是德国政府发展科学技术的"重中之重"。特别是1995年12月，由联邦政府的咨询机构"研究、技术和创新委员会"发表了《信息社会——机遇、创新和挑战》报告之后，政府进一步明确了发展信息社会的战略目标。德国政府在继续改善信息基础设施的同时，加强了信息及多媒体技术的应用和推广，数字广播和数字电视的技术已经成熟。近年来，以德国政府发表的《INF2000：通往信息社会的德国之路》为契机，加快了德国全面进入信息社会的步伐。

这里，还要提及的是，欧盟和德国在发展农业信息技术中，特别注重科技研究，包括信息技术、基因和生物工程、食品安全与风险，及生态环境保护等，都是世界关注的重大科研课题，也是全球经济发展的关键性高新科技。欧盟在公布的《新科研框架计划》中，都把以上诸项高新科技当作农业和粮食科技发展研究的方向。欧盟决定：2002—2006年的科研投入总额增加到175亿欧元，约占欧盟预算的5%。这比正在执行的欧盟第5个科研计划增加投入17%。在该计划中确定了7个重点，即：基因和生物技术、信息技术、纳米技术、航天和航空技术、食品安全与风险、地球变化与可持续发展、利用多种科技手段建立欧洲的知识社会等。作为欧盟顶梁柱的联邦德国，更是把这些高新技术置于重要位置。

德国农业信息化及其服务体系

——旅德农村手记之十八

德国发展农业信息技术的重要领域在于发展信息服务系统。主要包括以下方面：

其一，农业科技文献电子信息网络服务系统。德国联邦农业科技文献中心（ZADI）的网络系统是基于互联网之上的农业文献信息管理系统。该系统通过委托站点的检查，可随时接收欧盟的法律法规，并将欧盟的法律文件转换成本国语言的文件。德国的 14 个联邦州都可以通过农业文献信息中心系统得到该中心的库存文献资料。

其二，农业生产技术网络服务系统。德国的农业生产技术信息服务，主要通过 3 种类型的计算机网络来实施：一是，各联邦州植保局开发和运营的电子数据管理系统（EDV），用户通过电话线与 EDV 系统联机，可随时获得农作物病虫害发生情况、病虫预报警报、防治方法和技术，以及农业生产资料市场信息等；二是，邮电系统开发经营的电视屏幕文本显示服务系统（BTX），用户可通过邮局的通讯网络，获得农业信息服务和农作物病虫测报信息服务；三是，德国农林生物研究中心开发建设的植保文献数据库系统（PHYTOMED）、农药残留数据库（INTERPRET）、害虫管理数据库等。在德国电子计算机中心，大型计算机存储了德国各行各业的数百个数据库，其中农业领域的数据库占 30 多个。

其三，计算机自动控制技术系统。在德国农业科学研究过程中，已广泛使用电子信息技术对各种试验场所进行监测和自动控制。在环境变化的数据方面，如温度、湿度、光照时间和强度、风向风速等各项要素，均自动监测和记录。在农业生产中，装有遥感地理定位系统的大型农业机械，可以在室内计算机自动控制下进行各项农田作业。这就是农机管理系统。德国将船队的管理方式用于大的农机企业中。目标是对作业区中的农机进行不间断的监控，得到农机作业的实况和方位，实现在办公室指挥农机工作，并便于对新安装的仪器进行维修，可利用远程诊断系统来确定农机是否需要维修或更换零配件，而不会因故障导致停用，以此提高农机的使用效率。此外，德国还研究出许多计算机编程控制的试验仪器设备，如带计算机程控和数据处理功能的立体显微照相设备，可将生物立体图像快速准确地显示、存储、分析及进行各种处理；又如便携式自动数据库机，可携带这种数据库机下农田、实验室，随时将田间调查结果或试验数据直接输入数据库机，待工作完成后，将数据库机连接到计算机上，就可将数据转录到计算机里。除上述外，农业技术宣传资料的分发，也广泛采用计算机自动控制系统。

其四，网络计算机辅助决策技术的应用系统。除了在农业大专院校已建立农业技术计算机辅助决策软件系统、用于培养和训练学生的技能之外，在农业生产中，也已建立农业生产技术措施的计算机辅助决策系统，为农民提供咨询服务。如蔬菜作物蚜虫、菜青虫、萝卜蝇等害虫的危害造成的经济损失、动态经济阈值、种群动态与预测，蔬菜作物害虫综合治理的辅助决策等计算机应用技术已用于指导农民的蔬菜生产。联邦农业教育研究所研究开发了小麦品种选择模型 GENIS，可从存储的信息中选择适宜各种农田种植的小麦品种清单，并提供这些小麦品种的水肥条件、品种特性、产量品质、抗病虫害的能力等的评估，帮助农民选择适宜种植的小麦品种。该研究所研制的小麦除草计算机辅助决策模型 HEBY，可为农民提供小麦适用的除草剂品种选择、除草剂施用技术、使用成本计算、草害损失阈值及施用对比、施用除草剂的副作用等。例如，早在 1993 年，德国有关专家在提高农业生产技术，改善经营方式，准确适量使用肥料和农药方面进行了大量研究，提出利用全球定位卫星来解决局部土地因多样性、复杂性带来的耕作问题，在生产技术上采用因地制宜的不同处理方式。农业机械采用卫星系统 GPS 来定位，定位技术会自动确定在地块上的相关位置，根据实地情况，准确地施用肥料、农药和其他化学材料。这种生产技术可使投入最佳化，既可减少生产费用 20%～30%，又有利于环境保护和农业的持续发展。

其五，计算机模拟和模型技术系统。德国于 1987 研究开发了麦类病害流行预测和损失预测模拟模型，并将其引入作物生长发育模型 GERES - Modelle，用 TURBO - PASCAL 语言编写了病害模拟模型 ROSTGRAF，可模拟锈病、粉霉病等多种病害；应用这套模型，可减少麦田的田间调查次数，还考虑了各种病害之间的相互作用，无论是单一病害还是多种病害综合发生，都可做出预测。这套软件系统具有分析绘图功能，模拟病害侵入流行的描述或分析预测的结果。1986 又建立了农作物病虫害诊断模型，从农作物收益角度分析病虫危害损失，判断作物不同生长阶段耐危害的能力。近年来，又研究开发了预测苹果卷叶蛾种群动态模拟模型。经大量研究取得初步结果后，已投入农业的实际应用。

其六，遥感技术系统。德国建立了一支人员素质高、管理严密、执行严格的土地利用规划队伍。其发展规划部门拥有世界先进水平的遥感和地理信息系统的数据采集、贮存、分析、加工和图像处理、加工制作设备，并应用3S技术和参与调研方法，进行自然资源普查、土地资源评价、土地利用规划、环境监测等，为编制高质量的规划提供了快速、准确、可靠的技术保证，对德国精确农业的实施，及经济发展、环境美化等方面起着重要的作用，为土地等自然资源的可持续利用奠定了基础。德国在“3S”技术方面也取得显著成果。所谓“3S”技术，即德国已建成地理信息系统、全球定位系统和遥感技术系统，并将这些技术应用于农业资源和灾害的检测、预报及农业生产领域。现在信息技术还应用到大型农业机械设备上。如大型拖拉机、联合收割机等通过驾驶室安装的卫星接收机接收卫星信号，经计算机进行处理，可将土地精确定位，并按肥力程度确定播种和施肥量。应用这种信息技术发展精准农业，减少生产资料耗用量，每公顷土地可节省10%的肥料和23%的农药；由于播种均匀，还可节省25千克种子。

目前，德国农业信息化呈现新的发展趋势，主要包括：一是单项农业信息技术向集成化、自动化方向提升，即把几项或相关各项技术集成组合在一起，以提高智能化和高度自动化；二是农业信息技术向专业化、实用化方向发展，即通过网络系统促使专业生产模型对农户生产实践发挥指导作用；三是农业信息技术向环保化、农业持续化方向前进，即通过采用精准农业模式，减少化学材料的使用量，减轻和防止环境污染，有利于改善农业生态环境，提高农产品和食品质量。

小城镇似明珠撒满德国大地

——旅德农村手记之十九

走遍德国农村——不管是在平原，抑或是在山区的农村，都给我留下了现代、优美、整洁、宁静、富有人文氛围的印象。而在广阔的农村大地上，与星罗棋布的村庄相衬托，众多的小城镇犹如颗颗明珠，撒在德国的大地上，与无垠的碧野相辉映，形成别有风味的、重话般的德国独有的小城镇的特色。

在德国城市化的进程中，从一开始，政界与社会各界就形成共识，强调一个明确的理念：农村发展不是城市的“拷贝”或“复制”，而是发挥自身特色和开拓发展潜力的、富有生命力的新农村。联邦政府和各州政府支持开展“新村行动”(Dorferneuerung)。其主要内容包括：重视农村的生态环境保护和改善；重视农村产业的发展和产品质量；重视农村道路和农村对外交通的合理规划；重视农村土地（尤其是对农户的零星插花土地）的整治和归并（Flurbereinigung)。特别是进入20世纪90年代后，德国在农村建设中融入了可持续发展的理念，更加注重农村生态、文化、旅游、休闲等综合化价值取向。与此相适应，对农业赋予保护和发展农村文化、文明的职能，农民也被誉为“自然环境保护者”。德国在进行新农村建设中，高度重视“全面规划”和“广泛参与”。其规划自下而上进行，规划的参与主体很宽泛，包括村民、企业、协会、管理部门等，充分体现出协调性和民主性。

明确的理念引导，形成德国大中小城市协调发展的格局：以为数较少的大城市为龙头，以为数众多的中小城市为主体；以布满全国的农村乡镇为基础。基于这种架构，德国人口的流动呈多向性，农业劳动力的转移也没有出现过集中涌向某一地区的局面；而是相对均衡流向各州、各地区。这种格局，对防止地区社会经济发展的两极分化和不平衡，以及对缩小城乡、地区、贫富差别都产生了决定性的积极作用。

德国的小城镇——包括小城市和农村乡镇，犹如繁星撒满绿色的大地，在德国经济社会生活具有重要地位，具有“五大特点”：

一是历史悠久。游览德国的小城镇，犹如参观富有历史特色的“建筑博物馆”。被誉为“一切艺术之母的建筑”艺术，影响和决定着人们的生活环境，表达着时代的生活情感。包括村落、城镇、房舍、教堂、城堡、宫殿，甚至道路和桥梁等，数不尽的建筑物证明，德国很多小城镇都诞生于中世纪。甚至许多古建筑已历经数百年，甚至上千年，但仍然保存完好。处处古迹显示出浓厚的欧洲风情和德国文化，真是如诗如画：古老的石板路，高耸的尖顶教堂，古色古香的哥特式或巴洛克式建筑，显现出固有的个性特点。不胜枚举的小城镇古建筑，是德国历史的缩影和文化的精华，是德国人追溯历史的胜地。它们告诉世人：德国人的祖辈们在建筑上，已经多么讲求质量和建筑美，而一代接一代的后来者，又是多么珍爱和保护好先人留下的瑰宝——富有历史人文内涵的、适宜人居的小城镇。

二是“以人为本”。德国作为人文主义思想的发源地，“以人为本”的理念充分体现在城市 的规划、建设和布局上。任意一个小城镇，都考虑、照顾和满足人们日常生活的各种需求：大到银行、商店、邮局、交通和医院等，小到公共道路、消防队、休闲椅、火葬场和公厕的设置等，都在规划布局中。甚至设有残疾人无障碍通道、马路旁设有小汽车自动收费设施，就是上百年历史的老房屋，都安装了现代化的卫生设备和供暖设施。德国的小城镇，不仅公共服务设施完备，富有人性化特点，而且更重要的是，小城镇还是农业、林业、饲养业、手工业及服务业的集群地。众多的中小企业与民生息息相关。在全国35万个各类农业（含林业、牧业、园艺业企业）企业中，有相当多数量的企业分布在乡镇，加上大量中小工商企业、旅游疗养和服务企业，创造了大量就业岗位。

三是数量众多。目前，德国共有13 500个小城镇，其中75%的小城镇人口少于5 000人。超过10万人的小城市只有89个。以德国两个最大的州为例，巴伐利亚州总面积7万平方公里，人口1 200万，有小城镇2 200个；北威州人口1 800万，小城镇有360个。据统计，在德国总人口中，大约有2 600多万人居住在超过10万人口的85个大城市中，约占总人口的32.91%；有4 600多万人定居在2 000人到10万人的中小城镇中，约占58.23%；另有700多万人居住在人口不超过2 000人的乡村和乡镇上，约占8.86%。目前越来越多的中产阶级住在大城市郊外的小城镇。从位置上看，小城镇一般距大中城市半个小时到1个小时的车程。德国人口的城市化率很高，但是绝大部分定居在中小城市。

四是自然优美。德国小城镇在建设中，不是把精力、物力、财力投放到修建楼台亭榭或“形象工程”上，而是致力于追求自然美。走进每个小城镇，就如同进入绿色公园。从公共用地，到居民私宅，处处植树造林，栽花种草，甚至住房的阳台上也布满鲜花。一般来说，每个小城镇的森林、草地和花园总面积都占该城的1/3以上。在小城镇的公园里，随处可见天鹅、水鸭在湖中游动，构成一幅幅人与自然和谐相处的画卷。园林绿化，不仅调节了空气，而且还创造了温馨的生活环境，增添了生活的情趣。人们到处可见，成群的鸽子在行人中间悠闲地踱步。难怪许多风景旖旎的小城镇，都成为旅游疗养的胜地。德国人引以自豪的是，从宾根到科布伦茨的、长达350公里的莱茵河谷地区，把几十个中世纪的小城镇串起来，形成绿色的“小城镇链”，以其古堡、宫殿、葡萄种植园的独特景观吸引着国内外游人。

五是文化名城众多。德国的许多小城镇都与著名大学紧紧连结在一起，涌现一批著名大学城。从我对德国大学城参观的浮光掠影中，得出几点认识：第一个特点是历史悠久，享有盛誉。德国首创的海德堡大学，创建于1386年，弗赖堡大学创立于1457年，至今都已越过几百年的历史了，造就出大批享誉世界的大家和大师。第二个特点是数量众多，地位重要。据不完全的资料，德国拥有30多座大学城，在校大学生率很高。大学有力带动了城市和该地区科技、文化、经济的发展。第三个特点是开放办学，求学自由。实行“大学求自由”，不收学费，面向全国和国外。第四个特点是多分布于中小城市。像闻名世界的哥廷根大学、海德堡大学、耶拿大学、弗赖堡大学、马尔堡大学等，都分布在小城市。第五个特点是大学人数占城市总人口比重大。像马尔堡大学的学生和教职工的人数占全市总人口的比重达20%。哥廷根大学的学生和教 职工的人数占全市总人口的比重达25%。德国大学城的这些特点，恐怕在世界上是独一无二的。令人饶有兴趣的是，大学城也是历史文化名城。例如大学名城海德堡（Haidelberg）弗赖堡（Freiburg）、马尔堡（Marburg）、图宾根（Tubingen）、特里尔（Trier）、魏玛（Weima）、波茨坦（Potsdam）等，既是文化名城，又都是旅游者必游之城。

下面，我举两个小城为实例，以见德国小城镇的特色。

莱茵河上的“葡萄酒城”——吕德斯海姆

莱茵河、摩萨尔河谷散布着众多璀璨的城镇，其中，不乏以盛产葡萄酒而闻名。它们给人留下无穷的韵味，充满自然美、质朴美和人文美。吕德斯海姆就是这样一座“酒城”。

在一个秋日，我游览了波恩以下的一段莱茵河。这条著名的国际河流，在德国境内长达865公里，是一条重要内河运输航道。莱茵河自北而南滚滚流淌，两岸镶嵌着明珠般的大小城市和无数公园似的村庄，像杜塞尔多夫、科隆、波恩、科布伦茨、吕德斯海姆、威斯巴登等大城市和小城镇。从波恩出发，车子驶过被称为“德意志之角”的科布伦茨之后，远远就眺望到河对岸高高矗立在山崖上的、古老传说中神女罗蕾莱的雕像。车行至此，我不禁想起了

图书在版编目（CIP）数据

守望粮食30年／丁声俊著．—北京：中国农业出版社，2011.5
ISBN 978-7-109-15555-8

Ⅰ.①守… Ⅱ.①丁… Ⅲ.①粮食-经济史-中国-文集 Ⅳ.①F326.11-53

中国版本图书馆CIP数据核字（2011）第050210号

中国农业出版社出版
（北京市朝阳区农展馆北路2号）
（邮政编码 100125）
责任编辑 姚 红

北京中科印刷有限公司印刷 新华书店北京发行所发行
2011年9月第1版 2011年9月北京第1次印刷

开本：720mm×960mm 1/16 印张：27.25 插页：4
字数：490千字 印数：1～1 000册
定价：55.00元
（凡本版图书出现印刷、装订错误，请向出版社发行部调换）

这些浅滩上面，凯尔特人筑造了类似要塞的房屋，并定居下来，这便是维尔茨堡的雏形。706年建立玛利亚教会。741年建立主教管区。10世纪以后为主教城市。1805年成为莱茵联邦维尔茨堡大公国。1814年并入拜恩王国。至今，市内古迹众多，还拥有众多巴洛克风格建筑物。

游览这座小城，对维尔茨堡人深感钦佩。他们对自己的城市精心保护，各处古迹保留如初。圈在中世纪城墙中的玛利恩堡，在1253年至1720年期间是大主教的住所，现在依然完好；城堡庄园最深处的圆顶建筑，是公元前100年左右统治该地的日耳曼人的神殿。后来归依了基督教的庄园领主，于公元706年修建成教堂，现在是庄园内最古老的房屋，下面埋葬着历代的大主教。此教堂是德国南部最大的罗马式建筑风格的教堂。德国著名雕刻家里门施奈德在维尔茨堡城度过了他艺术上最辉煌的年代。在该市的教堂、博物馆和宫殿中，珍藏着里门施奈德的许多不朽的雕刻作品。为了保护城堡3.5米厚的、坚固的外壁，维尔茨堡人在城墙上打起一层木板栈道，旅游者只能行走在木板栈道上。

环内城，14世纪建筑的城墙，依然挺立；1482年建造的谢廉倍尔大门，依然高耸城头；伦德塔也仍巍然矗立中央，显示着城市的风雨沧桑。美因桥横跨河上，桥两侧的栏杆上塑有创建维尔茨堡的名人雕像。城内还有历经5个多世纪的尤利叶斯医院（1576—1585）。在维尔茨堡，还有一处古迹，即维尔茨堡宫，她堪称南德巴洛克后期最杰出的代表作，出自德国伟大建筑师巴·诺依曼之手。宫殿以凡尔赛宫为蓝本，主体和两翼围成一个院子，前面是开阔的广场，后面是漂亮的大花园。其间，流水喷泉、奇花珍木、林荫小道，交织成一座美丽的园林。每当夏季，在花园内举办一年一度的莫扎特音乐节。宫内设皇帝厅、楼梯厅、庭园厅、白厅等，装饰设计异常讲究，壁画系18世纪意大利名画家提埃波罗所绘。

维尔茨堡以保护完好的、丰富的文化遗产，列入联合国教科文组织世界文化财富名单中。维尔茨堡人以自己的古城风貌为自豪，并精心保护，显示出高尚的人文精神，给人以启迪。

著名诗篇《罗蕾莱》的作者——伟大的德国革命民主主义诗人海涅。山下不远处，就是德国著名的“葡萄酒城”——吕德斯海姆（Rudesheim）。这座小城始建于12世纪，是通往富饶的莱茵河中游河谷地区的门户。

吕德斯海姆市极具特色。它的特色在两个字上：一个字是“大”；另一个字是“小”。在围绕吕德斯海姆市周遭的地区，在河谷平地和起伏的浅山坡上，绵延着蔚为壮观的、一大片、一大片的葡萄园，犹如绿色的大海洋。人说，几乎每一个葡萄园环抱的村庄，都有一个久远的故事。从种植葡萄的特色资源出发，吕德斯海姆兴起酿造葡萄酒的大产业，年产葡萄酒3 000万瓶，畅销全国、乃至欧洲，被誉为“酒城”。酿造葡萄酒产业的兴起，又带动全区漫山遍野的葡萄种植。

与葡萄种植和葡萄酒酿造“大产业”相对照，吕德斯海姆在市政建设上却是在“小”字上做文章。他们把自己的“小城”做到了极致，处处小巧玲珑，温馨宁静，生活从容。游览小城，美不胜收：小楼幢幢，重重叠叠，绿荫遮蔽；小巷深深，石砖铺地；小店古老，处处酒香，风情浓郁。就连那火车站，也不宏伟，博物馆也不高大，著名的“画眉酒巷”也不宽阔。然而，这座小城，美就美在“小”字上。当夏秋的傍晚，夕阳给小城抹上迷人的玫瑰色彩，轻柔的晚风传送着淡淡酒香，古朴的啤酒馆里飘出当地的歌谣，真的是“酒不醉人人自醉”。更令人轻松欢畅的是，在温暖季节的周末，街头成了民间演唱节，人们穿着各色服装，演奏着各种歌曲，跳着民间的舞蹈。河畔小城，沉浸在酒香中、欢乐中，宛如欢乐的海洋！

时光已逝去多年，吕德斯海姆小城依然难忘。她依托葡萄种植和葡萄酒产业，发展成为风景如画、经济繁荣、弥漫酒香、充满快乐、适宜人居，令人流连忘返的酒城。

保留完整的旅游古城——维尔茨堡

金秋10月，正是德国旅游的黄金季节。我从纽伦堡（Nuernberg）出发赶到古城维尔茨堡（Wuerzburg）——德国巴伐利亚州西北部的一座小城市，人口约13万。她是德国人引以为自豪的旅游古城。

维尔茨堡濒临美因河畔，公元704年首见史籍。现在为工商业城市，文教中心，也是水路和铁路交通枢纽。维尔茨堡大学是德国最古老的大学之一。1895年德国著名物理学家伦琴在这座大学发现X射线。城市旅游发达，旅游工艺品琳琅满目，旅游服务得到赞誉，为城市赢得名片。

维尔茨堡建于1582年。然而，它可追溯更久远的历史。早在公元前1000年左右，美因河是一条比现在小得多的河流，有几处浅滩，步行便能通过。在